本书为江苏现代服务业协同创新中心和江苏现代服务业智库的研究成果。
本书出版得到江苏现代服务业协同创新中心和江苏现代服务业智库以及国家社科基金重大项目“环境目标约束下的产业高质量发展研究”（20&ZD089）资助。

中国城市服务业高质量发展指数报告（2021）

余泳泽　主编

中国经济出版社
CHINA ECONOMIC PUBLISHING HOUSE
北 京

图书在版编目（CIP）数据

中国城市服务业高质量发展指数报告．2021／余泳泽主编．--北京：中国经济出版社，2022.12

ISBN 978-7-5136-7197-2

Ⅰ.①中… Ⅱ.①余… Ⅲ.①城市-服务业-经济发展-研究报告-中国-2021 Ⅳ.①F726.9

中国版本图书馆 CIP 数据核字（2022）第 243263 号

责任编辑　严　莉
责任印制　马小宾
封面设计　任燕飞

出版发行　中国经济出版社
印 刷 者　北京艾普海德印刷有限公司
经 销 者　各地新华书店
开　　本　710mm×1000mm　1/16
印　　张　22.75
字　　数　390 千字
版　　次　2022 年 12 月第 1 版
印　　次　2022 年 12 月第 1 次
定　　价　98.00 元
广告经营许可证　京西工商广字第 8179 号

中国经济出版社　**网址** www.economyph.com　**社址** 北京市东城区安定门外大街 58 号　**邮编** 100011
本版图书如存在印装质量问题，请与本社销售中心联系调换（联系电话：010-57512564）

摘 要

《中国城市服务业高质量发展指数报告（2021）》从产业规模、产业结构、产业创新、产业环境和产业协同五个维度对服务业高质量发展进行科学界定与测度，构建了一套全面科学的城市服务业高质量发展评价指标体系，为促进城市服务业结构调整、扩大城市服务业发展规模提供决策参考。

本次发布的数据显示了“十二五”和“十三五”期间，我国历年城市服务业高质量发展的趋势，以及服务业产业规模、产业结构、产业创新、产业环境、产业协同五个二级指标的变化情况。同时展示了分地区服务业高质量发展的时间趋势和空间分布情况。从综合指数来看，服务业高质量发展指数始终保持上升态势，其变化主要分为两个阶段：第一阶段是2011—2014年，高质量发展指数缓慢上升，整体较为平稳；第二阶段是2015年之后，服务业发展质量快速提升。从区域角度看，东、中、西部地区差距较为明显，发展不平衡仍然是服务业发展的主要问题。从全国年均服务业高质量发展指数与分地区指数的对比分析来看，长三角地区、珠三角地区和环渤海地区在2011—2019年的服务业平均高质量发展指数要高于全国平均水准。长三角地区、珠三角地区和环渤海地区的服务业发展全国排名分列前三，中部、西南、东北、西北地区分列第4位到第7位。综合测度数据显示，2019年综合排名前五位的分别是北京市、上海市、深圳市、杭州市、广州市。

目　录

第一篇　总　论

第二篇　长三角地区城市服务业高质量发展评价

第三篇　珠三角地区城市服务业高质量发展评价

第四篇　环渤海地区城市服务业高质量发展评价

第七篇　东北地区城市服务业高质量发展评价

第八篇　西北地区城市服务业高质量发展评价

第一篇

总　论

第一章　中国服务业发展成就

改革开放40余年来，中国利用国内国外两个市场、两种资源，实现了经济总量和人均收入的显著增加，取得了举世瞩目的经济成就。其中，服务业从改革开放之初的最末产业跃居成为第一大产业，从过去的“无足轻重”到如今成为国民经济的“半壁江山”，其作用和地位不断提升，逐渐成长为经济发展的主要动力。纵观中外经济社会发展历程，经济服务化是经济结构变迁和产业演变的基本趋势和客观规律，而中国的发展也符合这一规律。尤其是在中国的工业化由中后期向后期转化的过程中，服务业发展空间和潜力不断释放，国民经济服务化趋势越发明显。党的十九大报告指出，我国经济已由高速增长阶段转向高质量发展阶段，正处在转变发展方式、优化经济结构、转换增长动力的攻关期，建设现代化经济体系是跨越关口的迫切要求和我国发展的战略目标。服务业是现代产业体系的重要组成部分，服务业的改造提升和优化升级是中国经济高质量发展的内在要求。改革开放以来，中国服务业发展在总量、结构和对外贸易方面成绩斐然。“十三五”期间，中国服务业延续稳中向上的发展趋势，迎来全面跃升的新阶段。进入“十四五”，服务经济的时代特征将更加显著。

一、服务业规模不断扩大，总量不断提升

2020年是我国“十三五”规划的收官之年，过去40余年，中国服务业发展规模不断扩大，对经济增长的贡献不断提高，吸纳就业能力不断增强，服务消费水平不断提升，服务业投资成为投资主力军，服务业发展已经进入了全面跃升的新阶段。

1. 服务业增加值保持快速增长

改革开放之前，我国服务业发展面临重重困难。如图1－1所示，从第三产业增加值来看，1952年第三产业增加值只有151亿元，到1978年增长到

905 亿元，增长速度较为缓慢。改革开放之后，服务业开始迅速发展，1993 年突破了万亿元大关，2007 年超过 10 万亿元，2020 年超过 55 万亿元。新中国成立 70 周年以来，第三产业名义产值增长了 2400 多倍，扣除通货膨胀后实际增长了 70 多倍。

从第三产业增加值的增长速度来看，改革开放之前和改革开放初期第三产业增长率较低且常常大幅波动。从 1991 年至今，第三产业增加值增长率逐步平稳且普遍高于 GDP 增速。2008 年国际金融危机之后，受到国际经济形势和国内转型升级的影响，我国经济发展进入新常态，整体增长速度开始下滑，第三产业增长速度保持相对平稳，略高于 GDP 增速。2020 年，受全球新冠肺炎疫情蔓延的影响，第三产业增加值增长率明显下降，但随着疫情得到控制，预计未来服务业依旧呈现上升态势，增长率将保持平稳。

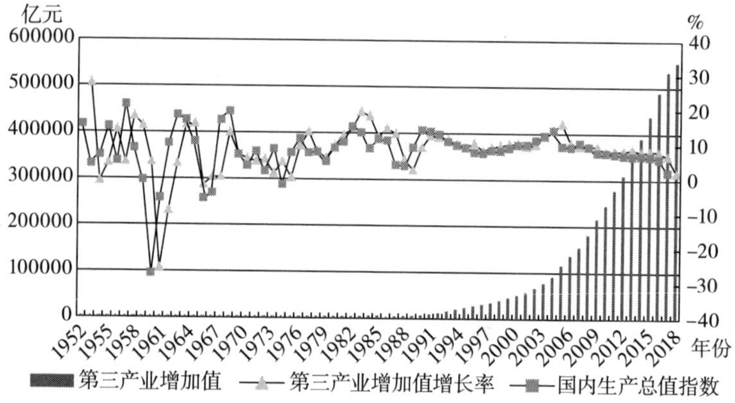

图 1－1　1952—2018 年中国第三产业增加值和增速

资料来源：根据国家统计局网站数据整理而得。

服务业总体规模在短短 40 年间快速增大，究其原因，主要有以下几点：第一，从政策角度来看，计划经济时代的观念和政策抑制了服务业的发展，而在改革开放和随之而来的社会主义市场经济体制下，以经济建设为中心、大力发展生产力的方针和政策的实施效果逐渐显现，市场经济为第三产业的发展带来了机遇和无限的可能性。第二，从经济发展的必然规律来看，世界范围内各国都表现出经济越发达第三产业比重越高的特征。随着中国工业化进程的加快，第三产业规模迅速扩大、增速高于 GDP 增速是中国经济发展的必然结果。第三，从我国服务业自身特点来看，中国人口众多，服务市场需求广阔。同时，过去落后的第三产业具备后发优势，需求拉动和弥补型赶超加快了第三产业的发展。

2. 服务业对经济增长的贡献不断提高，成为经济增长主动力

从产业结构占比来看（见图1－2），改革开放前很长一段时间，中国致力于建立一个独立的、完整的工业体系，大力发展重工业，第一、第三产业占GDP的比重逐步下降。改革开放之后，第三产业占比出现波动性增长。1985年之前，我国的产业结构中比重顺序是“二一三”，1985年第三产业占比达到29.4%，首次超过第一产业比重。2012年之前，第一产业比重持续下降，第三产业比重明显上升，产业结构中比重顺序逐步由“二一三”转变为“二三一”。2012年，第三产业占GDP的比重达到45.5%，首次超过第二产业成为中国经济的第一大产业，中国的产业结构中比重顺序变为“三二一”。2015年，我国服务业增加值占GDP的比重为50.5%，首次超过1/2，名副其实成为国民经济的“半壁江山”。之后，服务业比重继续提升，到2020年占GDP的比重达54.5%，超过第一产业占比46.8个百分点，超过第二产业占比16.7个百分点。虽然服务业和发达国家相比还存在一定的差距，但中国的服务业发展总体来说成就引人瞩目，在经济中的主导地位逐渐得到巩固。

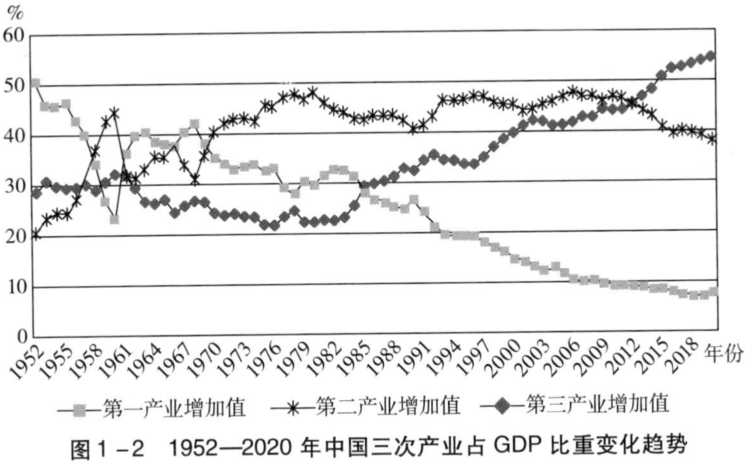

图1－2　1952—2020年中国三次产业占GDP比重变化趋势

资料来源：根据国家统计局网站数据整理而得。

从三次产业对经济增长的贡献率和拉动率来看（见图1－3、图1－4），三次产业对GDP增长的贡献率和拉动率在变化趋势上与三次产业占GDP比重的变化趋势总体相似，但波动性更大。从三次产业对经济增长的贡献率来看，改革开放以来，第三产业对GDP增长的贡献率在波动中上升，对经济增长的贡献越来越明显。尤其在中国加入WTO之后，第三产业对经济增长的贡献率顺

势而上，并于2014年超过第二产业成为中国经济增长中最主要的贡献力量。这说明近年来中国产业转型成效显著，第三产业内部结构也逐渐高级化。

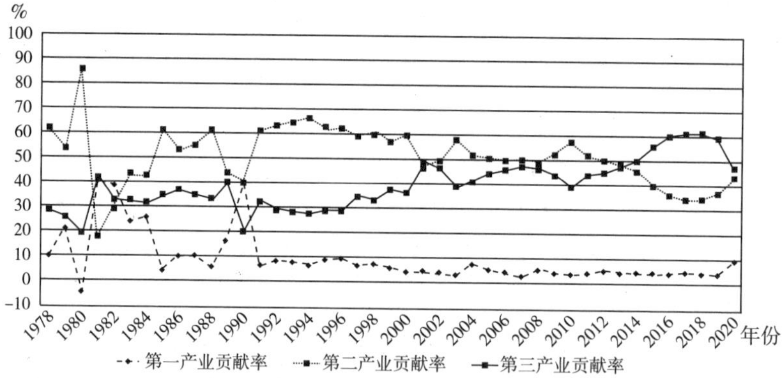

图1－3　1978—2020年中国三次产业对GDP增长的贡献率

资料来源：根据国家统计局网站数据整理而得。

从三次产业对经济增长的拉动率来看，20世纪80年代中后期，第三产业对GDP的拉动率稳定在3%～4.8%。20世纪90年代以来，第三产业再次经历了一轮快速发展，对经济增长的拉动率也明显提高。2008年国际金融危机之后，第二、第三产业对经济增长的拉动均明显回落，此后走势出现明显分化，第三产业对GDP的拉动率保持在4%左右，成为三期叠加特殊时期我国GDP增长的重要稳定器。

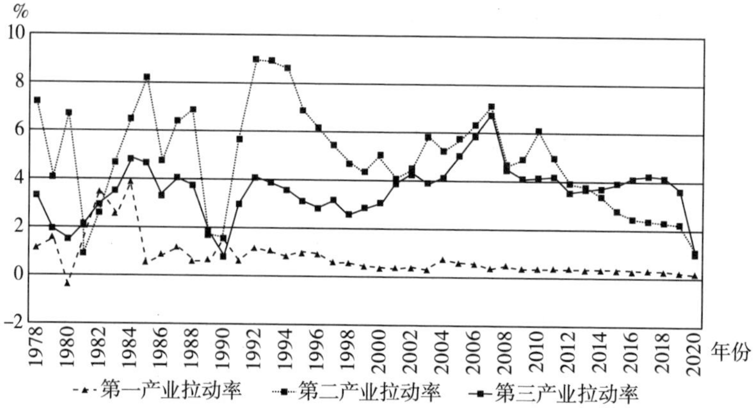

图1－4　1978—2020年中国三次产业对GDP增长的拉动率

资料来源：根据国家统计局网站数据整理而得。

3. 服务业成为吸纳就业的绝对主力，劳动生产率持续提高

服务业就业人数占全社会就业人数比重快速提升，服务业正成为劳动就业主渠道。如图 1－5 所示，2020 年我国服务业就业人数占全社会就业人数的比重为 47.7%，比 1978 年的 12.2% 提高了 35.5 个百分点，年均提升幅度大于服务业增加值占比提升幅度。2020 年，在经济下行和新冠肺炎疫情的双重冲击下，我国的就业形势十分严峻，劳动就业是最大的民生，“六稳”首先要“稳就业”。服务业作为三大部门中唯一就业人数保持正增长的产业，吸纳了第一、第二产业转移出来的劳动力，确保了就业的稳定。从各国劳动就业的发展经验来看，欧美发达国家服务业的就业占比高达 75% 左右。随着技术进步和产业结构变化，可预计我国服务业的就业贡献将进一步提升，其劳动就业主渠道的地位将更加稳固。

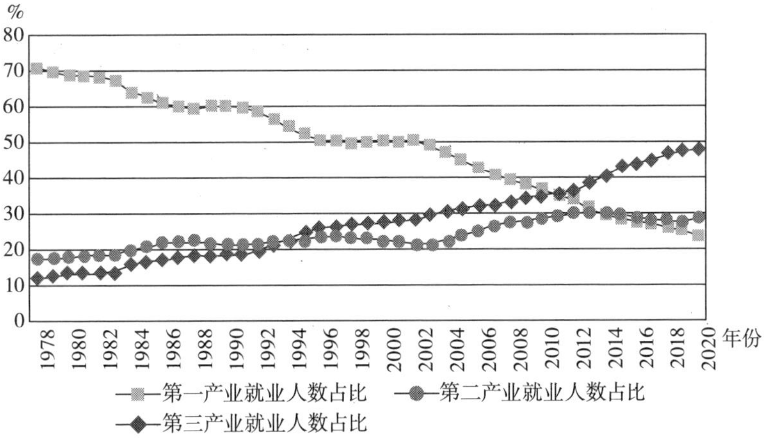

图 1－5　不同产业就业人数占全社会就业人数的比重

资料来源：根据国家统计局网站数据整理而得。

服务专业化发展促进服务业劳动生产率的提升。改革开放以前，由于实行优先发展重化工业的国家战略，服务业部门发展落后，且常常被嵌于物质生产部门当中。1978 年以后，随着市场化改革的深入推进，服务业从无到有，规模逐渐扩大，在专业化和规模化的作用下，劳动生产率获得了快速提升。根据国家统计局数据，中国服务业劳动生产率从 1978 年的 0.1851 亿元/万人稳步提升至 2016 年的 11.3819 亿元/万人，年均增长率达到 11.4%。在 2008 年国际金融危机之后，中国服务业劳动生产率呈现出明显加速提升的趋势。

4. 服务消费正成为城乡居民消费最活跃的领域

投资、消费和进出口是拉动经济增长的“三驾马车”。近年来，由于投资疲软，出口深受逆全球化的影响，中国经济增长更多地依赖消费支出发挥作用。充分发挥国内超大规模市场优势、扩大内需成为“十四五”时期发展的主方向。“十三五”期间，消费增长速度始终高于GDP增长速度，是拉动经济增长最重要的因素。2016—2019年，消费对GDP的贡献率始终高于投资和进出口对GDP的贡献率。消费对经济增长贡献率的提升主要来源于“十三五”期间城乡居民可支配收入的较快增长，人均可支配收入增速和消费支出增速都快于同期GDP增速。

表1－1　居民人均可支配收入、人均消费支出和人均服务消费支出

年份	人均可支配收入（元）	人均可支配收入增速（%）	人均消费支出（元）	人均消费支出增速（%）	人均服务消费支出（元）	人均服务消费占比（%）	GDP增速（%）
2016	23821	8.4	17111	8.9	7015	41.0	6.7
2017	25973	9.0	18322	7.1	7585	41.4	6.9
2018	28228	8.7	19853	8.4	8735	44.0	6.6
2019	30733	8.9	21559	8.6	9896	45.9	6.1
2020	32189	4.7	21210	－1.6	8359	39.4	1.9

资料来源：根据国家统计局官网数据整理并计算。

从表1－1中可以看出，消费正成为中国经济增长的主要贡献者，这是经济高质量发展、居民收入提高和技术进步的必然结果。其中，服务消费比重不断提升，2016—2019年全国居民人均服务消费支出占比在4年时间里提高了4.9个百分点，2020年受疫情影响有所下降。服务业的快速发展，使人均服务资源占有量快速增加，推动服务消费快速增长。随着服务业商业模式创新带动供给效率的提升，以文娱、旅游、医疗、养老和教育为代表的服务消费正在成为最活跃的消费领域，居民消费升级态势明显，服务消费开始占据主流。2015—2019年，人均服务消费支出从6442元增加到9896元，增长了54%。而同期我国居民人均消费支出从15712元增长到21559元，仅增长37%。服务消费增量占全部消费增量的比重达到59%，说明服务消费对稳消费起到了关键性作用。服务消费的增加表明我国居民消费正在升级，服务业正朝着更优的结构发展。

5. 服务业固定资产投资增速明显，已成为固定资产投资的主力军

如表 1－2 所示，“十三五”时期，我国服务业投资占固定资产投资比重远高于第一和第二产业投资占比，大多数年份在 58% 以上。相对于消费而言，固定资产投资增长速度并不高，但服务业投资却备受追捧，且投资结构不断优化。2019 年，在全社会固定资产投资不景气的情况下，高技术服务业投资增长率 16.5%，教育和文化、体育和娱乐业投资增长率也保持在 13.9% 以上。

表 1－2　“十三五”时期三次产业固定资产投资（不含农户）规模

年份	一产固定资产投资总规模（亿元）	二产固定资产投资总规模（亿元）	三产固定资产投资总规模（亿元）	全社会固定资产投资总规模（亿元）	第三产业固定资产投资占比（%）
2016	18838	231826	345837	596501	58.0
2017	20892	235751	375040	631684	59.4
2018	22413	237899	375324	635636	59.0
2019	12633	163070	375775	551478	68.1

资料来源：《中华人民共和国国民经济和社会发展统计公报》。

二、服务业内部结构不断优化

随着第三产业的快速发展，服务业内部结构不断优化，服务新领域、新业态层出不穷，产业融合成效显著，创新驱动助推服务业高质量发展。

1. 服务业内部结构高级化，现代服务业占比上升

服务业内部结构高级化，主导产业发生改变，总体呈现出由传统服务业为主向现代服务业为主的变化趋势。如表 1－3 所示，传统的批发和零售，交通运输、仓储和邮政等服务业占比明显下降，金融、房地产产业占比显著上升，信息传输、软件和信息技术等新兴服务业快速崛起。2019 年，第三产业中比重最高的前三位是批发和零售业、金融业、房地产业，金融业占比超过了交通运输、仓储和邮政业，成为第二名，房地产业也超过交通运输、仓储和邮政业位居第三，第三产业内部结构发生巨大变化。总体来看，截至 2019 年，批发和零售业、住宿和餐饮业的占比逐步下降，较 1952 年分别下降 18.6 个百分点和 4.3 个百分点。交通运输、仓储和邮政业占比先升后降，1978 年达到 20.4%，2019 年下降为 8.1%。金融业和房地产业占比逐步上升，比 1952 年分别上升了 8.8 个百分点和 5.8 个百分点。

表 1－3　1952—2019 年中国第三产业增加值构成　（%）

行业	1952 年	1978 年	1990 年	2000 年	2008 年	2018 年	2019 年
第三产业合计	100	100	100	100	100	100	100
批发和零售业	36.6	27.2	21.0	20.6	19.4	18.1	18.0
交通运输、仓储和邮政业	15.1	20.4	19.3	15.6	12.1	8.7	8.1
住宿和餐饮业	7.7	5.0	5.0	5.4	4.9	3.4	3.4
金融业	6.1	8.6	18.9	12.2	13.5	14.8	14.9
房地产业	7.3	9.0	11.0	10.5	10.9	12.8	13.1
其他行业	27.2	29.8	24.8	35.6	39.2	42.1	42.3

注：其他行业包含信息传输、软件和信息技术服务业，租赁和商务服务业，科学研究和技术服务业，水利、环境和公共设施管理业，居民服务、修理和其他服务，教育，卫生和社会工作，文化、体育和娱乐业，公共管理、社会保障和社会组织共 9 个门类行业。

资料来源：国家统计局网站。

2. 产业边界逐渐模糊，融合发展成效显著

产业融合主要原因在于：一是互联网的发展使得交易成本大幅下降，将企业的制造能力和服务资源汇聚在一起，打通制造业和服务业之间的壁垒。二是随着企业的强大，朝着产业链的上下游延伸，以一站式或一体化的服务提升市场竞争能力。三是企业多元化发展的需要。“企业做大，终是金融”“房地产暴利”的认知深入实体企业的发展战略之中。

因此，随着中国工业化进程的加快和服务业规模的扩大，服务业和制造业的产业边界正日渐模糊，产业融合发展成效显著，服务业的发展正超出消费本身低端和劳动密集型的范畴，显现出赋能产业的特征。新一代信息技术打破了传统封闭式的制造流程和服务业业态，促进了制造业和服务业在产业链上的融合，产业边界逐渐模糊，“服务工业化”和“工业服务化”两种趋势同时存在，推动了先进制造业和现代服务业的互相渗透。“十三五”时期，信息技术支撑下的平台型服务、供应链服务、互联网服务为中国制造业转型创造更多可能性，让生产性服务业的内涵和路径都更加丰富。“产业＋金融”“产业＋互联网”“产业＋房地产”成为常见的配置，在很大程度上模糊了企业所能归属的产业范围，并发展成为制造型服务企业或者服务型制造企业。

3. 服务新领域、新业态层出不穷，创新驱动成为服务业发展新动能

2008 年席卷全球的金融危机重创了世界经济，为缓解金融危机对我国宏观经济产生的不利影响，国家颁布了一系列宏观调控政策扩大内需，为我国第

三产业的发展提供了机遇。服务新领域、新业态相继出现，新兴行业焕发生机。在互联网和相关服务业的带动下，快递业、软件和信息技术服务等行业快速发展，表现出前所未有的强劲增长态势。如表 1 - 4 所示，互联网和相关服务业规模快速扩大，在电商平台繁荣发展的带动下，快递行业快速增长，平均增速达到 50%。

表 1 - 4　2015—2018 年中国新兴服务业增长速度　（%）

行业	2015 年	2016 年	2017 年	2018 年
互联网和相关服务业	—	17.4	20.8	20.3
快递业	48.0	51.4	28.0	21.8
软件和信息技术服务业	14.8	18.1	26.0	30.7
租赁和商务服务业	9.2	11.0	10.9	8.9

资料来源：国家统计局网站。

服务创新成为服务业发展的新动能，带动服务业新领域和新业态不断涌现，增加了服务新供给，刺激了服务新需求，是服务业不断成长的重要动因。在大数据、人工智能、移动互联网、云计算等新一代信息技术驱动下，中国制造业和服务业的数字化、网络化、智能化水平不断攀升，打破了传统封闭式的制造流程和服务业业态，促进了制造业和服务业在产业链上的融合，提升了服务业的生产率和竞争力。

三、服务业对外贸易发展迅速

1. 服务贸易蓬勃发展

改革开放以来，中国的服务贸易获得了蓬勃发展。图 1 - 6 描绘了 1982—2019 年中国服务贸易进出口金额及其差额情况。可以看出，中国的服务贸易进程大致可以划分为三个阶段：1982—1991 年为服务贸易的起步阶段，进出口总额从 1982 年的 47 亿美元增加到 1991 年的 137 亿美元；1992—2000 年为服务贸易稳步持续增长阶段；2001 年至今为第三阶段，随着中国加入世贸组织，服务贸易快速发展，进出口总额从 2001 年的 784 亿美元增加至 2019 年的 7850 亿美元，增长了近 10 倍。“十二五”期间，我国服务贸易总额已经先后赶超英国、德国居世界第二位。“十三五”期间，我国服务贸易进出口额继续上升，疫情过后，预计我国服务贸易将仍旧保持上升态势。

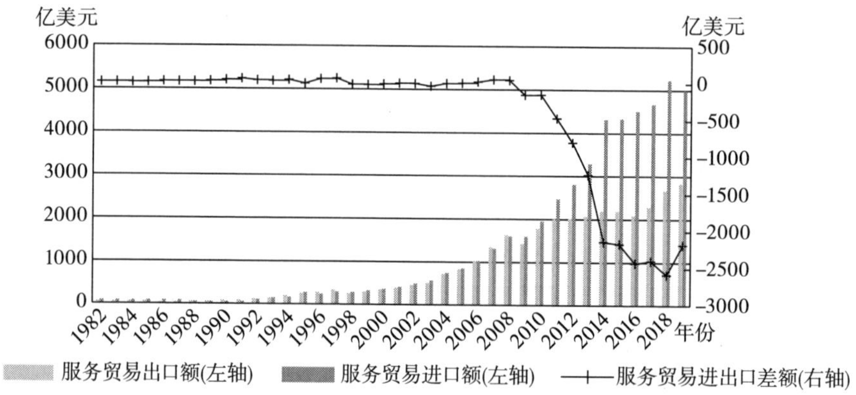

图 1－6 1982—2019 年中国服务贸易进出口金额及其差额

资料来源：国家统计局网站。

图 1－7 2016—2019 年中国服务贸易出口结构

资料来源：商务部外资司。

服务贸易出口结构持续优化。“十三五”以来，服务贸易出口经历了 2016 年的负增长、2017 年重新高增长、2018 年服务贸易出口增速达 17.0%、2019 年增速有所回落的发展轨迹。2017—2019 年连续三年保持服务贸易出口增速高于进口增速。分行业来看，运输、旅行和建筑三大传统服务贸易行业在出口服务中所占比重由 2017 年的 43.8% 下降到 2019 年的 38.3%；而知识密集型服务在出口服务中所占比重不断上升，2019 年已突破 50% 大关（见图1－7）。从具体领域看，知识产权使用费、个人文化娱乐服务，电信、计算机和信息服务以及金融服务行业延续快速增长态势。

2. 服务业成为吸引外资新热点，对外投资取得新突破

服务业利用外资规模持续扩大。近年来，中国的制造业和服务业部门在利

用外资的结构上也出现了明显的分化，制造业呈现小幅下降趋势，服务业则表现出迅速上升的特征，中国服务业正在成为吸引外资新热点。2014 年，在我国外资流入量首超美国位居全球第一的情况下，服务业实际使用外资 740 多亿美元，为 2010 年的近 1.5 倍，年均递增 10.4%，大大超过第二产业的增速。同时，租赁和商务服务业、批发和零售业、金融业已成为我国对外直接投资的主要领域，2014 年底这三个行业累计投资存量占比高达 638%。自 2016 年以来，全球外国直接投资持续下降，然而我国吸收外资金额尚能保持 3% 左右的逆势增长。国内服务消费需求快速增长，市场规模也已经达到相当水平，服务业实际利用外资金额稳定扩大，外商直接投资的重心正逐渐向服务业倾斜（见表 1－5）。

表 1－5　中国服务业（非金融）实际利用外资情况

年份	规模（亿美元）	同比（%）	占比（%）
2016	838.8	3.4	66.6
2017	954.4	7.5	72.8
2018	918.5	－3.8	68.1
2019	1001.3	9	72.5
累计	4598	—	72.3

资料来源：商务部。

服务业利用外资的产业结构逐步高级化。随着中国经济结构的转型升级，引入外资的产业和行业结构也发生了显著变化。2016—2019 年，高技术制造业和高技术服务业利用外资强劲增长，占比提高，引技引智成为新动能。外资向高端产业聚集，既是中国经济增长方式转变、发展动力转换的必然结果，也是制度改革释放红利和开放型经济迅速发展的重要体现。

中国服务业对外投资持续增加，总体平稳健康发展。“十三五”期间，我国服务业对外直接投资流量有所下降，但总体保持稳定。2016 年，服务业对外直接投资流量快速增长，达到自 2003 年以来的最高值 1390.3 亿美元。2017 年，随着政府加强对企业对外投资真实性和合规性的审查，针对对外直接投资方向进行引导和规范，市场主体对外投资趋于冷静，企业对外投资增速放缓，当年对外直接投资流量呈现近 14 年来的首次下降，服务业对外投资同比下降 26.4%，回落到 1023.1 亿美元。2018 年和 2019 年服务业对外直接投资流量延续下降趋势，但下降速度明显有所放缓。

第二章　中国城市服务业高质量发展整体评价与特征分析

所谓城市服务业高质量发展，主要是指服务业产业结构的优化、产业素质与效率的持续提升和产业规模的扩张。产业结构的优化主要表现为产业间的协调发展以及结构的升级。持续改进的产业素质与效率主要表现为持续优化生产要素，提高服务质量、技术水平、管理水平。而产业规模的扩张则表现为城市服务业产业增加值绝对量的增加和占比的提高。高质量的城市服务业往往是由新动能驱动，具有更加创新的业态模式。城市服务业对于经济高质量发展来说，既是方向又是手段。要优化城市服务业结构，提升城市服务业发展质量，从战略价值上发挥城市服务业作用，进而推动国家经济整体实现高质量发展。前文服务业发展成就分析表明，产业规模、产业结构及产业创新与环境都可在提升城市服务业质量方面发挥重要作用。与之相对应，本章拟分别从产业规模、产业结构、产业创新、产业环境和产业协同在城市服务业高质量发展过程中的作用展开数据分析，为提出促进中国城市服务业高质量发展的对策建议奠定基础。

第一节　中国城市服务业高质量发展指标体系构建

一、构建基础

本部分基于区域内城市服务业之间的协同集聚关系和高质量发展程度差异，为城市服务业的高质量发展提供新的视角，促进产业间空间关系协调发展以及提升重点产业间协同集聚水平，也将为推进区域产业高质量发展提供新的思路。本部分主要依托《中国城市统计年鉴》、工商数据库、国家专利统计局数据、软件著作权数据库、失信企业数据库、上市公司数据库、司法数据库、北大数字普惠金融指数等大型权威数据库，选取 2011 年至 2019 年的城市层面数据，试图对比中国城市服务业的协同集聚特征，进而分析不同地区城市服务业协同集聚和高质量发展差异的原因，以期从协同集聚的视角展示城市服务业发展的差异，并为城市群产业高质量发展提供有益的思路与依据。

城市服务业是指为保持工业生产过程的连续性，促进工业技术进步、产业升级和提高生产效率提供保障的服务行业。它是与制造业直接相关的配套服务业，是从制造业内部生产服务部门独立发展起来的新兴产业。包括经过技术改造升级的传统服务业，以及伴随信息网络技术发展而产生的新兴服务业。城市服务业的发展不仅依托于自身产业发展基础条件，也要靠社会、经济、科技等资源的共同作用，更需要进一步创造有利于城市服务业发展的良好环境。鉴于此，本书立足于中国城市服务业发展现状，依据党的十九大报告对“质量、效率、动力”三大变革的界定，从发展基础、发展环境、发展协同三方面，产业规模、产业结构、产业创新、产业环境和产业协同五个维度对产业高质量发展进行科学界定与测度，构建一套全面科学的城市服务业评价指标体系，为促进城市服务业结构调整、扩大城市服务业发展规模提供决策参考。

（1）发展基础。城市服务业发展基础是发展现代服务业的基本保障，是培育和形成现代服务业新经济增长点的有力抓手。城市服务业产业规模是现代服务业在发展过程中自身所体现的相对稳定的基础条件，反映了各地区的服务业发展整体情况以及服务业发展所取得的成果，由此本章从产业规模和产业结构两方面衡量现代服务业发展基础情况。其中，产业规模以总量指标为主，从宏观层面反映各地区现代服务业整体发展状况，产业规模的过大和过小对现代服务业的发展都会产生一定的抑制作用，因此合理的产业规模是现代服务业发展的重要基础。产业结构与产业规模有一定关系，反映城市服务业内部各行业的结构关系。在经济新常态形势下，优化现代服务业产业结构对提高现代服务业发展水平和质量有重要作用，因此产业结构是现代服务业发展基础的重要表征之一。

（2）发展环境。地区产业发展环境是生产性服务业发展的重要依托，是城市性服务业生存和发展的外部条件，是促进产业健康有序发展的保障。良好的环境可以为提升城市性服务业发展水平提供有效支撑，因此，城市服务业发展环境是现代服务业评价体系的重要指标之一。现代服务业发展环境是指影响现代服务业发展的有形的“硬环境”和无形的“软环境”。其中，“硬环境”是支撑现代服务业平稳发展的基本保障，为现代服务业发展提供了有力的外部环境支持；“软环境”是衡量现代服务业发展程度的关键性指标，也是现代服务业发展环境建设的重要着力点，为现代服务业环境发展提供必要的人才、科技、政策等资源支撑。因此，环境支持和资源支撑是现代服务业发展环境的重要表征。企业信用作为衡量产业发展的“环境信用”，督促企业自觉履行环保主体责任，将企业在生产经营活动中遵守环保法律法规、环境标准和履行环保责任等方面的表现以信用评价结果形式进行公开，同步在行政审批、资金补助、评先评优等行政管理事项中实施守信激励和失信惩戒。让守信企业尽享红利、失信企业处处受限，企业环境信用评价让企业的环保守法意识和守规能力大幅提升，因此服务业失信企业占比成为衡量地区产业生态环境的优质指标。同样，司法数据中的服务业企业各类惩罚占比也成为很好的衡量产业法治环境的指标，具体包含来自工商局、环保局、银保监会、税务局等部门的行政处罚次数。同时，在公平、开放、联动、共享的数字化时代，普惠金融作为促进产业高质量发展的方式，有利于形成利益相关者合作共赢、服务提供者良性竞争、供需主体有效互动的生态系统，要坚持普惠金融服务的公平准入、公平竞争和公平规制，着力破解资源配置的不合理约束和制度瓶颈，增强数字普惠金融发展的内生动力，进一步完善数字普惠金融服务，形成安全、可信、低成本的产业金融环境，使普惠金融服务扩展到更广泛的区域和产业群体。因此数字普惠金融指数成为衡量产业金融环境的重要组成指标。

（3）发展协同。在现代产业分工中，服务业与制造业之间的协同发展趋势不断凸显。对于中国而言，服务业与制造业协同发展既是转变经济发展方式、走新型工业化道路的内在要求，也是提升制造业竞争力、推进产业结构升级的重要保障。中国的服务业市场化程度不高，粗放式扩张，服务业与制造业关联程度较低，应从强化市场竞争、强化产业关联、优化产业布局等方面来促进协调发展。因此衡量生产性服务业与制造业协同发展程度的产业协同度成为衡量服务业产业高质量发展的一项重要指标。

二、数据来源

本部分采用的是2011—2019年的城市数据，由于各地级市数据的可得性和匹配问题，本部分只能将统计各地级市的数据时间截止到2019年。服务业人均专利授权数、服务业人均发明专利授权数的数据来自国家知识产权数据库；服务业上市公司数量、服务业上市公司资产规模数据来自上市公司数据库；服务业失信企业数量来自失信企业数据库；服务业企业各类惩罚占比、服务业受惩罚企业数量、行政处罚—工商、行政处罚—环保局、行政处罚—银（保）监会、行政处罚—税务数据来自司法数据库；服务业企业人均软件著作权数量来自软件著作权数据库；数字普惠金融指数来自北京大学互联网金融研究中心的数字普惠金融指数；第三产业增加值、第三产业占 GDP 比重、第三产业从业人员数、生产性服务业从业人数、高端服务业从业人数等数据来源于《中国城市统计年鉴》及各地级市统计年鉴和统计公报，服务业与制造业协同度根据年鉴数据计算。

第一，关于行业的选取。本章主要研究城市服务业的高质量发展程度，关于服务业行业数据，相关的统计年鉴只提供到一位数行业，因此本章以城市服务业作为服务业一位数行业的代表。按照要素密集度把制造业分为两类（即划分为劳动密集型和资本密集型两类）时，则运用了制造业两位数行业。

第二，对于样本期间的选取问题。由于我们运用的是地级市层面的面板数据，且构造的服务业发展指标具有一级和二级指标，包含了足够多的信息，为了保证足够的样本容量以及使结论更让人信服，本章选取尽量多的城市和尽量大的时间跨度。1994 年，国家统计局对国民经济行业的分类进行了重新修订。由于 2011 年之前的服务业的工商数据库中企业效率数据缺失较多且与之前年份的统计方式存在差异，因此为了保证统计数据的完整性以及估计结果的稳健性，本书最终选取的样本年限跨度为 2011—2019 年。

三、综合评价

产业高质量发展是构建现代化经济体系的基本命题，是产业迈向中高端在更宽领域、更深层次的实现与升华。根据党的十九大报告对经济高质量发展和 2018 年中央经济工作会议中七大重点任务之首的制造业高质量发展的相关论述，本书首先界定了产业高质量发展的内涵。党的十九大报告指出，坚持经济高质量发展就必须坚持质量第一、效益优先，以供给侧结构性改革为主线，推动经济发展质量变革、效率变革、动力变革。依据“质量、效率、动力”三大变革的界定，本书将从产业规模、产业结构、产业创新、产业环境和产业协同五个维度对产业高质量发展进行科学界定与测度。根据现有文献相关指标的测度方法和指标的可获得性，本书服务业高质量发展指标测度体系如表 2－1 所示。在具体研究中，结合熵权法与 TOPSIS 法的优点测度出地区层面产业高质量发展指数，并对其进行时空特征分析。

表 2－1　服务业高质量发展指标测度体系

一级指标	二级指标	测度方法	数据来源	功效
产业规模	第三产业产值	第三产业增加值	《中国城市统计年鉴》	+
	第三产业比重	第三产业占 GDP 比重	《中国城市统计年鉴》	+
	第三产业人均产值	第三产业产值/从业人员	《中国城市统计年鉴》	+
产业结构	生产性服务业比重	生产性服务业从业人数占服务业比重	《中国城市统计年鉴》	+
	高端服务业比重	高端服务业从业人数占服务业比重	《中国城市统计年鉴》	+
产业创新	服务业人均专利授权数	专利授权数/从业人员	国家知识产权数据库	+
	服务业人均发明专利授权数	发明专利授权数/从业人员	国家知识产权数据库	+
	服务业企业人均软件著作权数量	软件著作权数量/从业人员	软件著作权数据库	+
产业环境	服务业失信企业占比	服务业失信企业数量/服务业企业数量	失信企业数据库	−
	服务业企业各类惩罚占比	服务业受惩罚企业数量/服务业企业数量	司法数据库	−
	数字普惠金融指数		北大数字普惠金融指数	+
产业协同①	服务业与制造业协同	E－G 共同集聚指数	《中国城市统计年鉴》	+

四、高质量发展指数构建方法

（一）二级指标构建

为了得到更加准确可靠的结论，本部分将熵权法与 TOPSIS 法结合起来，在对各测度指标进行标准化处理的基础上，采用熵权法赋予各测度指标权重值，然后利用 TOPSIS 法对各地区产业高质量发展水平进行量化排序。熵权法的指标权重值是基于各测度指标数据变异程度所反映的信息量得到的，降低了

① 路丽，陈玉玲．我国制造业与生产性服务业协同水平测度及影响因素研究［J］．工业技术经济，2021，40（5）：155－160.

指标赋权时主观人为因素的干扰。TOPSIS 法，又称为“双基点法”，通过比较各测度对象与最优方案及最劣方案的相对距离进行量化排序，具有计算简单、结果合理的优势。熵权 TOPSIS 法将熵权法和 TOPSIS 法两种方法的优点相结合，使得产业高质量发展水平测度结果更具客观性和合理性。其具体实施步骤如下：

第一步，为消除不同测度指标在数量级和量纲方面的不一致性，首先运用极差法对经济高质量发展水平测度体系中各测度指标 X_{ij} 做标准化处理：

$$Y_{ij}=\begin{cases}\dfrac{X_{ij}-\min(X_{ij})}{\max(X_{ij})-\min(X_{ij})},X_{ij}\text{ 为正向指标}\\ \dfrac{\max(X_{ij})-X_{ij}}{\max(X_{ij})-\min(X_{ij})},X_{ij}\text{ 为负向指标}\end{cases} \tag{2-1}$$

其中，i 表示地区，j 表示测度指标，X_{ij} 和 Y_{ij} 分别表示原始的和标准化后的产业高质量发展水平测度指标值，$\max(X_{ij})$ 和 $\min(X_{ij})$ 分别表示 X_{ij} 的最大值和最小值。

第二步，计算经济高质量发展水平测度体系中各测度指标 Y_{ij} 的信息熵 E_j：

$$E_j=\ln\frac{1}{n}\sum_{i=1}^{n}\left[(Y_{ij}/\sum_{i=1}^{n}Y_{ij})\ln(Y_{ij}/\sum_{i=1}^{n}Y_{ij})\right] \tag{2-2}$$

第三步，计算产业高质量发展水平测度体系中各测度指标 Y_{ij} 的权重 W_j：

$$W_j=(1-E_j)/\sum_{i=1}^{m}(1-E_j) \tag{2-3}$$

第四步，构建经济高质量发展水平测度指标的加权矩阵 R：

$$R=(r_{ij})_{n\times m} \tag{2-4}$$

其中，$r_{ij}=W_j\times Y_{ij}$。

第五步，根据加权矩阵 R 确定最优方案 Q_j^+ 与最劣方案 Q_j^-：

$$\begin{aligned}Q_j^+&=(\max r_{i1},\max r_{i2},\cdots,\max r_{im})\\ Q_j^-&=(\min r_{i1},\min r_{i2},\cdots,\min r_{im})\end{aligned} \tag{2-5}$$

第六步，计算各测度方案与最优方案 Q_j^+ 和最劣方案 Q_j^- 之间的欧氏距离 d_i^+ 和 d_i^-：

$$\begin{aligned}d_i^+&=\sqrt{\sum_{j=1}^{m}(Q_j^+-r_{ij})^2}\\ d_i^-&=\sqrt{\sum_{j=1}^{m}(Q_j^--r_{ij})^2}\end{aligned} \tag{2-6}$$

第七步，计算各测度方案与理想方案的相对接近度 C_i：

$$C_i = \frac{d_i^-}{d_i^+ + d_i^-} \quad (2-7)$$

其中，相对接近度 C_i 介于 0 ~ 1，C_i 值越大表明地区 i 的产业高质量发展水平越优；反之，C_i 值越小表明地区 i 的产业高质量发展水平越差。

（二）产业协同度的测度

产业集聚是指某些产业在特定地域范围内集中的现象，产业集聚研究多是针对单一产业而展开的。产业协同集聚则强调具有异质性的多个产业在同一城市范围内的地理邻近（Ellison et al.，1997）。Kolko 等（2010）认为，对集聚的分析是以单一行业为观察单位，而对协同集聚的分析则是以成对行业为观察单位。协同集聚可能不会出现在所有行业之间，仅是部分行业所特有的现象（Helsley et al.，2014）。早期协同集聚的研究主要基于对协同集聚水平的测度而展开。

城市群是经济高质量发展的空间载体，协同集聚为城市群内部的产业发展研究提供了新视角。本部分选取长三角、京津冀和粤港澳大湾区三大城市群 2016 年至 2019 年的服务业面板数据，运用 E – G 协同指数方法测度对比三大城市群的服务业协同集聚特征，并对其进行分析。本研究对研判我国城市群内服务业行业间的关联性提供了新的解读思路。

Ellison 和 Glaser（1997）首次提出协同集聚概念，并构建 E – G 指数对不同产业间的协同集聚程度进行测度。本书在 D – O 指数和 γ 指数等测算方法的基础上采用 E – G 共同集聚指数对我国制造业与生产服务业协同集聚水平进行测度，其具体表达式为：

$$R_{ij} = 1 - \frac{|S_{mi} - S_{mj}|}{|S_{mi} + S_{mj}|} + (S_{mi} + S_{mj}) \quad (2-8)$$

其中，R_{ij} 表示我国制造业与生产性服务业之间的协同聚集水平，S_{mi} 和 S_{mj} 分别表示制造业与生产性服务业在我国各省份的集聚水平，具体表达式为：

$$S_{mi} = \frac{\frac{e_{mi}}{E_i}}{\frac{e_m}{E}} \quad (2-9)$$

其中，e_{mi} 表示 m 市制造业的从业人员总数，E_i 表示全国各地级市制造业的从业人员总数，e_m 表示 m 市所有产业的就业人员总人数，E 表示所有产业的就业人员总人数。最终计算得到的 R_{ij} 即为生产性服务业与制造业的协同度指标。

已有研究显示，协同集聚指数可以从经济关联视角反映产业的协同集聚水平。此处采用式（2－8）计算三大城市群在2016年至2019年内生产性服务业与制造业相互之间的协同集聚指数，并在下文根据计算结果比较三大城市群的协同集聚特征。

服务行业间均存在协同集聚现象。通过对比三大城市群“十三五”期间生产性服务业与制造业行业协同集聚度的均值可见，三大城市群的生产性服务业与制造业协同度均值为正，这显示三大城市群内均存在生产性服务业之间的协同集聚。由此可见，由于三大城市群服务业发展水平较高，生产性服务业协同呈现良好发展趋势。显示城市群内部已有服务行业呈现出较强的空间集聚关联性。Ellison 等（2010）运用2003年普查数据计算美国三位数代码的制造行业的协同集聚度，结果显示只有部分制造行业协同集聚指数为正。其研究发现，当两个行业在同一地区内集聚度都比较高时，更容易产生协同集聚。由此可以推测，当前长三角和珠三角两大城市群服务业发展水平较高，部分行业在城市群内已出现产业集聚，为城市群内服务行业间的协同集聚奠定了基础。随着两大城市群服务业发展水平的提升，其服务业协同集聚的态势将进一步显现。

第二节　中国城市服务业高质量发展的综合分析

一、基于综合指标的服务业高质量发展指数分析

1. 基于纵向对比

表2－2显示了“十二五”和“十三五”期间，我国服务业高质量发展指数，以及服务业产业规模、产业结构、产业创新、产业环境、产业协同五个二级指标的变化情况。2011年，我国服务业高质量发展指数仅为2.513，服务业发展质量较低，随后几年间呈现上升态势，到2019年已增加至10.473，是2011年的4倍多。同样，各分项指标也呈现上升趋势，其中产业环境上升最为明显。

表 2－2　2011—2019 年中国服务业高质量发展指数

年份	产业规模	产业结构	产业创新	产业环境	产业协同	高质量发展指数
2011	16.904	7.472	2.142	10.791	2.577	2.513
2012	18.446	7.444	2.447	22.977	2.591	2.838
2013	18.296	8.635	2.538	34.060	2.604	2.991
2014	20.203	8.309	3.046	38.751	2.606	3.473
2015	22.048	8.444	3.739	46.825	2.613	4.171
2016	24.343	8.738	5.066	53.285	2.603	5.474
2017	16.824	8.909	7.189	60.179	2.597	7.450
2018	29.809	8.757	9.058	62.434	2.572	9.364
2019	30.392	9.310	10.200	64.806	2.571	10.473

如图 2－1 所示，服务业高质量发展指数始终保持上升态势，其变化主要分为两个阶段：第一阶段是 2011—2014 年，高质量发展指数缓慢上升，整体较为平稳；第二阶段是 2015 年之后，服务业发展质量快速提升。其中，服务业产业发展环境对高质量发展指数的提升贡献最大，从 2011 年到 2019 年短短 9 年间，我国服务业发展环境指数从 10.791 快速上涨为 64.806，在其他几项分项指标中处于领先地位。起第二贡献作用的是产业规模指数，除了在 2017 年下降之外，其余年份均处于上升状态且高于其他三项指标。产业创新指标和高质量发展指数基本一致，走势也保持相同态势，而产业结构和产业协同基本平稳，甚至产业协同指数在 2017 年和之后年份还略有下降。这说明，我国服务业产业环境快速优化，产业规模稳步扩大，而创新驱动、服务业结构以及服务业和制造业的协同发展依旧任重道远，尤其是服务业产业协同水平低成为现阶段制约我国服务业发展质量进一步提高的最主要的障碍。

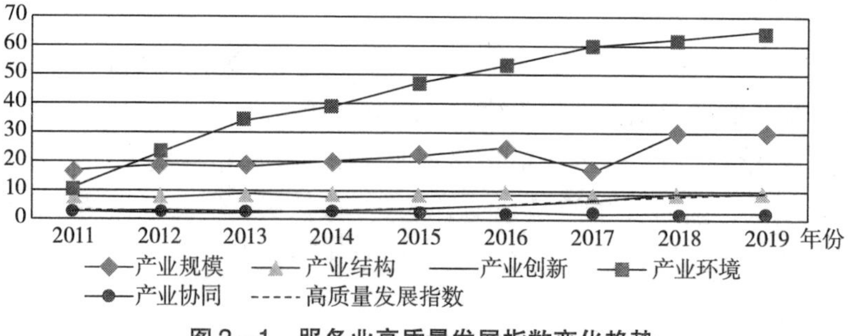

图 2－1　服务业高质量发展指数变化趋势

图 2－2 描绘了 2019 年服务业高质量发展指数各分项指标的雷达图，可以明显看出，2019 年服务业产业发展各项二级指标水平很不平均，产业环境指标遥遥领先于其他四项指标，产业结构和产业创新指标很低，产业协同是现阶段服务业高质量发展存在的最大短板。

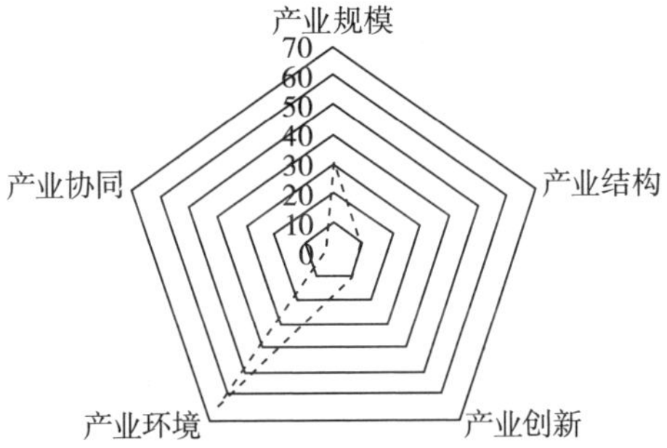

图 2－2　2019 年服务业高质量发展五项二级指标雷达图

2. 基于横向对比

表 2－3 描述了 2011—2019 年全国和七大地区服务业高质量发展指数的对比情况。从表 2－3 中可以清楚地看出，全国及各个分地区的服务业高质量发展指数呈现递增的趋势，长三角、珠三角和环渤海地区一直处于领先地位，是服务业发展的“领头羊”。相比之下，中部地区和西南地区均低于全国整体水平，但高于东北和西北地区，是承接东西的中枢纽带。

表 2－3　中国各区域服务业高质量发展指数对比

地区	2011 年	2012 年	2013 年	2014 年	2015 年	2016 年	2017 年	2018 年	2019 年
全国	2. 862	3. 253	3. 381	3. 928	4. 736	6. 19	8. 347	10. 497	11. 726
长三角地区	5. 437	6. 699	6. 958	8. 296	10. 377	13. 883	19. 043	23. 991	26. 109
珠三角地区	5. 051	5. 43	5. 002	5. 592	6. 606	8. 656	12. 624	15. 806	17. 244
环渤海地区	3. 133	3. 48	3. 907	4. 641	5. 697	7. 088	8. 756	11. 304	13. 426
中部地区	1. 684	1. 893	2. 207	2. 54	3. 08	4. 066	5. 767	7. 476	8. 408
西南地区	1. 935	1. 693	1. 743	2. 142	2. 511	4. 271	5. 794	7. 133	8. 247
东北地区	1. 609	1. 778	1. 961	2. 083	2. 444	2. 771	3. 149	3. 913	4. 657
西北地区	1. 447	1. 675	1. 877	2. 067	2. 484	3. 349	4. 196	5. 104	5. 782

表 2－4　全国和七大地区服务业高质量发展指数及各分项指标

地区	高质量发展指数	产业规模	产业结构	产业创新	产业环境	产业协同
全国	6.102	23.447	8.839	5.737	44.243	2.607
长三角地区	13.421	37.518	11.978	13.237	50.459	2.762
珠三角地区	9.112	26.483	8.962	8.826	48.407	2.905
环渤海地区	6.826	26.498	9.316	6.522	44.243	2.793
中部地区	4.125	19.408	7.467	3.433	43.426	2.634
西南地区	3.941	17.358	6.876	3.640	42.225	2.488
东北地区	2.707	19.272	9.567	2.099	41.150	2.349
西北地区	3.109	15.470	7.981	2.716	41.503	2.356

从全国年均服务业高质量发展指数与分地区指数的对比分析来看（见表2－4），长三角、珠三角和环渤海地区在2011年至2019年的服务业平均高质量发展指数要高于全国平均水准。由于长三角、珠三角和环渤海地区有沿海优势，服务业发展所需的知识、人才、科技等资源的引进速度较快，服务业集聚程度远高于其他地区，这就造成沿海服务业发展质量较高而内陆服务业发展质量颇低的不平衡局面。全国服务业高质量发展的平均水平被沿海地区第三产业蓬勃发展的高效成果迅速拔高，中部等内陆地区的年均高质量发展指数明显低于全国平均水准。

将高质量发展指数分解为五个二级指标对全国各地区进行对比分析，在产业规模方面，长三角、珠三角、环渤海凭借优越的地理位置和发达的经济体系，在全国各地区中处于领先地位，且产业规模年均指数远超国内平均水平。而中部地区的第三产业规模虽不似沿海地区发展那么迅速，但相较于其他内陆地区，在2011年至2019年的年均指数较高，逐渐逼近全国产业规模指数的平均水平。在产业结构方面，全国各地区的服务业结构年均指数相差不大，中国各地区服务业内部结构质量较为均衡。中部等内陆地区的服务业结构发展态势良好，长三角地区仍旧保持全国领先水平。在产业创新方面，中部、西北、东北、西南等内陆地区与长三角、珠三角、环渤海等沿海地区存在显著差异，沿海地区2011年至2019年的第三产业创新发展效果是中部等地区的2～7倍。珠三角等地区凭借优越的交通地理条件和丰富的产业资源优势，使高素质劳动力集聚；新业态新模式的出现不断推动第三产业向高质量高层次方向深化发展。内陆地区出现的劳动力“外流”现象为珠三角等地区提供了经济发展和产业升级不可或缺的人才。在产业环境方面，我国各地区第三产业的发展环境趋势大体一致，长三角和珠三角地区的年均产业环境指数已在50左右，而其余地区的年均产业环境指数均小于或等于全国平均水平。在产业协同方面，我国各地区服务业与制造业协同发展的年均指数相差无几，中部地区由于河南等省份实行高端服务业与高端制造业的融合发展，相较于其他内陆城市，在产业协同视角下的服务业发展状态更胜一筹，已然超过全国平均水平。

二、基于单项指标的服务业高质量发展水平分析

服务业高质量发展指数由产业规模、产业结构、产业创新、产业环境和产业协同五个二级指标构成，每一个二级指标又由若干个三级指标综合衡量。本部分主要分析“十二五”和“十三五”期间服务业高质量发展各个单项指标的变化情况。

1. 基于产业规模的评价

产业规模指标主要由三个分项指标构成，分别为第三产业产值（亿元取对数）、第三产业占 GDP 的比重、第三产业人均产值（万元/人）。如表2－5所示，2011—2019年，除了2013年、2017年，其余年份产业规模指数不断上升，从16.904上升为30.392。这说明，近十年我国服务业规模总体呈现不断扩大的趋势，第三产业人均产值也呈现同样的变化态势，而第三产业产值和第三产业占 GDP 的比重均只有一年下降。

单从产业规模这一项指标来看，“十二五”和“十三五”期间，我国服务业出现了快速的规模扩张，服务规模不断扩大，总量不断提升，对经济增长的贡献不断增强。结合第一章的分析，第三产业已经成为经济增长的主动力，占据着中国经济的“半壁江山”，但是从产业规模指数来看，2019年我国产业规模指数仅为30.392，这说明，我国第三产业规模还有很大的扩大空间，尤其是从第三产业人均产值来看和发达国家还存在很大的差距。

表2－5　产业规模及其分项指标

年份	产业规模指数	第三产业产值（%）	第三产业占 GDP 比重（%）	第三产业人均产值（万元/人）
2011	16.904	5.981	34.883	26.948

续表

年份	产业规模指数	第三产业产值（%）	第三产业占 GDP 比重（%）	第三产业人均产值（万元/人）
2012	18.446	6.113	35.457	29.475
2013	18.296	6.233	36.395	29.091
2014	20.203	6.360	38.527	32.065
2015	22.048	6.469	40.990	34.864
2016	24.343	6.570	42.975	38.491
2017	16.824	5.955	49.967	23.948
2018	29.809	6.785	46.341	47.219
2019	30.392	6.889	49.114	47.961

2. 基于产业结构的评价

产业结构指数主要由两个分项指标构成，包括生产性服务业比重和高端服务业比重。如表 2－6 所示，总体来看，2011—2019 年我国服务业产业结构不断优化，产业结构指数从 2011 年的 7.472 上升为 2019 年的 9.310，上升了 1.838。从两个三级指标来看，生产性服务业比重和高端服务业比重均有所上升，但上升幅度并不大，增长较为缓慢，尤其是高端服务业比重依旧很低。

表 2－6　产业结构及其分项指标

年份	产业结构指数	生产性服务业比重（%）	高端服务业比重（%）
2011	7.472	21.2	14.7
2012	7.444	21.0	14.9
2013	8.635	23.7	16.3
2014	8.309	23.2	15.7
2015	8.444	23.3	16.0
2016	8.738	23.7	16.6
2017	8.909	23.9	17.0
2018	8.757	23.4	16.8
2019	9.310	23.8	18.2

如图 2－3 所示，产业结构指数的变化趋势和生产性服务业比重保持一致，在 2012 年、2014 年、2018 年略有下降，其余年份缓慢提升。总体来说，在我国经济发展、技术进步以及对新兴产业的政策支持下，服务业结构整体向好趋

势明显。但是，和发达国家相比，我国仍然存在自主创新薄弱、关键核心技术受制于人、传统服务业占比过大且转型升级滞后、生产性服务业和高端服务业占比过低等问题，尤其是服务业内部结构高级化是现阶段服务业质量提升的重要途径之一。

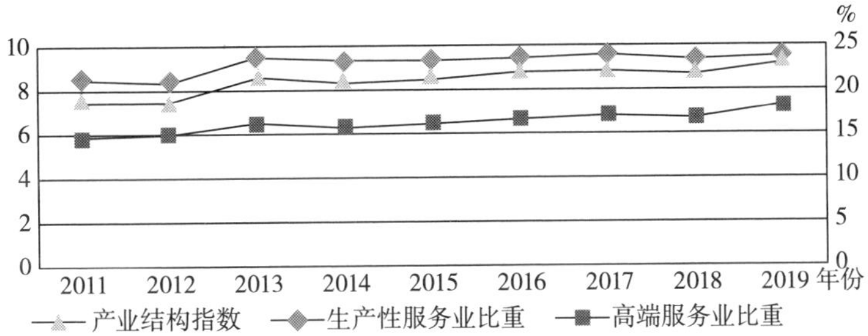

图 2－3 产业结构指数及其分项指标变化趋势

3. 基于产业创新的评价

表 2－7 和图 2－4 显示了 2011—2019 年我国服务业产业创新状况，产业创新指数主要由人均专利授权数、人均发明专利授权数和企业人均软件著作权数量三个指标共同衡量。总体来看，我国服务业产业创新水平不断上升，产业创新指数从 2011 年的 2.142 上升为 2019 年的 10.200，上升了 8.058，产业创新水平对我国服务业高质量发展指数的提升贡献很大。从三级指标来看，人均专利授权数、人均发明专利授权数和企业人均软件著作权数量均有所上升，人均专利授权数上升幅度最大。随着我国对自主创新的重视和国家政策资金的大力支持，我国服务业技术从过去的学习模仿开始向尝试自主原始创新转变，创新成为驱动服务业高质量发展的新动能。但不可否认，受到技术的原始积累、发展环境和资金人才配置等多种因素的制约，现阶段我国服务业创新水平还远不及西方发达国家，提升产业创新能力和企业创新积极性是现阶段提升服务质量的又一重要路径。

表 2－7 产业创新及其分项指标

年份	产业创新指数	人均专利授权数（项/人）	人均发明专利授权数（项/人）	企业人均软件著作权数量（项/人）
2011	2.142	0.006	0.003	0.003
2012	2.447	0.008	0.003	0.003

续表

年份	产业创新指数	人均专利授权数（项/人）	人均发明专利授权数（项/人）	企业人均软件著作权数量（项/人）
2013	2.538	0.009	0.004	0.003
2014	3.046	0.011	0.005	0.004
2015	3.739	0.014	0.007	0.004
2016	5.066	0.019	0.010	0.005
2017	7.189	0.028	0.014	0.007
2018	9.058	0.034	0.017	0.010
2019	10.200	0.036	0.017	0.013

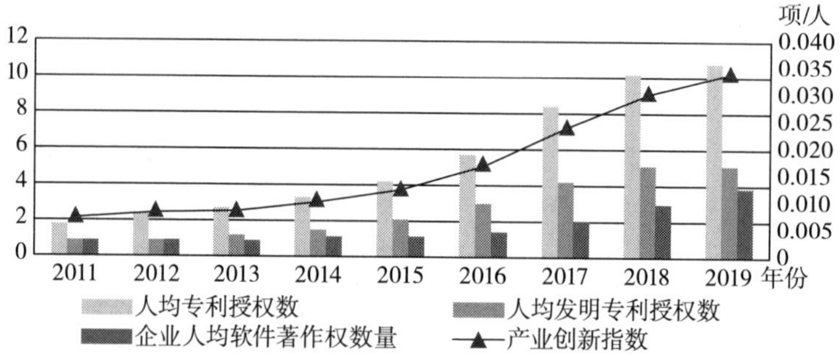

图 2-4　服务业产业创新及其分项指标变化趋势

4. 基于产业环境的评价

产业发展环境是城市服务业发展的重要依托，表 2-8 显示了 2011—2019 年我国服务业发展产业环境指数及其各分项指标，产业环境指数由服务业失信企业占比、服务业企业各类惩罚占比和数字普惠金融指数三个单项指标综合衡量。可以明显地看到，“十二五”和“十三五”期间，我国服务业发展环境得到了很大的改善，2019 年产业环境指数达到 64.806，是 2011 年 10.791 的约 6 倍。产业环境的快速改善得益于服务业发展的“硬环境”和“软环境”的同时完善，企业信用评价和失信惩罚机制让服务业失信状况有所改善，数字普惠金融的大面积普及和繁荣发展成为促进服务业发展环境改善的重要原因。其中，数字普惠金融指数在短短 9 年间从 51.958 快速上涨为 245.787，增长了近 4 倍。产业环境的快速改善为服务业健康有序发展提供了保障，成为服务业高质量发展指数增长的最大助力。

表 2-8　产业环境及其分项指标

年份	产业环境指数	服务业失信企业占比（%）	服务业企业各类惩罚占比（%）	数字普惠金融指数
2011	10.791	0.1	0.1	51.958
2012	22.977	0.1	0.3	92.178
2013	34.060	0.1	0.5	129.679
2014	38.751	0.3	1.2	145.556
2015	46.825	0.6	5.9	173.407
2016	53.285	0.9	7.4	196.233
2017	60.179	1.0	8.3	222.956
2018	62.434	0.9	6.9	233.660
2019	64.806	0.8	2.2	245.787

5. 基于产业协同的评价

图 2-5 显示了 2011—2019 年我国服务业产业协同指数的变化情况，主要用服务业和制造业协同指数来衡量。可以看出，产业协同指数在近十年间变化不大，整体在 2.6 左右。主要分为两个阶段：第一阶段在 2011—2015 年，整体呈现上升趋势，从 2011 年的 2.577 上升到 2015 年的 2.613（峰值）；第二阶段是 2015 年之后，从峰值一直下降到 2019 年的 2.571。

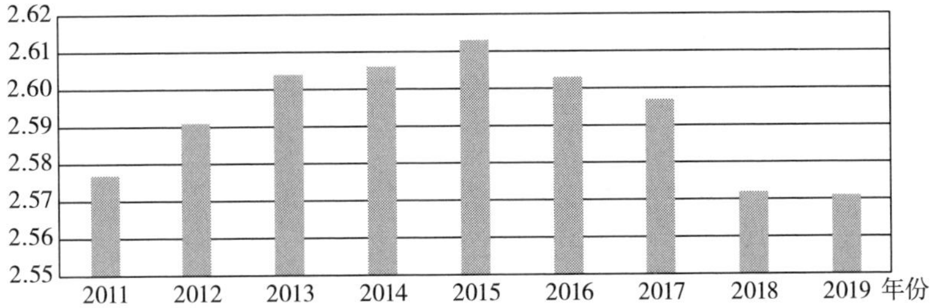

图 2-5　服务业产业协同指数变化趋势

我国服务业和制造业的融合发展进程缓慢，甚至近年来出现了负增长，成为制约我国服务业发展质量提升的最大短板。因此，在转变经济增长方式、注重经济高质量发展的新时期，国家出台各项政策支持生产性服务业发展，希望通过强化市场竞争和市场关联，努力解决服务业在融合发展方面存在的严重问题。

第三章　中国城市服务业高质量发展的问题分析

根据前文的分析，本章对现阶段产业发展质量提高的优势和机遇，以及进一步发展存在的现实困境进行了相应的分析，最终给出了中国城市服务业高质量发展进一步推进的战略选择。

一、中国城市服务业高质量发展的机遇和优势

1. 新一轮科技革命和产业革命为服务业创新发展奠定技术基础

历史上三次产业革命都带来了生产方式的巨大变革和生产力的巨大飞跃，三次产业革命的背后是两次科技革命和三次技术革命。与过去几次技术革命相比，中国迎接新一轮科技革命的条件最为成熟，具备良好的产业基础和科技创新基础。新一轮科技革命和随之而来的产业革命带来物联网、互联网、云计算等先进信息技术，成为服务业发展质量提升的重要驱动力量。新信息技术以近乎零边际成本的方式生产并共享着信息、商品和服务，使服务业分工进一步深化，激发服务领域持续创新。新的服务业态、商业模式、运作方式、管理方式促进新兴服务业崛起和发展，带动服务业生产效率和竞争力提升。同时，得益于新一代信息技术与实体经济的快速融合，传统服务业已经发生深刻变革，各国都在加快对传统服务业进行信息化、数字化改造，服务贸易成为国际竞争的新主题。

2. 新发展格局和新型城镇化拓展服务需求

首先，新发展格局要求充分发挥国内超大规模市场优势，内需扩大将拉动服务业快速发展。我国拥有超 14 亿的人口和近 100 万亿元的总需求，为了解决内需动力不足和疫情冲击下外需持续萎缩的问题，必须充分开发利用国内市场的巨大潜能，更好地发挥消费拉动经济的基础性作用。以内循环为主体的发展格局将立足强大的国内市场，为服务业创造更多、更广阔的市场需求，以消费升级和有效投资促进服务业高质量发展。同时，随着人均收入水平的提高，

消费者的需求也升级换挡，服务消费日益成为居民消费的主要方面。尤其是旅游、医疗服务、快递服务、养老服务、教育服务等领域的消费需求将迎来上升期，服务消费需求的提升为服务业发展培育新的发展动力。

其次，更高水平的对外开放为服务业发展创造了新机遇。一方面，服务贸易正在成为国际贸易发展新动力。20 世纪中期以来，服务业占全球经济的比重超过 50%，并随着服务全球化加速推进于 2018 年达到 68.6%，成为全球经济的主体产业。全球跨国投资中，服务业跨国投资已经超过 60%，服务贸易已经成为国际贸易中最具活力的组成部分且其作用在未来将继续增强，为我国继续扩大服务贸易规模提供机会。另一方面，"一带一路"为服务业对外开放提供了新平台。"一带一路"沿线新兴经济体所需的技术、金融、管理、人才等方面的服务支持，为我国服务贸易提供了市场机会。同时，"一带一路"建设也将有利于提高我国未来在服务贸易国际规则制定中的话语权，有利于我国在服务业国际分工中争取主动权。

最后，新型城镇化的快速推进将为服务业发展提供广阔空间。以人为核心的新型城镇化建设将更加重视协同共享、公平包容、集约高效、绿色低碳以及文化传承。城市群集聚经济和人口的能力增强，城市规模结构更趋完善，这些都有利于增强城市服务业的发展能力。城市间高铁等交通运输工具的快速发展，使城市与城市相连成为可能，给服务业的分工、协调和创新带来空间，促进服务业网络化发展。

3. 改革的不断深化为服务业营造良好的发展环境

改革开放以来，我国不断完善社会主义市场体制，深化供给侧结构性改革，改善营商环境，为服务业营造良好的发展环境。

首先，随着高标准市场体系的建设，市场在资源配置中发挥决定性作用，"流动自由、竞争有序"的服务要素市场逐步建立。在新兴产业的发展中进一步引入市场竞争机制，用市场化的激励手段和倒逼机制推进传统服务业转型和新兴服务业发展，为服务业繁荣营造良好的环境。其次，持续深化的供给侧结构性改革在破、立、降上下功夫，有利于优势企业生存发展，提高服务产业供给效率，相应地也扩大了生产性服务业的市场需求。同时，消除资源配置扭曲并不断激活服务业创造活力，为服务业发展筑牢根基。最后，服务业具有制度密集型特征，对制度高度敏感和依赖。我国不断加大对服务业发展的支持力度，完善社会主义市场经济体制，尤其是经济发展进入新常态后，开展"加快发展现代服务业行动"，把服务业高质量发展作为经济社会发展的重要目标之一。总体来看，随着服务业占 GDP 比重的逐年提升，中国营商环境排名有了较大幅度的提高，服务业产业环境指数大幅上升，为后续服务业发展质量提高提供保障。

二、中国城市服务业高质量发展的现实困境

1. 产业规模有待扩大

从服务业高质量发展指数来看，产业规模指数总体保持上升态势，但和产业环境改善状况以及发达国家人均服务业增加值相比，我国服务业规模仍有很大的进步空间。现阶段服务业在规模和供给方面还存在以下两方面问题：

一是服务有效供给能力和水平不高，高端高品质服务领域发育不足①。一方面，中国服务业规模大但质量层次不够高。未来中国依靠“拿来主义”引进和模仿新技术的可能性将越来越小，但现阶段服务供给的自主创新和研发能力还远远不够。另一方面，随着居民收入水平的持续提高，对高品质生活服务需求越来越多。而需求侧结构性扭曲在微观上最突出的问题在于人民日益增长的美好生活需要和不平衡不充分发展之间的矛盾，服务需求的结构升级没有带来服务供给的同步变化。高端服务消费由于供需的结构性偏差难以得到满足，高品质、个性化的服务供给不足使得中高收入的消费人群转向国外消费，导致部分需求外溢。

二是服务业附加值率比较低，服务业效益低于发达国家。附加值率越高说明该产业所创造价值的比重越高，相应生产中的中间消耗越低。我国服务业以劳动密集型行业为主，且劳动报酬水平低，从而在一定程度上导致我国服务业整体增加值率相对较低。从 WIOD 数据库中有关国家的增加值率来看，美国、法国、德国、日本等发达国家的服务业增加值率基本上处于 60% 以上，“金砖国家”中的巴西、印度、俄罗斯的服务业增加值率也在 60% 左右②，而我国大部分部门服务业增加值率都落后于“七国集团”的平均水平③。

---

① 李勇坚．“十三五”我国服务业成就、经验与“十四五”发展趋势［J］．人民论坛，2020（36）：80－83.

② 夏杰长．面向“十三五”的中国服务业：总结与展望［J］．北京工商大学学报（社会科学版），2015，30（6）：1－11.

③ 杨坤鹏，戴翔．我国服务业增加值率的变迁及其国际比较［J］．上海经济研究，2016（2）：12－18，28.

2. 产业结构升级滞后

服务业产业结构升级滞后是现阶段制约我国服务业高质量发展的重要障碍之一，在服务业的内部结构上，主要存在以下三方面的问题：

第一，传统服务业比重较高，现代服务业发展滞后。当前服务业主要集中在商贸、餐饮、仓储、邮政等传统服务业上，金融、电信、信息服务、商务服务和租赁服务、科学研究等现代服务业发展不足，服务业仍处于低层次结构水平。尽管近几年服务业的内部结构有所改善，新兴产业有了一定的升级趋势，但现代服务业还没有成为产业增长的主体，传统部门和一般产业仍是带动服务业增长的主要力量。与国外主要国家的服务业细分行业比较，中国传统服务业的增加值占第三产业增加值的比重过大，明显高于其他国家。

第二，服务业高端人才供给不足，服务创新领军人才短缺。人力资本是服务业发展的关键要素，发展服务业需要大量专业人才。近年来，我国服务业人才结构有所改善，但高层次、高技能人才缺口仍然较大，产业升级引发的人才需求变化与人才培养之间不相匹配。随着新兴技术的广泛普及和深度应用，从业者专业素养和技能不适应发展需要的问题也日益突出。服务业人才供给结构性失衡现象也日益凸显，结构性短缺制约着我国服务业的高质量发展。

第三，地区服务业发展水平差距较大。受地区经济发展水平、自然禀赋、人口和环境等因素的影响，服务业发展水平区域差距较大，地区间人均服务产品差距明显大于地区间 GDP 的差距。服务业发展的地区差距显而易见，东部经济发达地区的服务业发展速度和质量高于中西部地区。

3. 产业创新动力不足

创新是驱动经济发展的主动力，随着我国对自主创新和基础研究投入的增加，服务业产业创新指数有所上升，但创新依旧没有完全发挥其对服务业规模扩大和结构升级的驱动作用，还存在以下问题：

第一，服务创新引领不足，自主创新能力和创新效率低下。随着劳动力成本的上升，创新作为服务业发展的新动能，在推动服务业产业转型的过程中越发重要。但我国服务业自主创新能力不足，缺乏核心技术，服务业领域研发投入较低。目前大部分国家的服务业研发费用比重正逐步扩大，但我国远低于发达国家 30% 的平均水平。同时，服务业创新效率低下，创新成果难以转化成实际竞争力。我国服务业“大而不强”问题依然突出，新业态、新领域多在模仿创新的基础上建立，人均专利数量逐年上升，但研究成果与现实“脱节”

的现象使得大部分专利沉睡，无法转化成实际竞争优势，造成社会资源的浪费。

第二，服务业竞争力有待进一步提升。“十三五”时期，我国服务贸易进出口规模持续扩大，一直保持全球前列。总体来看，我国服务贸易逆差一直在高位徘徊，虽然规模增长较快，但整体竞争力仍有待进一步提升。从服务贸易的结构来看，我国服务贸易顺差行业包括货物相关、计算机信息与通信、建筑等，而在旅游、运输、保险、个人文化娱乐、特许权使用及专利等方面保持着逆差。在知识密集型领域，我国服务业竞争力仍然比较弱。

4. 产业环境仍需改善

从服务业高质量发展指数及其分项指标的变化趋势中可以看出，近十年来，我国服务业发展环境有了很大程度的改善，是促进服务业发展质量提高最重要的因素。当然，和发达国家相比，我国服务业发展环境仍有以下问题需要完善。

第一，市场准入和监管制度不完善，市场化改革任重道远。与高质量发展要求相比，我国在服务业市场准入和监管方面还需进一步改进。一是准入制度不完善，市场准入门槛较高，妨碍了市场有效竞争。二是对以“互联网+”为依托的服务业新业态、新模式发展采取“包容审慎”监管原则的同时，缺乏动态监管机制，针对新出现的不规范价格行为、垄断行为等缺少法律规制。三是事中事后监管能力不足，方式较为落后，利用大数据等现代技术手段不够充分，企业、消费者、社会组织等多元主体共同参与治理的格局有待建立。

第二，服务业体制机制仍需进一步完善①，服务业改革长期滞后的格局仍然没有实质性改变。一方面，部分服务业领域仍然存在垄断现象，其他竞争者进入的隐性限制仍然存在。由于垄断性行业具有特殊的产业性质，我国垄断性行业改革也具有长期性和复杂性。如金融、电信、铁路、民航、教育、新闻出版传媒等垄断行业排斥相关竞争者进入，影响了服务供给和效率。另一方面，缺乏可真正落实和具可操作性的服务业发展支持政策。财税金融政策长期以来主要是针对工业部门出台，一些政策本意在促进服务业发展，但在具体实施过程中没有达到预想的政策效果。体制机制不完善使我国服务业在国际竞争中处于被动地位，不利于我国企业从产业链低端向高端进化。

---

① 李勇坚．“十三五”我国服务业成就、经验与“十四五”发展趋势［J］．人民论坛，2020(36)：80－83.

5. 产业协同发展缓慢

制造业和服务业协同发展水平低下是现阶段制约我国服务业高质量发展最大的短板，产业协同指数在 2015 年之后出现不升反降的现象。产业协同发展缓慢主要表现在以下方面：

第一，服务业与制造业的深度融合不够。促进先进制造业与现代服务业融合发展有利于改善供给质量、提升生产效率和经济效益，有效克服“鲍莫尔效应”，并避免落入“中等收入陷阱”。现阶段中国的先进制造业和现代服务业融合程度较低，与发达国家存在一定的差距。2011—2019 年，我国服务业和制造业协同指数先升后降，总体来看发展进程缓慢甚至有所倒退。服务化和工业化深度融合程度不高，且多停留在浅层融合，深度融合偏少。现阶段一些制造业企业剥离组建生产性服务业企业意愿不强，国有企业服务体系社会化改革有待推进，服务业细分行业的分工还需进一步深化。

第二，生产性服务业产值规模小，发展水平较低。生产性服务业在众多发达国家和地区已经获得了长足的发展，有利于促进一国产业结构升级，促进就业和地区经济发展。近年来，我国政府部门对发展生产性服务业高度重视，给生产性服务业带来了难得的发展机遇。但我国生产性服务业发展水平较低，对制造业的支撑作用远没有发挥出来。由于现代服务业中大部分行业属于生产性服务业，从现代服务业和行业角度来看，我国生产性服务业发展规模和水平严重滞后。从中间投入角度来看，我国作为中间投入的服务产品占 GDP 的比重也显著低于西方主要发达国家。

三、建设现代服务强国、促进中国服务业高质量发展的战略举措

党的十九大报告指出，“我国经济已由高速增长阶段转向高质量发展阶段，建设现代经济体系必须坚持质量第一、效益优先，推动经济发展质量变革”。新的发展阶段，依托服务业高质量发展实现经济增长的质量和效率提高，需要重构服务业增长动力，从规模扩张向质量和效益提升转变。

1. 质量变革

第一，以服务消费规模扩大和结构升级引领服务业高质量发展。一方面，促进服务消费规模扩大。提高居民收入在初次分配和再分配中的比重，扩大中等收入群体，缩小贫富差距。加强民生领域建设，建立多层次的社会保障体

系，实现公共服务均等化。减轻居民在医疗、保险、教育、住房和养老方面的负担，从而弱化预防性储蓄动机，降低储蓄率，提高居民消费意愿和消费信心。另一方面，实现服务消费结构升级。打破行业垄断现状，提高服务的供给数量和质量，提供更加优质、多样化、智能化和个性化的产品与服务。加快拓展定制消费、智能消费、体验消费等新兴服务消费领域，构建智慧产业和智慧商圈，通过创建新的消费增长点带动消费结构的升级和服务需求的增加。

第二，深化服务业供给侧结构性改革，提升供给结构对需求变化的适应性和灵活性。要从生产端入手，以优化结构、提高质量和提升效率为核心。一是加强服务业人才的培养和引进，改善民生服务领域和高端服务行业人才就业软环境；二是加快金融体制改革，建立多层次的服务业投融资体系；三是加大对基础科学、民生领域和中西部欠发达地区资金投入，促进服务业各行业、各地区协调发展；四是建立和国际市场相衔接的服务标准和技术规范，提高服务产品质量；五是以技术创新、模式创新、业态创新等方式增加有效供给，建立和培育高端自主品牌。持续关注新业态、新应用和新领域，依靠多元化的创新改变传统的供给方式，提升供给质量，主动适应和引领不断变化的新需求和新趋势，提升服务产品竞争力。

2. 效益变革

第一，大力发展现代服务业，加快传统服务业转型升级，提高服务业附加值率。依托高新技术和现代管理理念，发展金融保险、专业化商务服务、现代物流等高人力资本含量、高专业性和高附加值的现代服务业。效仿日本和新加坡等国推出的“服务产业转型计划”，帮助企业应用自动化技术、机器人技术和引进创新模式，以精减人力、降低传统服务业成本。推动基于人工智能的服务智能模式发展壮大，以智能化发展促进传统服务业转型升级。从现代服务业发展和传统服务业转型两条路径发力，提高服务业附加值率，实现服务业在全球价值链中嵌入地位的攀升。

第二，促进高端制造业与现代服务业有机融合，以高质量生产性服务业引领制造业发展。制造业企业要重塑价值链重心，通过技术创新向集技术研发、产品制造和品牌运作于一身的服务型企业转变。围绕客户的需求，结合企业制造优势和服务资源，建立有竞争力的产品服务系统。推进服务专业化、市场化和社会化，打造制造业和服务业融合的载体，提升生产性服务业质量，推进制造业生产环节向微笑曲线两端延伸。以高端制造业和产业融合需求为引导，增加生产性服务业有效供给，稳步提高生产性服务业在产业结构中的比重，形成门类齐全、支撑有力、协同发展的生产性服务体系，建立生产性服务业与制造业融合发展的现代产业生态系统。

第三，立足更高水平的对外开放，促进服务贸易效益提升。利用“一带一路”等国际经贸合作网络，深化多边服务业合作。厘清进一步扩大服务贸易开放的重点领域和关键措施，落实新修订的外商投资负面清单，倒逼国内服务业相关体制机制改革。客观理性看待现阶段的服务贸易逆差，适当扩大新兴服务进口，充分发挥技术和知识溢出效应，改善国内服务业供给结构。提高自由贸易试验区建设质量，推广贸易便利化、投资体制改革、事中事后监管等方面的试点经验。创新贸易新业态和新模式，培育质量竞争优势，提升服务业对国内增加值的贡献度。加强对服务业企业“走出去”的指导，改进相关的外汇管理、人员出入境管理、金融支持、境外投资服务，强化与中国制造“走出去”的有效协同①。

3. 动力变革

第一，加快实施创新驱动发展战略，培育服务业发展新动能②。一是推动服务理念创新，大力发展供应链管理、企业流程再造和精益服务，加快由单一服务环节向全过程服务转变。打破垂直的产业链和价值链，推动交叉领域跨界融合，鼓励通过平台经济、共享经济、跨界应用、异业联盟和集成创新等方式，实现服务要素的高效组合和协同创新。二是推动服务模式创新，引导企业积极开拓个性化专业服务产品，推动形成多层次、多形式的服务市场，发展综合性、特色型服务新平台，推进社会服务业创新发展。三是培育服务创新主体。推动组织创新和管理创新，引导服务业企业依托先进科技培养自主品牌和自主知识产权。加大研发投入力度，推进服务企业管理创新和技术创新。

第二，抓住新一次科技革命的新机遇，推进信息化和服务业深度融合。充分利用大数据和海量信息带来的便利助推数字化发展，催生智能化生产服务和现代商业模式。要进一步将医疗、教育、养老、文旅等行业与人工智能、大数据技术相结合，实现服务业数字化转型。加快传统服务业数字化和网络化建设，推动其向高端、智能、服务和绿色方向发展。加快数字经济与现代服务业融合，推动生产性服务业高质量发展，在供需精准匹配、现代物流体系、商业

---

① 刘涛．服务业高质量发展要解决四大问题［N］．学习时报，2018－08－10（002）．

② 刘奕，夏杰长．推动中国服务业高质量发展：主要任务与政策建议［J］．国际贸易，2018（8）：53－59．

营销服务等方面提供高效、智能和个性化服务。

第三，完善服务业体制机制和服务业基础设施，为服务业营造良好的发展环境。一是营造良好的政策环境。顺应新兴服务业发展特点，创新政策支持方式，由设定鼓励领域和资金扶持转变为引导服务创新方向。设立服务业试点专项资金，引导资金流向以企业化经营为主的公共服务平台。落实创新基金、项目申请方面的政策支持，对民营和国有企业一视同仁。采用灵活多样的政策手段，切实减轻服务业企业负担。二是创造良好的市场环境。建立高标准市场体系，发挥市场在资源配置中的决定性作用，激发各类市场主体活力。深化要素配置市场化改革，破除阻碍自由流动的堵点，着力打造“流动自由、竞争有序”的要素市场。强化竞争的基础性地位，在现代服务业的发展中进一步引入市场竞争机制，通过有效的市场竞争形成权利、机会和规则平等的发展环境。健全归属明晰、权责明确、保护严格、流转顺畅的现代产权制度，依法平等保护各种所有制企业产权。实行统一的市场监管和准入制度，健全负面清单管理和优胜劣汰的退出机制，落实审批、监管、社会信用和激励奖惩等各方面的机制设计。三是加强公共服务基础设施建设，支撑服务业高质量发展。更新、建设和完善服务业基础设施，推进科技设备共享和公共服务平台建设，提高基础设施使用效率。

第二篇

长三角地区城市服务业高质量发展评价

长江三角洲地处华东，工业基础雄厚、商品经济发达、水陆交通便利，是中国经济发展速度最快、经济总量规模最大、最具有发展潜力的经济板块。在2010年前，长三角指上海市、江苏省、浙江省两省一市，2010年后安徽省部分地级市区逐步“加盟”长三角并于2019年全面“入长”。当前，长三角地区囊括上海市、江苏省、浙江省、安徽省三省一市，区域面积达35.8万平方公里。优越的地理优势和丰富的人才储备资源使得长三角地区经济发展迅猛，2020年在新冠肺炎疫情的强烈冲击下，长三角依旧展现出强大的经济韧性，经济总量达24.47万亿元，约占全国经济总量的24%。长三角区域服务业尤其是现代服务业发展势头较好。2017年，长三角区域的批发零售业，交通运输、邮政和仓储业，住宿和餐饮业，金融业，房地产业增加值占全国的比重分别为25.9%、18.8%、19.1%、27.0%、26.0%，勇担全国发展排头兵。由于本篇服务业高质量发展研究涉及时间周期为2011—2019年，长三角地区划分存在差异，本篇只对上海市、江苏省、浙江省两省一市的服务业发展做比较分析，安徽省在中部地区章节再做详细探讨。

第四章　长三角地区城市服务业发展现状

第一节　长三角地区城市服务业总体规模分析

在经济全球化、经济发展表现出“经济的服务化”和“服务的知识化”特征，服务业已成为城市发展重要引擎的背景下，服务业的空间分工及其经济联系对城市经济增长、城市空间结构调整、城市功能提升及全球城市崛起产生积极影响。服务业在国民经济中的地位和作用的提升，是先发国家经济增长和产业结构演变的规律特征。当前，服务业发展在经济增长、社会进步、保障就业以及参与全球竞争方面的作用日益突出。加快形成以服务业为主的产业结构，是增强长三角地区国际竞争力、实现可持续发展的内在要求。对于长三角地区来说，加快构建以服务业为主的产业结构，具有现实基础，体现未来需要，是实现长三角地区持续又好又快发展必然的战略选择。

本节将从第三产业增加值、第三产业占 GDP 比重以及第三产业人均产值三个方面衡量长三角地区服务业总体规模及其发展现状，通过数据的分析比较对地区内各省市服务业发展规模进行详细讨论。

一、长三角地区第三产业增加值分析

表 4－1　长三角地区第三产业增加值　　单位：亿元

地区	2011 年	2012 年	2013 年	2014 年	2015 年	2016 年	2017 年	2018 年	2019 年
长三角地区	177.694	180.971	183.778	187.229	189.846	192.825	179.564	197.844	200.027
上海市	9.319	9.409	9.506	9.634	9.742	9.887	9.961	10.036	10.231
江苏省	93.095	94.978	96.576	98.554	99.942	101.488	95.456	104.075	105.016
浙江省	75.281	76.584	77.695	79.041	80.161	81.450	74.146	83.732	84.780

续表

地区	2011年	2012年	2013年	2014年	2015年	2016年	2017年	2018年	2019年
南京市	8.078	8.255	8.380	8.514	8.626	8.722	8.853	8.965	9.071
无锡市	8.016	8.137	8.220	8.287	8.339	8.462	8.059	8.674	8.716
徐州市	7.273	7.419	7.542	7.717	7.808	7.920	7.501	8.106	8.184
常州市	7.326	7.464	7.587	7.765	7.868	7.986	8.003	8.198	8.220
苏州市	8.430	8.578	8.692	8.805	8.888	8.984	8.352	9.154	9.201
南通市	7.361	7.510	7.636	7.825	7.943	8.081	7.311	8.314	8.379
连云港市	6.315	6.455	6.579	6.704	6.824	6.933	6.526	7.123	7.255
淮安市	6.512	6.665	6.804	6.988	7.140	7.284	6.972	7.459	7.533
盐城市	6.956	7.083	7.209	7.356	7.481	7.597	6.778	7.815	7.905
扬州市	6.927	7.069	7.197	7.369	7.475	7.602	7.376	7.852	7.930
镇江市	6.845	6.999	7.131	7.314	7.405	7.510	6.883	7.568	7.592
泰州市	6.846	6.981	7.113	7.290	7.414	7.565	6.826	7.781	7.748
宿迁市	6.210	6.362	6.487	6.623	6.731	6.843	6.015	7.066	7.280
杭州市	8.149	8.288	8.393	8.535	8.675	8.838	8.923	9.063	9.228
宁波市	7.806	7.937	8.043	8.118	8.195	8.276	8.032	8.504	8.679
温州市	7.347	7.440	7.536	7.676	7.811	7.961	7.157	8.156	8.201
嘉兴市	6.906	7.036	7.144	7.241	7.332	7.448	6.371	7.666	7.766
湖州市	6.375	6.487	6.587	6.731	6.842	6.965	6.314	7.184	7.240
绍兴市	7.190	7.318	7.422	7.528	7.608	7.689	7.276	7.867	7.938
金华市	6.992	7.117	7.225	7.354	7.446	7.547	6.116	7.705	7.856
衢州市	5.809	5.933	6.037	6.162	6.269	6.397	5.681	6.592	6.730
舟山市	5.854	5.961	6.051	6.195	6.279	6.406	6.280	6.616	6.621
台州市	7.069	7.164	7.262	7.374	7.472	7.575	6.750	7.795	7.829
丽水市	5.783	5.903	5.995	6.128	6.233	6.350	5.247	6.584	6.692

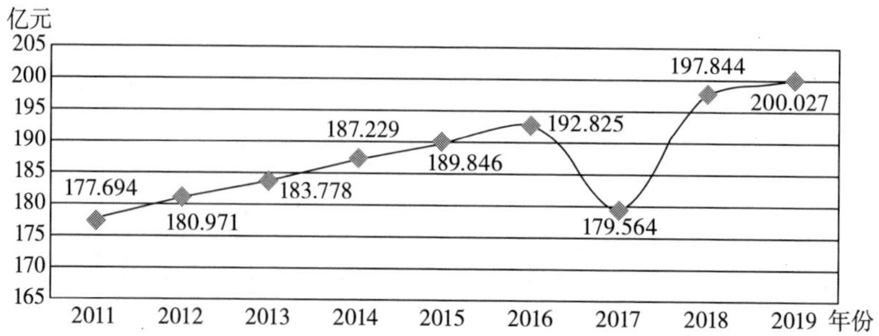

图 4－1　长三角地区第三产业增加值

表 4－1 给出了 2011—2019 年长三角地区及地区内各省份、各地级市的第三产业增加值的数据。图 4－1 描述了 2011—2019 年长三角地区第三产业增加值的变化趋势。

《中国统计年鉴》数据显示，2011 年长三角地区第三产业产值达 46311.07 亿元，其中上海市 11713.90 亿元，浙江省 14048.56 亿元，江苏省突破 2 万亿元大关，达 20548.61 亿元，占据长三角地区的“半壁江山”。近年来，网络化、智能化催生了大批新业态、新模式的服务机构及企业，服务业在全球跨国投资中也逐渐占据主导地位。随着“一带一路”建设、长三角区域一体化发展、长江经济带发展等多重战略机遇叠加交汇，长三角地区服务业发展迅猛：2019 年，长三角地区第三产业产值实现了翻倍增长，达 112504.77 亿元，相比 2011 年增长了 66193.70 亿元，增长率为 142.93%，年均增长 15.88%。其中上海市 27752.28 亿元，增长了 16038.38 亿元，增长率为 136.92%；江苏省产值最高，增速最快，达 51064.73 亿元，增长了 30516.12 亿元，增长率为 148.51%；浙江省 33687.76 亿元，增长了 19639.20 亿元，增长率为 139.80%。

总体来看，长三角地区第三产业增加值由 2011 年的 177.694 亿元增加至 2019 年的 200.027 亿元，实现了服务业产值的快速增长。

分地区来看，上海市金融业与信息传输、软件和信息技术服务业是支撑服务业增长的主要力量，其第三产业增加值由 2011 年的 9.319 亿元增长至 2019 年的 10.231 亿元；江苏省第三产业增加值由 2011 年的 93.095 亿元增长至 2019 年的 105.016 亿元；浙江省第三产业增加值由 2011 年的 75.281 亿元增长至 2019 年的 84.780 亿元。地级市中，苏州市、南京市、无锡市的第三产业增加值位列江苏省前三；杭州市、宁波市、温州市是浙江省第三产业增加值增长排名前 3 的地级市。

从趋势来看，2011—2019 年长三角地区第三产业增加值整体增大，表明近十年长三角地区服务业正以高速增长的态势不断发展扩大，对地区经济增长贡献着越来越大的力量。

二、长三角地区第三产业占 GDP 比重分析

随着我国经济由高速增长转为高质量增长，第三产业比重的持续提高是必然趋势，服务业（即第三产业）超越制造业成为我国经济增长的主动力将成

为常态。中国经济正在由原来的工业主导型经济向服务主导型经济转变，这种趋势将对中国经济增长、就业以及各个方面带来深远而持久的影响。第三产业，特别是养老、健康服务业、信息消费、文化创意和设计服务等将是我国当前及下阶段经济增长的新潜力、新空间。

表4－2　长三角地区第三产业占GDP比重

(%)

地区	2011年	2012年	2013年	2014年	2015年	2016年	2017年	2018年	2019年
长三角地区	45.99	47.42	49.21	50.26	51.83	53.90	54.45	55.12	56.21
上海市	58.05	60.45	62.24	64.82	67.76	69.78	69.18	69.90	72.73
江苏省	42.07	43.09	45.08	46.54	47.62	49.48	49.73	50.36	51.25
浙江省	44.10	45.75	46.75	46.76	48.57	50.35	51.95	52.96	54.03
南京市	52.40	53.40	54.38	56.49	57.32	58.39	59.73	61.04	62.02
无锡市	44.03	45.17	46.02	48.40	49.11	51.34	57.86	51.14	51.48
徐州市	40.55	41.47	42.50	45.21	46.24	47.38	53.26	49.03	50.10
常州市	42.40	43.90	45.22	48.05	49.51	50.90	51.80	51.50	50.19
苏州市	42.75	44.24	45.73	48.43	49.94	51.54	51.70	50.81	51.51
南通市	38.52	40.04	41.08	44.24	45.80	47.74	52.25	48.43	46.39
连云港市	39.14	39.60	40.26	41.42	42.53	43.13	47.07	44.69	45.03
淮安市	39.78	40.80	41.75	44.08	45.93	47.74	47.65	48.16	48.25
盐城市	37.82	38.17	38.85	40.77	42.08	43.53	43.05	45.15	47.54
扬州市	38.70	40.01	41.02	42.86	43.89	44.96	49.13	47.01	47.51
镇江市	40.59	41.63	42.66	46.12	46.90	47.62	51.85	47.78	48.03
泰州市	38.77	39.80	40.80	43.44	44.96	47.00	46.15	46.86	45.10
宿迁市	37.60	38.00	38.43	38.90	39.35	39.81	43.18	42.55	46.80
杭州市	49.27	50.94	52.93	55.25	58.24	60.89	64.54	63.90	66.17
宁波市	40.51	42.49	43.64	44.07	45.24	45.23	48.97	45.90	49.06
温州市	45.34	46.39	46.78	50.09	53.40	56.17	58.76	58.02	55.14
嘉兴市	37.24	39.30	40.20	41.58	43.44	44.40	51.88	43.77	43.89
湖州市	38.56	39.37	40.17	42.77	44.87	46.29	50.75	48.46	44.63
绍兴市	39.78	41.24	42.12	43.56	45.10	45.59	48.95	48.16	48.46
金华市	44.20	45.43	46.40	48.67	50.32	51.38	60.98	54.12	56.60
衢州市	36.15	38.69	39.52	42.47	45.97	47.84	48.51	49.50	53.11
舟山市	44.98	45.38	45.50	48.17	48.70	48.70	58.13	56.63	54.64
台州市	42.64	44.34	45.17	47.02	49.42	49.98	52.53	49.80	48.93
丽水市	40.57	40.85	40.75	43.51	46.05	47.20	57.92	51.82	54.52

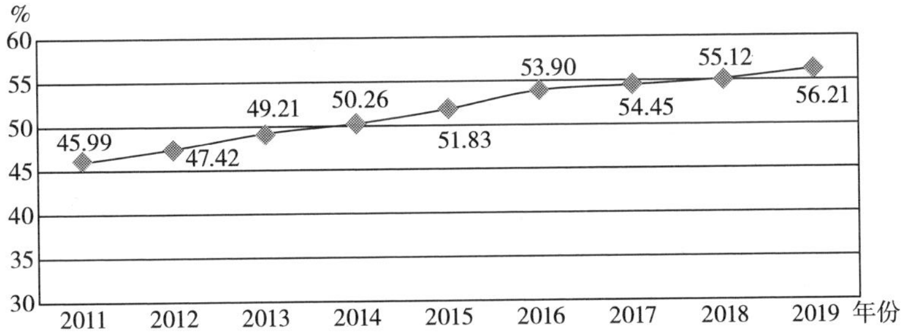

图 4 -2　长三角地区第三产业占 GDP 比重

表 4 -2 给出了 2011—2019 年长三角地区及地区内各省份、各地级市的第三产业占 GDP 比重的数据。图 4 -2 描述了 2011—2019 年长三角地区第三产业占 GDP 比重的变化趋势。

总体来看，2011 年长三角地区第三产业占 GDP 比重为 45. 99%，随着服务业在长三角地区的快速发展，2019 年第三产业占 GDP 比重升至 56. 21%，占地区生产总值的一半以上，成为长三角地区经济发展的支柱性产业。

分地区来看，作为世界金融中心，上海市服务业始终保持着高位发展。在 2011 年上海市第三产业占 GDP 的比重就已超过制造业，达到 58. 05%。随着近年来电子商务的快速崛起、物流业规模的不断扩大，上海市的第三产业展现出强大发展势头，2019 年第三产业占 GDP 比重高达 72. 73%。2011 年江苏省第三产业占 GDP 比重为 42. 07%，并于 2018 年实现服务业占据地区生产总值一半以上的历史性突破，2019 年第三产业占 GDP 比重达 51. 25%。2011 年浙江省第三产业占 GDP 比重为 44. 10%，2016 年达到 50. 35%，为地区生产总值贡献一半以上的力量，2019 年第三产业占 GDP 比重达到 54. 03%。地级市中，南京市、杭州市分别作为江苏省、浙江省的省会城市，2019 年第三产业占 GDP 比重分别达到 62. 02% 和 66. 17%，居所在省份首位；2019 年第三产业占 GDP 比重一半以上的城市有无锡市、徐州市、常州市、苏州市、温州市、金华市、衢州市、舟山市以及丽水市。

分年份来看，长三角地区第三产业占 GDP 比重呈现逐年增长趋势，由 2011 年的 45. 99% 增长至 2019 年的 56. 21%，增长了 10. 22 个百分点，年均增长 1. 13 个百分点。上海市第三产业占 GDP 比重由 2011 年的 58. 05% 增长至 2019 年的 72. 73%，增长了 14. 68 个百分点，年均增长 1. 58 个百分点。其中“十一五”期间（2011—2015 年）上海市第三产业占 GDP 比重增速较快，增长了 9. 71 个百分点，年均增长 1. 94 个百分点。“十二五”期间

（2016—2019 年）面对复杂多变的国际国内环境，第三产业占 GDP 比重增速逐渐放缓，增长了 2.95 个百分点，年均增长 0.74 个百分点。江苏省第三产业占 GDP 的比重由 2011 年的 42.07% 增长至 2019 年的 51.25%，增长了 9.18 个百分点，年均增长 1.02 个百分点。浙江省第三产业占 GDP 比重逐年增加，由 2011 年的 44.10% 增长至 2019 年的 54.03%，增长了 9.93 个百分点，年均增长 1.10 个百分点。

三、长三角地区第三产业人均产值分析

表 4－3 给出了 2011—2019 年长三角地区及地区内各省份、各地级市的第三产业人均产值的数据。图 4－3 描述了 2011—2019 年长三角地区第三产业人均产值的变化趋势。

总体来看，长三角地区第三产业人均产值由 2011 年的 48.312 万元/人增长至 2019 年的 79.201 万元/人，增长了 30.889 万元/人，增长率为 63.94%，第三产业人均产值在短短 9 年间实现了几近翻倍的增长。

分地区来看，上海市第三产业人均产值由 2011 年的 41.863 万元/人增长至 2019 年的 52.462 万元/人，增长了 10.599 万元/人，增长率为 25.32%；江苏省第三产业人均产值由 2011 年的 56.532 万元/人增长至 2019 年的 88.487 万元/人，增长了 31.955 万元/人，增长率为 56.53%；浙江省第三产业人均产值由 2011 年的 39.184 万元/人增长至 2019 年的 70.659 万元/人，增长了 31.475 万元/人，增长率为 80.33%。地级市中，常州市第三产业人均产值列江苏省首位，其次是南通市、无锡市；绍兴市列浙江省首位，其次是宁波市、嘉兴市。

表 4－3　长三角地区第三产业人均产值　　单位：万元/人

地区	2011 年	2012 年	2013 年	2014 年	2015 年	2016 年	2017 年	2018 年	2019 年
长三角地区	48.312	52.931	49.789	54.115	59.012	66.810	42.529	82.715	79.201
上海市	41.863	43.411	36.997	32.668	36.119	48.324	50.217	51.763	52.462
江苏省	56.532	63.751	55.146	62.259	68.241	77.283	50.743	95.117	88.487
浙江省	39.184	41.010	44.620	46.441	50.186	56.114	32.123	70.874	70.659
南京市	46.063	50.754	41.152	43.303	48.828	53.629	61.527	62.220	64.840
无锡市	94.963	109.253	90.034	97.052	102.787	116.520	78.343	141.338	113.187
徐州市	40.061	46.475	45.858	53.753	59.001	64.987	42.831	79.339	80.335
常州市	72.267	79.109	74.925	86.785	94.518	107.053	109.905	128.770	121.563

续表

地区	2011 年	2012 年	2013 年	2014 年	2015 年	2016 年	2017 年	2018 年	2019 年
苏州市	120. 439	133. 249	78. 710	87. 208	95. 833	107. 159	53. 943	114. 141	100. 136
南通市	59. 064	65. 682	57. 595	65. 844	74. 755	84. 966	39. 885	117. 252	114. 571
连云港市	28. 739	32. 198	32. 467	35. 403	38. 310	41. 919	26. 816	48. 023	52. 981
淮安市	34. 143	40. 336	38. 763	44. 486	52. 340	62. 132	45. 983	74. 604	73. 884
盐城市	40. 704	45. 910	43. 725	50. 971	55. 964	62. 112	28. 201	78. 893	79. 678
扬州市	56. 741	62. 960	52. 560	59. 007	64. 502	77. 045	62. 733	110. 741	100. 184
镇江市	56. 349	65. 181	66. 815	79. 789	83. 967	95. 817	50. 390	107. 842	94. 323
泰州市	47. 581	54. 006	53. 132	61. 192	68. 080	77. 349	36. 300	95. 573	85. 083
宿迁市	37. 795	43. 651	41. 163	44. 572	48. 241	53. 996	22. 807	77. 780	69. 558
杭州市	29. 005	31. 353	34. 234	38. 088	42. 505	48. 048	50. 568	58. 974	64. 480
宁波市	45. 949	48. 538	52. 516	54. 908	58. 209	66. 232	48. 965	77. 674	79. 297
温州市	39. 855	41. 124	45. 133	49. 917	53. 790	63. 272	25. 952	73. 600	71. 551
嘉兴市	39. 640	43. 659	47. 516	50. 512	54. 961	60. 521	20. 270	72. 874	76. 013
湖州市	43. 003	41. 629	44. 247	49. 397	54. 426	60. 303	30. 894	75. 105	71. 910
绍兴市	57. 034	62. 450	69. 771	72. 394	77. 666	84. 580	56. 124	102. 952	107. 422
金华市	39. 739	43. 226	45. 839	50. 736	54. 521	60. 029	13. 877	71. 278	70. 123
衢州市	31. 571	33. 828	37. 584	41. 192	44. 856	49. 753	23. 565	59. 732	58. 475
舟山市	36. 473	34. 975	37. 087	17. 953	19. 283	21. 712	43. 422	60. 718	58. 217
台州市	42. 492	42. 102	45. 888	51. 216	55. 623	62. 864	26. 952	76. 935	66. 459
丽水市	26. 264	28. 226	31. 006	34. 533	36. 207	39. 939	12. 762	49. 767	53. 300

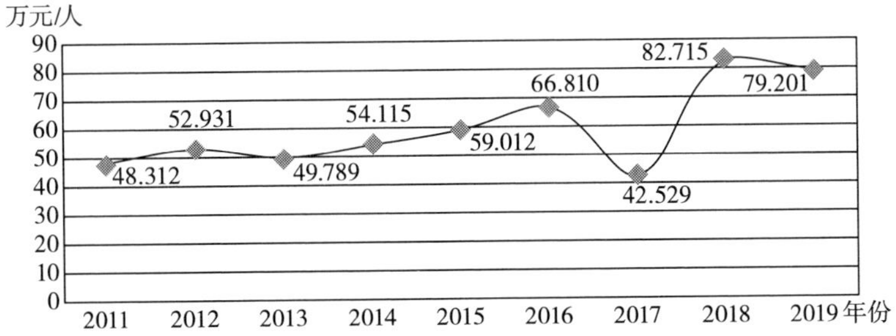

图 4 – 3　长三角地区第三产业人均产值

分年份来看，长三角地区第三产业人均产值在 2011—2019 年存在着波动性。2011—2016 年长三角第三产业人均产值实现增长，由 48. 312 万元/人增长至66.810万元/人，2017年第三产业人均产值出现大幅度下调，但在2018年又实现了迅速崛起。上海市第三产业人均产值在2013年、2014年两年有小幅度的下调，2015—2019年呈现持续增长趋势。江苏省和浙江省第三产业人均产值在2017年均出现大幅下调，但从2011—2019年整体趋势来看，两省依旧实现了跳跃式增长。

第二节　长三角地区城市服务业结构分析

长三角地区由于其天然的地理优势和良好的经济基础，已经成为中国经济发展最突出的增长极，是城市最为发达的地区之一，号称全世界第六大城市群。这样的城市群发展，必然会成为服务业发展的强有力的依托。目前，长三角服务业的比重在全国并不是处于最高水平，但从内部结构来看，现代服务业的比重比较大。长三角地区服务业的专业化分工更加细化，服务范围已经拓展到先进制造业中的各个环节，发展思路清晰。此外，长三角人才资源丰富，自主创新能力强，这就意味着服务业的扩展增值潜力巨大。随着长三角内部经济增长方式和产业结构不断调整，服务业在推动长三角经济增长、增加地方财政收入和吸纳劳动力就业等方面发挥着越来越重要的作用。加快发展服务业，已成为各地提升城市综合竞争力、实现科学发展的有利选择。

本节将从生产性服务业从业人数占服务业比重、高端服务业从业人数占服务业比重两个方面对长三角地区服务业结构进行详细分析。

一、长三角地区生产性服务业从业人数占服务业比重分析

党的十九届五中全会明确提出了“十四五”时期加快发展现代产业体系，推动经济高质量发展的战略部署。生产性服务业的高质量发展既可以有效激发内需潜力、带动扩大社会就业、持续改善人民生活，也有利于引领产业向价值链高端提升。长三角地区一直是我国对外开放的前沿地带，也是具有重要意义的国家战略区域。全球价值链分工的深化，为发展中国家融入全球产业链和价值链提供了更多机会，尤其是在金融危机导致出口低迷、工业生产下滑的形势下，生产性服务业成为长三角经济发展新的增长点。

表 4-4　长三角地区生产性服务业从业人数占服务业比重　(%)

地区	2011 年	2012 年	2013 年	2014 年	2015 年	2016 年	2017 年	2018 年	2019 年
长三角地区	26.4	26.9	30.4	30.0	30.0	30.6	31.3	30.6	30.5
上海市	40.5	37.5	57.4	44.4	45.3	46.4	46.5	46.3	45.9
江苏省	24.2	24.3	29.1	29.8	29.7	30.2	30.6	30.3	29.4
浙江省	27.7	29.1	29.5	28.9	28.8	29.5	30.8	29.6	30.3
南京市	34.4	34.7	42.2	43.0	44.0	42.9	44.0	44.9	42.9
无锡市	24.9	23.5	29.6	29.5	30.1	31.6	32.0	31.8	30.6
徐州市	25.0	24.8	25.7	26.7	25.6	26.6	26.4	24.5	23.8
常州市	27.5	26.6	27.7	27.9	29.7	29.4	30.1	28.9	30.6
苏州市	25.4	25.4	34.0	33.3	32.8	32.5	32.1	32.8	33.4
南通市	26.4	27.0	34.4	34.3	34.5	35.5	35.1	31.6	27.0
连云港市	25.8	25.2	35.5	34.5	34.1	34.1	35.0	35.6	31.2
淮安市	17.8	18.1	24.8	26.1	26.5	25.3	25.9	28.4	28.3
盐城市	23.1	23.5	26.7	26.4	26.5	27.8	26.9	26.4	24.6
扬州市	21.6	22.3	34.4	33.1	30.1	31.4	30.7	30.3	31.1
镇江市	27.7	28.1	27.9	27.9	28.0	28.7	31.1	30.1	24.3
泰州市	23.2	24.0	20.9	29.8	29.9	32.0	31.8	30.0	29.6
宿迁市	12.1	12.2	15.1	15.0	15.0	15.2	16.3	18.2	25.1
杭州市	35.6	37.2	37.7	37.7	38.0	41.3	42.4	39.8	39.7
宁波市	36.4	37.2	36.8	37.3	37.8	37.9	37.9	36.5	35.6
温州市	25.6	29.0	28.0	27.4	27.8	28.5	29.1	29.5	23.0
嘉兴市	27.8	28.7	28.8	28.7	28.8	29.2	30.0	30.3	31.5
湖州市	23.9	25.5	33.5	34.7	24.7	25.7	27.4	27.0	27.7
绍兴市	25.1	25.7	23.8	24.9	25.1	25.3	24.0	21.9	23.6
金华市	25.1	26.4	27.3	27.0	27.7	28.0	27.8	23.5	26.0
衢州市	25.1	23.8	26.7	24.8	26.7	28.1	28.6	26.5	30.3
舟山市	30.7	33.5	31.1	26.1	27.6	27.9	36.1	36.1	38.1
台州市	28.1	31.1	29.0	27.6	28.4	28.7	28.9	29.1	31.5
丽水市	21.7	21.9	21.9	21.8	24.2	24.4	26.4	25.6	26.4

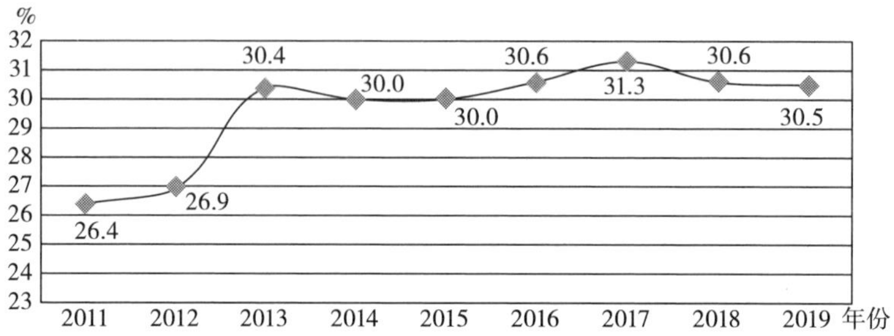

图 4 –4　长三角地区生产性服务业从业人数占服务业比重

表 4 –4 给出了 2011—2019 年长三角地区及地区内各省份、各地级市的生产性服务业从业人数占服务业比重的数据。图 4 –4 描述了 2011—2019 年长三角地区生产性服务业从业人数占服务业比重的变化趋势。

总体来看，在以制造业为核心的第二产业带动下，长三角地区的生产性服务业开始了迅猛发展，生产性服务业占第三产业增加值的比重也在不断提高，生产性服务业在国民经济中发挥着越来越重要的作用。长三角地区生产性服务业从业人数占服务业比重发展趋势平稳，由 2011 年的 26. 4% 增长至 2019 年的 30. 5% ，增长了 4. 1 个百分点。

分地区来看，上海市生产性服务业从业人数占服务业比重由 2011 年的 40. 5% 增长至 2019 年的 45. 9% ，增长了 5. 4 个百分点；江苏省生产性服务业从业人数占服务业比重由 2011 年的 24. 2% 增长至 2019 年的 29. 4% ，增长了 5. 2 个百分点；浙江省生产性服务业从业人数占服务业比重由 2011 年的 27. 7% 增长至 2019 年的 30. 3% ，增长了 2. 6 个百分点。地级市中，江苏省生产性服务业从业人数占服务业比重排名前三的城市分别是南京市、苏州市、连云港市；浙江省生产性服务业从业人数占服务业比重排名前三的城市分别是杭州市、舟山市、宁波市。

分年份来看，长三角地区生产性服务业从业人数占服务业比重在 2011—2019 年稳中有升，除上海市在 2013 年有较大幅度提升外，其余地区整体并没有实现生产性服务业突破性增长。

二、长三角地区高端服务业从业人数占服务业比重分析

高端服务业同低端服务业相对应，是主要依托信息技术和现代管理理念发展起来的，以信息技术等先进技术为服务手段，为信息化生产和信息化生活提

供的技术性、知识性等服务的产业。高端服务业具有高科技含量、高人力资本投入、高附加值、高产业带动力、高开放度、低资源消耗、低环境污染等特征，对新技术和技术创新的依赖性强，产业覆盖范围广，并且其处于价值链高端，能够为其他企业提供知识、技术、设计、信息、管理等关键性生产要素，提高企业的生产效率，促进其从产业价值链的低端向高端升级。因此，高端服务业通常具有显著的产业带动效应。高端服务业发展水平决定着一个国家或城市发展的地位和水平。

在发达国家，高端服务业已占 GDP 50% 左右，在特大城市通常占 60% 以上，而在发展中国家仅占 20% 左右。经过 40 多年的改革开放，长三角地区已进入工业化发展高峰期，制造业已开始由低端走向高端，传统服务业特别是低端服务业已经越来越难以适应社会经济发展的要求。因此，为实现长三角地区经济高质量、可持续发展，政府应集中发展高端服务业，提升城市承载能力和服务能级，努力打造现代化城市标志区域和城市发展增长极。

表 4-5　长三角地区高端服务业从业人数占服务业比重　（%）

地区	2011 年	2012 年	2013 年	2014 年	2015 年	2016 年	2017 年	2018 年	2019 年
长三角地区	18.5	19.3	22.0	21.2	21.6	22.3	23.3	22.8	23.5
上海市	25.1	24.0	39.0	31.2	31.9	33.8	34.3	34.8	36.3
江苏省	16.3	16.8	21.2	20.6	20.7	21.1	21.9	21.9	22.3
浙江省	20.5	21.9	21.4	20.9	21.7	22.7	23.9	22.8	23.8
南京市	21.7	23.0	29.3	30.3	31.3	30.4	31.5	34.8	35.1
无锡市	17.4	16.9	21.7	21.2	22.3	23.9	24.6	24.4	25.2
徐州市	11.7	12.0	14.5	15.1	14.3	15.4	15.5	15.9	16.7
常州市	18.1	17.9	20.1	20.6	22.6	22.0	23.0	22.1	25.4
苏州市	18.8	18.5	25.9	24.2	23.7	22.8	22.8	22.4	24.2
南通市	18.1	19.1	26.3	26.5	26.8	27.7	27.7	24.4	19.5
连云港市	14.8	15.9	29.6	21.1	21.4	21.3	23.2	24.7	20.6
淮安市	12.3	12.9	16.1	17.7	18.2	16.8	18.7	19.5	20.0
盐城市	17.9	18.4	18.3	17.7	17.8	19.0	18.9	18.6	18.1
扬州市	15.9	16.8	25.0	24.1	21.1	21.9	21.5	22.5	23.7
镇江市	18.5	19.1	20.9	21.1	21.1	22.1	24.7	22.9	18.4
泰州市	17.5	18.4	17.8	18.5	19.0	21.1	21.4	20.1	22.5
宿迁市	8.7	9.1	10.5	9.6	9.6	9.6	11.2	12.2	20.6

续表

地区	2011 年	2012 年	2013 年	2014 年	2015 年	2016 年	2017 年	2018 年	2019 年
杭州市	27.8	29.5	29.1	29.0	30.1	33.4	34.8	33.2	33.3
宁波市	25.4	26.7	27.0	27.1	27.4	27.9	28.1	25.8	26.3
温州市	17.8	21.6	19.7	19.6	20.3	21.2	21.9	22.2	16.1
嘉兴市	22.8	22.4	22.0	21.8	22.2	23.1	23.8	24.9	26.3
湖州市	17.6	19.3	21.4	22.0	19.8	20.8	22.3	21.8	22.8
绍兴市	18.8	19.6	18.1	18.9	18.8	19.0	18.3	16.7	17.7
金华市	18.5	19.3	19.5	18.6	20.2	20.4	21.1	17.1	20.9
衢州市	20.0	19.2	21.0	19.5	21.9	23.8	24.4	22.7	26.2
舟山市	16.7	19.7	16.9	14.4	14.7	14.9	20.9	19.2	21.3
台州市	22.9	25.0	23.3	21.8	23.4	24.3	24.7	25.4	27.7
丽水市	17.8	18.2	17.8	17.3	20.0	20.5	22.1	21.7	22.9

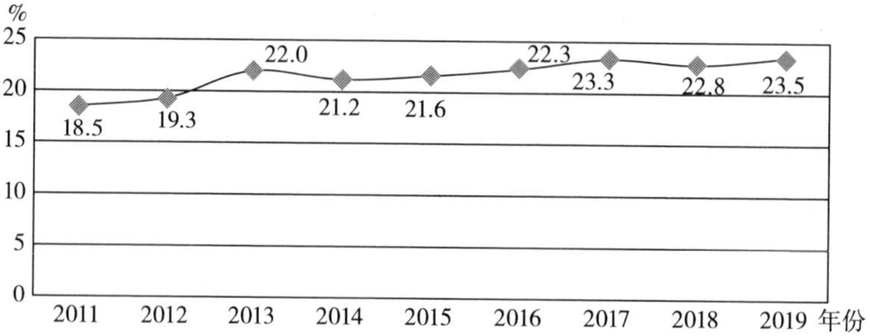

图 4 -5　长三角地区高端服务业从业人数占服务业比重

表 4 -5 给出了 2011—2019 年长三角地区及地区内各省份、各地级市的高端服务业从业人数占服务业比重的数据。图 4 -5 描述了 2011—2019 年长三角地区高端服务业从业人数占服务业比重的变化趋势。

总体来看，长三角地区高端服务业从业人数占服务业比重从 2011 年的 18.5% 增长至 2019 年的 23.5%，增长了 5 个百分点。

分地区来看，上海市、江苏省、浙江省 2019 年高端服务业从业人数占服务业比重分别为 36.3%、22.3%、23.8%，比 2011 年分别增长了 11.2 个、6.0 个、3.3 个百分点。地级市中，江苏省高端服务业从业人数占服务业比重排名前三的城市分别是南京市、常州市、无锡市；浙江省高端服务业从业人数占服务业比重排名前三的城市分别是杭州市、台州市、嘉兴市和宁波市。

分年份来看，长三角地区高端服务业从业人数占服务业比重增长趋势平稳，各年数值有波动性变化，但整体依旧保持增长。其中，上海市高端服务业从业人数占服务业比重在 2013 年实现大幅度提升，但在 2014 年出现回调，随后的 2014—2019 年保持年均 1 个百分点的增长速度。江苏省和浙江省高端服务业从业人数占服务业比重整体保持低速增长趋势。

第三节　长三角地区城市服务业地区差异

长三角地区是我国综合实力最强的区域，是我国改革开放以来经济增长最快的区域之一，在社会主义现代化建设全局中具有重要的战略地位和带动作用。在本章第一、第二节关于长三角地区城市服务业规模及结构的分析中可以看出，长三角地区已基本实现从“工业主导型经济”向“服务主导型经济”的转型升级，服务业在其经济发展中占据重要地位。但同时，长三角内部不同地区在服务业发展过程中存在着差异，地理环境、要素禀赋以及政治发展环境的差异决定了不同城市服务业的发展方式、推进程度的不同。

分省市看，长三角各城市服务业比较优势呈现出一定的分工特征。其中，上海在金融、航运、贸易、文化、信息服务等领域具有全面领先优势；杭州、南京的金融和文化产业，宁波、苏州、南通的航运产业，苏州、无锡、宁波的贸易产业，杭州、南京、苏州的信息服务业也具有较强的比较优势，有利于形成长三角区域分工合理的服务业发展格局。

本节将在第一、第二节的基础上重点讨论长三角地区不同省市在服务业发展规模、发展结构上存在的差异。从第三产业增加值、第三产业占 GDP 比重、第三产业人均产值三个方面比较分析长三角地区内部服务业规模的地区差异；从生产性服务业从业人数占服务业比重、高端服务业从业人数占服务业比重两个方面比较分析长三角地区内部服务业结构的地区差异。

一、长三角地区城市服务业规模比较分析

（一）第三产业增加值比较分析

表 4－6 给出了 2011—2019 年长三角地区及地区内各行政单位的第三产业增加值的数据。图 4－6 描述了 2011—2019 年长三角地区及地区内各行政单位第三产业增加值相对大小。

2019 年，上海市、江苏省、浙江省第三产业增加值分别为 10.231 亿元、105.016 亿元、84.780 亿元，其中，江苏省第三产业增加值超过浙江省列长三角地区第一位。上海市作为特殊的直辖市，其第三产业增加值的实际数值不能与 13 个地级市的江苏省、11 个地级市的浙江省相抗衡，但却以不可比拟的优势超越长三角地区任一地级市的数据。

表 4－6　长三角地区第三产业增加值　　单位：亿元

地区	2011 年	2012 年	2013 年	2014 年	2015 年	2016 年	2017 年	2018 年	2019 年
上海市	9.319	9.409	9.506	9.634	9.742	9.887	9.961	10.036	10.231
江苏省	93.095	94.978	96.576	98.554	99.942	101.488	95.456	104.075	105.016
浙江省	75.281	76.584	77.695	79.041	80.161	81.450	74.146	83.732	84.780

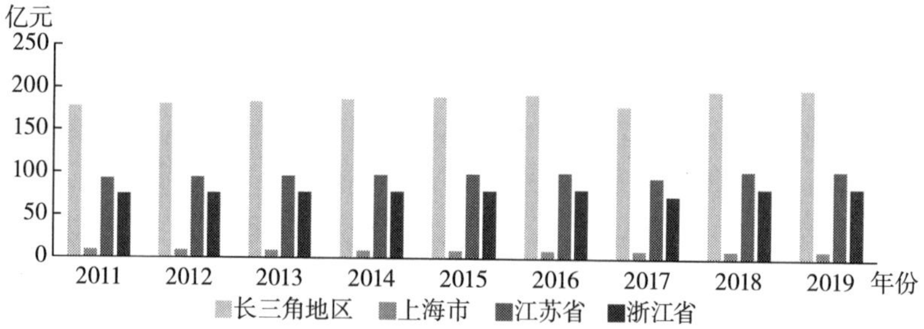

图 4－6　长三角地区第三产业增加值

（二）第三产业占 GDP 比重比较分析

表 4－7　长三角地区第三产业占 GDP 比重　　(%)

地区	2011 年	2012 年	2013 年	2014 年	2015 年	2016 年	2017 年	2018 年	2019 年
长三角地区	45.99	47.42	49.21	50.26	51.83	53.90	54.45	55.12	56.21
上海市	58.05	60.45	62.24	64.82	67.760	69.780	69.18	69.90	72.73
江苏省	42.07	43.09	45.08	46.54	47.62	49.48	49.73	50.36	51.25
浙江省	44.10	45.75	46.75	46.76	48.57	50.35	51.95	52.96	54.03

表 4－7 给出了 2011—2019 年长三角地区及地区内各行政单位的第三产业占 GDP 比重的数据。图 4－7 描述了 2011—2019 年长三角地区及地区内各行政单位第三产业占 GDP 比重的相对大小。

2019 年，长三角、上海市、江苏省、浙江省第三产业占 GDP 比重分别为 56.21%、72.73%、51.25%、54.03%。其中上海市第三产业占 GDP 比重最

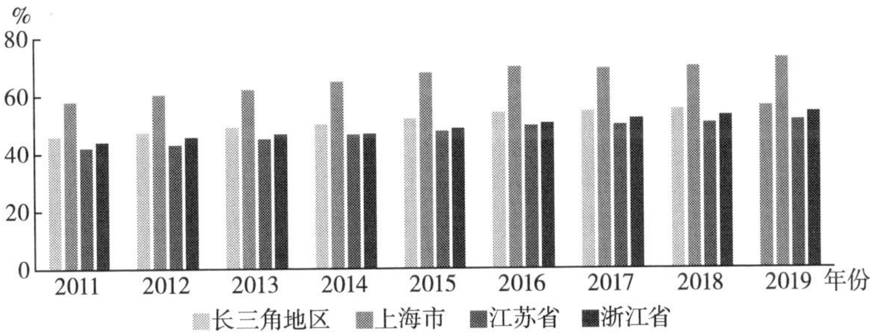

图 4－7　长三角地区第三产业占 GDP 比重

高，比长三角地区总体水平高出 16.52 个百分点；江苏省第三产业占 GDP 比重最低，比长三角地区总体水平低 4.96 个百分点；浙江省第三产业占 GDP 比重同样低于长三角地区总体水平。

（三）第三产业人均产值比较分析

表 4－8　长三角地区第三产业人均产值　　单位：万元/人

地区	2011 年	2012 年	2013 年	2014 年	2015 年	2016 年	2017 年	2018 年	2019 年
长三角地区	48.312	52.931	49.789	54.115	59.012	66.810	42.529	82.715	79.201
上海市	41.863	43.411	36.997	32.668	36.119	48.324	50.217	51.763	52.462
江苏省	56.532	63.751	55.146	62.259	68.241	77.283	50.743	95.117	88.487
浙江省	39.184	41.010	44.620	46.441	50.186	56.114	32.123	70.874	70.659

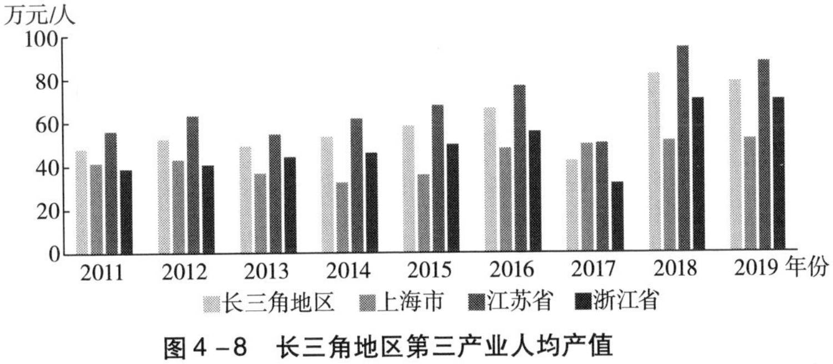

图 4－8　长三角地区第三产业人均产值

表 4－8 给出了 2011—2019 年长三角地区及地区内各行政单位的第三产业人均产值的数据。图 4－8 描述了 2011—2019 年长三角地区及地区内各行政单位第三产业人均产值的相对大小。

2019 年，长三角、上海市、江苏省、浙江省第三产业人均产值分别为

79.201 万元/人、52.462 万元/人、88.487 万元/人、70.659 万元/人。其中，江苏省第三产业人均产值最高，比长三角地区总体水平高出 9.286 万元/人；上海市第三产业人均产值最低，比长三角地区总体水平低 26.739 万元/人；浙江省第三产业人均产值同样低于长三角地区总体水平。从时间趋势来看，上海市第三产业人均产值在 2011 年和 2012 年高于浙江省，但在 2013—2014 年出现下滑，浙江省实现超越。

二、长三角地区城市服务业结构比较分析

（一）生产性服务业从业人数占服务业比重比较分析

表 4－9　长三角地区生产性服务业从业人数占服务业比重　（%）

地区	2011 年	2012 年	2013 年	2014 年	2015 年	2016 年	2017 年	2018 年	2019 年
长三角地区	26.4	26.9	30.4	30.0	30.0	30.6	31.3	30.6	30.5
上海市	40.5	37.5	57.4	44.4	45.3	46.4	46.5	46.3	45.9
江苏省	24.2	24.3	29.1	29.8	29.7	30.2	30.6	30.3	29.4
浙江省	27.7	29.1	29.5	28.9	28.8	29.5	30.8	29.6	30.3

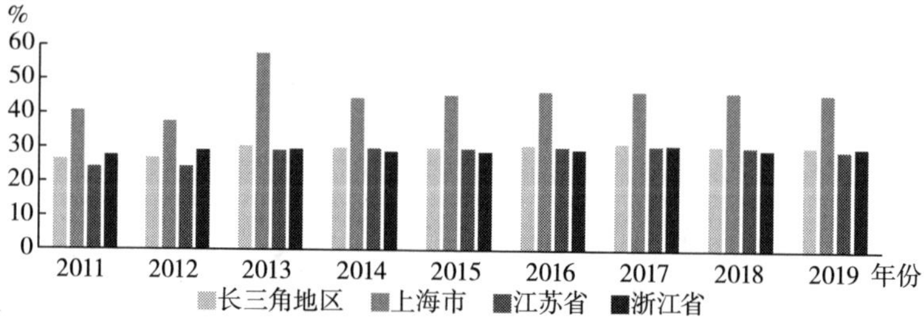

图 4－9　长三角地区生产性服务业从业人数占服务业比重

表 4－9 给出了 2011—2019 年长三角地区及地区内各行政单位生产性服务业从业人数占服务业比重的数据。图 4－9 描述了 2011—2019 年长三角地区及地区内各行政单位生产性服务业从业人数占服务业比重的相对大小。

2019 年，长三角、上海市、江苏省、浙江省生产性服务业从业人数占服务业比重分别为 30.5%、45.9%、29.4%、30.3%。其中，上海市生产性服务业从业人数占服务业比重最高，比长三角地区总体水平高出 15.4 个百分点；江苏省生产性服务业从业人数占服务业比重最低，比长三角地区总体水平低

1.1 个百分点；浙江省生产性服务业从业人数占服务业比重基本与长三角地区总体水平持平。从时间趋势来看，上海市生产性服务业从业人数占服务业比重一直远高于其他两省及长三角总体水平，其他省份在各年走势平稳且基本相同。

（二）高端服务业从业人数占服务业比重比较分析

表 4－10 给出了 2011—2019 年长三角地区及地区内各行政单位高端服务业从业人数占服务业比重的数据。图 4－10 描述了 2011—2019 年长三角地区及地区内各行政单位高端服务业从业人数占服务业比重的相对大小。

2019 年，长三角、上海市、江苏省、浙江省高端服务业从业人数占服务业比重分别为 23.5%、36.3%、22.3%、23.8%。其中，上海市高端服务业从业人数占服务业比重最高，比长三角地区总体水平高出 12.8 个百分点；江苏省高端服务业从业人数占服务业比重最低，比长三角地区总体水平低 1.2 个百分点；浙江省高端服务业从业人数占服务业比重比长三角地区总体水平略高。从时间趋势来看，上海市高端服务业从业人数占服务业比重一直远高于其他两省及长三角总体水平，其他省份在各年走势平稳且基本相同。

表 4－10　长三角地区高端服务业从业人数占服务业比重　（%）

地区	2011 年	2012 年	2013 年	2014 年	2015 年	2016 年	2017 年	2018 年	2019 年
长三角地区	18.5	19.3	22.0	21.2	21.6	22.3	23.3	22.8	23.5
上海市	25.1	24.0	39.0	31.2	31.9	33.8	34.3	34.8	36.3
江苏省	16.3	16.8	21.2	20.6	20.7	21.1	21.9	21.9	22.3
浙江省	20.5	21.9	21.4	20.9	21.7	22.7	23.9	22.8	23.8

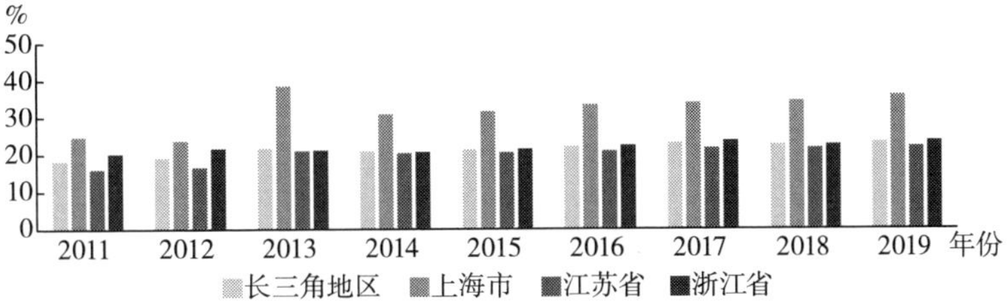

图 4－10　长三角地区高端服务业从业人数占服务业比重

第五章　长三角地区服务业高质量发展整体评价与特征分析

第一节　长三角地区服务业高质量发展整体评价

表 5－1　全国及各地区服务业高质量发展指数

地区	2011 年	2012 年	2013 年	2014 年	2015 年	2016 年	2017 年	2018 年	2019 年
全国	2. 862	3. 253	3. 381	3. 928	4. 736	6. 190	8. 347	10. 497	11. 726
长三角地区	5. 437	6. 699	6. 958	8. 296	10. 377	13. 883	19. 043	23. 991	26. 109
珠三角地区	5. 051	5. 430	5. 002	5. 592	6. 606	8. 656	12. 624	15. 806	17. 244
环渤海地区	3. 133	3. 48	3. 907	4. 641	5. 697	7. 088	8. 756	11. 304	13. 426
中部地区	1. 684	1. 893	2. 207	2. 540	3. 080	4. 066	5. 767	7. 476	8. 408
西南地区	1. 935	1. 693	1. 743	2. 142	2. 511	4. 271	5. 794	7. 133	8. 247
东北地区	1. 609	1. 778	1. 961	2. 083	2. 444	2. 771	3. 149	3. 913	4. 657
西北地区	1. 447	1. 675	1. 877	2. 067	2. 484	3. 349	4. 196	5. 104	5. 782

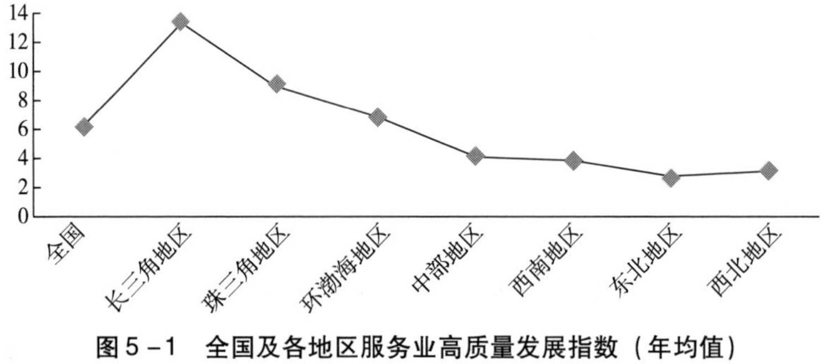

图 5－1　全国及各地区服务业高质量发展指数（年均值）

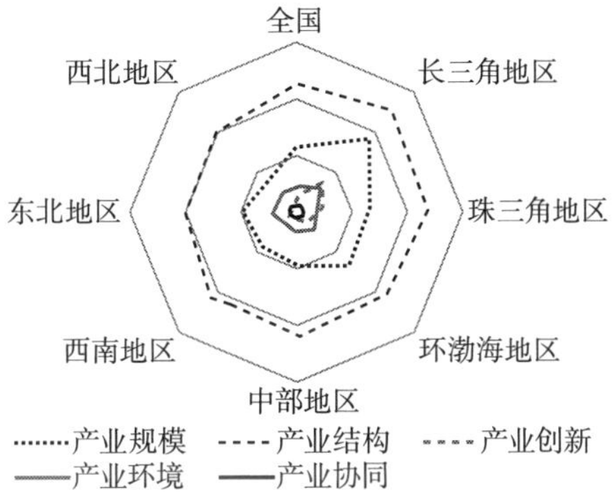

图 5 -2　全国及各地区服务业高质量发展二级指标

表 5 -1 给出了 2011—2019 年全国及各地区服务业高质量发展指数数据；图 5 -1描述了全国及各地区服务业高质量发展指数的年均值对比情况。

首先，由表 5 -1 可知，2011—2019 年长三角地区服务业高质量发展指数均超越珠三角、环渤海等其他地区指数值，一直处于领先地位，且高于全国平均水平。这与长三角地区优越的地理位置和长期以来全国领先的技术创新水平相关联，并且长三角地区各城市经济发展水平相比于全国大部分地区均存在较大优势，2020 年全国城市 GDP 排名前十的城市中，长三角地区占 4 个。特别是上海市，其作为全国经济金融中心城市，为长三角地区服务业整体水平的提升贡献了巨大力量。其次，从服务业高质量发展的年均值来看，长三角依旧处于绝对领先地位，与中部地区、西南地区、东北地区、西部地区都拉开了较大差距。

图 5 -2 描述了 2011—2019 年全国及各地区服务业高质量发展的二级指标，包括产业规模、产业结构、产业创新、产业环境以及产业协同五类指标。由图 5 -2 可知，2011—2019 年除产业协同外，长三角地区服务业高质量发展的其他四项指标均超越珠三角、环渤海等其他地区指标值，一直处于领先地位，且高于全国平均水平。服务业产业规模与地区人口及其消费能力、先进制造业、对外开放程度以及信息化数字化程度等多种因素相关，长三角城市群综合实力和各项经济指标均在全国领先，制造业产业链的集聚为生产性服务业提供了优越的发展条件，因此其在服务业产业规模上处于领先地位。产业创新水平是衡量经济可持续增长的核心指标。长三角在高水平的产业集聚、人才资源流动、国家研发投入和创新补贴以及金融支持上均居全国前列。改革开放 40 多年的发展赋予长三角地区充分的国内外学术交流与科研合作机遇，为地区服

务业创新发展打下坚实基础。

第二节　长三角地区服务业高质量发展指数时间特征分析

本节主要研究长三角地区及地区内各省市服务业发展的时间趋势，首先对总体服务业高质量发展指数进行对比，讨论 2011—2019 年各省市服务业发展变化规律；其次从产业规模、产业结构、产业创新、产业环境、产业协同五个方面对服务业发展进行综合评价，观察各省市服务业在不同维度随时间发展的趋势。

一、长三角地区服务业高质量发展指数

表 5 -2、图 5 -3 描述了长三角地区及地区内各省市服务业高质量发展指数的数据及其发展趋势。

从整体看，2011—2019 年长三角地区服务业高质量发展指数增幅巨大，实现跳跃式增长。数据显示，2019 年长三角、上海市、江苏省、浙江省服务业高质量发展指数分别为 26. 109、43. 294、25. 460、25. 315，相比于 2011 年分别增长了 20. 672、24. 697、19. 600、21. 576。江苏省地级市中，苏州市服务业高质量发展指数在 2011—2019 年始终保持领先优势，南京市在 2011 年位居第二，但随后在 2012 年被无锡市反超，并一直处于落后局面。浙江省地级市中，杭州市服务业高质量发展指数以绝对优势领先，2019 年达到 58. 192。

分时间段看，上海市服务业高质量发展指数在 2013—2014 年呈下降趋势，2015—2019 年持续上升，但增速较缓。江苏省、浙江省服务业高质量发展指数增长趋势一致且逐年增加，2011—2017 年增速较快，2017—2019 年增速放缓。

表 5 -2　长三角地区服务业高质量发展指数

地区	2011 年	2012 年	2013 年	2014 年	2015 年	2016 年	2017 年	2018 年	2019 年
长三角地区	5. 437	6. 699	6. 958	8. 296	10. 377	13. 883	19. 043	23. 991	26. 109
上海市	18. 597	20. 527	18. 619	16. 856	20. 132	28. 831	35. 331	41. 449	43. 294
江苏省	5. 860	7. 554	7. 216	8. 740	10. 864	14. 195	18. 956	23. 406	25. 460
浙江省	3. 739	4. 432	5. 592	6. 993	8. 915	12. 156	17. 666	23. 096	25. 315
南京市	13. 378	14. 167	12. 068	13. 335	16. 264	20. 936	28. 157	35. 699	49. 531

续表

地区	2011 年	2012 年	2013 年	2014 年	2015 年	2016 年	2017 年	2018 年	2019 年
无锡市	12. 520	18. 920	20. 315	26. 423	33. 270	43. 112	52. 591	57. 264	55. 416
徐州市	2. 013	2. 670	2. 853	3. 202	3. 720	4. 799	7. 524	11. 431	14. 615
常州市	5. 776	6. 950	7. 948	9. 679	11. 770	15. 734	21. 620	24. 619	27. 672
苏州市	18. 870	26. 196	19. 286	23. 969	29. 761	37. 876	47. 373	54. 789	58. 536
南通市	7. 488	9. 407	8. 819	9. 771	12. 106	14. 990	20. 414	25. 822	26. 848
连云港市	1. 506	1. 767	2. 205	2. 326	2. 707	3. 276	4. 055	5. 011	6. 010
淮安市	1. 645	1. 888	1. 946	2. 240	2. 780	3. 820	5. 242	7. 352	8. 609
盐城市	1. 618	1. 880	1. 930	2. 321	2. 935	4. 000	7. 193	10. 412	12. 274
扬州市	3. 681	4. 199	3. 883	4. 435	5. 384	7. 160	10. 834	16. 642	17. 614
镇江市	3. 708	5. 154	7. 276	9. 664	12. 624	18. 646	27. 325	33. 871	32. 338
泰州市	2. 240	2. 913	3. 069	3. 614	4. 516	5. 685	7. 948	10. 745	11. 989
宿迁市	1. 741	2. 088	2. 214	2. 646	3. 394	4. 499	6. 146	10. 616	9. 523
杭州市	12. 510	14. 222	16. 652	19. 083	22. 757	27. 941	36. 240	47. 614	58. 192
宁波市	5. 441	6. 785	8. 988	11. 432	14. 427	19. 707	25. 997	31. 867	32. 029
温州市	2. 263	2. 530	3. 015	3. 700	4. 717	6. 945	9. 939	13. 778	15. 627
嘉兴市	3. 301	3. 889	4. 904	6. 088	8. 165	11. 881	19. 159	26. 060	30. 243
湖州市	3. 502	4. 145	6. 126	9. 453	13. 273	18. 916	32. 399	42. 946	43. 393
绍兴市	2. 689	3. 447	4. 414	5. 471	7. 441	11. 746	19. 291	24. 275	27. 720
金华市	3. 050	3. 487	3. 954	4. 805	5. 791	7. 791	11. 401	17. 467	19. 037
衢州市	1. 719	2. 222	3. 725	6. 575	9. 522	13. 836	18. 179	21. 743	21. 126
舟山市	1. 767	1. 839	2. 024	1. 293	1. 573	1. 894	4. 945	6. 190	7. 192
台州市	3. 359	4. 371	5. 442	6. 262	7. 057	8. 778	10. 552	12. 982	13. 005
丽水市	1. 532	1. 812	2. 272	2. 760	3. 338	4. 283	6. 219	9. 136	10. 894

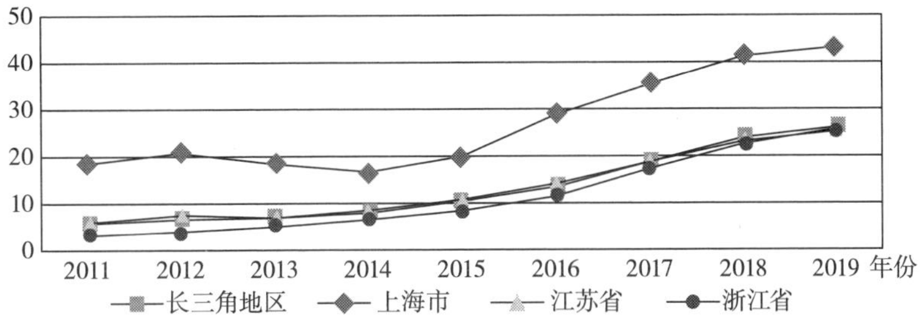

图 5-3　长三角地区服务业高质量发展指数

二、长三角地区服务业产业规模指数

表 5-3 长三角地区服务业产业规模指数

地区	2011 年	2012 年	2013 年	2014 年	2015 年	2016 年	2017 年	2018 年	2019 年
长三角地区	30.299	33.193	31.324	34.158	37.243	42.093	27.560	51.956	49.832
上海市	27.572	28.615	25.127	23.013	25.086	32.052	33.132	34.081	34.667
江苏省	35.306	39.788	34.561	39.064	42.818	48.491	32.200	59.558	55.522
浙江省	24.629	25.817	28.062	29.374	31.759	35.444	21.571	44.597	44.485
南京市	29.449	32.353	26.711	28.113	31.446	34.389	39.252	39.741	41.392
无锡市	59.402	68.316	56.416	60.876	64.477	73.085	49.453	87.767	71.061
徐州市	25.132	29.104	28.792	33.762	37.049	40.810	27.434	49.817	50.481
常州市	45.107	49.440	46.883	54.395	59.281	67.149	68.954	80.505	76.092
苏州市	75.064	82.696	49.402	54.793	60.229	67.349	34.238	71.669	62.994
南通市	36.770	40.956	35.982	41.230	46.841	53.288	25.592	73.391	71.666
连云港市	18.058	20.167	20.391	22.232	24.060	26.293	17.518	30.117	33.199
淮安市	21.352	25.176	24.293	27.906	32.818	38.955	28.965	46.754	46.318
盐城市	25.340	28.570	27.280	31.828	34.978	38.855	18.108	49.387	49.959
扬州市	35.263	39.195	32.790	36.871	40.333	48.201	39.388	69.269	62.756
镇江市	35.066	40.619	41.687	49.912	52.557	59.988	31.811	67.471	59.080
泰州市	29.576	33.608	33.122	38.233	42.584	48.446	23.035	59.845	53.242
宿迁市	23.401	27.038	25.549	27.686	29.983	33.580	14.847	48.520	43.543
杭州市	19.419	20.877	22.652	25.025	27.779	31.198	32.878	37.899	41.347
宁波市	28.829	30.510	33.008	34.507	36.592	41.569	31.041	48.737	49.865
温州市	25.238	26.070	28.524	31.593	34.111	40.049	18.172	46.523	45.168
嘉兴市	24.658	27.220	29.642	31.553	34.379	37.872	14.391	45.572	47.546
湖州市	26.663	25.871	27.527	30.819	34.018	37.725	20.031	47.040	44.939
绍兴市	35.520	38.952	43.554	45.247	48.593	52.935	35.281	64.491	67.285
金华市	25.035	27.223	28.873	31.976	34.374	37.818	12.553	44.898	44.281
衢州市	19.471	20.982	23.321	25.673	28.080	31.178	15.604	37.427	36.799
舟山市	22.876	22.020	23.309	12.818	13.557	14.841	27.802	38.295	36.681
台州市	26.649	26.505	28.859	32.210	35.022	39.527	18.068	48.301	41.759
丽水市	16.561	17.752	19.410	21.690	22.846	25.166	11.462	31.381	33.669

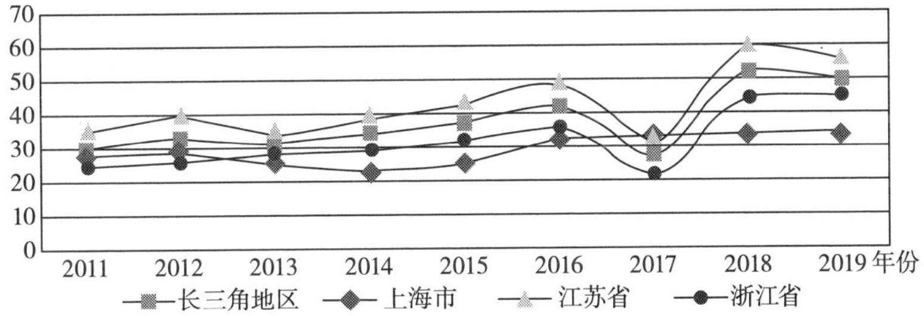

图 5－4　长三角地区服务业产业规模指数

表 5－3、图 5－4 描述了长三角地区及地区内各省市服务业产业规模指数的数据及其时间发展趋势。

从整体看，2011—2019 年长三角地区服务业产业规模指数呈增长趋势。数据显示，2019 年长三角、上海市、江苏省、浙江省服务业产业规模指数分别为 49.832、34.667、55.522、44.485，相比于 2011 年分别增长 19.533、7.095、20.216、19.856。江苏省地级市中，常州市服务业产业规模指数增长趋势显著，由 2011 年的 45.107 增长至 2019 年的 76.092，超越无锡市成为江苏省服务业规模最大城市。浙江省地级市中，绍兴市服务业产业规模指数一直遥遥领先，2019 年达到 67.285，其次是宁波市和嘉兴市。

分时间段看，上海市服务业产业规模指数在 2013—2014 年呈下降趋势，2015—2019 年持续上升，但增速较缓。江苏省服务业产业规模指数在 2013 出现短暂下调后又持续增长，但在 2017 年与浙江省同样受到国际环境影响出现大幅度波动。

三、长三角地区服务业产业结构指数

表 5－4　长三角地区服务业产业结构指数

地区	2011 年	2012 年	2013 年	2014 年	2015 年	2016 年	2017 年	2018 年	2019 年
长三角地区	10.096	10.487	12.326	11.920	12.058	12.456	12.971	12.640	12.847
上海市	16.055	14.877	25.129	19.075	19.551	20.479	20.664	20.794	21.205
江苏省	8.765	8.938	11.712	11.676	11.701	11.950	12.310	12.221	12.152
浙江省	11.127	11.918	11.887	11.557	11.798	12.326	13.053	12.395	12.908
南京市	13.308	13.763	17.861	18.403	18.994	18.392	19.062	20.416	19.994

续表

地区	2011 年	2012 年	2013 年	2014 年	2015 年	2016 年	2017 年	2018 年	2019 年
无锡市	9.309	8.758	11.970	11.781	12.325	13.251	13.595	13.487	13.452
徐州市	7.642	7.668	8.605	9.077	8.533	9.146	9.115	8.713	8.770
常州市	10.213	9.899	10.939	11.146	12.308	12.041	12.537	11.913	13.535
苏州市	9.904	9.800	14.572	13.814	13.495	13.122	12.998	13.062	13.823
南通市	9.924	10.409	14.803	14.823	14.987	15.567	15.443	13.414	10.547
连云港市	8.734	8.869	16.225	13.146	13.111	13.095	13.919	14.561	12.036
淮安市	5.694	5.997	8.833	9.706	9.992	9.193	9.988	10.912	11.091
盐城市	9.007	9.277	10.067	9.806	9.846	10.591	10.347	10.121	9.468
扬州市	7.909	8.433	14.336	13.704	11.919	12.513	12.181	12.414	13.068
镇江市	10.424	10.716	11.247	11.346	11.361	11.903	13.424	12.512	9.471
泰州市	8.877	9.398	8.430	11.012	11.195	12.423	12.488	11.570	12.252
宿迁市	3.004	3.206	4.374	4.028	4.050	4.113	4.933	5.778	10.467
杭州市	15.637	16.597	16.625	16.569	17.015	19.019	19.778	18.560	18.603
宁波市	14.996	15.665	15.645	15.836	16.055	16.256	16.330	15.172	15.118
温州市	9.621	11.793	10.874	10.700	11.046	11.539	11.904	12.142	8.350
嘉兴市	11.909	12.003	11.855	11.792	11.952	12.361	12.793	13.279	14.067
湖州市	9.106	10.073	12.927	13.461	10.071	10.654	11.648	11.367	11.876
绍兴市	9.833	10.226	9.250	9.821	9.813	9.959	9.377	8.265	9.061
金华市	9.696	10.341	10.635	10.266	10.967	11.109	11.306	8.849	10.771
衢州市	10.249	9.660	10.993	10.011	11.331	12.342	12.708	11.572	13.739
舟山市	10.741	12.424	10.903	8.706	9.248	9.414	13.547	13.037	14.233
台州市	12.016	13.519	12.377	11.494	12.254	12.677	12.859	13.142	14.587
丽水市	8.598	8.796	8.673	8.470	10.028	10.251	11.330	10.961	11.584

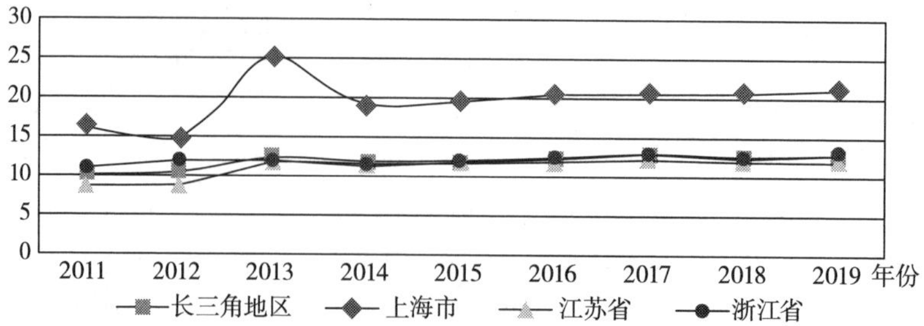

图 5-5　长三角地区服务业产业结构指数

表5－4、图5－5描述了长三角地区及地区内各省市服务业产业结构指数的数据及其时间发展趋势。

从整体看，2011—2019年长三角地区服务业产业结构指数稳中有升。数据显示，2019年长三角、上海市、江苏省、浙江省服务业产业结构指数分别为12.847、21.205、12.152、12.908，相比于2011年分别增长了2.751、5.150、3.387、1.781。江苏省地级市中，南京市作为省会城市，引领现代服务业发展方向，不断创新服务业新业态。其服务业产业结构指数在2019年达到19.994，比第二位——苏州市高6.171。浙江省地级市中，杭州市服务业产业结构指数一直处于领先地位，基本保持匀速增长，但在2014年、2018年、2019年出现下调。

分时间段看，上海市服务业产业结构指数在2013年达到峰值后出现回落，2015—2019年一直保持一定幅度的增长。江苏省、浙江省服务业产业结构指数2011—2019年在保证稳定的基础上有小幅度的提升，但总体变动不大。

四、长三角地区服务业产业创新指数

表5－5、图5－6描述了长三角地区及地区内各省市服务业产业创新指数的数据及其时间发展趋势。

从整体看，2011—2019年长三角地区高度重视科技服务领域发展，大力提升研发设计水平，服务业产业创新指数实现大幅度增长。数据显示，2019年长三角、上海市、江苏省、浙江省服务业产业创新指数分别为26.082、43.430、25.409、25.301，相比于2011年分别增长了20.942、24.837、19.846、21.884。江苏省地级市中，苏州市、无锡市、南京市服务业产业创新指数表现突出，远高于其他各市；浙江省地级市中，杭州市凭借迅速发展的数字技术实现服务业发展的快速赶超，其产业创新指数在2019年达58.484，比2011年增长了46.011。

表5－5　长三角地区服务业产业创新指数

地区	2011年	2012年	2013年	2014年	2015年	2016年	2017年	2018年	2019年
长三角地区	5.140	6.412	6.677	8.039	10.151	13.701	19.002	23.929	26.082
上海市	18.593	20.539	18.550	16.817	20.114	28.864	35.408	41.573	43.430
江苏省	5.563	7.265	6.910	8.445	10.599	11.950	18.898	23.309	25.409

续表

地区	2011 年	2012 年	2013 年	2014 年	2015 年	2016 年	2017 年	2018 年	2019 年
浙江省	3. 417	4. 119	5. 321	6. 763	8. 716	12. 326	17. 634	23. 057	25. 301
南京市	13. 339	14. 121	11. 976	13. 250	16. 197	20. 911	28. 177	35. 770	49. 709
无锡市	12. 347	18. 817	20. 262	26. 417	33. 310	43. 204	52. 767	57. 438	55. 625
徐州市	1. 644	2. 324	2. 501	2. 794	3. 320	4. 435	7. 397	11. 269	14. 507
常州市	5. 468	6. 659	7. 710	9. 439	11. 545	15. 554	21. 525	24. 519	27. 617
苏州市	18. 727	26. 125	19. 232	23. 948	29. 777	37. 946	47. 564	55. 005	58. 830
南通市	7. 342	9. 274	8. 660	9. 604	11. 957	14. 857	20. 416	25. 763	26. 812
连云港市	1. 117	1. 378	1. 554	1. 829	2. 243	2. 852	3. 768	4. 675	5. 741
淮安市	1. 328	1. 507	1. 490	1. 739	2. 272	3. 374	5. 010	7. 053	8. 364
盐城市	1. 045	1. 287	1. 331	1. 745	2. 420	3. 555	7. 091	10. 221	12. 123
扬州市	3. 369	3. 860	3. 475	4. 042	5. 048	6. 834	10. 695	16. 458	17. 476
镇江市	3. 357	4. 845	7. 058	9. 461	12. 475	18. 557	27. 371	33. 903	32. 385
泰州市	1. 780	2. 482	2. 677	3. 153	4. 088	5. 259	7. 824	10. 480	11. 796
宿迁市	1. 452	1. 761	1. 905	2. 359	3. 130	4. 252	6. 073	10. 456	9. 335
杭州市	12. 473	14. 186	16. 630	19. 077	22. 770	27. 976	36. 329	47. 797	58. 484
宁波市	5. 209	6. 581	8. 830	11. 314	14. 343	19. 665	26. 026	31. 912	32. 073
温州市	1. 877	2. 086	2. 613	3. 344	4. 403	6. 696	9. 868	13. 659	15. 554
嘉兴市	3. 013	3. 608	4. 658	5. 885	8. 003	11. 777	19. 179	26. 073	30. 280
湖州市	3. 272	3. 939	5. 948	9. 341	13. 222	18. 905	32. 489	43. 057	43. 510
绍兴市	2. 177	2. 987	4. 006	5. 124	7. 168	11. 580	19. 290	24. 244	27. 711
金华市	2. 785	3. 209	3. 670	4. 551	5. 548	7. 597	11. 367	17. 418	18. 997
衢州市	1. 289	1. 888	3. 483	6. 454	9. 433	13. 787	18. 193	21. 747	21. 115
舟山市	1. 242	1. 231	1. 497	0. 743	1. 067	1. 440	4. 646	5. 876	6. 923
台州市	3. 060	4. 115	5. 236	6. 073	6. 860	8. 599	10. 488	12. 840	12. 879
丽水市	1. 186	1. 478	1. 964	2. 486	3. 055	4. 039	6. 103	9. 007	10. 782

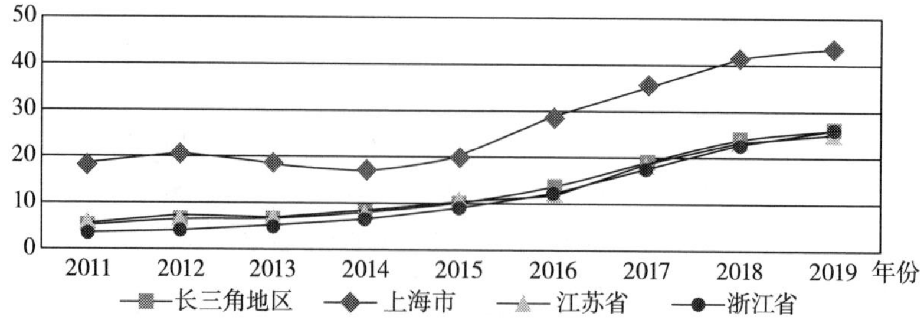

图 5－6　长三角地区服务业产业创新指数

分时间段看，上海市服务业产业创新指数在 2013 年、2014 年出现下滑，但在随后的 2015—2018 年迅猛发展，实现指数的翻倍增长。江苏省、浙江省产业创新指数增长趋势基本一致，且在近年来随着各级政府对技术改进、产业创新重视程度的不断提升，两省服务业产业创新指数增长步伐不断加快，增长趋势明显。

五、长三角地区服务业产业环境指数

表 5－6　长三角地区服务业产业环境指数

地区	2011 年	2012 年	2013 年	2014 年	2015 年	2016 年	2017 年	2018 年	2019 年
长三角地区	17.250	30.131	41.672	45.672	53.715	59.555	66.007	68.952	71.176
上海市	19.684	35.611	48.731	51.607	59.220	63.131	70.132	72.698	74.440
江苏省	15.605	27.811	39.308	43.649	51.748	59.266	65.545	68.409	70.665
浙江省	18.972	32.375	43.825	47.522	55.538	59.572	66.177	69.254	71.484
南京市	19.249	34.483	46.367	50.219	58.117	64.183	69.362	72.124	73.631
无锡市	18.897	30.840	43.190	47.991	55.283	60.924	67.030	69.674	71.552
徐州市	13.202	25.811	37.165	42.252	50.241	58.029	64.690	68.116	70.983
常州市	18.851	31.307	43.276	47.231	55.214	61.236	67.071	70.390	72.179
苏州市	19.494	32.481	44.369	48.784	56.025	62.650	68.769	71.085	73.141
南通市	16.661	28.417	40.030	44.131	51.554	58.128	64.871	68.445	70.972
连云港市	12.457	25.382	36.021	40.139	49.333	57.980	63.386	66.226	69.468
淮安市	12.986	23.745	34.268	39.366	47.366	55.738	63.139	66.476	68.797
盐城市	12.992	24.561	35.288	38.547	47.758	56.836	63.366	65.681	68.151
扬州市	15.733	27.035	38.951	43.884	52.500	60.522	65.873	68.022	70.118
镇江市	17.092	28.423	39.546	45.105	53.423	59.767	66.675	69.661	71.374
泰州市	14.959	26.925	38.453	43.273	50.141	58.793	64.784	67.458	69.967
宿迁市	10.295	22.127	34.081	36.522	45.769	55.671	63.071	65.962	68.310
杭州市	21.195	39.454	50.853	53.543	61.526	65.121	72.021	73.904	75.433
宁波市	19.872	33.965	44.982	50.028	57.379	61.132	67.824	70.319	72.334
温州市	19.927	33.552	46.071	49.421	57.612	62.001	68.161	70.278	71.817
嘉兴市	21.298	33.626	44.491	47.322	55.344	58.923	66.145	69.651	71.814
湖州市	18.651	31.116	42.992	46.550	54.276	58.547	65.714	69.343	71.476
绍兴市	18.445	30.897	41.580	46.948	54.868	58.783	64.500	67.394	70.736
金华市	19.172	32.872	44.693	48.156	56.267	59.099	65.839	69.870	72.333
衢州市	15.709	27.452	39.758	43.649	52.441	56.540	63.900	67.796	70.184

续表

地区	2011年	2012年	2013年	2014年	2015年	2016年	2017年	2018年	2019年
舟山市	18.334	31.412	41.999	46.731	53.824	58.986	64.752	67.807	70.085
台州市	18.535	32.703	43.006	46.334	54.683	58.619	64.743	68.039	70.572
丽水市	17.553	29.077	41.644	44.065	52.700	57.545	64.343	67.391	69.534

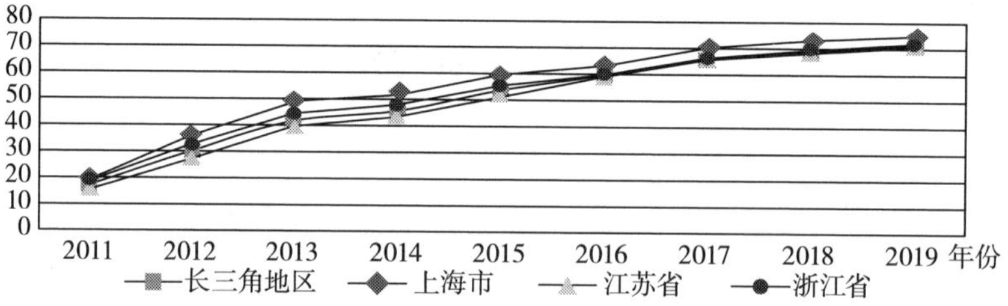

图5-7 长三角地区服务业产业环境指数

表5-6、图5-7描述了长三角地区及地区内各省市服务业产业环境指数的数据及其时间发展趋势。

从整体看，2011—2019年长三角地区服务业产业环境指数稳步增长。数据显示，2019年长三角、上海市、江苏省、浙江省服务业产业环境指数分别为71.176、74.440、70.665、71.484，相比于2011年分别增长了53.926、54.756、55.060、52.512。江苏省地级市中，南京市、苏州市、常州市服务业产业环境指数表现突出；浙江省地级市整体产业环境指数均发展态势良好，特别是杭州市，2019年服务业产业环境指数高达75.433，比2011年增长了54.238。

分时间段看，2011—2019年长三角两省一市服务业产业环境指数实现了稳定持续的增长，特别是在2011—2013年，增长速度快，增长势头强劲。

六、长三角地区服务业产业协同指数

表5-7 长三角地区服务业产业协同指数

地区	2011年	2012年	2013年	2014年	2015年	2016年	2017年	2018年	2019年
长三角地区	2.937	2.938	2.700	2.675	2.686	2.692	2.685	2.704	2.842
上海市	3.252	3.241	3.356	3.200	3.173	3.196	3.160	3.169	2.930
江苏省	3.045	3.095	2.638	2.621	2.658	2.669	2.658	2.661	2.835

续表

地区	2011 年	2012 年	2013 年	2014 年	2015 年	2016 年	2017 年	2018 年	2019 年
浙江省	2.780	2.726	2.713	2.692	2.675	2.673	2.674	2.712	2.843
南京市	3.172	3.199	2.886	2.753	2.847	2.807	2.752	2.741	2.839
无锡市	3.149	3.146	3.129	3.167	3.187	3.198	3.237	3.322	3.435
徐州市	2.626	2.743	2.473	2.506	2.561	2.618	2.598	2.576	2.512
常州市	2.983	3.233	2.970	3.005	3.111	3.126	3.119	3.148	3.332
苏州市	3.262	3.325	3.216	3.229	3.281	3.327	3.384	3.524	3.607
南通市	3.087	3.086	1.861	1.738	1.773	1.794	1.718	1.637	1.901
连云港市	2.863	2.875	2.674	2.727	2.824	2.712	2.708	2.633	2.844
淮安市	3.073	3.134	2.691	2.532	2.532	2.544	2.553	2.989	2.986
盐城市	3.002	3.004	2.592	2.584	2.535	2.548	2.511	2.487	2.864
扬州市	2.904	2.951	2.141	2.117	2.140	2.130	2.113	2.000	2.181
镇江市	3.170	3.187	3.105	3.098	3.138	3.169	3.137	3.080	3.149
泰州市	3.212	3.191	2.179	2.064	2.064	2.028	1.989	1.871	2.086
宿迁市	3.082	3.155	2.375	2.550	2.558	2.693	2.735	2.581	3.117
杭州市	2.852	2.850	2.778	2.698	2.716	2.677	2.753	2.812	2.804
宁波市	2.814	2.880	2.915	2.914	2.933	2.946	2.931	3.110	3.165
温州市	2.775	2.792	2.827	2.815	2.793	2.790	2.648	2.677	2.844
嘉兴市	3.270	3.292	3.275	3.291	3.211	3.223	3.255	3.417	3.537
湖州市	2.739	2.688	2.707	2.727	2.687	2.716	2.723	2.771	2.825
绍兴市	1.911	1.899	1.879	1.882	1.851	1.831	1.948	1.926	2.064
金华市	2.875	2.268	2.214	2.140	2.155	2.122	2.347	2.215	2.604
衢州市	3.199	3.223	3.265	3.246	3.262	3.256	3.145	3.039	3.112
舟山市	2.838	2.849	2.816	2.786	2.750	2.741	2.588	2.627	2.727
台州市	2.557	2.533	2.528	2.432	2.429	2.533	2.458	2.555	2.877
丽水市	2.749	2.713	2.641	2.684	2.639	2.571	2.616	2.687	2.712

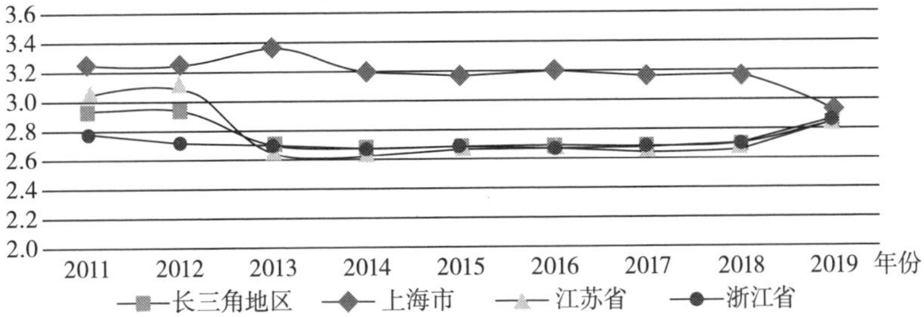

图 5－8　长三角地区服务业产业协同指数

表5－7、图5－8描述了长三角地区及地区内各省市服务业产业协同指数的数据及其时间发展趋势。

从整体看，2011—2019年长三角地区各省市服务业产业协同指数均出现不同程度的下降，特别是江苏省，产业协同指数下滑趋势明显。数据显示，2019年长三角、上海市、江苏省服务业产业协同指数分别为2.842、2.930、2.835，相比于2011年分别减少了0.095、0.322、0.210。2019年浙江省产业协同指数在2011年2.780的基础上实现了小幅度的上升，但在区间内依旧出现下滑现象。江苏省地级市中，苏州市、无锡市、常州市服务业产业协同指数表现突出，在整体大环境不稳定的情况下依旧实现了增长；浙江省地级市中，嘉兴市、宁波市2019年产业协同指数相比其他地级市表现良好，在2011—2019年呈稳中上升的态势。

分时间段看，上海市在2013年产业协同指数有小幅度上升，但随后又呈现下行趋势；江苏省2013年出现大幅度下滑，在2013年之后呈上下波动态势。

第三节　长三角地区服务业高质量发展指数空间特征分析

提高现代服务业发展水平，是构建现代产业体系、推动高质量发展的重要途径。近年来，长三角服务业规模总量不断壮大，产业结构持续优化，空间布局更加合理，改革创新成效显著，但长期以来长三角区域内不同省市在产业发展过程中存在着路径依赖、低效率竞争等问题，长三角内部市场分割导致的区域内产业同构现象较为明显，制约了服务业的进一步高质量发展。

长三角高质量一体化为地区服务业发展提供了新思路。2019年5月，习近平总书记主持召开中央政治局会议，审议《长江三角洲区域一体化发展规划纲要》。会议指出，长三角一体化发展具有极大的区域带动和示范作用，要紧扣“一体化”和“高质量”两个关键，带动整个长江经济带和华东地区发展，形成高质量发展的区域集群。因此，为准确把握长三角区域经济一体化发展脉搏，实现服务业整体更好发展，有必要对区域内各省市服务业发展现状及其各方面优劣势做出准确评估。

本节在总体比较各省市服务业高质量发展指数的基础上，分别从产业规模指数、产业结构指数、产业创新指数、产业环境指数以及产业协同指数五个角度对区域间服务业发展差异进行比较分析。

一、长三角地区服务业高质量发展指数比较分析

表 5 - 8　长三角地区服务业高质量发展指数

地区	2011 年	2012 年	2013 年	2014 年	2015 年	2016 年	2017 年	2018 年	2019 年
长三角地区	5. 437	6. 699	6. 958	8. 296	10. 377	13. 883	19. 043	23. 991	26. 109
上海市	18. 597	20. 527	18. 619	16. 856	20. 132	28. 831	35. 331	41. 449	43. 294
江苏省	5. 860	7. 554	7. 216	8. 740	10. 864	14. 195	18. 956	23. 406	25. 460
浙江省	3. 739	4. 432	5. 592	6. 993	8. 915	12. 156	17. 666	23. 096	25. 315

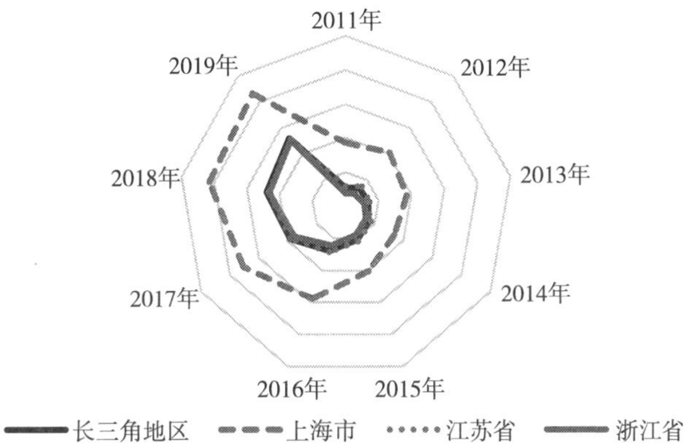

图 5 - 9　长三角地区服务业高质量发展指数

表 5 - 8、图 5 - 9 描述了长三角地区及地区内各省市服务业高质量发展指数的数据及区域间对比情况。

长三角地区服务业高质量发展指数由高到低分别为上海市、江苏省、浙江省。表 5 - 8 数据显示，2019 年长三角、上海市、江苏省、浙江省服务业高质量发展指数分别为 26. 109、43. 294、25. 460、25. 315。通过图 5 - 9 可以清晰观察到，2011—2019 年上海市以绝对优势占据长三角地区服务业高质量发展第一位，2019 年超过长三角总体水平 17. 185。江苏省服务业高质量发展指数位列长三角第二，但近年来浙江省现代服务业快速崛起，其与江苏省之间的差距在逐步缩小，2019 年两者服务业高质量发展指数仅差 0. 145。

二、长三角地区服务业产业规模指数比较分析

表 5-9　长三角地区服务业产业规模指数

地区	2011 年	2012 年	2013 年	2014 年	2015 年	2016 年	2017 年	2018 年	2019 年
长三角地区	30.299	33.193	31.324	34.158	37.243	42.093	27.560	51.956	49.832
上海市	27.572	28.615	25.127	23.013	25.086	32.052	33.132	34.081	34.667
江苏省	35.306	39.788	34.561	39.064	42.818	48.491	32.200	59.558	55.522
浙江省	24.629	25.817	28.062	29.374	31.759	35.444	21.571	44.597	44.485

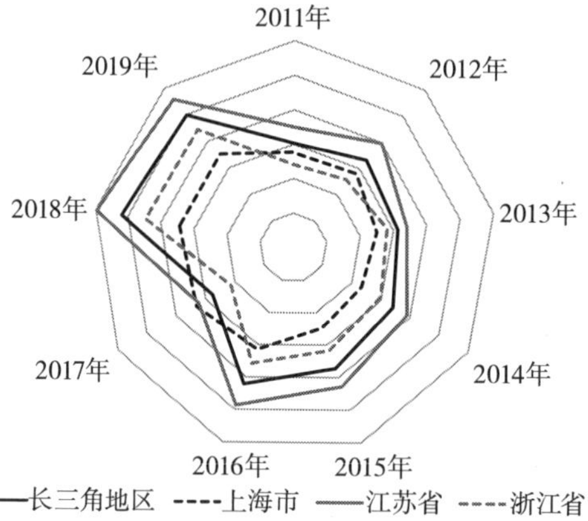

图 5-10　长三角地区服务业产业规模指数

表 5-9、图 5-10 描述了长三角地区及地区内各省市服务业产业规模指数的数据及区域间对比情况。

长三角地区服务业产业规模指数由高到低分别为江苏省、浙江省、上海市。表 5-9 数据显示，2019 年长三角、上海市、江苏省、浙江省服务业产业规模指数分别为 49.832、34.667、55.522、44.485。通过图 5-10 可以清晰观察到，2011—2019 年江苏省产业规模指数不断上升，一直稳居长三角地区第一位，2019 年超过长三角总体水平 5.690。浙江省服务业产业规模指数位列长三角第二，且低于长三角总体水平。上海市作为直辖市，其在产业规模上难以与地级市众多的江苏省、浙江省相匹敌，但从指数来看，已达江苏省产业规模指数的一半以上，且与浙江省仅相差 9.818，产业规模不容小觑。

三、长三角地区服务业产业结构指数比较分析

表5-10 长三角地区服务业产业结构指数

地区	2011年	2012年	2013年	2014年	2015年	2016年	2017年	2018年	2019年
长三角地区	10.096	10.487	12.326	11.920	12.058	12.456	12.971	12.640	12.847
上海市	16.055	14.877	25.129	19.075	19.551	20.479	20.664	20.794	21.205
江苏省	8.765	8.938	11.712	11.676	11.701	11.950	12.310	12.221	12.152
浙江省	11.127	11.918	11.887	11.557	11.798	12.326	13.053	12.395	12.908

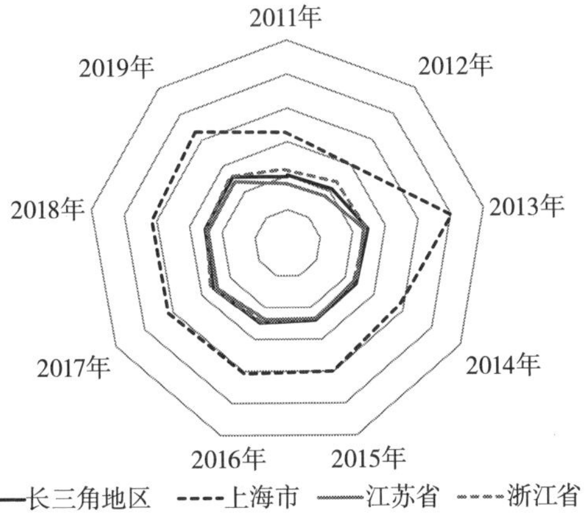

图5-11 长三角地区服务业产业结构指数

表5-10、图5-11描述了长三角地区及地区内各省市服务业产业结构指数的数据及区域间对比情况。

长三角地区服务业产业结构指数由高到低分别为上海市、浙江省、江苏省。表5-10数据显示，2019年长三角、上海市、江苏省、浙江省服务业产业结构指数分别为12.847、21.205、12.152、12.908。通过图5-11可以清晰观察到，上海市服务业产业结构指数在2011—2019年一直领先于其他两省份，且超过长三角地区总体水平。特别是2013年，上海市产业结构指数达到25.129，比长三角总体水平高出12.803。江苏省和浙江省产业结构指数大体一致，但浙江省略高。相比于上海市，浙江省、江苏省两省在服务业产业结构上表现并不突出，辖区部分地级市存在产业短板，特别是苏北地区如徐州市、盐城市，其自身服务业发展受制于科技水平、人才资源等，难以突破发展瓶颈。

四、长三角地区服务业产业创新指数比较分析

表5－11 长三角地区服务业产业创新指数

地区	2011年	2012年	2013年	2014年	2015年	2016年	2017年	2018年	2019年
长三角地区	5.140	6.412	6.677	8.039	10.151	13.701	19.002	23.929	26.082
上海市	18.593	20.539	18.550	16.817	20.114	28.864	35.408	41.573	43.430
江苏省	5.563	7.265	6.910	8.445	10.599	11.950	18.898	23.309	25.409
浙江省	3.417	4.119	5.321	6.763	8.716	12.326	17.634	23.057	25.301

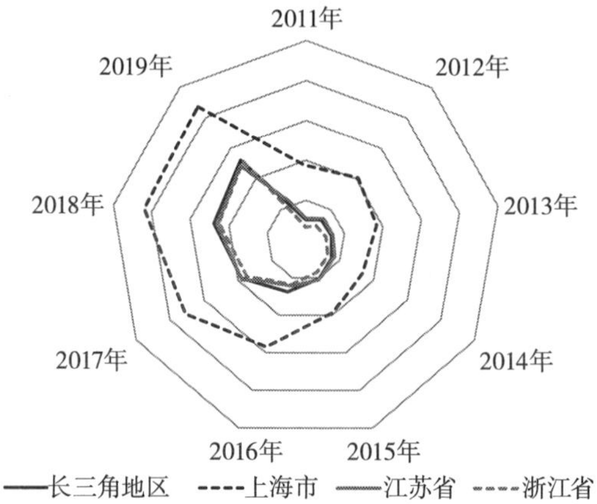

图5－12 长三角地区服务业产业创新指数

表5－11、图5－12描述了长三角地区及地区内各省市服务业产业创新指数的数据及区域间对比情况。

长三角地区服务业产业创新指数由高到低分别为上海市、江苏省、浙江省。表5－11数据显示，2019年长三角、上海市、江苏省、浙江省服务业产业创新指数分别为26.082、43.430、25.409、25.301。上海市作为国家中心城市、科技创新中心、中国金融中心，拥有丰富的人才储备和尖端的高新技术，产业创新能力在全国处于领先地位。通过图5－12可以清晰观察到，上海市服务业产业创新指数在2011—2019年一直领先于其他两省份，且还在不断增长中。2019年上海市服务业产业创新指数已达43.430，几乎是其他两省的2倍。相对上海市，江苏省、浙江省整体产业创新并不突出，但其部分地级市如苏州市、杭州市、无锡市的服务业产业创新指数在2019年均达到50以上。因此两

省在产业创新的发展过程中应补齐短板，重视各地级市的协同发展。

五、长三角地区服务业产业环境指数比较分析

表 5－12　长三角地区服务业产业环境指数

地区	2011 年	2012 年	2013 年	2014 年	2015 年	2016 年	2017 年	2018 年	2019 年
长三角地区	17.250	30.131	41.672	45.672	53.715	59.555	66.007	68.952	71.176
上海市	19.684	35.611	48.731	51.607	59.220	63.131	70.132	72.698	74.440
江苏省	15.605	27.811	39.308	43.649	51.748	59.266	65.545	68.409	70.665
浙江省	18.972	32.375	43.825	47.522	55.538	59.572	66.177	69.254	71.484

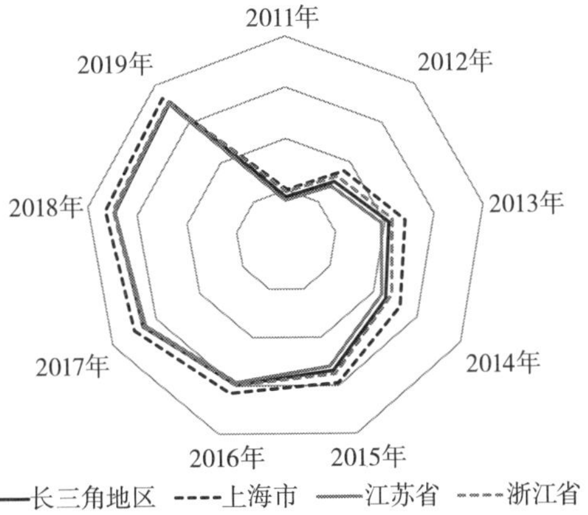

图 5－13　长三角地区服务业产业环境指数

表 5－12、图 5－13 描述了长三角地区及地区内各省市服务业产业环境指数的数据及区域间对比情况。

长三角地区服务业产业环境指数由高到低分别为上海市、浙江省、江苏省。表 5－12 数据显示，2019 年长三角、上海市、江苏省、浙江省服务业产业环境指数分别为 71.176、74.440、70.665、71.484。通过图 5－13 可以清晰观察到，长三角地区两省一市服务业产业环境指数在 2011—2019 年实现飞速发展，各省市均增幅较大。对比来看，三个行政单位产业环境指数相差不大，上海市在各年略高。

六、长三角地区服务业产业协同指数比较分析

表5－13、图5－14描述了长三角地区及地区内各省市服务业产业协同指数的数据及区域间对比情况。

长三角地区服务业产业协同指数由高到低分别为上海市、浙江省、江苏省。表5－13数据显示，2019年长三角、上海市、江苏省、浙江省服务业产业协同指数分别为2.842、2.930、2.835、2.843。图5－14显示，长三角地区两省一市服务业产业协同指数在2011—2019年整体变化不大且有略微下降。上海市产业协同指数一直处于领先地位，但近年来与其他两省的差距逐步缩小，2019年相差并不大。江苏省和浙江省升降基本一致。地级市中苏州市、无锡市、常州市、嘉兴市、宁波市产业协同指数相对表现良好。

表5－13 长三角地区服务业产业协同指数

地区	2011年	2012年	2013年	2014年	2015年	2016年	2017年	2018年	2019年
长三角地区	2.937	2.938	2.700	2.675	2.686	2.692	2.685	2.704	2.842
上海市	3.252	3.241	3.356	3.200	3.173	3.196	3.160	3.169	2.930
江苏省	3.045	3.095	2.638	2.621	2.658	2.669	2.658	2.661	2.835
浙江省	2.780	2.726	2.713	2.692	2.675	2.673	2.674	2.712	2.843

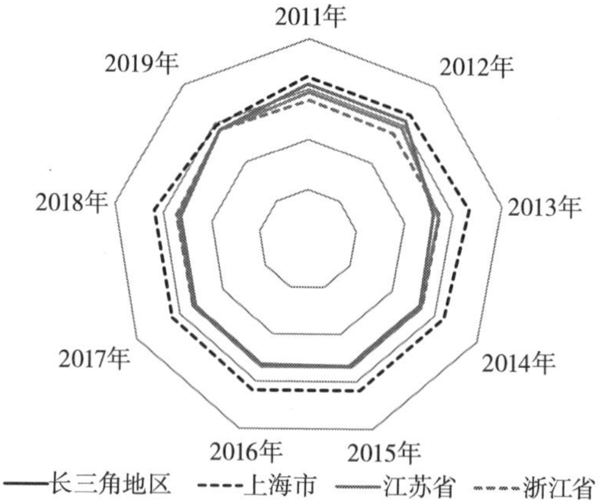

图5－14 长三角地区服务业产业协同指数

综合上述关于长三角地区各省市在服务业产业规模、产业结构、产业创新、产业环境以及产业协同五个方面的对比情况，可以得出：江苏省凭借其庞

大的经济体量在产业规模上占据领先优势，但在产业结构、产业创新等方面均不及上海市。上海市作为国家科技金融中心，其在服务业产业布局、创新发展、环境优化等方面均具有无可比拟的优势。浙江省服务业在产业规模及其他结构性指标上均与江苏省差距不大，但在进程上，可以看出浙江省在近年来发展势头迅猛。浙江省数字经济发展成效突出，电子商务、移动支付、云计算等领域具备先发优势，服务业发展数字化改造、数字化赋能潜力可观，有力促进了服务业创新升级。

第六章　长三角地区服务业高质量发展的问题分析

第一节　长三角地区服务业高质量发展的基本特征

一、传统服务业增速变慢，新兴服务业加快发展

现代服务业的发展可以减少对自然资源的依赖，减轻对环境的损害，实现经济可持续发展，同时也是缓解就业压力、实现跨越式发展的有效途径。国务院长三角规划明确指出，南京重点发展现代物流、科技、文化旅游等现代服务业，成为长三角地区北翼的现代服务业中心。杭州重点发展文化创意、旅游休闲、电子商务等现代服务业，成为长三角地区南翼的现代服务业中心。苏州重点发展现代物流、科技服务、商务会展、旅游休闲等现代服务业。宁波重点发展现代物流、商务会展等现代服务业。温州建设以商贸物流为主的现代服务业基地、国家重要枢纽港和民营经济创新示范区。以杭州为例，近几年杭州现代服务业中发展较快的行业是金融业、房地产业、科技服务和教育卫生、文化和公共管理等行业，尤其是房地产业和公共管理及卫生事业。与此同时，传统现代服务业增长速度放缓，交通运输、仓储业及邮政业增幅不大，占全市生产总值的比例有所下降。

二、服务贸易在国际贸易中占有越来越重要的地位

现代服务业在发达国家经济发展中的地位，充分显示出服务贸易正成为经济全球化的一项新内容，未来世界贸易竞争力更多地表现在服务贸易竞争力上。科学技术的发展与运用客观上为现代服务业国际分工奠定了物质基础。国家“十三五”规划提出，在稳定和拓展旅游、运输、劳务等传统服务出口的

同时，要努力扩大文化、中医药、软件和信息服务、商贸流通、金融保险等新兴服务出口，大力发展服务外包。20 世纪 80 年代以来，服务贸易的增长速度已超出同期国际货物贸易的增长速度。1982 年，中国服务贸易总额仅为 44 亿美元，到 2010 年，中国服务贸易进出口总额为 3624. 2 亿美元，其中服务出口为 1702. 5 亿美元，服务进口为 1921. 7 亿美元。过去 30 年，中国服务贸易增长了近 81 倍，出口世界排名由 1982 年的第 28 位上升到 2010 年的第 4 位，进口排名由第 40 位上升到第 3 位。同时，中国沿海城市仍然是中国服务出口的主要地区。

三、现代服务业产业集群影响加大

现代服务业产业集群的形成与发展和制造业产业集群相比，更加依赖于产业所处环境、信息技术发展、相关产业的带动以及政府的支持和规划。因此现代服务业集聚区的发展高度依赖于区域经济的发展、人才的供给及信息的传递，对需求的反应也更加敏感。目前，杭州已经形成国际旅游综合体、金融业集群以及创意产业集群。南京河西 CBD 以建立现代化、国际化、城市化水准的高档商务区为目标，通过打造金融业集聚区、总部集聚区、信息服务集聚区、创业企业集聚区、高端商贸集聚区等构筑服务产业集群。苏州市已形成张家港扬子江冶金物流中心、昆山出口加工区保税物流园、苏州工业园区生物纳米园等十几个现代服务业集聚区。未来园区在强化硬件设施建设的同时，要注重研发、中介等公共服务平台建设，使集聚区在服务业发展中起到示范引领作用。通过培育龙头企业，加大政策扶持力度，促进产业集群健康发展。

四、长三角物流服务业发展优势明显

2018 年，全国物流基础设施条件逐渐完善，货运量为 515. 24 亿吨，长三角城市群总货运量达 60. 26 亿吨，占比 11. 7%，比上年增长 7. 97%。货运周转量为 40016 亿吨公里，与 2017 年基本持平。物流业实现增加值 5901. 66 亿元，较 2017 年增长 11. 93%。物流需求较为旺盛，成为促进经济发展的重要力量。与此同时，2018 年浙江省、江苏省的社会物流总费用较 2017 年均有一定程度的提高。

从海路看，长三角濒临东海，位于我国南北沿海线中央，由上海、宁波和张家港等组成的港口群构成了我国最大的沿海沿江港口群，与世界160多个国家和地区的300多个港口通航，是我国对外联系的重要门户，地理位置得天独厚。从陆路来看，长三角运输路网密集，覆盖率高，长三角有15个城市均处于“三小时经济圈”内，苏浙沪物流联动效应刺激了长三角物流业的快速发展。从航空看，上海浦东机场和虹桥机场“一体两翼”，已成长为世界排名第三的航空枢纽港，为上海国际航运中心建设和长三角经济与物流业快速发展奠定了坚实基础。

第二节　长三角地区服务业高质量发展的主要问题

一、生产性服务业与制造业分离现象较明显

近年来，长三角的生产性服务业与制造业呈现明显的非一体化趋势，出现了上海、南京、杭州等地主导生产性服务业，宁波、苏州、无锡等地主导制造业的空间分布特征。上海、南京、杭州、湖州等地生产性服务业集中程度高于其他地区，说明这些地区在生产性服务业与制造业非一体化过程中形成了以生产性服务业为主的空间分布特征。在这些城市中，上海、南京和杭州是长三角的3个中心城市，说明相比于中小城市，中心城市大量的高素质人才、良好的制度环境、便捷的信息获取渠道对生产性服务业更具吸引力，而且生产性服务业比制造业更能承受这些地区高昂的工资土地成本。而宁波、无锡、苏州、合肥与台州等地生产性服务业集中程度较低，说明这些地区是制造业的集中分布区。这些城市包括许多中小城市，但也包含一些经济发达的大城市，如宁波、苏州与无锡等。制造业按要素密集度可分为劳动密集型、资本密集型与技术密集型。劳动密集型制造业倾向于分布在中小城市，技术密集型制造业则大量分布在大城市。这也说明大城市中并不总是出现生产性服务业对制造业的挤出现象，也可能出现制造业对生产性服务业的挤出或阻止进入现象。还有一些地区的生产性服务业与制造业呈协同发展态势，如嘉兴、宿州等。

二、长三角城市群服务业发展迅速，但比重不足

2010—2015年，长三角城市群服务业增长迅速，长三角区域的服务业增加值从43222.47亿元提高到80552.92亿元，年均增长率13.30%，两省一市服务业增加值均有较大幅度提高，上海、江苏、浙江服务业增加值年均增长率分别达到11.47%、14.81%、12.15%。长三角服务业比重在2015年首次超过50%，但与其他5个世界城市群差距显著，而且低于全球平均水平。具体到各省市，2015年服务业增加值比重，除了上海市（67.75%）超过50%，其他均不足50%。因此，促进服务业转型升级，以带动相关区域经济的发展，尤为迫切。

三、高技术和创新服务经济发展相对滞后

长三角城市群发展质量不高，人均地区生产总值、地均生产总值等均与其他世界级城市群有明显的差距，拥有高技术和创新能力的新兴服务业发展不足，地区经济服务化发展相对滞后。尤其服务业结构中商贸、零售等传统服务业仍占据主导地位，金融、现代物流、研发设计等现代服务业比重较低。而作为中国外来人口最大的集聚地，区域公共服务业包容性表现不足，城市内部二元矛盾突出。同时，以上海为中心构建的一体化发展战略，新兴服务业辐射能力表现不足，间接影响区域间互动性和高新技术产业经济的发展。

四、服务业总体规模较小，缺乏品牌意识

服务业与区域经济、产业结构紧密相关，长三角服务业企业在创新意识、品牌意识和现代化运营经营理念等方面都有所缺乏，总体表现为服务能力不足、服务质量不高，影响对制造业和农业的促进作用，服务业现代化程度低。同时，部分服务业资源未得到合理利用，服务业垄断和滞后现象仍然存在，冗余资源得不到合理利用，限制服务业效率的提升，单纯依赖资源投入型的发展模式难以满足长三角经济转型的要求。

第三节　长三角地区服务业高质量发展的政策建议

一、实现长三角城市现代服务业一体化，形成统一的现代服务业市场

实现人才、技术等生产要素市场的一体化，使要素资源在区域内自由流动，是发展现代服务业不可缺少的重要条件。近年来，上海、江苏和浙江的生产性服务业与制造业的协同集聚水平总体上都呈现下降趋势，上海尤为明显。为改变这一局面，确保长三角地区产业协同集聚水平的稳定与提升，两省一市应继续深化区域间合作，以上海为龙头，南京、杭州两个省会城市为次中心发展点，带头发挥产业集聚中心的辐射作用，进而完善并进一步扩大自身的产业链。长三角城市应结合自身实际，从区域一体化的角度出发对现有的各种地方性政策、法规进行梳理，开展多方面的交流与合作，加快建设区域服务业联动机制，研究建立区域现代服务业的技术、产品与服务的认证机制建设。加快建立市场化运作的企业和个人信用服务体系和监管制度。大力开展现代服务业人才培训与职业教育。实现交通运输体系一体化和基础资源共建共享。要注重各地分工合作，如上海的目标是建设成国际经济、金融、贸易和航运中心，因此，要大力发展金融业、现代物流业、文化及相关产业。南京、苏州、无锡、杭州、宁波等五个城市的现代服务业已有一定的基础，如苏州的信息传输、计算机服务和软件业，杭州的金融业和房地产业，宁波的现代物流、仓储业，南京的金融业、教育文化和影视业等。这些城市要重视本地区的优势行业，与上海错位发展。

二、推动服务业全面数字化转型，抢占高端生产服务价值链制高点

顺应新一轮科技革命和产业变革趋势，紧抓长三角数字化转型机遇，以发展在线新经济为抓手，创新数字赋能型信息服务、发展智力驱动型专业服务、提升资源整合型集成服务，在数字赋能、跨界融合、前沿突破、未来布局等方面占据发展主导权，抢占高端生产服务价值链制高点。

抢抓数字化发展先机，把数字牵引作为推动服务业高质量发展的强劲动能，以数字转型、打造生态为重点，推动数字经济新业态、新模式创新，大力发展软件和信息服务、工业互联网、大数据服务及机器人智能服务。

软件和信息服务。支持下一代信息通信技术突破，推动软件基础技术、通用技术、前沿技术等研究，不断提升国产软件稳定度和成熟度，推动软件企业向高附加值模式供应商转变。重点加强基础软件、工业软件、信息安全及新兴平台软件等领域的自主创新能力，提高具有自主知识产权的应用软件研发水平，研发一批关键网络安全产品与系统解决方案。大力发展以人工智能、区块链、云计算、大数据、边缘计算、金融科技、5G 为代表的数字化服务，重点扶持和培育一批标志性在线新经济产品、平台、企业。在智能制造、智慧交通、在线医疗等领域提供丰富的开放式数字智能和经济社会发展融合应用场景。

大数据服务。重点发展数据加工分析、数据安全保障、数据流通交易等大数据服务，支持教育、医疗、金融、政务等领域的大数据应用，推动数据成为服务业发展的核心要素，促进数字经济发展，保障社会民生。引导培育大数据交易市场，支持建设大数据交易平台，充分释放数据要素价值。支持建设大数据联合创新实验室，围绕重点领域，全面推进在大数据关键技术研发、示范应用建设等方面的探索突破。建设国际互联网数据专用通道、新型互联网交换中心、人工智能公共算力平台等新型基础设施，依托临港新片区的特殊政策优势，发展国际数据产业，建设“国际数据港”。

三、推动先进制造业和现代服务业深度融合，加速协同发展进程

推动先进制造业和现代服务业深度融合发展。积极推进两业融合发展标杆引领工程，推动制造业企业向附加值高的服务环节延伸、服务业企业向制造领域拓展。发展服务型制造，鼓励企业从产品制造商向系统解决方案提供商转变，支持开展总集成总承包、定制化服务、全生命周期管理等，支持创建国家级服务型制造示范城市、企业、项目、平台。推动服务业向制造领域拓展，鼓励服务企业发挥数据、技术、渠道、创意等要素优势，通过个性定制、委托制造、品牌授权等方式进入制造环节，实现服务产品化。鼓励先进制造业集群、产业链龙头骨干企业创建两业深度融合知名企业品牌和区域品牌，牵头组建跨

行业、跨区域的两业融合发展产业联盟。开展先进制造业与现代服务业深度融合发展试点示范，打造面向主要产业集群的两业融合发展服务平台，打造一批两业深度融合的优势产业链条、标杆企业、新型产业集群、融合示范载体。

促进服务业与农业融合发展。大力发展乡村旅游、健康养老、文化创意、农村电商等服务业态。提高农业产学研合作水平，强化农业科技创新成果的转化，以科技创新促进农业发展。大力发展“互联网＋农业”，支持“苏农云”建设，鼓励应用移动互联网、物联网、大数据、云计算等技术提供农产品质量安全监测、农业生产经营决策、农民技术培训等各类服务。引导农业生产向生产、服务一体化转型，探索建立农业社会化服务综合平台，大力发展农村金融、涉农物流、农产品质量安全监管、农村劳动力培训、农机租赁等为农服务产业。

加强服务业内部融合发展。深入运用“互联网＋”“文化＋”“生态＋”“金融＋”“健康＋”“旅游＋”等新理念和新手段，推进服务业内部渗透融合，重点推动信息服务与传统服务业、科技服务与金融服务、健康养老与医疗卫生、文化与旅游、物流运输与快递服务等领域互通融合发展，促进服务业优化升级。凸显文化引领作用，提升技术研发、品牌设计、商务咨询、市场营销等服务产业的文化内涵，推动将区域传统特色文化与民俗风情注入旅游休闲、健康养老、体育健身等产业，提升服务业附加值。

四、提升金融服务资源配置能力，培育长三角绿色金融发展高地

深化金融市场开放，提升科技引领能级，构建具有国际竞争力的金融市场体系、金融机构体系和业务创新体系，加强国际金融中心与科技创新中心建设联动，推动金融服务业国际化、数字化、品牌化发展。

鼓励发展科技金融、绿色金融、数字金融、消费金融、信托投资、金融租赁、证券承销与保存、责任保险、信用保险等金融产品和业务。推动科技金融与创业孵化紧密结合，鼓励金融机构设立技术研发部门，拓展科技信贷、科技保险等科技金融新业态应用场景。鼓励金融机构扩大新型抵（质）押贷款服务。大力发展绿色信贷、绿色融资担保、绿色债券、绿色保险等绿色金融，支持创建国家绿色金融改革创新试验区，培育长三角绿色金融发展高地。

推进金融服务业更高水平对外开放。建设具有全球影响力的国际金融资产

交易平台，扩大人民币跨境使用范围，推动金融市场互联互通，形成国内外投资者共同参与的金融开放体系。提高金融服务支持实体经济水平。支持上海证券交易所开展“新蓝筹”行动，用好科创板平台支持高成长创新型企业上市。加强金融产品和工具创新。发展人民币利率、外汇衍生产品市场，进一步丰富外汇期权等产品类型，培育发展保险和再保险市场。加强数字货币系统设计、试点场景、服务模式、管理模式等方面的研究部署，稳步推进数字人民币应用试点。加大对金融科技重点算法、核心逻辑、基础技术等相关标准制定的支持力度，争取核心技术领域国际标准话语权。营造更加市场化、法治化、国际化的金融服务业发展环境。支持推动上海金融法院、金融仲裁院提升涉外金融审判和仲裁的国际化水平，加快适用国际通行的金融审判模式。

五、打造服务行业品牌，创新培养现代服务业市场主体

突出市场导向，强化现代服务业企业分类指导，注重现代服务业企业培大育强，全面提升现代服务业市场主体创新力、影响力和竞争力，增强服务经济发展活力。

强化龙头骨干企业引领作用。支持有实力的现代服务业企业实施跨行业、跨区域、跨所有制兼并重组，鼓励开展国际化经营，打造一批在国际资源配置中占主导地位的世界级现代服务业企业。支持龙头骨干服务业企业向规模集团化、服务专业化、功能体系化发展，打造一批连锁型、平台型现代服务业企业集团。实施现代服务业高质量发展领军企业培育工程，引导领军企业加强产业链整合和价值链延伸，增强领军企业创新引领力和辐射带动力。

激发中小微企业发展活力。在细分领域培育一批“专精特新”小巨人、单项冠军、独角兽、瞪羚企业。围绕技术创新、业态创新、品牌创新等方面，完善中小微企业孵化体系和创新服务体系。鼓励大型企业及专业服务机构建设面向中小微企业的云服务平台。鼓励中小微企业运用网络信息技术和现代经营管理理念，开发服务新产品，培植服务新业态。拓宽现代服务业中小微企业融资渠道，支持符合条件的高成长性中小微服务业企业上市。

大力培育总部企业。完善总部企业发展服务体系，积极引进跨国公司总部及地区总部和国内大企业集团总部。引导企业加强研发中心、运营中心、结算中心、销售中心、客服中心等建设，提升市场化、国际化、资本化运营能力，打造生产服务、销售管理、决策运营、科技研发等功能性总部。扶持综合实力

强的本土企业进一步做大做强，培育一批优势本土总部企业。积极在新一代信息技术、生物医药、智能制造、新材料、新能源等先进制造业领域和现代金融、现代物流、商务服务、科技服务等现代服务业领域，形成一批关联带动力强、发展层次高、品牌影响力大的本土总部企业。

六、扩大对外开放合作，大力发展服务贸易

以“一带一路”交汇点建设为总揽，积极探索从商品和要素流动型开放向规则等制度型开放拓展，在更深层次、更宽领域，以更大力度推进全方位高水平服务业开放，在全国率先建成服务业开放强省。

大力发展服务贸易。全面深化南京、苏州服务贸易创新发展试点，深入探索服务贸易创新发展体制机制，切实提升江苏服务贸易国际化、专业化水平。发展壮大技术贸易、文化贸易等服务贸易，大力发展信息服务、中医药服务、知识产权服务等新兴服务贸易。发展高附加值服务外包，积极发展并推广众包、云外包、平台分包等服务外包新业态、新模式。持续打造“苏新服务·智惠全球”等境内境外、线上线下相结合的自主展会平台，扩大“江苏服务”国际影响力。推进服务贸易数字化，实施数字贸易提升计划，积极参与数字经济国际规则制定，争取跨境数据流动开放，鼓励跨境电商平台向全球数字化贸易平台升级。

深入推进服务领域对外开放。严格落实“非禁即入”，全面实行外商投资准入前国民待遇加负面清单管理制度。积极争取新一轮服务业扩大开放综合试点，率先在现代金融、科技服务、医疗教育、商贸物流等领域先行先试，支持设立外商独资或中外合资金融机构。探索扩大新兴服务业双向开放，完善跨境支付、境外消费、自然人移动等模式下服务贸易市场准入制度，逐步放宽或取消限制措施。提升服务业利用外资质量与水平，引导外资投向高端服务业和新兴服务业领域，鼓励外资进入建筑设计、商贸物流、咨询服务、研发设计、节能环保、环境服务等领域，不断延伸外资企业服务链。完善国际商务服务体系，健全企业涉外专业服务体系。

七、结合长三角城市群发展需求，科学合理规划人才培养的目标和方向

服务业的人才培养最终是要服务于区域经济发展，区域经济发展与服务业

的人才培养是相互促进、相互推动、相辅相成的关系。长三角城市群作为国家主要发展功能区，肩负带动区域、辐射全国的经济职责，长三角城市群的发展水平、产业结构和现有服务业人才状况决定未来区域发展对于服务业人才的需求数量和质量。长三角城市群服务业转型升级，应当不断加强现代服务业基础设施建设，尤其是技术设施、信息网络和平台建设，而由此产生的人才需求能否得到满足是转型能否成功的关键。因此，长三角城市群服务业转型人才培养目标和方向的确定需要依托长三角城市群产业发展格局和经济发展重点，科学合理规划服务业转型人才培养的目标和方向。

长三角城市群应当依托我国人口资源特征，建立多层次的现代服务业人才培养体系和完善的人才引进机制。一是依托长三角城市群教研资源，加大相关教育投入，鼓励校企合作，联合培养并强化在职培训，针对性挖掘自我潜能；二是放宽户籍和就业市场等方面的限制，大力引进国内外的高级管理人才；三是鼓励各省市依托产业搭建服务业综合示范基地，制定产业集聚区人才吸引政策和在职培养计划，通过产业集聚效力，建立符合地区特色的专业性人才培养体系；四是引导企业通过人才培养和搭建专业人才团队，并通过“导师制”“团队制”等方式培养实践基础薄弱的高校毕业人才。

第三篇

珠三角地区城市服务业高质量发展评价

1994 年 10 月，广东省政府提出了“珠三角经济区”的概念。珠三角地区是我国改革开放的先行地区，是我国重要的经济中心区域，在全国经济社会发展和改革开放大局中具有突出的带动作用和举足轻重的战略地位。珠三角地区是具有全球影响力的先进制造业基地和现代服务业基地，中国参与经济全球化的主体区域，全国科技创新与技术研发基地，全国经济发展的重要引擎，南方对外开放的门户，辐射带动华南、华中和西南发展的龙头，是中国人口集聚最多、创新能力最强、综合实力最强的三大城市群之一，有“南海明珠”之称。

世界银行报告显示，珠三角地区城市群已在 2010 年超越日本东京，成为世界人口和面积最大的城市群。如今，珠三角在国家战略的推动下，正携手香港、澳门两个特别行政区建设粤港澳大湾区，成为与美国纽约湾区、旧金山湾区和日本东京湾区比肩的世界四大湾区之一。

近几年，珠三角地区经济实力进一步增强，呈现工业化、城市化、信息化和国际化互动共进的良好格局，经济总量继续保持快速增长态势，经济结构调整取得较大进展，产业进一步优化升级，经济效益进一步提高，区内人民的生活水平和质量有了较大提高。珠三角城市群作为广东省乃至全国的区域经济增长极，其一体化协调发展直接影响城市群高质量发展进程。党的十九大报告提出，以高质量城市群为主体构建大中小城市和小城镇协调发展的城镇格局。进而，习近平总书记提出，“实施区域协调发展战略，优化空间布局，推动形成优势互补、高质量发展的区域经济布局”。这对未来我国城市群一体化协调优化发展提出了新的政策指导和建设要求。

第七章　珠三角地区城市服务业发展现状

第一节　珠三角地区城市服务业总体规模分析

城市服务业的发展水平是衡量现代经济社会发达程度的重要指标，也是衡量城市服务产业层次、功能强弱和中心地位的重要指标。珠三角作为中国经济社会发展的重要先导区，尤其是其区域中心城市，近年来服务业取得了较快发展。然而，我们还需要站在发展规律的高度，全面、理性地审视和分析每个城市所具有的禀赋条件，确立服务业发展的方向、重点和策略。特别是，应当避免因政策冲动而再次导致服务业的产业同构，损害整个区域内服务业的持续、健康发展。

近年来，珠三角地区服务业发展迅速，尤其是中心城市广州、佛山、深圳、珠海、惠州、江门、东莞、中山和肇庆 9 个城市服务业已呈现较快的发展势头，并奠定了进一步发展的良好基础。服务业产业规模是指城市服务业的产出规模和经营规模，合适的产业规模是国家和政府在制定产业政策时需要考虑的重要方面。本节将从第三产业增加值、第三产业占 GDP 的比重和第三产业人均产值三个方面分析珠三角地区城市服务业总体规模。

一、珠三角地区第三产业增加值分析

表 7－1　珠三角地区第三产业增加值　　单位：亿元

地区	2011 年	2012 年	2013 年	2014 年	2015 年	2016 年	2017 年	2018 年	2019 年
珠三角地区	204. 428	208. 044	211. 502	215. 222	218. 472	222. 089	207. 538	229. 481	232. 798
福建省	57. 597	58. 671	59. 634	60. 657	61. 690	62. 819	56. 590	65. 395	66. 903
广东省	135. 412	137. 661	139. 896	142. 287	144. 339	146. 647	138. 082	151. 003	152. 501
海南省	11. 419	11. 712	11. 971	12. 277	12. 443	12. 622	12. 866	13. 083	13. 394

续表

地区	2011 年	2012 年	2013 年	2014 年	2015 年	2016 年	2017 年	2018 年	2019 年
福州市	7.439	7.568	7.670	7.784	7.914	8.044	7.888	8.333	8.524
厦门市	7.105	7.258	7.351	7.490	7.566	7.704	7.831	7.933	8.154
莆田市	5.827	5.982	6.156	6.266	6.383	6.515	6.509	6.854	6.998
三明市	6.008	6.103	6.165	6.266	6.375	6.483	5.270	6.737	6.799
泉州市	7.285	7.394	7.507	7.605	7.732	7.849	6.631	8.126	8.262
漳州市	6.461	6.594	6.684	6.813	6.961	7.131	6.066	7.392	7.574
南平市	5.722	5.819	5.910	6.036	6.159	6.258	5.317	6.588	6.740
龙岩市	5.961	6.062	6.228	6.325	6.436	6.560	6.048	6.911	7.068
宁德市	5.789	5.891	5.962	6.071	6.164	6.276	5.031	6.522	6.784
广州市	8.942	9.062	9.207	9.296	9.405	9.515	9.633	9.705	9.736
韶关市	5.879	6.003	6.113	6.258	6.343	6.406	5.939	6.605	6.553
深圳市	8.725	8.883	9.012	9.125	9.239	9.368	9.484	9.564	9.706
珠海市	6.405	6.536	6.648	6.786	6.881	7.007	7.201	7.267	7.523
汕头市	6.316	6.406	6.495	6.582	6.698	6.828	6.960	7.027	7.166
佛山市	7.730	7.771	7.837	7.904	8.016	8.114	8.254	8.338	8.423
江门市	6.545	6.648	6.721	6.796	6.889	6.985	6.501	7.164	7.340
湛江市	6.472	6.624	6.716	6.842	6.926	7.005	6.446	7.236	7.262
茂名市	6.594	6.689	6.796	6.919	6.960	7.042	6.316	7.258	7.344
肇庆市	6.238	6.320	6.410	6.479	6.540	6.644	6.114	6.985	6.844
惠州市	6.626	6.765	6.900	7.059	7.141	7.247	6.903	7.477	7.498
梅州市	5.642	5.758	5.849	5.944	6.041	6.154	5.234	6.325	6.394
汕尾市	5.313	5.429	5.517	5.617	5.691	5.802	4.569	5.942	6.265
河源市	5.305	5.388	5.565	5.769	5.849	6.010	5.135	6.242	6.377
阳江市	5.593	5.714	5.812	6.029	6.177	6.276	5.785	6.504	6.397
清远市	6.031	6.124	6.206	6.273	6.400	6.502	6.056	6.675	6.770
东莞市	7.763	7.870	7.990	8.029	8.112	8.197	8.268	8.349	8.317
中山市	6.816	6.934	7.012	7.087	7.179	7.285	7.325	7.491	7.325
潮州市	5.519	5.596	5.672	5.782	5.893	6.003	5.883	6.161	6.119
揭阳市	5.895	5.987	6.083	6.266	6.391	6.553	5.813	6.764	7.001
云浮市	5.064	5.156	5.340	5.446	5.566	5.705	4.264	5.926	6.141
海口市	6.192	6.332	6.447	6.707	6.782	6.868	6.982	7.067	7.190
三亚市	5.227	5.380	5.525	5.570	5.661	5.754	5.884	6.016	6.205

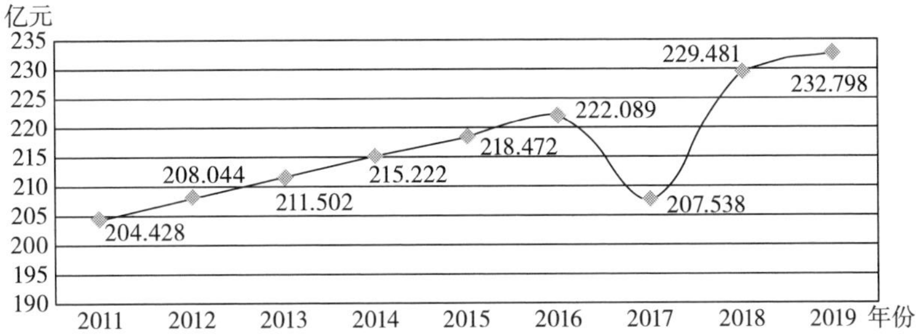

图 7－1　珠三角地区第三产业增加值

表 7－1、图 7－1 是珠三角地区第三产业增加值及变化趋势。首先，从总体看，珠三角地区各个地级市第三产业增加值呈现稳定增长的态势，不同地级市差距相对缩小，增长势头明显。其次，从横向来看，福建省的中心城市福州市、厦门市和泉州市，广东省的中心城市广州市、深圳市、佛山市和东莞市，以及海南省的海口市第三产业增加值都占据所在省份的前列。综合珠三角地区，广州市和深圳市一直是经济增长的“排头兵”。最后，从纵向来看，2011 年至 2019 年，珠三角地区第三产业增加值逐年递增，尤其近几年始终保持稳步增长。

二、珠三角地区第三产业占 GDP 比重分析

表 7－2　珠三角地区第三产业占 GDP 比重　（%）

地区	2011 年	2012 年	2013 年	2014 年	2015 年	2016 年	2017 年	2018 年	2019 年
珠三角地区	40.919	41.599	41.945	42.799	44.161	45.485	48.359	48.420	49.425
福建省	36.621	36.800	37.098	37.712	39.160	40.558	46.314	43.037	43.363
广东省	40.516	41.479	41.757	42.645	44.015	45.386	47.094	48.623	49.761
海南省	66.840	66.910	68.245	69.930	70.780	71.220	72.500	73.110	76.045
福州市	45.500	45.840	45.800	46.450	48.660	50.260	61.920	52.910	53.610
厦门市	47.950	50.330	51.600	54.670	55.710	58.570	57.820	58.160	57.960
莆田市	32.220	32.870	35.030	34.980	35.690	36.980	40.260	42.200	42.150
三明市	33.470	33.300	32.130	32.410	34.200	35.090	42.670	35.770	34.420
泉州市	34.110	34.390	34.880	35.020	37.140	38.540	43.040	39.930	38.930
漳州市	36.120	36.160	35.720	36.240	38.060	39.950	52.780	41.080	41.030

续表

地区	2011 年	2012 年	2013 年	2014 年	2015 年	2016 年	2017 年	2018 年	2019 年
南平市	34. 050	33. 670	33. 250	33. 860	35. 250	35. 750	38. 530	40. 480	42. 410
龙岩市	31. 150	31. 160	34. 190	34. 370	35. 840	37. 200	40. 890	41. 860	43. 770
宁德市	35. 020	33. 480	31. 280	31. 410	31. 890	32. 680	38. 920	34. 940	35. 990
广州市	61. 510	63. 590	64. 620	65. 230	67. 110	69. 350	70. 940	71. 750	71. 620
韶关市	43. 630	44. 540	44. 600	46. 820	49. 330	49. 600	59. 300	54. 890	53. 160
深圳市	53. 500	55. 650	56. 540	57. 390	58. 780	60. 050	58. 470	58. 780	60. 930
珠海市	42. 990	45. 780	46. 330	47. 370	48. 040	49. 540	50. 060	49. 090	53. 840
汕头市	43. 290	42. 410	42. 210	42. 010	43. 340	44. 340	45. 160	44. 800	48. 010
佛山市	34. 580	35. 830	36. 100	36. 360	37. 830	38. 690	40. 860	42. 040	42. 320
江门市	37. 970	40. 950	41. 410	42. 880	43. 790	44. 610	46. 830	44. 500	48. 930
湛江市	37. 970	40. 430	40. 010	41. 410	42. 740	42. 600	49. 400	46. 140	46. 480
茂名市	41. 790	41. 450	41. 370	43. 000	43. 040	43. 320	39. 530	45. 860	47. 540
肇庆市	38. 560	37. 910	36. 540	35. 240	35. 100	36. 830	40. 390	49. 020	41. 680
惠州市	35. 990	36. 570	37. 000	38. 740	40. 200	41. 120	41. 310	43. 030	43. 160
梅州市	39. 700	42. 310	43. 220	42. 970	43. 700	44. 900	44. 500	50. 200	50. 310
汕尾市	36. 700	37. 180	36. 890	38. 210	38. 750	39. 840	42. 600	41. 260	48. 600
河源市	34. 590	35. 380	38. 240	41. 530	42. 680	45. 230	44. 550	50. 960	54. 360
阳江市	34. 890	34. 060	32. 040	35. 450	38. 450	41. 780	45. 710	49. 400	46. 370
清远市	41. 400	44. 460	45. 250	44. 170	47. 000	47. 970	54. 870	50. 540	51. 230
东莞市	49. 650	52. 210	53. 750	52. 140	53. 100	53. 170	51. 400	51. 050	43. 160
中山市	41. 560	42. 000	42. 000	42. 340	43. 550	45. 500	48. 910	49. 300	48. 910
潮州市	38. 370	37. 990	37. 100	38. 020	39. 730	41. 320	44. 480	44. 290	41. 960
揭阳市	29. 550	28. 440	27. 230	29. 500	31. 520	34. 880	35. 490	40. 190	52. 150
云浮市	32. 650	31. 920	34. 440	34. 760	36. 530	38. 460	34. 220	43. 990	50. 260
海口市	68. 370	68. 540	69. 590	74. 850	75. 840	76. 350	77. 370	77. 540	79. 230
三亚市	65. 310	65. 280	66. 900	65. 010	65. 720	66. 090	67. 630	68. 680	72. 860

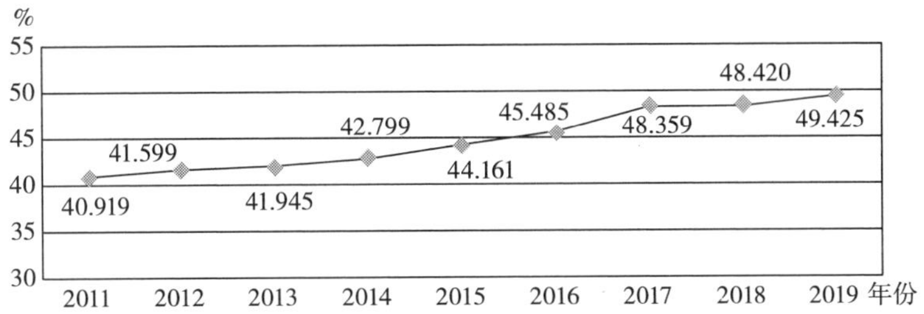

图 7－2　珠三角地区第三产业占 GDP 比重

表 7－2、图 7－2 是珠三角地区第三产业占 GDP 的比重及变化趋势。首先，从总体来看，珠三角地区各个地级市第三产业占 GDP 的比重呈现稳定增长的态势，部分地级市出现下降的异常现象，但大体趋势是上涨的。其次，从横向来看，福建省的中心城市福州市和厦门市，广东省的中心城市广州市和深圳市，以及海南省的海口市和三亚市第三产业占 GDP 比重都占据所在省份的前列，说明核心城市的经济发展主要依托于第三产业的发展。最后，从纵向来看，2011 年至 2017 年，珠三角地区城市第三产业占 GDP 的比重大体呈现上升趋势，但在 2017 年后，大部分城市如福州市、三明市、泉州市、宁德市等均有所下降，说明对于第三产业的比重有所调整。直到 2019 年，广州市、海口市和三亚市的第三产业占 GDP 的比重均突破 70%，在整个珠三角地区遥遥领先。

三、珠三角地区第三产业人均产值分析

表 7－3　珠三角地区第三产业人均产值　　单位：万元/人

地区	2011 年	2012 年	2013 年	2014 年	2015 年	2016 年	2017 年	2018 年	2019 年
珠三角地区	36.892	39.628	35.306	38.280	41.571	45.220	32.526	53.031	53.965
福建省	33.702	35.861	35.929	38.717	41.972	46.179	24.833	57.441	64.552
广东省	39.614	42.809	36.266	39.321	42.810	46.455	36.396	53.028	50.851
海南省	22.895	23.469	21.633	24.659	25.933	26.834	28.426	31.008	35.279
福州市	35.410	37.445	36.201	39.944	43.031	47.813	39.051	58.120	65.912
厦门市	38.926	40.371	38.818	39.269	39.410	43.436	46.014	47.561	58.169
莆田市	29.877	34.559	38.182	38.840	41.385	44.697	40.636	56.709	65.585

续表

地区	2011 年	2012 年	2013 年	2014 年	2015 年	2016 年	2017 年	2018 年	2019 年
三明市	31.200	33.011	33.480	36.617	39.898	43.630	12.591	54.772	54.602
泉州市	54.419	55.704	55.744	61.486	68.597	74.395	21.106	91.198	98.874
漳州市	38.130	41.527	41.905	45.361	50.863	58.141	19.029	65.996	73.903
南平市	23.104	24.461	24.079	27.013	30.681	33.616	13.268	49.011	52.692
龙岩市	25.439	28.106	27.970	31.568	33.852	37.593	22.672	51.845	60.991
宁德市	26.809	27.565	26.983	28.351	30.035	32.289	9.134	41.756	50.239
广州市	45.668	48.371	51.011	53.105	58.595	62.312	68.814	67.565	57.476
韶关市	23.902	27.484	28.639	31.808	34.625	36.876	22.458	42.203	37.176
深圳市	49.641	53.737	51.320	54.951	57.377	62.551	66.863	63.665	64.797
珠海市	32.212	34.629	31.018	32.973	35.463	38.655	43.870	42.234	52.146
汕头市	29.236	29.524	30.236	32.493	37.231	38.113	42.543	44.997	45.712
佛山市	79.869	86.952	59.742	61.248	68.106	73.840	79.537	84.469	71.737
江门市	37.072	39.107	37.769	38.577	43.319	45.558	27.721	44.750	54.779
湛江市	25.567	28.938	28.343	31.437	33.594	35.535	20.460	45.262	45.282
茂名市	34.584	36.053	36.313	41.060	42.697	45.180	21.623	56.028	52.054
肇庆市	32.282	33.969	32.542	34.009	35.772	38.950	22.877	54.235	46.476
惠州市	34.956	36.594	37.752	43.995	46.235	49.196	33.589	57.443	48.871
梅州市	16.199	18.490	19.447	21.316	24.090	26.305	10.261	30.228	30.788
汕尾市	24.169	26.763	26.733	29.721	32.254	35.340	10.248	38.920	53.328
河源市	17.394	18.995	20.550	24.673	25.984	28.581	11.591	33.581	35.526
阳江市	24.038	28.368	28.845	34.319	39.707	42.902	26.018	53.080	44.750
清远市	31.316	34.060	32.264	33.753	37.532	40.019	24.545	42.379	43.249
东莞市	142.148	157.579	72.272	77.526	82.523	87.592	84.998	87.028	53.490
中山市	76.212	78.442	57.999	60.220	65.995	74.007	76.307	84.813	71.826
潮州市	32.633	34.819	33.508	37.656	41.900	46.613	44.185	55.155	48.600
揭阳市	24.676	26.859	25.654	30.225	33.995	40.641	19.517	52.281	72.254
云浮市	18.128	19.254	19.625	20.668	22.012	26.787	6.290	33.279	37.554
海口市	18.089	20.429	16.992	23.984	25.633	26.122	27.881	30.127	31.897
三亚市	27.701	26.509	26.274	25.333	26.234	27.546	28.970	31.890	38.661

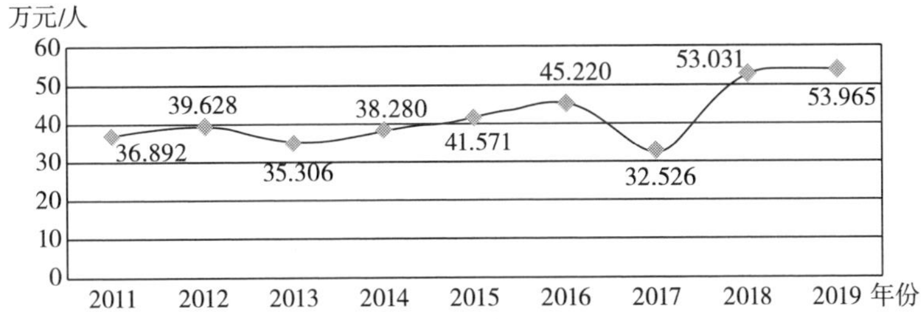

图 7 -3　珠三角地区第三产业人均产值

表 7 -3、图 7 -3 是珠三角地区第三产业的人均产值及变化趋势。首先，从总体来看，珠三角地区各个地级市第三产业人均产值大体呈现增长的态势，不同地级市差距较大，中心城市人均产值较高。其次，从横向来看，福建省的中心城市泉州市，广东省的中心城市佛山市、中山市和东莞市第三产业人均产值都占据所在省份的前列。综合珠三角地区，东莞市的人均产值水平起初是经济增长的“排头兵”，但之后逐渐下降到 2019 年的 53. 490 万元/人。最后，从纵向来看，2011 年至 2017 年，珠三角地区部分城市第三产业人均产值逐年递增，但是增速较缓，2017 年之后，各个地级市第三产业人均产值增速较大。总的来看，2011 年至 2019 年，除个别城市如佛山市和东莞市等，其他地级市第三产业人均产值都有所增加。

综上所述，通过对产业规模中的第三产业增加值、第三产业占 GDP 比重和第三产业人均产值的分析，得出如下结论：

第一，总体上，近年来珠三角地区中心城市的服务业发展都比较快，规模扩张迅速，但也存在一段时期内服务业产业规模比较优势下降的情况，之后尽管有所上升，但上升的速度远不及之前下降的速度，说明珠三角城市仍然存在“重重轻轻”的思想。

第二，广州市作为首位城市，在第三产业方面，无论是增加值还是占 GDP 的比重，都明显高于深圳市、佛山市、东莞市等次一级区域性中心城市，尤其是第三产业增加值方面，体现了广州市作为国际现代城市所具有的独特区位优势。

第三，深圳市以及其他部分地级市，产业规模虽然一直小于中心城市广州市，但是第三产业增加值和人均产值一直呈现递增的态势，说明近几年珠三角地区城市服务业发展态势较好，发展势头强劲。

第二节 珠三角地区城市服务业结构分析

珠三角地区是我国重要的经济中心，改革开放以来，经济取得飞速发展。但在科学技术迅猛发展的今天，珠三角地区传统产业的单一发展模式已经不能适应现在发展趋势，所以急需要进行改革。在《珠江三角洲地区改革发展规划纲要(2008—2020年)》中，明确了现阶段的改革目标，并明确提出了珠三角九市——广州、深圳、佛山、东莞、中山、惠州、江门、珠海和肇庆的产业发展方向，打造广佛肇、深莞惠、珠中江三个经济圈。广佛肇经济圈以广州为中心，重点布局发展现代服务业和以装备制造业为核心的先进制造业；深莞惠经济圈以深圳为中心，重点布局发展现代服务业和以战略性新兴产业为核心的先进制造业；珠中江经济圈以珠海为中心，重点布局发展以重大成套装备为核心的先进制造业，依托优势布局发展战略性新兴产业，配套发展现代服务业。

珠三角地区是我国改革开放的先行地区，也是我国重要的经济中心区域，在全国经济社会发展和改革开放大局中具有突出的带动作用和举足轻重的战略地位。珠三角通过改革开放吸引了很多外资，但“大进大出、两头在外”的产业发展模式，使珠三角外贸依存度较高，产业结构调整任务比较重。城市服务业产业结构主要从生产性服务业从业人数占服务业比重和高端服务业从业人数占服务业比重两项指标进行分析。

一、珠三角地区生产性服务业从业人数占服务业比重分析

表7-4 珠三角地区生产性服务业从业人数占服务业比重 (%)

地区	2011年	2012年	2013年	2014年	2015年	2016年	2017年	2018年	2019年
珠三角地区	22.5	21.9	23.8	23.7	24.0	24.6	24.8	24.9	25.6
福建省	23.1	22.4	26.9	25.2	26.0	26.5	26.7	25.7	26.2
广东省	22.3	21.8	22.9	23.0	23.0	23.7	23.9	24.4	25.3
海南省	21.3	20.4	18.1	22.8	24.6	25.0	25.7	26.7	26.3
福州市	28.3	26.8	31.5	30.5	31.4	31.5	32.3	32.6	35.3
厦门市	29.3	29.7	33.7	35.9	36.6	35.6	36.4	37.0	34.8
莆田市	18.2	18.1	18.8	20.4	20.5	21.5	24.7	23.3	25.0
三明市	22.5	21.5	23.2	22.9	23.1	23.8	24.2	23.4	24.0

续表

地区	2011 年	2012 年	2013 年	2014 年	2015 年	2016 年	2017 年	2018 年	2019 年
泉州市	20.9	18.8	22.0	21.0	21.4	22.2	22.1	21.0	21.0
漳州市	17.7	17.7	26.7	20.0	20.5	21.1	21.6	22.5	25.1
南平市	21.8	22.1	27.2	28.0	29.1	29.1	25.4	21.3	20.6
龙岩市	29.1	27.6	30.0	25.5	26.9	27.6	26.9	26.2	24.9
宁德市	20.5	19.5	28.8	22.6	24.4	26.2	26.6	24.3	25.5
广州市	35.6	34.6	43.7	42.7	41.2	42.3	42.5	42.5	43.8
韶关市	24.4	21.8	19.8	19.3	19.5	19.2	18.4	20.0	21.8
深圳市	44.3	45.4	46.0	47.1	48.6	49.0	49.1	50.5	47.9
珠海市	31.2	31.3	32.1	33.7	34.6	34.3	37.2	40.1	43.0
汕头市	19.6	17.8	21.0	20.3	21.6	26.6	25.5	24.9	28.8
佛山市	24.7	25.4	25.8	26.0	26.8	27.3	27.5	28.1	33.1
江门市	21.1	19.8	24.0	26.3	23.7	25.8	25.4	29.7	24.5
湛江市	21.5	21.3	23.0	23.6	23.8	24.0	24.3	22.6	22.1
茂名市	14.4	15.1	15.4	15.5	15.7	16.4	17.6	19.8	20.7
肇庆市	17.3	21.1	18.0	17.2	16.8	16.6	16.6	15.8	17.0
惠州市	23.5	23.3	24.6	25.4	26.9	26.5	26.5	26.1	23.4
梅州市	15.6	16.5	17.7	15.9	15.8	16.1	15.7	16.0	21.1
汕尾市	14.0	14.0	15.2	15.9	15.9	16.3	16.6	18.1	16.2
河源市	16.1	15.8	18.2	17.2	17.6	19.3	20.0	19.1	19.3
阳江市	18.6	17.7	17.2	17.4	17.2	17.5	17.7	16.8	19.2
清远市	17.8	16.4	16.6	15.7	16.4	16.6	18.5	21.3	19.2
东莞市	30.5	26.6	30.6	30.5	31.8	32.1	33.1	32.7	33.6
中山市	32.2	29.6	26.0	27.5	26.8	25.6	26.7	25.4	25.4
潮州市	20.4	19.5	21.9	19.3	18.7	18.5	17.1	18.1	17.3
揭阳市	14.0	13.3	13.3	13.1	13.2	13.6	13.8	14.2	13.4
云浮市	12.2	11.8	11.6	13.9	11.3	13.0	11.6	11.1	19.7
海口市	28.3	27.7	24.3	31.1	32.1	33.1	33.7	33.8	34.6
三亚市	14.3	13.1	11.9	14.6	17.2	17.0	17.6	19.5	18.0

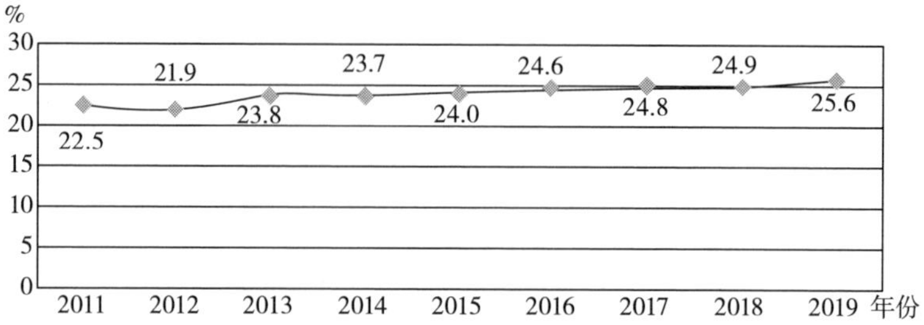

图 7－4　珠三角地区生产性服务业从业人数占服务业比重

表 7－4、图 7－4 是珠三角地区生产性服务业从业人数占服务业比重及变化趋势。首先，从总体产业结构来看，珠三角地区各个地级市生产性服务业从业人数占服务业比重处于20%左右，大体差距不大，并呈现稳定增长的态势。其次，从横向来看，广东省的中心城市广州市、珠海市、东莞市和深圳市生产性服务业从业人数所占比重基本超过30%，位于珠三角地区的前列，说明核心城市的生产性服务业占据整体服务业的1/3。最后，从纵向来看，2011 年至 2017 年，珠三角地区城市生产性服务业从业人数占服务业比重大体呈现上升趋势，但在2017 年后，小部分城市如莆田市、三明市、泉州市、南平市等有所下降，说明产业结构出现微调。2019 年，广州市、深圳市和珠海市的生产性服务业从业人数占服务业比重突破40%，在整个珠三角地区遥遥领先。

二、珠三角地区高端服务业从业人数占服务业比重分析

表 7－5　珠三角地区高端服务业从业人数占服务业比重　（%）

地区	2011 年	2012 年	2013 年	2014 年	2015 年	2016 年	2017 年	2018 年	2019 年
珠三角地区	15.5	15.3	15.9	16.2	16.8	17.6	18.0	18.5	20.1
福建省	16.3	15.9	17.9	17.4	18.4	19.4	19.8	19.6	20.3
广东省	15.5	15.4	15.5	15.7	16.2	17.0	17.4	18.2	20.0
海南省	11.9	11.6	10.3	15.2	15.3	15.4	16.6	16.9	17.2
福州市	19.9	19.5	23.0	22.2	23.4	24.5	25.3	27.3	29.5
厦门市	14.6	14.6	17.8	22.0	22.8	22.8	24.2	24.4	22.4
莆田市	14.3	13.7	13.9	14.3	15.1	16.1	19.4	19.4	20.5
三明市	16.4	15.2	15.6	15.8	16.4	17.5	17.8	17.8	18.6

续表

地区	2011 年	2012 年	2013 年	2014 年	2015 年	2016 年	2017 年	2018 年	2019 年
泉州市	13.9	13.4	14.2	13.9	14.1	15.7	15.2	13.9	14.8
漳州市	13.1	13.7	17.8	14.5	15.3	16.2	16.8	18.8	21.6
南平市	16.8	17.1	17.9	20.3	20.5	21.0	18.4	14.7	15.8
龙岩市	23.8	22.0	21.4	18.7	20.3	21.4	21.2	21.4	20.2
宁德市	14.3	13.7	19.8	15.2	17.2	19.0	20.0	18.4	19.9
广州市	21.3	21.1	25.9	27.3	26.8	28.6	28.9	29.0	33.7
韶关市	15.6	13.5	13.4	13.1	13.8	14.1	13.4	15.3	17.4
深圳市	28.4	30.5	32.8	31.8	34.1	35.9	35.8	38.6	40.3
珠海市	21.7	22.1	22.8	24.4	25.5	25.7	28.6	32.3	35.0
汕头市	14.8	13.5	14.2	13.5	15.3	20.2	19.2	18.9	23.0
佛山市	18.5	19.8	17.3	17.1	17.5	18.5	18.5	19.2	26.3
江门市	15.5	15.3	15.2	17.9	16.5	18.2	18.1	23.8	19.0
湛江市	12.0	12.4	13.6	14.5	15.4	16.0	16.3	15.7	15.8
茂名市	10.2	10.0	10.4	10.5	11.0	11.3	12.3	14.0	15.6
肇庆市	12.0	15.0	11.2	11.4	11.4	11.2	11.4	10.8	13.1
惠州市	17.6	18.1	17.1	17.3	19.0	19.6	19.8	19.6	18.5
梅州市	12.5	13.2	12.9	10.7	11.0	11.6	11.6	12.0	17.5
汕尾市	10.2	10.3	10.8	11.4	11.5	11.6	11.6	13.0	11.7
河源市	11.2	10.5	11.5	11.7	12.2	14.1	14.7	14.4	15.9
阳江市	12.4	11.0	10.4	10.6	10.5	10.8	11.0	11.3	13.9
清远市	13.0	12.3	10.8	11.9	12.6	12.8	14.7	16.8	15.1
东莞市	21.2	21.3	22.9	22.4	24.0	24.9	26.7	25.9	29.1
中山市	21.7	19.9	17.9	19.0	18.8	18.1	19.9	18.7	18.7
潮州市	15.2	14.8	15.6	14.3	14.1	13.7	13.3	14.1	14.3
揭阳市	10.6	10.1	9.8	9.7	10.0	10.5	10.5	10.2	9.8
云浮市	9.3	9.0	8.0	9.3	8.4	8.9	8.5	8.2	16.7
海口市	17.3	17.1	14.9	20.2	18.3	18.8	20.0	19.5	20.9
三亚市	6.6	6.0	5.7	10.3	12.2	12.0	13.1	14.3	13.5

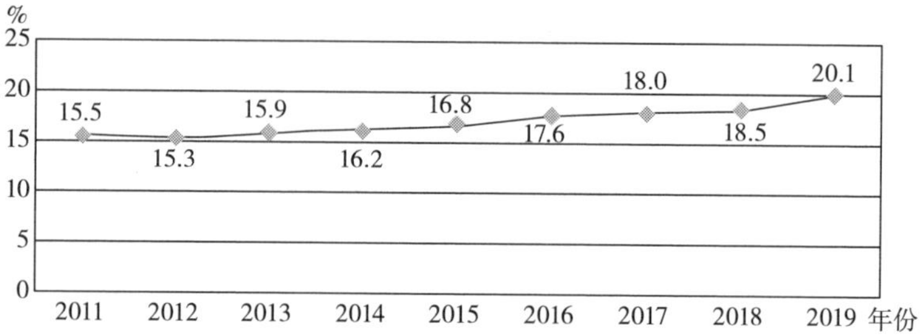

图7－5　珠三角地区高端服务业从业人数占服务业比重

表7－5、图7－5是珠三角地区高端服务业从业人数占服务业比重及变化趋势。首先，从总体来看，珠三角地区各个地级市高端服务业从业人数占服务业的比重处于15%左右，大体差距不大，并呈现稳定增长的态势。其次，从横向来看，广东省的中心城市深圳市的高端服务业从业人数所占比重“一马当先”，位于珠三角地区的前列。最后，从纵向来看，2011年至2017年，珠三角地区城市的高端服务业从业人数占服务业比重大体呈现上升趋势，但在2017年后，极少部分城市如泉州市、南平市、龙岩市、宁德市等有所下降，说明产业结构出现微调。2019年，深圳市的高端服务业从业人数占服务业比重突破40%，在整个珠三角地区遥遥领先。

综上所述，珠三角地区是广东高端服务业发展先行先试的典范。本节使用生产性服务业从业人数占服务业比重和高端服务业从业人数占服务业比重两项指标对珠三角地区城市服务业发展的产业结构进行分析，发现珠三角地区城市间服务业专业化程度差异较大。广州、深圳作为广东省的中心城市，服务业发展水平较高且已各自形成具有明显优势的服务行业，其他地级市与广州、深圳存在一定差距，尤其是生产性服务业发展较为落后，高端服务业基础较差，难以形成区内比较优势。

第三节　珠三角地区城市服务业地区差异

由于资源禀赋、市场条件、制度等因素不同，珠三角地区城市间的服务业专业化程度差异较大，根据城市服务业发展的产业规模和产业结构两个维度，从第三产业增加值、第三产业占GDP的比重、第三产业人均产值、生产性服务业从业人数占服务业比重和高端服务业从业人数占服务业比重五项指标进行分析，捕捉珠三角地区的产业规模和产业结构的差异。

一、珠三角地区服务业规模比较分析

（一）第三产业增加值比较分析

表 7－6　珠三角地区第三产业增加值　　单位：亿元

地区	2011 年	2012 年	2013 年	2014 年	2015 年	2016 年	2017 年	2018 年	2019 年
珠三角地区	204.428	208.044	211.502	215.222	218.472	222.089	207.538	229.481	232.798
福建省	57.597	58.671	59.634	60.657	61.690	62.819	56.590	65.395	66.903
广东省	135.412	137.661	139.896	142.287	144.339	146.647	138.082	151.003	152.501
海南省	11.419	11.712	11.971	12.277	12.443	12.622	12.866	13.083	13.394

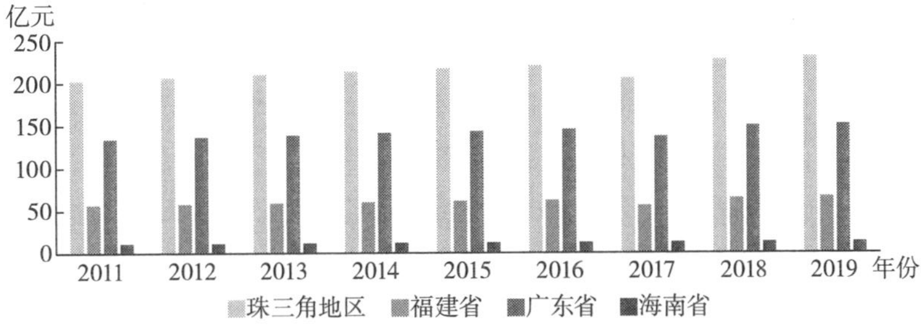

图 7－6　珠三角地区第三产业增加值

表 7－6、图 7－6 是珠三角地区整体以及各个省份之间第三产业增加值的差异。首先，从总体来看，珠三角地区整体及各个省份第三产业增加值呈现上涨的趋势，省份之间差距较大。其次，从横向来看，广东省的第三产业增加值一直遥遥领先，超过 130 亿元，福建省次之，海南省最少，仅有 10 亿元左右。最后，从纵向来看，2011 年至 2019 年，珠三角地区城市的第三产业增加值大体上升。2017 年受到外部因素冲击，广东省和福建省的第三产业增加值有轻微下降的情况，但是 2018 年又恢复增长态势。

（二）第三产业占 GDP 比重比较分析

表 7－7　珠三角地区第三产业占 GDP 比重　　（%）

地区	2011 年	2012 年	2013 年	2014 年	2015 年	2016 年	2017 年	2018 年	2019 年
珠三角地区	40.919	41.599	41.945	42.799	44.161	45.485	48.359	48.420	49.425
福建省	36.621	36.800	37.098	37.712	39.160	40.558	46.314	43.037	43.363

续表

地区	2011 年	2012 年	2013 年	2014 年	2015 年	2016 年	2017 年	2018 年	2019 年
广东省	40.516	41.479	41.757	42.645	44.015	45.386	47.094	48.623	49.761
海南省	66.840	66.910	68.245	69.930	70.780	71.220	72.500	73.110	76.045

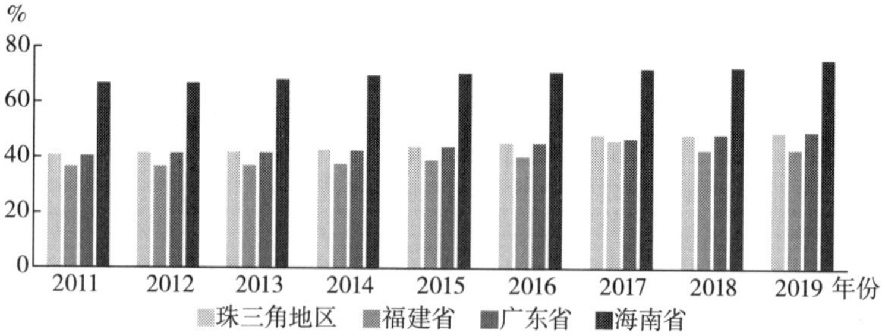

图 7-7 珠三角地区第三产业占 GDP 比重

表 7-7、图 7-7 是珠三角地区整体以及各个省份之间第三产业占 GDP 比重的差异。首先，从总体来看，珠三角地区整体及各个省份第三产业占 GDP 比重呈现上涨的趋势，省份之间存在差距。其次，从横向来看，海南省的第三产业占 GDP 的比重一直遥遥领先，超过 60%，广东省次之，福建省最小，仅有 40% 左右。最后，从纵向来看，2011 年至 2019 年，珠三角地区城市的第三产业占 GDP 的比重大体上升。2018 年受到外生冲击，福建省第三产业占 GDP 的比重突然下降，但是 2019 年又恢复增长态势。

(三) 第三产业人均产值比较分析

表 7-8 珠三角地区第三产业人均产值 单位：万元/人

地区	2011 年	2012 年	2013 年	2014 年	2015 年	2016 年	2017 年	2018 年	2019 年
珠三角地区	36.892	39.628	35.306	38.280	41.571	45.220	32.526	53.031	53.965
福建省	33.702	35.861	35.929	38.717	41.972	46.179	24.833	57.441	64.552
广东省	39.614	42.809	36.266	39.321	42.810	46.455	36.396	53.028	50.851
海南省	22.895	23.469	21.633	24.659	25.933	26.834	28.426	31.008	35.279

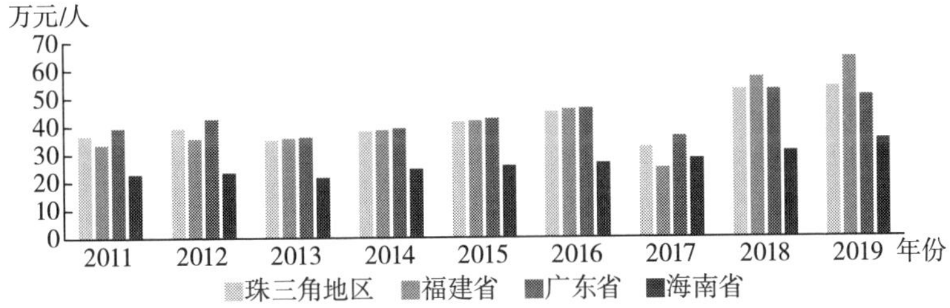

图 7-8　珠三角地区第三产业人均产值

表 7-8 是珠三角地区整体以及各个省份之间第三产业人均产值的差异。首先，从总体来看，珠三角地区整体及各个省份第三产业人均产值呈现上涨的趋势，省份之间差距较大。其次，从横向来看，广东省和福建省的第三产业人均产值相差不大，在 2017 年之前，广东省第三产业人均产值高于福建省，2018 年之后福建省第三产业人均产值增速极快，超过了广东省，而海南省一直处于最后，仅有 25 万元/人左右。最后，从纵向来看，2011 年至 2019 年间，珠三角地区城市的第三产业人均产值大体增加。图 7-8 显示，2017 年受到外生冲击，广东省和福建省第三产业人均产值突然下降，次年又恢复增长态势。

二、珠三角地区服务业结构比较分析

（一）生产性服务业从业人数占服务业比重比较分析

表 7-9　珠三角地区生产性服务业从业人数占服务业比重　（%）

地区	2011 年	2012 年	2013 年	2014 年	2015 年	2016 年	2017 年	2018 年	2019 年
珠三角地区	22.5	21.9	23.8	23.7	24.0	24.6	24.8	24.9	25.6
福建省	23.1	22.4	26.9	25.2	26.0	26.5	26.7	25.7	26.2
广东省	22.3	21.8	22.9	23.0	23.0	23.7	23.9	24.4	25.3
海南省	21.3	20.4	18.1	22.8	24.6	25.0	25.7	26.7	26.3

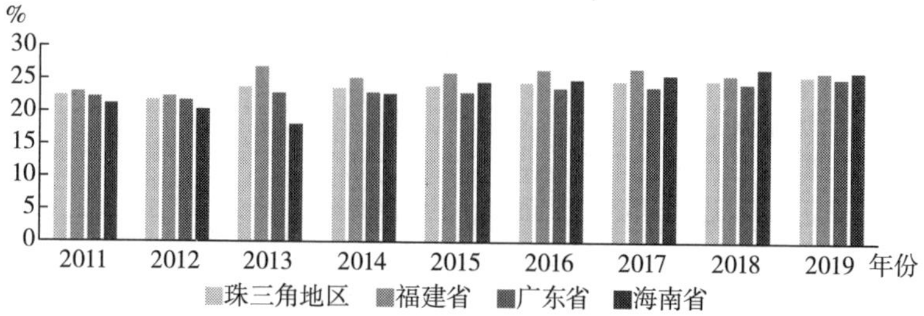

图7－9　珠三角地区生产性服务业从业人数占服务业比重

表7－9、图7－9是珠三角地区整体以及各个省份之间生产性服务业从业人数占服务业比重的差异。首先，从总体来看，珠三角地区整体及各个省份生产性服务业从业人数占服务业比重呈现上涨的趋势，省份之间差距微乎其微。其次，从横向来看，广东省和福建省的生产性服务业从业人数占服务业比重一开始高于海南省，但随着时间的推移，近几年海南省的生产性服务业从业人数增加，占服务业比重已超过广东省和福建省。最后，从纵向来看，2013年珠三角地区生产性服务业从业人数占服务业比重差距最大。2013年受到外部因素冲击，福建省生产性服务业从业人数占服务业比重为26.9%，而海南省仅为18.1%。

（二）高端服务业从业人数占服务业比重比较分析

表7－10　珠三角地区高端服务业从业人数占服务业比重　（%）

地区	2011年	2012年	2013年	2014年	2015年	2016年	2017年	2018年	2019年
珠三角地区	15.5	15.3	15.9	16.2	16.8	17.6	18.0	18.5	20.1
福建省	16.3	15.9	17.9	17.4	18.4	19.4	19.8	19.6	20.3
广东省	15.5	15.4	15.5	15.7	16.2	17.0	17.4	18.2	20.0
海南省	11.9	11.6	10.3	15.2	15.3	15.4	16.6	16.9	17.2

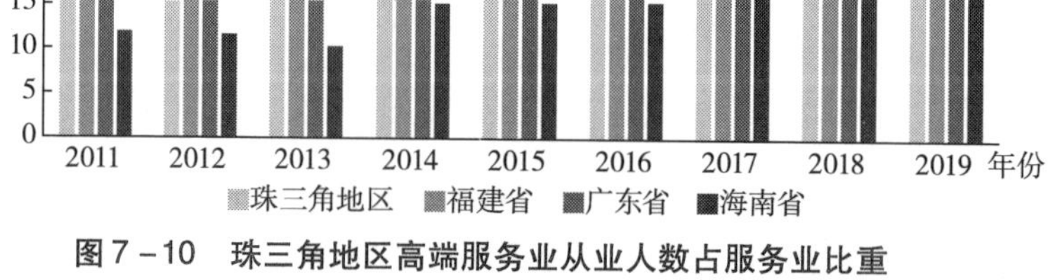

图7－10　珠三角地区高端服务业从业人数占服务业比重

表7－10是珠三角地区整体以及各个省份之间高端服务业从业人数占服务业比重的差异。首先，从总体来看，珠三角地区整体及各个省份高端服务业从业人数占服务业比重呈现上涨的趋势，省份之间差距不大。其次，从横向来看，广东省和福建省的高端服务业从业人数占服务业比重相差不大，海南省高端服务业从业人数占服务业比重一直处于落后位置。最后，从纵向来看，2011年至2019年，珠三角地区城市的高端服务业从业人数占服务业比重大体增加。2013年受到外部因素冲击，海南省高端服务业从业人数占服务业比重微微下降，但2014年突然上升，逐渐赶上珠三角地区其他各省，整体差距不断缩小，呈现地区发展平衡态势。

综上所述，服务业在当前国际经济全球化中的重要性日益显著，与世界各国服务业的平均发展水平比较，中国服务业的发展水平仍相对落后，当前大力发展服务业是我国优化产业结构、应对全球经济危机的重大举措之一，而衡量和评价一国服务业发展水平的重要指标之一就是服务业内部结构的优化和高极化水平。

珠三角地区作为除长三角和环渤海地区之外，中国经济发展最具有生命力和活力的区域之一，以其独特的历史和地理等方面的优势，发挥着不可忽略的作用。其中，第一和第二产业日益完善和成熟，服务业作为一个新兴的产业，对未来的发展有很大的指引作用。因此，珠三角地区要实现城市服务业的梯度发展，就要注重不同省份之间的发展差异，因地制宜地利用产业结构和产业规模，以首位城市广州市为龙头，引领带动中心城市深圳市、佛山市、东莞市、中山市的服务业发展，尤其是生产性服务业和高端服务业的发展。

如今，珠三角地区的城市服务业已然形成了一批优势行业：首先，广州、深圳已初步形成区域性金融中心，与邻近的香港特区一起打造泛珠三角金融中心，为珠三角地区企业的发展提供了良好的融资环境；其次，借助良好的区位优势和机场、港口条件，珠三角已经成为国内重要的物流枢纽之一，为珠三角地区工业的发展打下了良好的运输仓储基础；再次，珠三角地区已经成为国内三大国际会展中心之一，形成了高交会、广交会、中小企业博览会等一批展会品牌，为珠三角地区服务业的发展提供了高水平的展示平台；最后，现代信息服务业发达，如信息传输、数字网络等，对珠三角地区的城市服务业深入融合发挥了重要的作用。

第八章　珠三角地区服务业高质量发展整体评价与特征分析

第一节　珠三角地区服务业高质量发展整体评价

服务业作为经济高质量发展的关键力量，其发展对增强珠三角地区综合实力、开创珠三角崛起新局面具有重要意义。从整体趋势上看，2011—2019 年珠三角地区服务业高质量发展的各维度指标数据都有不同程度的上升。虽然珠三角地区在服务业发展方面有所成效，但从总体上看还存在发展质量较低、创新能力不足等问题，服务业高质量发展还存在较大的发展空间。

珠三角地区在全国区域发展格局中具有十分重要的战略地位，近年来积极主动融入国家发展战略。“十三五”期间珠三角三省得到快速发展，2019 年，在四大区域板块中增速继续居首，有力地支撑了全国经济发展。表 8－1 是分地区城市服务业整体评价；图 8－1 和图 8－2 分别列示了全国和分地区服务业高质量发展指数与各类二级指标的年平均数。以下对珠三角地区与其他地区的服务业发展状况进行对比分析。

表 8－1　分地区城市服务业整体评价

地区	高质量发展指数	产业规模	产业结构	产业创新	产业环境	产业协同
全国	6. 102	23. 447	8. 839	5. 737	44. 243	2. 607
长三角地区	13. 421	37. 518	11. 978	13. 237	50. 459	2. 762
珠三角地区	9. 112	26. 483	8. 962	8. 826	48. 407	2. 905
环渤海地区	6. 826	26. 498	9. 316	6. 522	44. 243	2. 793
中部地区	4. 125	19. 408	7. 467	3. 433	43. 426	2. 634
西南地区	3. 941	17. 358	6. 876	3. 640	42. 225	2. 488
东北地区	2. 707	19. 272	9. 567	2. 099	41. 150	2. 349
西北地区	3. 109	15. 470	7. 981	2. 716	41. 503	2. 356

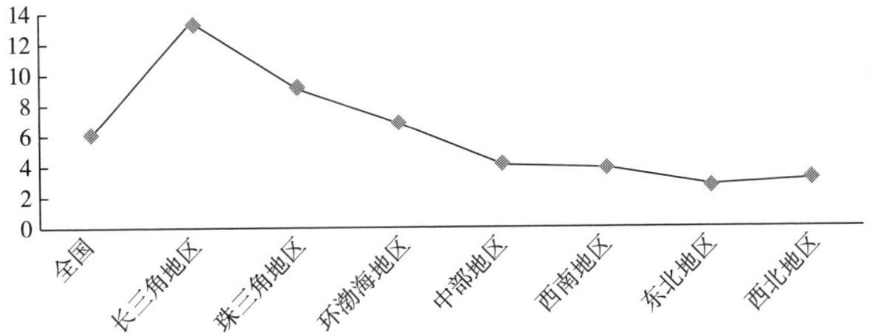

图 8－1　全国和分地区服务业高质量发展指数（年均值）

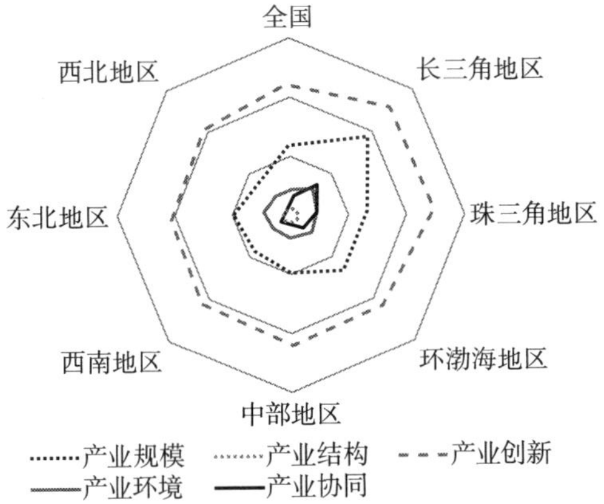

图 8－2　全国和分地区服务业高质量发展二级指标

从全国年均服务业高质量发展指数与珠三角地区指数的对比分析来看，珠三角地区在 2011 年至 2019 年服务业年均高质量发展指数要高于全国平均水平，排名第二。由于珠三角地区有沿海优势，服务业发展所需的知识、人才、科技等资源的引进速度较快，服务业集聚程度要远高于其他地区，这就造成珠三角服务业发展质量较高而内陆服务业发展质量颇低的不平衡局面。全国服务业高质量发展的平均水平被沿海地区第三产业蓬勃发展的高效成果迅速拔高，中部等内陆地区的年均服务业高质量发展指数明显低于全国平均水准。

将高质量发展指数分解为五个二级指标对全国各地区进行对比分析，在产业规模方面，长三角、珠三角、环渤海凭借优越的地理位置和发达的经济体系，在全国各地区中处于领先地位，且产业规模年均指数超国内平均水平。而中部地区的第三产业规模虽不似沿海地区发展那么迅速，但相较于其他内陆地区，2011 年至 2019 年年均指数较高，逐渐逼近全国产业规模指数的平均水平。在产业结构方面，全国各地区的服务业结构指数年均值相差不大，中国各地区服务业内部结构质量较为均衡。中部等内陆地区的服务业结构发展态势良好，长三角、珠三角地区仍旧保持全国领先水平。在产业创新方面，中部、西北、东北、西南等内陆地区与长三角、珠三角、环渤海等沿海地区存在显著差异，沿海地区在2011年至2019年的第三产业创新发展效果是中部等地区的2~7倍。珠三角等地区凭借优越的交通地理条件和丰富的产业资源优势，使高素质劳动力集聚，新业态、新模式的出现不断推动第三产业向高质量、高层次方向深化发展。内陆地区劳动力出现的“外流”现象为珠三角等地区提供了经济发展、产业升级不可或缺的人才。在产业环境方面，我国各地区第三产业环境的发展趋势大体一致，长三角和珠三角地区的年均产业环境指数已在50左右，而其余地区的年均产业环境指数均小于或等于全国平均水平。在产业协同方面，我国各地区服务业与制造业协同发展指数的年均值相差无几，中部地区由于河南省等省份实行高端服务业与高端制造业的融合发展，相较于其他内陆地区，在产业协同视角下的服务业发展状态更胜一筹，甚至已然超过全国平均水平。

第二节　珠三角地区服务业高质量发展指数时间特征分析

珠三角地区是亚太地区最具活力的经济区之一，是具有全球影响力的先进制造业基地和现代服务业基地，是南方地区对外开放的门户，是辐射带动华南、华中和西南发展的龙头。高质量是服务业发展的根本要求和着力点。近年来，珠三角地区城市服务业得到了快速发展，业已成为拉动经济增长的强大动力，但总体上是规模型增长，正在向质量型增长转变。本节在对珠三角地区服务业高质量发展指数的分析中，主要结合产业规模、产业结构、产业创新、产业环境和产业协同五项指标，研究在整体时间维度上服务业高质量发展指数的变化情况。

一、珠三角地区服务业高质量发展指数

表 8－2　珠三角地区服务业高质量发展指数

地区	2011 年	2012 年	2013 年	2014 年	2015 年	2016 年	2017 年	2018 年	2019 年
珠三角地区	5. 051	5. 430	5. 002	5. 592	6. 606	8. 656	12. 624	15. 806	17. 244
福建省	4. 307	4. 479	4. 635	5. 107	6. 047	8. 032	11. 566	15. 042	18. 019
广东省	5. 623	6. 124	5. 420	6. 085	7. 202	9. 427	13. 863	17. 041	17. 643
海南省	2. 485	2. 548	2. 245	2. 585	2. 845	3. 288	4. 275	6. 044	8. 991
福州市	8. 616	9. 309	9. 503	11. 089	12. 685	16. 097	20. 826	26. 651	33. 681
厦门市	19. 002	19. 101	19. 027	19. 298	21. 293	26. 745	39. 875	49. 605	57. 672
莆田市	1. 020	1. 146	1. 344	1. 566	2. 148	2. 827	3. 845	5. 366	6. 523
三明市	1. 135	1. 183	1. 279	1. 490	1. 774	2. 481	3. 444	4. 569	5. 014
泉州市	3. 205	3. 463	3. 797	5. 002	7. 259	11. 618	18. 302	24. 742	29. 233
漳州市	2. 155	2. 238	2. 388	2. 533	2. 931	3. 649	5. 121	7. 656	10. 216
南平市	0. 941	1. 024	1. 168	1. 329	1. 576	1. 857	2. 379	3. 047	3. 422
龙岩市	1. 712	1. 782	1. 836	2. 169	2. 739	3. 382	4. 455	5. 748	7. 474
宁德市	0. 979	1. 069	1. 371	1. 488	2. 023	3. 632	5. 850	7. 989	8. 939
广州市	12. 923	13. 652	14. 241	15. 652	19. 294	25. 824	40. 897	49. 239	49. 545
韶关市	1. 149	1. 209	1. 330	1. 471	1. 698	1. 933	2. 506	3. 691	4. 903
深圳市	41. 489	44. 158	42. 760	47. 099	52. 210	61. 411	75. 624	87. 724	92. 852
珠海市	12. 692	14. 089	13. 428	15. 010	18. 353	25. 387	38. 857	45. 437	52. 615
汕头市	2. 307	2. 437	2. 622	2. 856	3. 380	3. 819	5. 773	7. 220	7. 536
佛山市	6. 570	7. 541	5. 519	6. 344	8. 504	13. 240	26. 322	36. 680	33. 219
江门市	2. 366	2. 566	2. 660	2. 953	3. 656	4. 534	7. 504	7. 917	9. 167
湛江市	0. 947	1. 068	1. 154	1. 286	1. 446	1. 695	2. 399	2. 858	3. 257
茂名市	0. 956	1. 017	1. 071	1. 200	1. 315	1. 474	1. 544	2. 264	2. 334
肇庆市	1. 529	1. 676	1. 589	1. 709	1. 973	2. 642	5. 369	7. 697	9. 979
惠州市	2. 176	2. 303	2. 427	2. 963	3. 579	5. 487	9. 467	11. 341	11. 481
梅州市	0. 891	1. 000	1. 083	1. 166	1. 445	1. 690	2. 315	3. 452	4. 247
汕尾市	0. 793	0. 880	0. 932	1. 014	1. 161	1. 340	1. 284	1. 833	2. 601
河源市	0. 959	1. 014	1. 114	1. 218	1. 327	1. 694	2. 538	3. 801	4. 200
阳江市	0. 795	0. 887	0. 946	1. 068	1. 233	1. 342	1. 204	1. 728	1. 835
清远市	1. 214	1. 338	1. 327	1. 473	1. 726	2. 363	4. 446	5. 931	6. 619
东莞市	18. 657	21. 453	10. 386	12. 540	15. 629	23. 210	34. 685	43. 854	33. 193

续表

地区	2011 年	2012 年	2013 年	2014 年	2015 年	2016 年	2017 年	2018 年	2019 年
中山市	7.034	7.389	6.174	7.434	9.572	14.408	23.152	28.521	33.062
潮州市	1.192	1.279	1.314	1.391	1.533	1.736	2.038	2.372	2.503
揭阳市	0.810	0.900	0.939	1.052	1.221	1.484	1.712	2.422	3.134
云浮市	0.631	0.746	0.802	0.899	0.993	1.252	1.492	1.880	2.212
海口市	3.201	3.489	2.937	3.566	4.024	4.704	6.265	8.942	13.133
三亚市	1.770	1.606	1.553	1.604	1.666	1.873	2.284	3.145	4.848

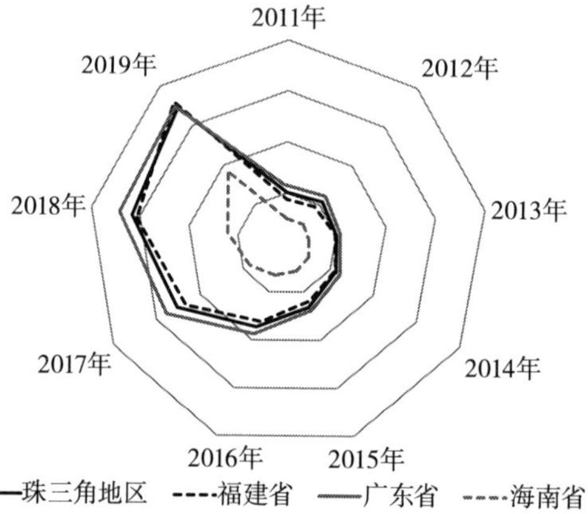

图 8－3　珠三角地区服务业高质量发展指数

表 8－2 是珠三角地区服务业高质量发展指数。首先，从总体上看，城市服务业的高质量发展指数呈现递增的态势。2011 年，厦门市、广州市、深圳市和东莞市的服务业高质量发展指数位居前列，尤其是深圳市的指数高达 41.489，处于遥遥领先的地位。其次，在 2016 年以前，中心城市高质量发展指数增速较缓，而 2016 年以后中心城市高质量发展指数增长迅猛，厦门市、广州市、深圳市和珠海市尤为突出。最后，2019 年，深圳市的高质量发展指数为 92.852，高居榜首。

图 8－3 是珠三角地区服务业高质量发展指数的雷达图，展示了整体珠三角地区和其所辖三个省份 2011—2019 年服务业高质量发展指数。显而易见，海南省的服务业高质量发展指数一直落后于其他省份和整体珠三角地区；随着时间的推移，每个省份的发展指数都在稳定增长，2016 年以后增长速度更快；福建省、广东省和整个珠三角地区的发展指数在 2011—2019 年间差距微小。

二、珠三角地区服务业产业规模指数

表 8－3 珠三角地区服务业产业规模指数

地区	2011 年	2012 年	2013 年	2014 年	2015 年	2016 年	2017 年	2018 年	2019 年
珠三角地区	23.241	24.810	22.353	24.186	26.258	28.554	21.354	33.486	34.105
福建省	20.954	22.293	22.381	24.129	26.204	28.855	16.582	35.930	40.357
广东省	24.831	26.626	22.844	24.745	26.938	29.235	23.601	33.427	32.137
海南省	17.188	17.421	16.811	18.325	19.044	19.562	20.504	21.913	24.487
福州市	22.629	23.881	23.173	25.450	27.426	30.400	25.797	36.830	41.677
厦门市	24.754	25.769	24.938	25.403	25.562	28.109	29.624	30.582	37.018
莆田市	18.268	21.183	23.524	23.947	25.561	27.673	25.305	35.344	40.886
三明市	19.167	20.281	20.533	22.486	24.590	26.943	9.384	33.919	33.782
泉州市	33.740	34.564	34.623	38.212	42.720	46.392	14.119	56.939	61.683
漳州市	23.596	25.707	25.941	28.112	31.600	36.204	13.774	41.165	46.120
南平市	14.297	15.097	14.874	16.677	18.971	20.789	9.223	30.474	32.843
龙岩市	15.582	17.208	17.315	19.505	20.976	23.333	14.608	32.328	38.086
宁德市	16.553	16.949	16.512	17.369	18.430	19.856	7.405	25.789	31.117
广州市	29.858	31.571	33.205	34.490	37.864	40.204	44.211	43.493	37.450
韶关市	15.452	17.582	18.279	20.295	22.114	23.472	16.091	26.961	23.881
深圳市	31.786	34.374	32.985	35.225	36.767	39.976	42.574	40.643	41.432
珠海市	20.344	21.958	19.900	21.135	22.655	24.653	27.838	26.823	33.075
汕头市	18.593	18.731	19.159	20.500	23.420	24.027	26.765	28.255	28.852
佛山市	49.673	54.125	37.196	38.150	42.475	46.085	49.718	52.838	44.924
江门市	23.046	24.432	23.659	24.230	27.164	28.581	18.004	28.119	34.463
湛江市	16.187	18.332	17.988	19.912	21.277	22.442	14.274	28.513	28.546
茂名市	21.734	22.620	22.797	25.763	26.768	28.309	14.012	35.109	32.737
肇庆市	20.112	21.114	20.212	21.056	22.135	24.164	14.706	34.073	29.001
惠州市	21.696	22.746	23.498	27.410	28.854	30.728	21.194	35.925	30.650
梅州市	10.902	12.369	12.983	13.992	15.607	16.972	8.675	19.616	19.960
汕尾市	14.980	16.563	16.548	18.423	19.987	21.928	8.188	24.195	33.389
河源市	10.965	11.940	13.080	15.706	16.556	18.261	9.158	21.581	22.953
阳江市	14.859	17.418	17.631	21.153	24.599	26.710	16.774	33.301	28.055

续表

地区	2011 年	2012 年	2013 年	2014 年	2015 年	2016 年	2017 年	2018 年	2019 年
清远市	19.638	21.458	20.456	21.291	23.721	25.282	16.776	26.860	27.435
东莞市	87.801	93.329	45.544	48.770	51.925	55.103	53.439	54.706	33.643
中山市	47.479	48.900	36.162	37.564	41.209	46.279	47.822	53.167	45.027
潮州市	20.164	21.487	20.662	23.253	25.947	28.930	27.544	34.348	30.199
揭阳市	15.030	16.317	15.567	18.472	20.876	25.107	12.374	32.516	45.351
云浮市	11.153	11.770	12.210	12.858	13.783	16.716	5.476	20.926	23.858
海口市	15.168	16.231	14.952	18.632	19.524	19.829	20.805	21.952	23.026
三亚市	19.209	18.611	18.671	18.018	18.564	19.295	20.204	21.874	25.948

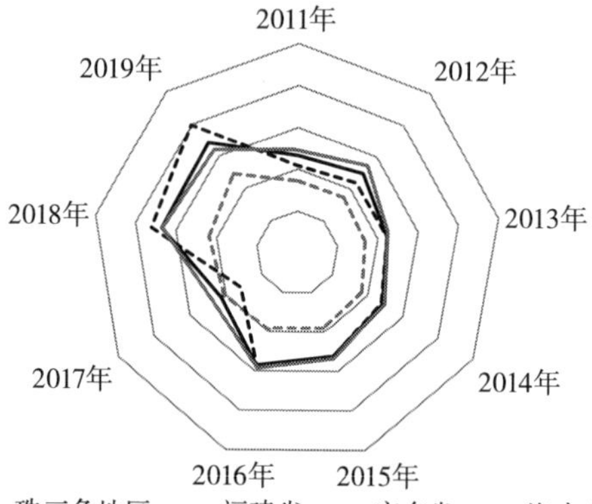

图 8－4　珠三角地区服务业产业规模指数

表 8－3 是珠三角地区城市服务业产业规模指数。首先，从总体上看，城市服务业的产业规模指数大体呈现增长的态势。2011 年，泉州市、佛山市、中山市和东莞市的产业规模指数位居前列，尤其是东莞市的指数高达 87.801，处于遥遥领先的地位。其次，在 2017 年以前，中心城市产业规模指数增速较缓，而 2017 年受到某种外生冲击以后，大部分城市服务业产业规模指数突然下降，三明市、泉州市、漳州市和南平市尤为突出。最后，2011 年至 2019 年，少部分城市产业规模指数出现总体下降趋势，其中东莞市最为明显，到 2019 年仅为 33.643。

图 8－4 是珠三角地区服务业产业规模指数的雷达图，展示了整体的珠三角地区和其所辖三个省份的 2011—2019 年服务业产业规模指数。显而易见，海南省的服务业产业规模指数一直落后于其他省份和整体珠三角地区，但其增长十分稳定；随着时间的推移，各个省份的产业规模指数都在增长，2018

年以前广东省产业规模指数一直领先；福建省产业规模指数在 2018 年之后超过了广东省，成为第一。

三、珠三角地区服务业产业结构指数

表 8-4 珠三角地区服务业产业结构指数

地区	2011 年	2012 年	2013 年	2014 年	2015 年	2016 年	2017 年	2018 年	2019 年
珠三角地区	8.055	7.834	8.514	8.568	8.850	9.276	9.494	9.700	10.364
福建省	8.502	8.165	10.024	9.402	9.912	10.380	10.581	10.267	10.666
广东省	7.984	7.830	8.133	8.236	8.394	8.824	9.021	9.447	10.293
海南省	6.598	6.226	5.153	8.043	8.557	8.727	9.257	9.651	9.640
福州市	11.006	10.506	12.929	12.378	13.050	13.434	13.894	14.692	16.125
厦门市	9.735	9.861	11.966	13.802	14.255	13.960	14.613	14.869	13.615
莆田市	6.505	6.276	6.494	7.074	7.388	7.958	9.930	9.617	10.406
三明市	8.310	7.663	8.238	8.229	8.482	9.031	9.245	9.017	9.462
泉州市	7.044	6.340	7.434	7.115	7.258	8.018	7.801	7.104	7.383
漳州市	5.976	6.157	9.925	7.048	7.447	7.885	8.235	9.197	10.845
南平市	8.270	8.474	10.107	11.090	11.436	11.599	9.771	7.440	7.624
龙岩市	12.574	11.595	11.986	9.912	10.803	11.361	11.124	10.994	10.248
宁德市	7.094	6.609	11.134	7.970	9.090	10.172	10.617	9.477	10.285
广州市	13.488	13.136	17.200	17.357	16.780	17.688	17.793	17.838	19.774
韶关市	8.564	7.174	6.598	6.365	6.633	6.676	6.240	7.328	8.499
深圳市	18.152	19.123	20.035	19.994	21.135	21.850	21.830	23.186	23.118
珠海市	12.406	12.571	12.983	13.981	14.568	14.547	16.307	18.347	20.000
汕头市	7.030	6.113	7.181	6.784	7.723	10.706	10.060	9.822	12.209
佛山市	9.629	10.250	9.500	9.492	9.853	10.315	10.368	10.742	14.456
江门市	7.653	7.243	8.353	9.857	8.695	9.784	9.671	12.754	9.726
湛江市	6.664	6.698	7.557	8.007	8.359	8.579	8.785	8.105	7.997
茂名市	4.109	4.232	4.431	4.492	4.712	4.983	5.633	6.791	7.574
肇庆市	5.463	7.461	5.392	5.249	5.136	5.017	5.083	4.653	5.792
惠州市	9.003	9.114	9.105	9.393	10.345	10.461	10.531	10.347	9.273
梅州市	5.236	5.711	5.888	4.651	4.750	5.016	4.927	5.165	8.355
汕尾市	3.998	4.041	4.517	4.908	4.941	5.068	5.166	6.042	5.098

续表

地区	2011 年	2012 年	2013 年	2014 年	2015 年	2016 年	2017 年	2018 年	2019 年
河源市	4. 897	4. 558	5. 570	5. 339	5. 601	6. 705	7. 086	6. 773	7. 345
阳江市	5. 948	5. 257	4. 925	5. 038	4. 959	5. 129	5. 252	5. 095	6. 611
清远市	5. 935	5. 355	4. 883	5. 030	5. 452	5. 596	6. 713	8. 163	7. 065
东莞市	12. 031	11. 091	12. 675	12. 454	13. 347	13. 733	14. 609	14. 244	15. 612
中山市	12. 659	11. 384	9. 740	10. 525	10. 280	9. 724	10. 615	9. 885	9. 885
潮州市	7. 380	6. 990	7. 898	6. 784	6. 552	6. 371	5. 868	6. 430	6. 277
揭阳市	4. 136	3. 833	3. 705	3. 609	3. 736	4. 037	4. 081	4. 056	3. 729
云浮市	3. 287	3. 085	2. 660	3. 655	2. 716	3. 315	2. 819	2. 610	7. 756
海口市	10. 199	9. 985	8. 324	11. 890	11. 598	12. 058	12. 569	12. 474	13. 099
三亚市	2. 998	2. 467	1. 981	4. 197	5. 515	5. 395	5. 945	6. 827	6. 181

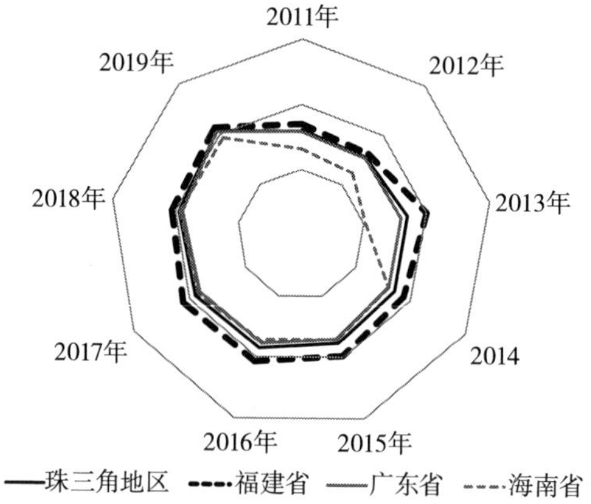

图 8－5　珠三角地区产业结构指数

表 8－4 是珠三角地区城市服务业产业结构指数。首先，从总体上看，城市服务业的产业结构指数大体呈现增长的态势。2011 年，福州市、龙岩市、广州市、深圳市、珠海市、中山市和东莞市的产业结构指数位居前列，尤其是深圳市的指数高达 18. 152，处于遥遥领先的地位。其次，在 2017 年以前，中心城市产业结构指数增速较缓，而 2017 年受到某种外生冲击以后，很多城市服务业产业结构指数突然下降，南平市尤为突出。最后，2011 年至 2019 年，广州市、深圳市和珠海市产业结构指数增长极快，尤其是深圳市，2019 年增长到 23. 118。

图 8－5 是珠三角地区服务业产业结构指数的雷达图，展示了整体的珠三

角地区和其所辖三个省份的2011—2019年服务业产业结构指数。显而易见，海南省的服务业产业结构指数基本落后于其他省份和整体珠三角地区，在2011—2014年其落后差距过大，但2015年之后差距缩小；随着时间的推移，各个省份的产业结构指数都在稳定增长，福建省的产业结构指数一直处于领先地位。

四、珠三角地区服务业产业创新指数

表8-5　珠三角地区服务业产业创新指数

地区	2011年	2012年	2013年	2014年	2015年	2016年	2017年	2018年	2019年
珠三角地区	4.716	5.074	4.612	5.213	6.228	8.319	12.472	15.637	17.161
福建省	3.918	4.071	4.170	4.715	5.682	7.741	11.451	14.888	17.888
广东省	5.298	5.778	5.050	5.705	6.813	9.067	13.707	16.869	17.586
海南省	2.306	2.349	2.001	2.279	2.520	2.985	3.988	5.833	8.857
福州市	8.558	9.253	9.426	11.029	12.628	16.065	20.839	26.685	33.752
厦门市	19.038	19.132	19.046	19.310	21.314	26.800	40.012	49.808	57.933
莆田市	0.444	0.497	0.680	1.005	1.697	2.439	3.550	5.080	6.236
三明市	0.501	0.527	0.583	0.847	1.116	1.980	3.249	4.249	4.718
泉州市	2.876	3.145	3.479	4.735	7.047	11.493	18.338	24.739	29.257
漳州市	1.887	1.918	1.969	2.158	2.506	3.247	4.999	7.436	10.028
南平市	0.282	0.321	0.374	0.542	0.834	1.199	2.068	2.619	2.999
龙岩市	1.242	1.333	1.335	1.800	2.392	3.057	4.265	5.496	7.258
宁德市	0.430	0.513	0.638	1.012	1.608	3.388	5.742	7.874	8.810
广州市	12.877	13.606	14.165	15.586	19.258	25.834	41.012	49.422	49.725
韶关市	0.665	0.740	0.873	1.011	1.221	1.465	2.242	3.404	4.707
深圳市	41.637	44.315	42.899	47.272	52.422	61.720	76.235	89.284	96.298
珠海市	12.676	14.076	13.407	14.992	18.354	25.435	38.993	45.621	52.852
汕头市	2.111	2.249	2.403	2.645	3.145	3.550	5.587	7.071	7.365
佛山市	6.266	7.229	5.268	6.122	8.316	13.131	26.343	36.775	33.286
江门市	2.096	2.291	2.362	2.641	3.386	4.288	7.417	7.761	9.030
湛江市	0.430	0.508	0.552	0.656	0.796	1.105	2.102	2.440	2.889
茂名市	0.264	0.271	0.277	0.343	0.448	0.632	1.160	1.555	1.684
肇庆市	1.217	1.293	1.229	1.344	1.616	2.340	5.282	7.560	9.907

续表

地区	2011 年	2012 年	2013 年	2014 年	2015 年	2016 年	2017 年	2018 年	2019 年
惠州市	1. 861	1. 966	2. 067	2. 612	3. 241	5. 260	9. 392	11. 236	11. 402
梅州市	0. 636	0. 684	0. 700	0. 824	1. 110	1. 346	2. 125	3. 254	4. 052
汕尾市	0. 353	0. 355	0. 330	0. 340	0. 472	0. 656	0. 853	1. 245	2. 050
河源市	0. 727	0. 755	0. 764	0. 824	0. 879	1. 259	2. 323	3. 586	3. 984
阳江市	0. 191	0. 212	0. 205	0. 214	0. 252	0. 291	0. 455	0. 681	1. 063
清远市	0. 777	0. 886	0. 873	1. 016	1. 252	1. 989	4. 309	5. 767	6. 477
东莞市	18. 431	21. 231	10. 219	12. 401	15. 519	23. 178	34. 747	43. 991	33. 272
中山市	6. 746	7. 111	5. 963	7. 251	9. 420	14. 320	23. 148	28. 553	33. 148
潮州市	0. 636	0. 707	0. 658	0. 745	0. 809	0. 993	1. 472	1. 698	1. 957
揭阳市	0. 406	0. 454	0. 441	0. 510	0. 617	0. 838	1. 409	1. 868	2. 436
云浮市	0. 256	0. 389	0. 388	0. 462	0. 545	0. 782	1. 235	1. 475	1. 720
海口市	3. 040	3. 325	2. 755	3. 322	3. 787	4. 490	6. 094	8. 835	13. 082
三亚市	1. 572	1. 372	1. 247	1. 236	1. 254	1. 480	1. 882	2. 831	4. 632

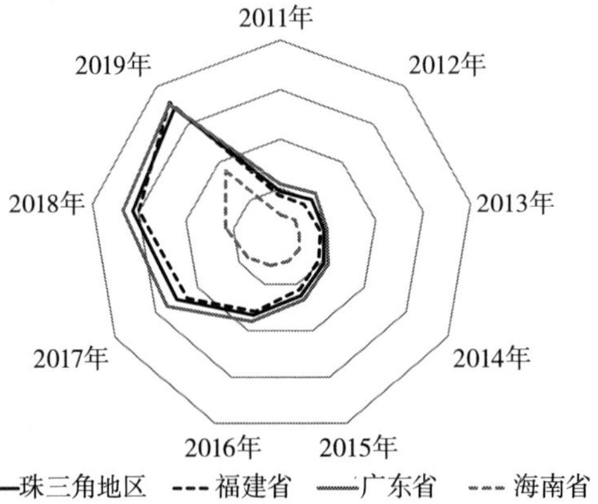

图 8－6 珠三角地区服务业产业创新指数

表 8－5 是珠三角地区城市服务业产业创新指数。首先，从总体上看，城市服务业的产业创新指数大体呈现增长态势。2011 年，厦门市、深圳市和东莞市的产业创新指数位居前列，尤其是深圳市的指数高达 41. 637，处于遥遥领先的地位。其次，在 2017 年以前，中心城市产业创新指数增速较缓，而 2017 年受到某种外生冲击以后，大部分城市产业创新指数增速加大。最后，2011 年至 2019 年，大部分城市产业创新指数增长较快，尤其是 2019 年深圳市产业创新指数高达 96. 298。

图 8 –6 是珠三角地区服务业产业创新指数的雷达图，展示了整体的珠三角地区和其所辖三个省份的 2011—2019 年服务业产业创新指数。显而易见，海南省的服务业产业创新指数一直落后于其他省份和整体珠三角地区，但在 2017 年以前其落后的差距较小，2017 年之后差距逐渐拉大；随着时间的推移，各个省份的产业创新指数都在稳定增长，广东省、福建省和整个珠三角地区产业创新指数相差无几；福建省在 2019 年产业创新指数超过了广东省，位居第一。

五、珠三角地区服务业产业环境指数

表 8 –6　珠三角地区服务业产业环境指数

地区	2011 年	2012 年	2013 年	2014 年	2015 年	2016 年	2017 年	2018 年	2019 年
珠三角地区	14. 557	27. 153	43. 964	41. 975	50. 628	56. 248	63. 161	69. 979	67. 996
福建省	15. 390	28. 508	40. 153	43. 964	53. 921	59. 192	65. 448	68. 078	69. 979
广东省	13. 969	26. 349	37. 326	40. 517	48. 759	54. 598	61. 671	64. 511	66. 796
海南省	16. 862	29. 228	41. 795	48. 069	54. 720	59. 680	68. 129	69. 784	71. 286
福州市	18. 603	32. 812	44. 810	48. 464	56. 603	60. 798	67. 254	69. 747	71. 443
厦门市	19. 405	34. 633	47. 537	50. 997	59. 001	63. 737	69. 860	71. 951	73. 538
莆田市	15. 567	26. 543	37. 799	39. 755	50. 500	56. 815	63. 566	67. 099	69. 491
三明市	13. 511	26. 635	36. 892	43. 859	56. 346	63. 172	66. 649	68. 882	70. 703
泉州市	16. 482	28. 900	41. 182	43. 399	53. 335	58. 984	65. 855	69. 318	71. 363
漳州市	12. 780	24. 871	36. 729	41. 282	51. 839	55. 319	63. 340	66. 514	68. 699
南平市	13. 481	26. 499	37. 916	41. 327	51. 624	56. 779	63. 085	64. 873	66. 760
龙岩市	14. 298	26. 743	38. 324	42. 538	51. 658	57. 737	64. 352	66. 843	68. 389
宁德市	14. 383	28. 937	40. 186	44. 052	54. 384	59. 388	65. 067	67. 472	69. 426
广州市	19. 957	34. 387	46. 275	48. 671	56. 983	61. 286	68. 151	70. 718	72. 879
韶关市	12. 011	24. 242	35. 166	38. 177	46. 397	52. 642	59. 524	62. 050	64. 159
深圳市	20. 644	37. 268	48. 464	50. 645	58. 539	62. 815	70. 006	72. 477	74. 668
珠海市	18. 802	33. 492	45. 252	49. 105	57. 266	63. 045	69. 085	70. 702	72. 466
汕头市	15. 671	28. 167	39. 015	40. 776	48. 771	53. 885	62. 150	65. 290	67. 591
佛山市	19. 883	31. 908	43. 419	45. 810	53. 665	57. 920	65. 011	68. 161	70. 361
江门市	16. 157	27. 038	37. 847	41. 922	48. 918	54. 064	60. 975	64. 512	66. 538
湛江市	9. 431	20. 844	32. 067	36. 231	44. 778	51. 474	58. 199	60. 435	63. 016

续表

地区	2011 年	2012 年	2013 年	2014 年	2015 年	2016 年	2017 年	2018 年	2019 年
茂名市	7. 613	19. 425	29. 946	33. 188	42. 196	48. 709	55. 633	58. 092	61. 004
肇庆市	10. 888	22. 786	32. 918	38. 474	46. 769	54. 244	62. 938	65. 889	66. 934
惠州市	16. 060	28. 623	40. 064	42. 940	51. 855	58. 010	64. 745	67. 672	69. 613
梅州市	9. 046	21. 467	33. 421	36. 771	44. 037	50. 742	57. 906	60. 606	62. 866
汕尾市	9. 832	22. 694	32. 241	35. 088	44. 243	50. 688	58. 488	60. 979	63. 496
河源市	9. 049	20. 161	30. 728	35. 400	44. 668	52. 321	58. 988	61. 477	63. 684
阳江市	11. 359	24. 402	35. 164	37. 833	47. 043	51. 823	59. 027	62. 518	64. 868
清远市	11. 405	22. 721	32. 367	39. 072	45. 344	51. 977	58. 752	61. 473	64. 052
东莞市	18. 804	30. 433	41. 810	45. 222	53. 527	58. 860	65. 504	68. 264	70. 702
中山市	20. 256	32. 100	43. 549	45. 597	54. 133	58. 987	66. 257	68. 972	71. 239
潮州市	13. 267	25. 136	37. 174	38. 606	47. 806	53. 540	58. 955	62. 694	66. 186
揭阳市	10. 243	22. 964	34. 435	35. 441	44. 270	49. 634	57. 706	62. 103	64. 905
云浮市	12. 968	23. 063	32. 518	35. 883	42. 740	49. 888	57. 085	59. 658	61. 494
海口市	18. 522	31. 536	42. 133	45. 365	55. 919	60. 295	66. 651	68. 157	70. 097
三亚市	15. 201	26. 919	41. 457	50. 772	53. 520	59. 065	69. 606	71. 412	72. 476

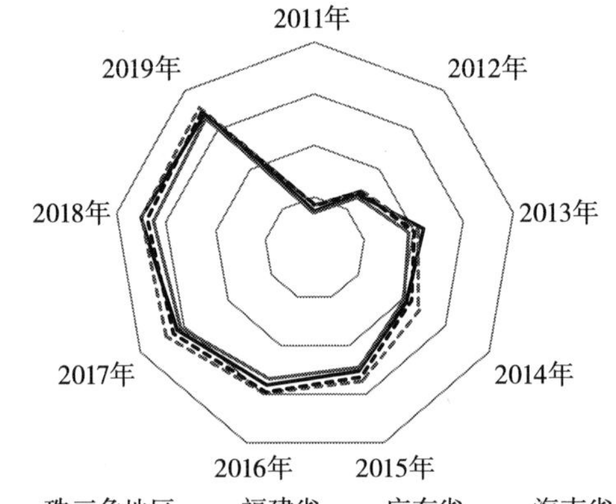

图 8 -7　珠三角地区服务业产业环境指数

表 8 -6 是珠三角地区城市服务业产业环境指数。首先，从总体上看，城市服务业的产业环境指数大体呈现增长的态势。2011 年，厦门市、广州市、深圳市、中山市和东莞市的产业环境指数位居前列，尤其是深圳市的指数高达 20. 644，处于领先的地位。其次，在 2013 年以前，中心城市产业环境指数增速较大，而 2013 年以后，大部分城市服务业产业环境指数稳定增加。最后，

2011 年至 2019 年，大部分城市产业环境指数呈现总体上升趋势，其中深圳市最为明显，到 2019 年达到 74. 668。

图 8 -7 是珠三角地区服务业产业环境指数的雷达图，展示整体的珠三角地区和其所辖三个省份的 2011—2019 年服务业产业环境指数。显而易见，海南省、广东省、福建省和整个珠三角地区的产业环境指数相差不大，一直保持稳定增长的状态。

六、珠三角地区服务业产业协同指数

表 8 -7　珠三角地区服务业产业协同指数

地区	2011 年	2012 年	2013 年	2014 年	2015 年	2016 年	2017 年	2018 年	2019 年
珠三角地区	2. 868	2. 914	2. 923	2. 907	2. 917	2. 908	2. 902	2. 899	2. 908
福建省	2. 783	2. 875	2. 763	2. 709	2. 701	2. 692	2. 678	2. 697	2. 661
广东省	2. 985	3. 015	3. 060	3. 071	3. 092	3. 086	3. 086	3. 074	3. 113
海南省	2. 009	1. 997	2. 214	2. 092	2. 064	2. 027	2. 001	1. 976	1. 895
福州市	2. 697	2. 629	2. 816	2. 703	2. 657	2. 651	2. 640	2. 533	2. 437
厦门市	2. 823	2. 832	2. 679	2. 727	2. 691	2. 659	2. 650	2. 614	2. 949
莆田市	2. 998	2. 940	2. 582	2. 586	2. 664	2. 632	2. 640	2. 704	2. 681
三明市	2. 696	2. 657	2. 589	2. 552	2. 478	2. 478	2. 455	2. 559	2. 504
泉州市	2. 855	2. 891	2. 773	2. 724	2. 697	2. 661	2. 602	2. 713	2. 676
漳州市	2. 870	3. 024	2. 889	2. 867	2. 832	2. 870	2. 886	2. 955	2. 995
南平市	3. 086	3. 133	2. 733	2. 670	2. 707	2. 696	2. 720	2. 759	2. 627
龙岩市	2. 783	2. 704	2. 776	2. 530	2. 508	2. 490	2. 424	2. 577	2. 290
宁德市	2. 238	3. 062	3. 025	3. 021	3. 075	3. 089	3. 081	2. 862	2. 787
广州市	3. 262	3. 280	3. 184	3. 120	3. 073	3. 026	2. 951	2. 939	2. 835
韶关市	2. 930	2. 848	2. 854	2. 876	2. 937	2. 935	2. 928	2. 893	2. 804
深圳市	3. 257	3. 298	3. 182	3. 249	3. 259	3. 246	3. 262	3. 312	3. 337
珠海市	3. 218	3. 272	3. 066	3. 131	3. 177	3. 178	3. 192	3. 308	3. 321
汕头市	2. 835	2. 835	2. 795	2. 823	2. 804	2. 835	2. 818	2. 828	2. 872
佛山市	3. 217	3. 210	3. 261	3. 289	3. 331	3. 355	3. 389	3. 535	3. 555
江门市	2. 975	3. 149	3. 169	3. 185	3. 198	3. 187	3. 202	3. 244	3. 316
湛江市	2. 490	2. 507	2. 341	2. 288	2. 255	2. 229	2. 245	2. 159	2. 304
茂名市	2. 087	2. 222	2. 321	2. 357	2. 448	2. 423	2. 296	2. 102	2. 075

续表

地区	2011 年	2012 年	2013 年	2014 年	2015 年	2016 年	2017 年	2018 年	2019 年
肇庆市	3.277	3.284	3.290	3.291	3.295	3.260	3.270	3.307	3.334
惠州市	3.257	3.300	3.286	3.301	3.373	3.382	3.427	3.556	3.600
梅州市	2.518	2.514	2.746	2.748	2.822	2.825	2.729	2.688	2.653
汕尾市	3.155	3.199	3.262	3.269	3.272	3.303	3.319	3.374	3.370
河源市	3.180	3.275	3.335	3.326	3.287	3.283	3.274	3.322	3.327
阳江市	2.412	2.300	2.809	2.836	2.877	2.865	2.862	2.196	2.584
清远市	3.280	3.306	3.266	3.241	3.231	3.201	3.209	3.170	3.297
东莞市	3.181	3.283	3.323	3.343	3.390	3.415	3.462	3.647	3.765
中山市	3.312	3.353	3.255	3.281	3.333	3.318	3.341	3.528	3.642
潮州市	3.061	3.024	3.173	3.116	3.126	3.133	3.205	3.205	3.143
揭阳市	2.599	2.628	3.103	3.153	3.161	3.155	3.167	3.144	3.051
云浮市	3.171	3.221	3.245	3.273	3.287	3.251	3.252	3.092	3.191
海口市	2.044	2.112	2.342	2.130	2.161	2.113	2.107	2.129	2.084
三亚市	1.973	1.883	2.085	2.054	1.966	1.940	1.896	1.823	1.706

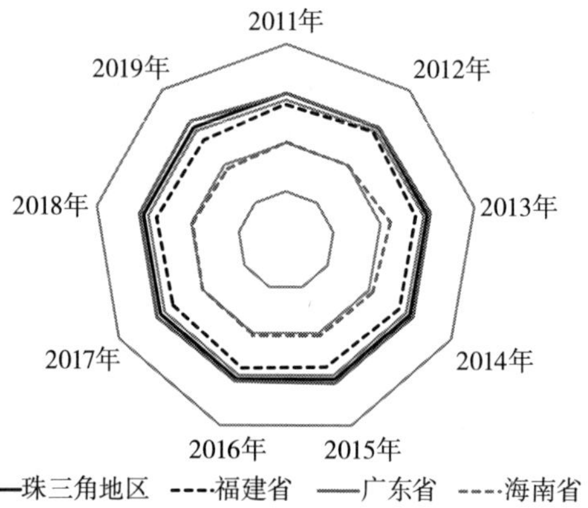

图 8－8　珠三角地区服务业产业协同指数

表 8－7 是珠三角地区城市服务业产业协同指数。首先，从总体上看，城市服务业的产业协同指数大体保持稳定的态势。2011 年，各个地级市的差距微小。其次，2011—2019 年，珠三角地区的城市服务业产业协同指数变化不大，相差无几。

图 8－8 是珠三角地区服务业产业协同指数的雷达图，展示整体的珠三角地区和其所辖三个省份的 2011—2019 年服务业产业协同指数。显而易见，海

南省的服务业产业协同指数一直落后于其他省份和整体珠三角地区，且在2011—2019年十分稳定；随着时间的推移，各个省份的产业协同指数都保持稳定。

综上所述，2011—2019年，珠三角地区城市服务业高质量发展指数稳定增长。结构方面，现代服务业增加值占服务业增加值比重达到63%。生产性服务业提质发展，产业短板得到初步加强；生活性服务业网络化发展，建立完善深入到基层社区的服务体系。形成一批大型知名服务品牌，在供给规模和服务质量方面基本满足经济社会发展和居民生活需要。特别是现代服务业与先进制造业、现代农业在更高水平上实现有机融合，为制造业转型升级、提升经济发展的质量和效益提供更有力保障。现代服务业集聚区对全省经济发展强大的辐射带动作用得到充分体现，中国（广东）自由贸易试验区成为广东省发展高端服务业的新平台。现代服务业对外合作层次全方位提升，成为广东省响应"一带一路"倡议、推动国际产能合作的重要支撑，服务贸易占对外贸易比重达到15%。

珠三角地区坚持高端发展战略，积极主导粤港澳世界一流大湾区建设，加快发展与先进制造业相配套的现代服务业体系，建设与港澳地区错位发展的国际金融、航运、物流、贸易、会展、旅游和创新中心。珠三角地区要建成世界级现代服务业基地，成为服务泛珠三角、辐射全国及东南亚地区的服务业中心区。广州要围绕建设国际航运中心、物流中心、贸易中心、现代金融服务体系和国家创新中心目标，大力发展航运物流、科研与设计、总部经济、金融服务等服务于区域经济的机构和业态，促进产业集聚，占据现代服务业链条高端。深圳要围绕建设国家自主创新示范区以及科技和产业创新中心的目标，充分发挥在证券、银行、保险及跨境金融等方面的优势，建设金融业对外开放试验示范窗口，大力发展信息经济，打造国际信息港。

第三节　珠三角地区服务业高质量发展指数空间特征分析

作为中国经济发展最具生命力的区域之一，珠三角地区是广东经济乃至中国经济发展的生力军。在经济全球化的进程中，服务业的重要性日益凸显，服务型产业加速成长被认为是实现现代化的必由之路和集中体现，是现代经济增长最重要的特征之一。珠三角地区的服务业正处于快速发展并且其结构逐渐趋于成熟的重要时期。因此，本节主要侧重对珠三角地区和其所辖三个省份的服务业高质量发展指数及产业结构、产业规模、产业创新、产业环境和产业协同指数进行分析，发现珠三角地区城市服务业对促进经济增长的作用很大，而且对经济的贡献也呈现稳定状态，服务业内部结构呈现高级化发展趋势，劳动密集型的传统服务业部门的比重呈下降趋势，知识密集型的现代服务业部门的比重呈上升趋势，各地级市服务业的专业化程度差别较大，应积极展开差异化发展和区域分工合作。

一、珠三角地区服务业高质量发展指数比较分析

表 8-8 珠三角地区服务业高质量发展指数

地区	2011 年	2012 年	2013 年	2014 年	2015 年	2016 年	2017 年	2018 年	2019 年	均值排名
珠三角地区	5.051	5.430	5.002	5.592	6.606	8.656	12.624	15.806	17.244	2
福建省	4.307	4.479	4.635	5.107	6.047	8.032	11.566	15.042	18.019	3
广东省	5.623	6.124	5.420	6.085	7.202	9.427	13.863	17.041	17.643	1
海南省	2.485	2.548	2.245	2.585	2.845	3.288	4.275	6.044	8.991	4

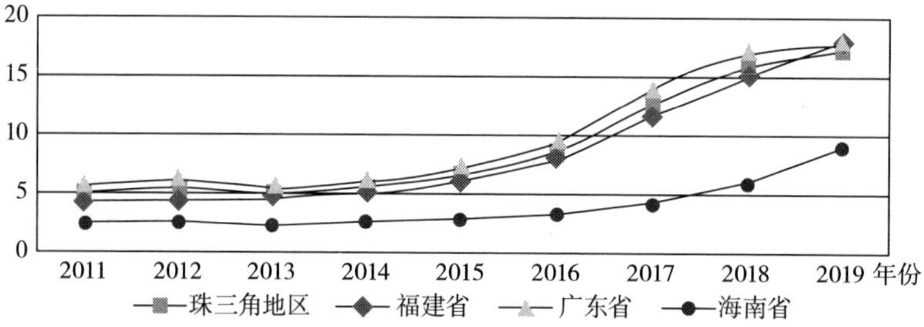

图 8-9 珠三角地区服务业高质量发展指数

表 8-8、图 8-9 描述了珠三角地区及地区内各省份服务业高质量发展指数的数据及对比情况。珠三角地区服务业高质量发展指数均值由高到低分别为广东省、福建省、海南省。表 8-8 数据显示，2019 年珠三角、福建省、广东省、海南省服务业高质量发展指数分别为 17.244、18.019、17.643、8.991。2011—2018 年广东省一直占据珠三角地区服务业高质量发展第一位，2019 年福建省超过广东省。海南省服务业高质量发展指数长期列珠三角末位，近年来随着广东省和福建省现代服务业的快速发展，其与两省之间的差距在逐步增大。

二、珠三角地区服务业产业规模指数比较分析

表 8－9　珠三角地区服务业产业规模指数

地区	2011 年	2012 年	2013 年	2014 年	2015 年	2016 年	2017 年	2018 年	2019 年	均值排名
珠三角地区	23. 241	24. 810	22. 353	24. 186	26. 258	28. 554	21. 354	33. 486	34. 105	2
福建省	20. 954	22. 293	22. 381	24. 129	26. 204	28. 855	16. 582	35. 930	40. 357	3
广东省	24. 831	26. 626	22. 844	24. 745	26. 938	29. 235	23. 601	33. 427	32. 137	1
海南省	17. 188	17. 421	16. 811	18. 325	19. 044	19. 562	20. 504	21. 913	24. 487	4

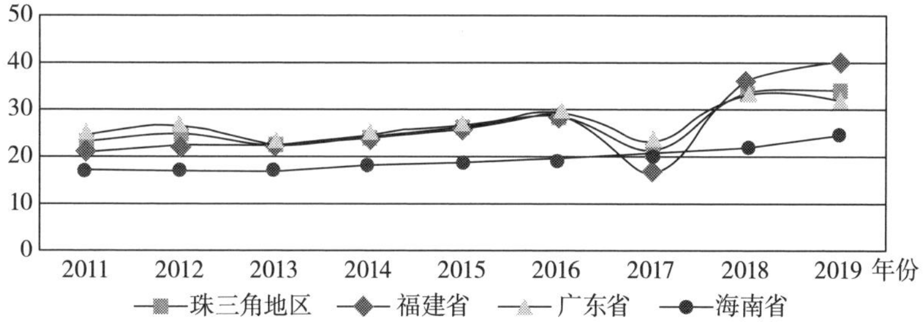

图 8－10　珠三角地区服务业产业规模指数

表 8－9、图 8－10 描述了珠三角地区及地区内各省份服务业产业规模指数的数据及对比情况。珠三角地区服务业产业规模指数均值由高到低分别为广东省、福建省、海南省。2019 年珠三角、福建省、广东省、海南省服务业产业规模指数分别为 34. 105、40. 357、32. 137、24. 487。2011—2019 年海南省产业规模指数不断上升，但始终处于珠三角地区的末位。2017 年受到外生冲击，广东省、福建省和整个珠三角地区的产业规模指数急剧下降，福建省的产业规模指数甚至低于海南省。

三、珠三角地区服务业产业结构指数比较分析

表 8-10　珠三角地区服务业产业结构指数

地区	2011 年	2012 年	2013 年	2014 年	2015 年	2016 年	2017 年	2018 年	2019 年	均值排名
珠三角地区	8.055	7.834	8.514	8.568	8.850	9.276	9.494	9.700	10.364	2
福建省	8.502	8.165	10.024	9.402	9.912	10.380	10.581	10.267	10.666	1
广东省	7.984	7.830	8.133	8.236	8.394	8.824	9.021	9.447	10.293	3
海南省	6.598	6.226	5.153	8.043	8.557	8.727	9.257	9.651	9.640	4

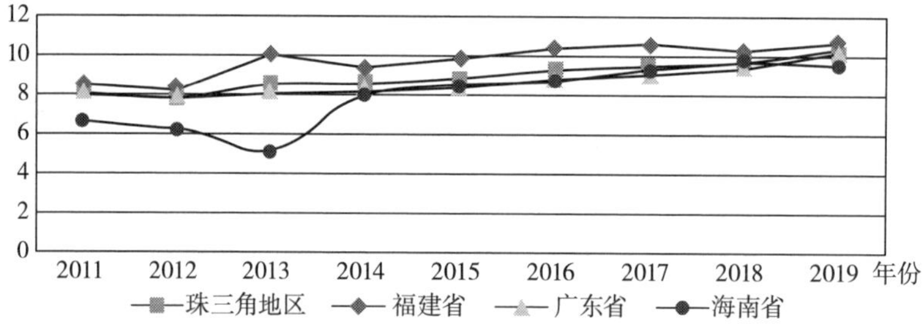

图 8-11　珠三角地区服务业产业结构指数

表 8-10、图 8-11 描述了珠三角地区及地区内各省份服务业产业结构指数的数据及对比情况。珠三角地区服务业产业结构指数均值由高到低分别为福建省、广东省、海南省。2019 年珠三角、福建省、广东省、海南省服务业产业结构指数分别为 10.364、10.666、10.293、9.640。福建省服务业产业结构指数在 2011—2019 年间一直领先于其他两省份，且超过珠三角地区总体水平。特别是 2013 年，福建省产业结构指数达到 10.024，比珠三角总体水平高出 1.51。2014 年以后，广东省和海南省产业结构指数大体一致。相比于福建省，广东省、海南省两省在服务业产业结构上表现并不突出，辖区部分地级市存在产业短板，其自身服务业发展受制于科技水平、人才资源等，难以突破发展瓶颈。

四、珠三角地区服务业产业创新指数比较分析

表 8－11　珠三角地区服务业产业创新指数

地区	2011 年	2012 年	2013 年	2014 年	2015 年	2016 年	2017 年	2018 年	2019 年	均值排名
珠三角地区	4.716	5.074	4.612	5.213	6.228	8.319	12.472	15.637	17.161	2
福建省	3.918	4.071	4.170	4.715	5.682	7.741	11.451	14.888	17.888	3
广东省	5.298	5.778	5.050	5.705	6.813	9.067	13.707	16.869	17.586	1
海南省	2.306	2.349	2.001	2.279	2.520	2.985	3.988	5.833	8.857	4

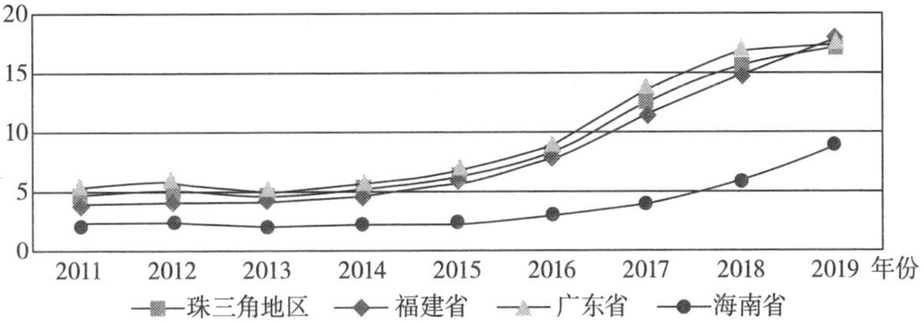

图 8－12　珠三角地区服务业产业创新指数

表 8－11、图 8－12 描述了珠三角地区及地区内各省份服务业产业创新指数的数据及对比情况。珠三角地区服务业产业创新指数均值由高到低分别为广东省、福建省、海南省。2019 年珠三角、福建省、广东省、海南省服务业产业创新指数分别为 17.161、17.888、17.586、8.857。海南省服务业产业创新指数在 2011—2019 年一直落后于其他两省份，但在不断扩大发展中。2018 年以前福建省服务业产业创新指数一直落后于广东省，2019 年超过广东省，高达 17.888。2011—2019 年，福建省和广东省的产业创新指数差距微乎其微，两省在产业创新的发展过程中应补齐短板，重视各地级市的协同发展。

五、珠三角地区服务业产业环境指数比较分析

表 8－12　珠三角地区服务业产业环境指数

地区	2011 年	2012 年	2013 年	2014 年	2015 年	2016 年	2017 年	2018 年	2019 年	均值排名
珠三角地区	14.557	27.153	43.964	41.975	50.628	56.248	63.161	69.979	67.996	3
福建省	15.390	28.508	40.153	43.964	53.921	59.192	65.448	68.078	69.979	2
广东省	13.969	26.349	37.326	40.517	48.759	54.598	61.671	64.511	66.796	4
海南省	16.862	29.228	41.795	48.069	54.720	59.680	68.129	69.784	71.286	1

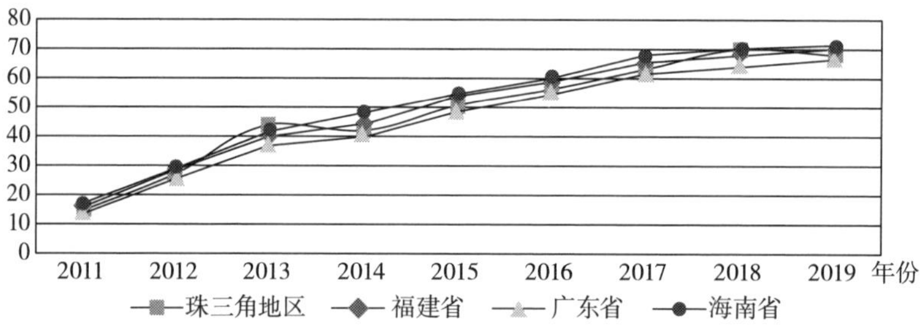

图 8－13　珠三角地区服务业产业环境指数

表 8－12、图 8－13 描述了珠三角地区及地区内各省份服务业产业环境指数的数据及对比情况。珠三角地区服务业产业环境指数均值由高到低分别为海南省、福建省、广东省。2019 年珠三角、福建省、广东省、海南省服务业产业环境指数分别为 67.996、69.979、66.796、71.286。珠三角地区三个省份服务业产业环境指数在 2011—2019 年实现飞速发展，各省份增幅均较大。对比来看，三个省份产业环境指数相差不大，海南省在各年略高。

六、珠三角地区服务业产业协同指数比较分析

表 8－13　珠三角地区服务业产业协同指数

地区	2011 年	2012 年	2013 年	2014 年	2015 年	2016 年	2017 年	2018 年	2019 年	均值排名
珠三角地区	2.868	2.914	2.923	2.907	2.917	2.908	2.902	2.899	2.908	2
福建省	2.783	2.875	2.763	2.709	2.701	2.692	2.678	2.697	2.661	3

续表

地区	2011 年	2012 年	2013 年	2014 年	2015 年	2016 年	2017 年	2018 年	2019 年	均值排名
广东省	2. 985	3. 015	3. 060	3. 071	3. 092	3. 086	3. 086	3. 074	3. 113	1
海南省	2. 009	1. 997	2. 214	2. 092	2. 064	2. 027	2. 001	1. 976	1. 895	4

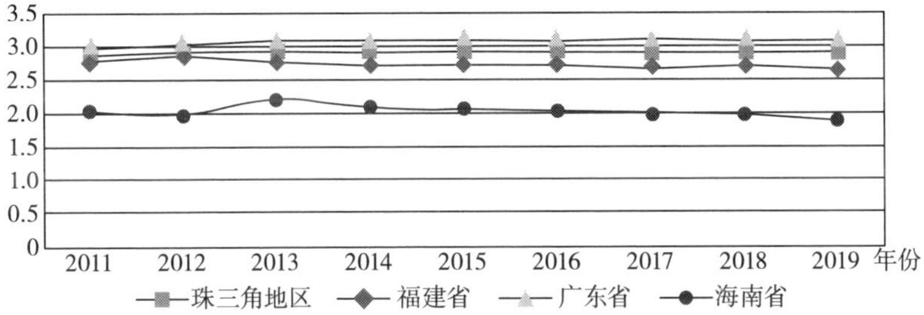

图 8 - 14　珠三角地区服务业产业协同指数

表 8 - 13、图 8 - 14 描述了珠三角地区及地区内各省份服务业产业协同指数的数据及对比情况。珠三角地区服务业产业协同指数均值由高到低分别为广东省、福建省、海南省。2019 年珠三角、福建省、广东省、海南省服务业产业协同指数分别为 2. 908、2. 661、3. 113、1. 895。珠三角地区三个省份服务业产业协同指数在 2011—2019 年整体变化不大，甚至福建省与海南省有略微下降。广东省服务业产业协同指数一直处于领先地位，且近年来与其他两省的差距逐步扩大。

表 8 - 14 为珠三角地区城市服务业分指标排名。

表 8 - 14　珠三角地区城市服务业分指标排名

地区	高质量发展指数	产业规模	产业结构	产业创新	产业环境	产业协同
福州市	5	6	4	5	6	27
厦门市	2	11	7	2	2	16
莆田市	19	8	11	19	14	21
三明市	20	13	16	20	9	26
泉州市	9	1	24	9	7	22
漳州市	12	2	10	12	16	15
南平市	25	17	22	25	20	24
龙岩市	17	9	13	17	17	29
宁德市	15	19	12	15	15	20

续表

地区	高质量发展指数	产业规模	产业结构	产业创新	产业环境	产业协同
广州市	4	10	3	4	3	18
韶关市	21	28	18	21	25	19
深圳市	1	7	1	1	1	6
珠海市	3	16	2	3	5	9
汕头市	16	23	9	16	18	17
佛山市	6	5	6	6	11	4
江门市	14	12	15	14	21	10
湛江市	26	24	20	26	29	28
茂名市	30	18	23	31	32	31
肇庆市	13	22	30	13	19	7
惠州市	11	20	17	11	13	3
梅州市	23	32	19	23	30	23
汕尾市	28	15	31	28	28	5
河源市	24	31	25	24	27	8
阳江市	32	25	27	32	24	25
清远市	18	26	26	18	26	11
东莞市	7	14	5	7	10	1
中山市	8	4	14	8	8	2
潮州市	29	21	28	29	22	13
揭阳市	27	3	32	27	23	14
云浮市	31	29	21	30	31	12
海口市	10	30	8	10	12	30
三亚市	22	27	29	22	4	32

综上所述，通过对珠三角地区各省市在服务业产业规模、产业结构、产业创新、产业环境以及产业协同五个方面的对比分析，可以得出：2019 年，福建省凭借其庞大的经济体量在产业规模上占据领先优势，但在产业创新、产业协同等方面则出现短板。广东省作为珠三角经济发展中心，其在服务业产业布局、创新发展、环境优化等方面均具有无可比拟的优势。海南省服务业在产业环境上优势明显，并且在进程上，可以看出海南省近年来发展势头迅猛。广东省数字经济发展成效突出，电子商务、移动支付、云计算等领域具备先发优势，发展数字化改造、数字化赋能潜力可观，有力地推进了服务业创新升级。

第九章 珠三角地区服务业高质量发展的问题分析

第一节 珠三角地区服务业高质量发展的基本特征

一、产业转型升级趋势加快

第一，传统产业加速外迁。近年来，一方面由于出口退税调低、加工贸易政策调整、人民币升值等外部经营环境变化，另一方面由于转型中的珠三角对消防、环保、用工规范的要求日益严格，自 2011 年以来，珠三角产业转移改变了以电镀、皮革、印染等污染型企业向外迁移为主的态势，制鞋、玩具、服装、电子等劳动密集型传统产业的企业也走上了迁移之路并逐渐成为主体。在珠三角高速公路网络快速延伸和综合投资环境迅速改善的共同作用下，形成了以广州、深圳、佛山等城市为核心的珠三角产业加速向周边“扇状转移”的趋势。

第二，产业转型升级进一步加快。传统制造业的外迁为珠三角加快向现代制造业、高端服务业转型及产业升级提供了资源与机遇。以深圳为例，2011 年包括德国西门子中压开关技术公司、香港超捷织造、台资聚才集成电路设计等重大项目，以及意法集成电路芯片封装、世纪晶源化合物半导体、中华映管等一批产业链中的关键性项目顺利落户深圳，深圳新批投资总额超千万美元的大项目 243 个，显示了深圳以承接国际高级产业的转移加快本地产业升级。而电风扇产量居全球第一位的艾美特电器（深圳）有限公司的成功转型是原有传统产业转型的例子。公司过去以替国际品牌代加工为主，靠低廉的劳动力赚钱，随着劳动力成本的提高，艾美特曾一度亏损，但自 2011 年公司大力拓展中国内地市场，拥有自主研发的技术，并使用自有品牌，使企业扭转了败局。目前艾美特每年内销的产品已占到总产量的四成以上。

珠三角只有人均 GDP 指标达到了扩散区间，不论是经济增长速度还是第三产业比重都仍处于聚集区间，这就意味着珠三角正处于集聚与扩散并存的阶段。除劳动密集型加工业由于当前面临高成本与受国内外贸易环境恶化的影响开始向周边地区扩散外，重化工业、新兴产业和第三产业中的生产性现代服务业正处于加速集聚阶段，并逐渐形成产业集群。一是逐渐形成面向国际市场、产业链比较完备的电子信息产业集群；二是逐渐形成以广州、深圳、佛山机械装备工业为三大核心区域的机械工业产业集群；三是逐渐形成以广州本田、广州丰田和东风乘用车公司三大外资汽车公司为龙头的汽车产业集群。

珠三角核心区原有优势产业虽然出现“走出去”和产业转移的迹象，但从总体看，珠三角尚未进入产业扩散阶段，经济聚集发展的空间仍比较广阔，资金、技术集聚仍在加强。

二、区域内部整合与外联趋势增强

近年来，珠三角积极推动区域内外的合作，使区域经济合作向纵深推进，促进了区域资源整合、加快产业转型和升级优化。

首先是珠三角增强区域内部的整合。近年来广东省委省政府加快对珠三角资源要素的重新整合，包括土地资源、水资源、城市间的交通、信息、航运、污水处理乃至历史人文资源的开发利用和保护，先后出台了《珠江三角洲环境保护规划》《珠江三角洲航道建设项目实施意见》《珠江三角洲城镇群协调发展规划（2006—2020）》等。一度阻碍珠三角经济一体化的“诸侯经济”格局在未来将得到根本改变，区域各种要素将得到优化整合和利用。

其次是积极增强与区外省区的合作。第一，借助“大珠三角”的发展，加快形成包括港澳在内的区域经济一体化。2005 年，中央政府先后与香港、澳门签署了《关于建立更紧密经贸关系的安排》（CEPA），珠三角抓住粤港澳实施 CEPA 的时机，积极拓展吸引外资新领域，与香港、澳门特区的区域经济合作进入了一个新的发展阶段。第二，增强了与泛珠三角内陆省区的合作。一是传统“三来一补”的劳动密集型产业正从珠三角地区逐渐向经济发展较慢的粤北及广东两翼地区渗透的同时，内陆各省也开始承接珠三角的产业转移。二是泛珠各方签订了《泛珠三角九省区劳务合作协议》和《泛珠三角区域劳务合作联席会议章程》，并举办了泛珠三角 9 省区劳务合作洽谈暨技术技能人才招聘会，达成职业资格互认等共识。

三、技术创新比较活跃

2011—2019 年，在广东省被调查的 8962 家规模以上企业中，珠三角地区企业数占全部调查企业数的 83.9%，有技术创新活动的企业数占全省 4244 家创新企业的 84.3%，技术创新活跃程度较高。

2011 年，珠三角 4009 家大中型企业中，只有 26.6% 的企业有科技活动，有 R&D 活动的企业只占 15.4%，有七成以上的企业甚至没有自己的技术开发机构。而到了 2013 年，珠三角能够开展技术创新活动的企业比例达到 47.6%，科技人员投入占全省 80% 以上。近几年全省围绕高新技术产业和支柱产业创办的 7 个科技创新大平台均落户珠三角，有 54 个专业镇（区）建立专业镇技术创新平台，科技创新取得丰硕成果，共申请专利 4.58 万项，获得专利授权 2.75 万项；规模以上工业企业科技经费投入和 R&D 经费投入分别占全省的 89.3% 和 94.4%；科技项目、企业新产品开发项目和 R&D 项目分别占全省的 82.9%、86% 和 88.5%。

四、经济可持续发展能力增强

珠三角环境保护和生态建设取得新进展。各类环境功能区质量稳定，环境污染和生态破坏势头得到初步的遏制。重要江河湖库、饮用水源和近岸海域水质得到保护，部分流经城镇污染严重的河段水质明显改善。珠三角经济增长方式进一步转变，生产能耗不断降低，能源单耗低于全省水平。

第二节　珠三角地区服务业高质量发展的主要问题

珠三角经济虽然保持了较快增长态势，产业转型升级和转移也取得了初步成效，但阻碍经济可持续发展的深层次问题尚未得到根本解决。这些问题，从短期因素来看，有劳动力结构性不足、原油价格上涨、煤电紧缺、人民币升值、企业生产成本加大、国际贸易纠纷等制约因素；从长期来看，存在经济增长方式没有根本转变、经济结构升级不快、自主创新能力不足、经济腹地较小等制约因素。

一、经济增长模式仍属粗放型，增长后劲缺乏

第一，珠三角的经济增长尚未完全摆脱高投入、高消耗、高排放、低效率的模式，经济增长在很大程度上依然靠粗放型外延扩大再生产来实现。从全社会范围看，资金的投入产出效益提升缓慢。

第二，作为推动经济增长主动力的工业仍呈高消耗、低效率状态。在规模以上工业增加值中，传统行业所占比重达20%以上，技术含量有待提高。规模以上工业的增加值率为26%，低于全国平均水平2个多百分点。

第三，在缺乏自主创新能力、自主品牌、核心技术，承接高级产业转移不足等诸多因素制约下，珠三角增长后劲缺乏。随着高成本时代的到来，传统的依靠外资和外力以及低素质的人力资源发展低加工度、低附加值产业的低成本扩张模式已经遭遇了产出效益逐日下降的问题，各种要素投入的获利空间将受到进一步挤压，发展空间越来越小，粗放型发展模式已经走到尽头，谋求新的发展模式已经成为珠三角经济持续增长的关键。

二、比较优势效应日趋弱化

首先从国内看，珠三角作为改革开放前沿的“先发优势”已大大减弱。改革开放至今，我国对外开放已向全方位、宽领域、纵深化发展，许多地区在承接国际大企业和新兴产业方面走在了珠三角前面。随着其他地区的体制创新、技术创新和区域资源整合步伐加快，新税法2008年开始实行，内外资企业税率统一，珠三角的先发优势不再明显。

其次从国际看，珠三角作为发展中国家地区的“后发优势”也逐渐弱化。进入21世纪后，珠三角地区“电荒”“油荒”“劳工荒”接踵而来，要素供给不足，土地、劳动力、能源配置等均出现瓶颈。国内通货膨胀较严重，人民币升值，造成成本不断攀升。珠三角缺乏创新与研发，仍采用粗放型生产方式，一般制造业尚未走出模仿学习阶段，先进制造业的基础又很薄弱，致使在新一轮的国际产业转移中，难以承接高层次的国际产业分工；而低层次的产业，受追逐高额利润的目的驱使，逐渐向其他地区转移，如东南亚。

三、资源环境约束力度加大，经济发展进入高成本时代

进入 21 世纪后，“珠三角”地区“电荒”“油荒”“劳工荒”接踵而来，要素供给不足，土地、劳动力、能源配置等均出现瓶颈。第一，珠三角土地面积只有 4.17 万平方公里，发展至今可供开发的土地相当有限，深圳、东莞、佛山等市已基本没有土地可供大规模开发。第二，广东是资源稀缺省份，煤、油、气、矿石等资源对外依赖性强。第三，人力资源成本上升，2008 年全国职工年平均工资为 18364 元，广州、深圳分别以 45365 元、32476 元居全国城市排名第二、第四位。第四，人民币升值，到 2009 年 12 月 25 日，1 美元兑人民币 7.3261 元，按 2007 年 7 月汇改之时的汇率计算，人民币升值了约 10.6%。第五，污染治理积重难返，面临严峻的环境资源问题，环保成本上升，环境治理压力日益增大，令珠三角经济发展进入高成本时代。

四、自主创新能力不足，技术升级受限

虽然近几年来，珠三角经济区自主创新能力相对有所提高，但仍不足以支撑珠三角经济区加快转变经济增长方式，技术升级仍受到自身发展不足和国外技术封锁的限制。珠三角的产业集群多以低成本为基础的聚集为主，受高素质人才缺乏、科研力量不足、产业配套不完善等因素的制约，未能形成创新型产业集群，既阻碍了产业链的延伸、集群的自我发展和竞争力的提升，又削弱了自主创新的动力和能力。

再者，以“三来一补”产业为主的珠三角，区内的“三资企业”技术研发多在境外进行，而内资企业尚处于吸收、消化阶段。内资企业自身拥有的技术，大多以外观设计为主，自主创新的核心技术不多，关键技术仍受发达国家技术封锁的限制而引进困难，自主研发水平提高缓慢。

五、外向型经济发展环境日趋严峻，出口增长面临的制约因素增多

从国内来看，人民币升值、出口退税下调、新劳动法和新税法颁布一系列旨在调整外贸结构的从紧政策密集出台，令珠三角低端加工贸易企业面临出局的危险，而新的《加工贸易产品限制目录》将对占全国加工贸易份额四成的

珠三角地区产生巨大冲击，广东的数万家港资加工贸易企业中，有4000余家面临停工危机。

从国际上看，次级债风波、美国经济增长减速、国际贸易保护主义抬头等突然变化的外部环境，让珠三角一些企业措手不及。近几年广东产品遭遇反倾销调查日渐频繁，贸易摩擦案件呈上升趋势。欧美等发达国家频繁运用技术性贸易壁垒、知识产权、环保标准、劳工标准等新型贸易保护手段，正成为广东外贸发展的最大障碍。到2008年，广东对欧盟出口的机电产品70%左右受制于欧盟《关于报废电气电子设备的指令》和《关于在电气电子设备中限制使用某些有害物质的指令》。由此可见，国内外贸易环境的改变，给珠三角外向型经济造成了越来越大的生存与发展压力，制约着珠三角出口增长。

六、区域经济发展协调不足，产业同构现象严重

珠三角经济区缺乏深层次的分工，发展协调不足。长期以来，珠三角并未形成各具特色、良性互动的产业分工格局，重复建设、恶性竞争现象愈演愈烈，并渗透到每个领域，而工业结构雷同已成为珠三角实现一体化发展的最大难点和障碍，城市产业同构化趋势日益严重。从企业间的联系来看，珠三角的中小企业之间还没有建立起上下游的产业链条关系，没法享受到有利于价值增值的纵向分工的好处。缺乏深层次的分工，使企业难以享受到企业内部的规模经济和范围经济。作为珠三角“两大增长极”的广州市和深圳市除了在金融、汽车和成套设备制造、石油等领域拥有一定的领先优势外，其他产业与东莞、佛山、中山、珠海等城市基本处于同一发展水平。

第三节　珠三角地区服务业高质量发展的政策建议

一、产业结构升级有赖于企业结构调整

珠三角的快速发展得益于20世纪80年代的改革开放，大量外资企业入区投资设厂，尤其是港资台资居多，创造了“大进大出、两头在外”的发展模式。外资企业的进入也带动了当地民营企业的发展，不仅为我国改革开放积累了许多有益的经验，也使广东尤其是珠三角地区一跃成为中国最发达的地区。

但外资企业的根并不在中国，虽然 GDP 增长很快，但自主创新的动力不足，自主创新能力很低，在国际环境持续稳定的情况下，外向度越来越高。民营企业具有自主创新的动力，但实力不足。在激烈的市场竞争中，积累能力很低，没有更多的资金用于研发，可谓“心有余而力不足”，长期处于产业链条的末端。“低小散”成为珠三角产业和企业的典型特征，以至于将民营企业等同于中小企业。所谓“低小散”即产业层次低、企业规模小和空间布局散。民营企业也可以发展得很快很大，国外的很多跨国公司都是民营企业。跨国公司及大型企业多数不是靠积累而成的，一部分是通过股份制形式集中社会资金成为大企业或跨国公司，多数是通过并购在很短的时间发展起来的，我们称之为“大鱼吃小鱼”。但我们在珠三角却很少看到这种现象，所以，珠三角虽然有“华为”“容声”等大企业和品牌，但数量不够多，规模也不够大，其原因是企业并购意愿并不强。

珠三角地区再不能以土地成本低、环境门槛低、劳动力报酬低、企业税负低作为政府施政的纲领，否则“低小散”的问题根本解决不了，企业并购也无法正常进行，“腾笼换鸟”的目的也难以达到。要通过并购将附加值低的企业、市场竞争力不强的企业、自主创新能力低的企业的经济要素纳入市场竞争力强、自主创新能力强的企业中去，政府要通过各种措施如健全产权交易市场、促进企业改制甚至提高土地税负的办法，促进企业之间的并购，促进企业结构的大调整，然后才是产业结构的调整和升级，否则，产业结构升级只是一句空话。

二、促进空间布局的优化

空间布局优化是珠三角规划中的重要内容，也是未来各级政府一项长期且艰巨的任务，比企业结构调整更困难。珠三角地区除深圳外，是自下而上采取“农村包围城市”的经济发展方式，利用外资、利用农村土地、利用廉价的农村劳动力发展外向型产业，对于刚刚开放的珠三角地区来说，也是无奈之举。笔者很早就听到有“走过一村又一村，村村像城镇，走过一城又一城，城城像农村”这样的说法，开始是说浙江的，用到珠三角地区也很贴切。改变这种状态是很难的，原因是农村级差地租低，消费水平低，企业生产成本低，要求的劳动报酬也低，所以调整起来就非常困难。要利用产业结构调整之机，使空间布局得到优化。优化是一个过程，目的是阻断和遏制恶化的趋势。未来珠三角地区要走内涵式发展的道路，摒弃外延式扩张的发展方式。城市规模要扩大，城镇数量要减少。分散在农村的“低小散”企业要采取措施陆续关闭。要把农村的建设用地恢复为农田，腾出土地指标用于城市建设，珠三角经济一体化首先从打造三大都市圈入手，继而实现粤港澳经济一体化。

三、环珠三角地区应实施培育增长极战略

原材料成本、能源成本、劳动力成本等甚至高于沿海地区。产业转移伴随着企业搬迁，除非产品成本的降低高于搬迁成本，否则企业是不愿意折腾的。让珠三角地区的企业搬迁到粤西、粤北甚至粤东，企业不搬则已，要搬肯定搬到成本有很大落差的地方，所以中西部地区都在做承接沿海地区产业转移的准备。有些企业也会将生产基地转移到东南亚国家甚至非洲去，这些都是市场行为。粤西、粤北地区是珠三角地区的生态屏障，甚至广西东部地区也是珠三角地区的生态屏障，产业转移容易造成污染转移，应慎之又慎。粤西、粤北、粤东应根据本地区的地理区位状况，制定科学合理的发展战略，发挥比较优势，发展特色经济。比较可行的选择是加快发展现在的地级市政府所在地，这些城市处于区位条件比较好的地方，如湛江、茂名、云浮、阳江、新远、韶关、梅州等市，发展与珠三角地区对接的产业，加快农村地区人口向城市和发达地区转移，扩大城市规模，辐射带动周边区域发展。还可以选择区位条件比较好的地方将其培育成为新的经济增长极，如罗定、乐昌、连州等市，将其培育成为区域性中心城市。粤西、粤北地区尽可能发展与珠三角地区对接的产业，包括前向和后向，如湛江发展钢铁、茂名发展石化、云浮发展建材等产业；也可以发展后向产业，如汽车零部件等。不适合发展劳动力密集型产业，也不适合发展占地多、耗能高、污染重的产业。

四、加大转移支付力度，进一步促进公共服务均等化

第一，政府需统筹兼顾，对于教育、医疗、社会保障等公共服务方面应加大转移支付力度，重点向珠三角外围等公共服务建设薄弱地区、重点人群倾斜，增加当地财政的公共服务保障能力，完善配套政策；第二，加强各城市间的公共服务衔接，加速推进珠三角城市群公共服务一体化。

五、促进基础设施共享和要素自由流动

第一，珠三角应建立区域战略统筹机制，积极融入粤港澳大湾区建设，重点围绕新型交通、能源、物流等基础设施互联互通，提高区域内的空间关联性，加快落后地区的基础设施建设；第二，合理进行产业分工，积极引导地方与企业良性互动，促进要素合理自由流动，各次级城市积极融入各产业链环节，形成优势互补、良性互动的城市群产业等级体系，增加区域经济互补性，从而加强扩散效应，防止出现要素在区域内单一流动导致的回流效应。

六、构建区域协调的财税利益分配机制

第一，深化珠三角城市群区域财税协调互动机制，坚持统筹管理，协调各方利益，加强财税利益分配协调合作对接，对于重大财政合作项目，应设立专门机构参与，加强沟通和对接；第二，建立珠三角地区财税统一规则，包括政策与预算、预算与现金管理、具体的收支活动等区域预算一致政策；第三，创新转移支付制度，加大对于珠三角城市群落后地区的转移支付力度，适当“抽肥补瘦”，缓解城市间财税差异的扩大，从而缓解区域差距的扩大。

七、加大生态补偿

第一，要完善珠三角城市群市场运作的生态补偿机制，加强市场补偿对于政府补偿的补充，加快推进生态资源市场化、价值化，强化居民对于生态补偿的服务付费机制，完善珠三角碳排放等市场化交易运作机制；第二，加强对于生态保护的转移支付，加强对生态污染的治理；第三，积极引入 PPP 生态发展模式，吸引民间投资，发展养生休闲业、旅游业等，积极融入大湾区建设，构建宜居宜业宜游的生态城市群。

第四篇

环渤海地区城市服务业高质量发展评价

环渤海地区亦称“环渤海经济圈”，狭义上是指京津冀、辽东半岛、山东半岛环渤海滨海经济带，同时辐射辽宁、山东、山西和内蒙古中东部。本报告为了统计方便，认为环渤海地区包括北京、天津两市和河北、山东两省，总面积约 37.38 万平方公里。自 2015 年以来，环渤海地区城市服务业发展水平持续提升，到 2019 年已经发展到较高的水平。

第十章　环渤海地区城市服务业发展现状

第一节　环渤海地区城市服务业总体规模分析

进入“十三五”以来，伴随着“一带一路”“京津冀一体化”等国家战略相继出台，环渤海地区经济发展水平不断提升，城市服务业的发展质量也在不断提高。到2019年，环渤海地区城市服务业规模达991.35亿元，第三产业增加值为219.71亿元，占GDP比重为52.249%。由于北京和天津两市已经处于后工业化时期，因此环渤海地区城市服务业占全国的比重较大。

表10－1和图10－1列出了环渤海地区各城市的第三产业增加值。第三产业增加值衡量了城市服务业发展的增速。从表10－1中可以大致看出，从2011年到2019年，各个城市的服务业增速较为平稳。其中，北京市与天津市一直处于10%和9%的水平，其他各地级市基本在6%～8%的水平徘徊。并且，环渤海地区的沿海城市和省会城市，如石家庄、济南、青岛等的城市服务业的发展速度相比于其他地区更快。

表10－1　环渤海地区第三产业增加值　　单位：亿元

地区	2011年	2012年	2013年	2014年	2015年	2016年	2017年	2018年	2019年
环渤海地区	198.463	202.019	205.231	208.606	211.496	214.490	195.500	219.941	219.714
北京市	9.423	9.523	9.615	9.719	9.816	9.933	10.024	10.109	10.294
天津市	8.560	8.709	8.840	8.957	9.062	9.220	9.286	9.308	9.100
河北省	71.232	72.333	73.298	74.463	75.689	76.846	68.581	79.261	79.823
山东省	109.248	111.454	113.478	115.467	116.928	118.491	107.609	121.264	120.498
石家庄市	7.401	7.500	7.609	7.726	7.822	7.921	7.602	8.125	8.169
唐山市	7.431	7.528	7.589	7.636	7.683	7.722	6.984	7.881	7.918
秦皇岛市	6.238	6.292	6.311	6.358	6.444	6.531	6.386	6.793	6.776

续表

地区	2011 年	2012 年	2013 年	2014 年	2015 年	2016 年	2017 年	2018 年	2019 年
邯郸市	6.816	6.928	6.999	7.034	7.139	7.204	6.524	7.368	7.372
邢台市	6.035	6.138	6.235	6.388	6.546	6.661	5.460	6.917	6.912
保定市	6.645	6.743	6.821	6.954	7.045	7.203	6.425	7.416	7.607
张家口市	6.098	6.214	6.258	6.282	6.355	6.483	5.952	6.675	6.760
承德市	5.812	5.920	6.023	6.102	6.190	6.297	5.373	6.519	6.530
沧州市	6.837	6.923	7.026	7.080	7.212	7.299	6.049	7.507	7.532
廊坊市	6.333	6.443	6.584	6.831	7.061	7.183	6.240	7.481	7.567
衡水市	5.588	5.704	5.842	6.072	6.192	6.343	5.586	6.579	6.681
济南市	7.758	7.869	7.970	8.077	8.157	8.256	8.305	8.467	8.672
青岛市	8.058	8.182	8.298	8.401	8.499	8.609	8.506	8.820	8.875
淄博市	7.081	7.195	7.309	7.404	7.472	7.574	7.434	7.734	7.424
枣庄市	6.246	6.362	6.468	6.630	6.694	6.784	6.137	6.934	6.683
东营市	6.497	6.648	6.775	6.938	7.006	7.086	6.820	7.261	7.000
烟台市	7.447	7.560	7.658	7.782	7.895	8.006	7.335	8.155	8.273
潍坊市	7.108	7.284	7.433	7.549	7.708	7.708	6.759	7.974	7.966
济宁市	6.918	7.043	7.165	7.317	7.417	7.535	6.696	7.699	7.653
泰安市	6.788	6.932	7.060	7.180	7.264	7.347	6.337	7.468	7.200
威海市	6.686	6.813	6.942	7.114	7.218	7.327	6.722	7.473	7.300
日照市	6.092	6.238	6.372	6.495	6.577	6.690	6.442	6.880	6.857
临沂市	7.012	7.138	7.271	7.366	7.456	7.567	6.737	7.749	7.803
德州市	6.496	6.657	6.787	6.928	7.012	7.119	6.013	7.278	7.278

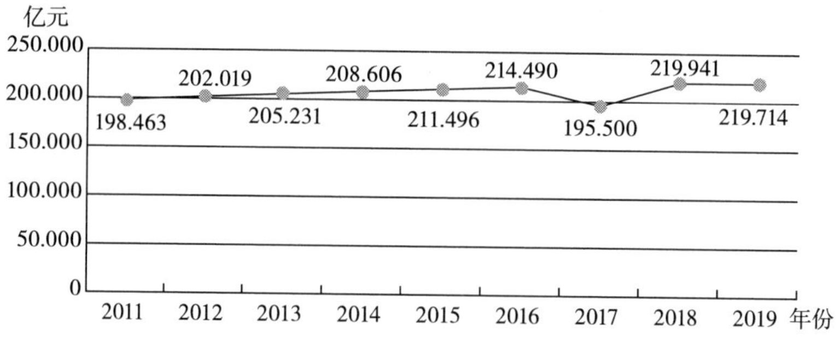

图 10－1　环渤海地区第三产业增加值

表10－2和图10－2列出了环渤海地区各城市第三产业占GDP比重。在“十二五”和“十三五”期间，环渤海地区各市的第三产业占GDP比重基本在上升。由于北京市已经处于后工业化阶段，在2011年至2019年，第三产业占GDP比重只提升了约8个百分点，其他城市在这9年间基本提升了10～20个百分点。环渤海地区有着良好的工业基础，为城市服务业提供了良好的发展基础。因此，在近10年的时间内，环渤海地区的城市服务业水平有较高的提升。

表10－2　环渤海地区第三产业占GDP比重　（%）

地区	2011年	2012年	2013年	2014年	2015年	2016年	2017年	2018年	2019年
环渤海地区	37.498	38.450	39.651	41.691	43.855	45.266	50.575	48.637	52.249
北京市	76.070	76.460	76.850	77.950	79.650	80.230	80.560	80.980	83.520
天津市	46.160	46.990	48.050	49.340	52.150	56.440	58.150	58.620	63.460
河北省	34.665	35.150	36.211	38.475	41.370	42.138	52.079	48.804	51.685
山东省	36.493	37.810	39.166	41.158	42.808	44.532	47.193	45.878	49.981
石家庄市	40.070	40.160	41.440	43.810	45.840	46.440	58.950	55.510	60.740
唐山市	30.980	31.720	32.270	33.270	35.550	35.500	33.630	38.020	39.850
秦皇岛市	47.720	47.330	47.030	48.010	50.200	50.750	58.370	54.430	54.310
邯郸市	32.660	33.710	35.760	36.800	40.030	40.260	50.310	45.830	45.590
邢台市	29.160	30.160	31.740	36.040	39.410	39.490	63.180	46.890	47.330
保定市	31.360	31.120	31.540	34.480	38.200	38.610	45.380	46.270	53.300
张家口市	39.690	40.430	39.560	39.580	42.120	44.530	54.070	51.510	55.570
承德市	30.180	31.420	32.380	33.200	35.820	37.680	53.030	45.680	46.530
沧州市	36.000	36.060	37.340	37.890	40.800	41.700	48.770	49.520	51.980
廊坊市	34.850	34.960	37.160	42.500	47.100	48.600	59.190	57.060	60.440
衡水市	28.650	29.580	32.100	37.650	40.000	39.960	47.990	46.120	52.900
济南市	53.090	54.390	55.300	55.780	57.180	58.900	63.310	60.520	61.790
青岛市	47.740	48.960	50.120	51.220	52.790	54.730	58.160	56.360	60.890
淄博市	36.220	37.450	39.250	40.750	42.530	44.100	46.080	45.040	45.990
枣庄市	32.970	33.980	35.140	38.210	39.720	41.190	39.910	42.700	47.110
东营市	24.750	25.670	26.910	30.020	31.940	34.330	34.700	34.260	37.560
烟台市	34.940	36.330	37.720	39.910	41.600	43.270	47.120	44.410	51.190
潍坊市	34.480	36.280	38.230	39.660	43.020	43.020	49.170	47.150	50.620
济宁市	34.850	35.870	36.920	39.580	41.430	43.510	45.080	44.720	48.200

续表

地区	2011 年	2012 年	2013 年	2014 年	2015 年	2016 年	2017 年	2018 年	2019 年
泰安市	38.470	40.180	41.670	43.700	45.190	46.740	51.150	47.950	50.250
威海市	37.920	38.860	40.530	44.010	45.380	47.300	46.770	48.310	49.890
日照市	36.350	37.770	38.950	40.990	42.920	44.580	44.280	44.120	48.730
临沂市	40.040	41.760	43.070	44.260	45.960	47.970	46.700	49.160	53.220
德州市	33.900	34.860	35.980	39.260	40.320	42.060	45.530	42.820	47.870

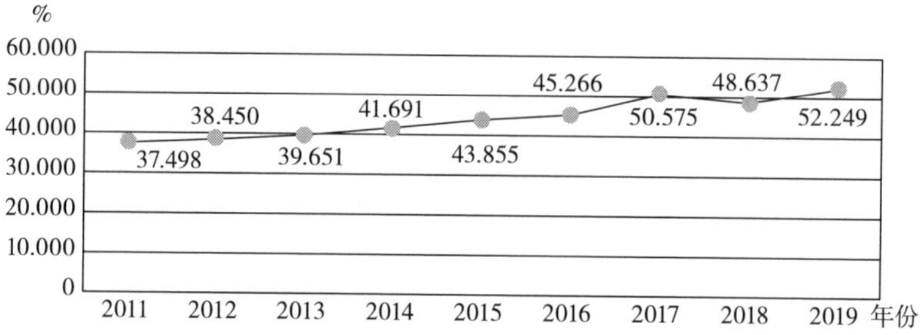

图 10－2　环渤海地区第三产业占 GDP 比重

表 10－3 和图 10－3 列出了环渤海地区各城市第三产业人均产值。各城市的第三产业人均产值呈上升状态，其中天津市、唐山市、青岛市、威海市的第三产业人均产值处于领先地位，但同时也存在小幅度的波动。环渤海地区的大部分城市第三产业人均产值在 2017 年均存在不同程度的降低。有分析指出，在 2017 年，由于工业品价格上升，第二产业的规模比重增加，挤出了第三产业的产业规模，但在 2018 年和 2019 年逐渐恢复。与 2011 年相比，各个城市的第三产业人均产值在 2019 年都有不同程度的增加。

表 10－3　环渤海地区第三产业人均产值　　单位：万元/人

地区	2011 年	2012 年	2013 年	2014 年	2015 年	2016 年	2017 年	2018 年	2019 年
环渤海地区	33.320	35.876	35.590	39.485	43.218	47.372	27.877	58.237	53.875
北京市	23.890	24.933	26.006	28.054	29.452	32.110	33.821	36.050	44.244
天津市	47.536	48.132	50.607	58.068	60.350	67.817	71.048	69.647	53.691
河北省	25.150	26.229	27.142	29.192	32.490	35.524	17.479	46.058	45.971
山东省	38.637	42.426	41.058	46.114	50.384	55.194	31.956	67.285	59.922
石家庄市	30.357	32.010	34.312	35.283	38.369	41.805	31.560	49.451	44.781
唐山市	43.388	44.824	44.590	46.376	48.778	49.305	25.626	61.943	61.354

续表

地区	2011 年	2012 年	2013 年	2014 年	2015 年	2016 年	2017 年	2018 年	2019 年
秦皇岛市	27.558	27.402	26.237	26.858	29.631	32.038	29.841	46.781	46.584
邯郸市	26.728	27.165	27.349	27.646	30.674	33.248	18.075	40.673	40.032
邢台市	17.999	19.086	19.980	22.478	26.319	29.234	9.375	39.266	36.129
保定市	18.371	18.762	19.905	21.061	24.809	28.021	13.567	32.205	35.048
张家口市	19.030	20.389	20.186	20.269	21.703	24.437	15.539	31.314	30.831
承德市	19.386	21.160	21.409	22.522	23.508	26.878	10.760	34.077	34.211
沧州市	31.074	32.863	35.334	36.318	40.504	44.077	13.206	55.951	54.200
廊坊市	27.143	28.155	31.097	39.405	47.516	51.663	9.786	74.359	77.399
衡水市	15.612	16.707	18.158	22.899	25.577	30.054	14.937	40.615	45.112
济南市	32.585	36.102	37.842	42.830	46.802	49.270	52.391	63.284	66.106
青岛市	63.191	69.325	66.593	67.229	73.055	80.764	69.636	90.332	84.473
淄博市	48.238	51.635	52.406	57.626	61.519	67.398	59.095	81.041	55.717
枣庄市	34.008	35.675	33.262	39.992	42.395	47.311	24.742	57.986	42.723
东营市	41.168	44.473	52.816	60.578	65.866	70.992	54.160	87.301	62.350
烟台市	44.963	51.427	46.295	50.239	56.448	64.866	33.772	80.218	86.956
潍坊市	36.110	41.064	38.081	45.860	53.044	53.414	20.824	64.601	61.625
济宁市	30.768	33.827	34.474	40.367	45.329	52.050	23.136	61.334	54.157
泰安市	37.674	42.909	41.936	45.813	50.676	54.166	19.727	77.178	56.900
威海市	51.610	56.184	54.189	61.690	67.028	75.770	41.263	90.024	75.531
日照市	38.045	42.537	42.403	48.823	51.975	55.638	39.437	59.970	51.362
临沂市	35.577	38.242	28.755	34.751	38.295	42.592	19.193	52.972	55.805
德州市	31.793	33.502	28.998	32.539	36.622	41.215	13.732	53.673	56.356
聊城市	26.665	30.871	31.484	34.493	37.583	40.607	9.053	45.406	40.378
滨州市	48.632	51.264	46.254	51.065	53.389	58.067	21.362	74.036	59.491
菏泽市	17.171	19.776	21.143	23.935	26.117	28.983	9.778	37.199	48.818

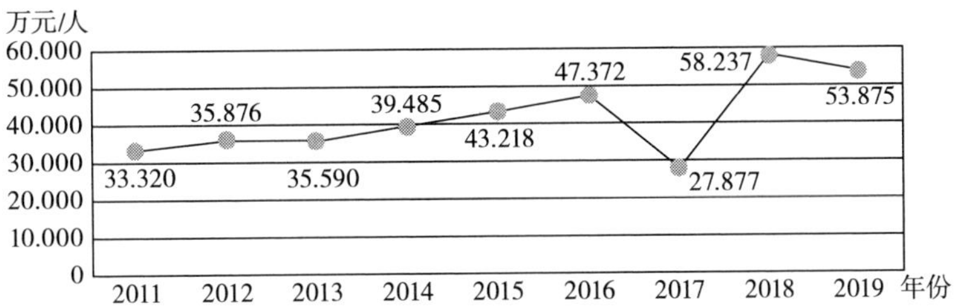

图 10－3　环渤海地区第三产业人均产值

第二节　环渤海地区城市服务业结构分析

新经济增长理论认为，一国或一个城市的经济增长情况取决于该国或该城市的知识积累、技术进步和人力资本水平。一个城市的现代服务聚集区恰恰是该城市的知识中心、技术创新中心和文化进步中心，无疑是城市实现转型升级和经济增长的新动力所在。因此，通过发展现代服务业实现城市产业转型升级，在我国新一轮的城市化进程中，有着重要而关键的意义。

表 10 -4 是 2011—2019 年环渤海地区各个城市的整体产业结构指数。9 年间环渤海地区城市服务业产业结构大部分都有所优化，北京为环渤海地区的首位城市，服务业产业结构一直处于较高的水平。

表 10 -4　环渤海地区产业结构指数

地区	2011 年	2012 年	2013 年	2014 年	2015 年	2016 年	2017 年	2018 年	2019 年
北京市	21.969	22.161	22.831	23.334	23.978	24.529	25.393	24.937	25.570
天津市	11.416	11.677	12.057	13.235	14.763	16.249	18.835	17.087	18.231
石家庄市	9.764	10.019	12.317	13.174	13.617	13.732	13.476	14.636	15.487
唐山市	7.279	7.707	8.755	8.855	9.456	10.010	10.356	10.790	9.805
秦皇岛市	11.340	10.632	10.899	11.071	11.092	11.568	12.240	11.128	10.942
邯郸市	5.314	5.131	6.457	7.664	7.854	7.917	6.774	8.579	6.480
邢台市	5.025	4.802	4.893	4.859	4.965	5.212	5.077	5.451	5.761
保定市	7.330	7.843	10.410	10.223	11.137	10.663	11.392	12.229	13.769
张家口市	5.963	6.369	5.760	6.509	6.961	7.193	6.699	6.195	8.373
承德市	8.310	8.409	8.948	9.445	9.935	11.667	12.738	11.227	8.454
沧州市	5.316	5.530	9.598	10.406	10.342	10.400	11.093	10.868	11.295
廊坊市	7.667	8.727	9.945	10.383	10.623	10.355	8.310	6.922	6.311
衡水市	6.388	5.790	6.626	6.564	6.809	7.310	7.234	6.321	3.733
济南市	11.784	12.461	15.578	16.242	16.821	17.602	18.366	18.128	16.259
青岛市	9.214	8.650	10.370	10.518	11.159	11.175	12.050	11.928	15.082
淄博市	5.377	5.331	7.755	8.903	8.058	8.564	9.184	8.279	12.226
枣庄市	4.041	3.380	4.877	4.724	3.832	3.585	3.387	2.676	4.852
东营市	10.004	10.309	18.396	19.062	19.636	18.648	18.480	18.730	17.364
烟台市	9.331	7.681	9.048	8.974	9.300	8.809	8.700	9.344	11.648

续表

地区	2011 年	2012 年	2013 年	2014 年	2015 年	2016 年	2017 年	2018 年	2019 年
潍坊市	3.292	2.679	5.526	5.412	4.777	4.896	4.731	4.436	5.564
济宁市	5.857	6.339	6.656	7.698	7.916	8.242	7.007	8.108	8.183
泰安市	5.689	6.574	6.700	6.849	12.811	9.332	9.910	11.139	9.179
威海市	5.344	6.869	8.302	9.469	9.748	9.648	9.584	7.239	8.186
日照市	9.621	8.733	8.591	8.297	8.877	10.239	10.248	9.296	10.807
临沂市	6.232	6.725	5.545	7.211	6.719	7.248	7.475	5.989	4.944
德州市	4.334	3.349	6.205	6.121	6.422	6.185	6.534	5.198	4.595
聊城市	6.835	7.007	7.114	7.356	8.305	9.263	10.121	10.922	9.878
滨州市	6.066	7.079	6.523	7.625	8.846	9.130	8.783	4.213	6.469
菏泽市	2.718	3.000	3.450	3.455	3.763	4.109	4.291	3.238	2.794

在基于价值链不同环节、工序、模块的新型国际分工和国内区域分工体系中，生产性服务业处于价值链的高端，成为各个国家和地区经济增长的主要动能。合理的生产性服务业空间结构能引导区域资源合理配置，促进区域经济增长和可持续发展，实现疏密有序、均衡协调、分工合理的空间发展格局。

生产性服务业在我国尚处于进一步探讨和加快发展阶段，对其范围和体系界定尚未有统一定论。综合各方面研究成果，生产性服务业大致包括以下五个方面：现代物流业、科技服务业、金融保险业、信息服务业、商务服务业。我国生产性服务业的空间集聚程度呈上升趋势，尤其是信息服务、科技服务、商务服务等高端生产性服务业的集聚特征更明显。目前生产性服务业主要集中在区域中心城市，对非中心城市的带动作用不明显。表 10－5 列出了环渤海地区各个城市的生产性服务业从业人员占服务业比重。在环渤海城市群中，2011—2019 年，从总体到地区分布来看，生产性服务业在都市圈空间上呈中心集聚态势，在环渤海地区呈现以北京为中心的强单中心分工格局。以北京市为中心、环渤海经济圈中心城市为基础，逐渐向外围扩散，总体上逐年增长。只有北京市的生产性服务业从业人员占服务业比重达到 50% 以上，其他城市基本在 10% ~40%，其中环渤海中心城市在 30% 左右的水平，其他城市在 10% ~20% 的水平，有待进一步发展与加强。

表 10－5　环渤海地区生产性服务业从业人员占服务业比重　(%)

地区	2011 年	2012 年	2013 年	2014 年	2015 年	2016 年	2017 年	2018 年	2019 年
北京市	48.0	48.0	49.0	49.8	50.6	51.1	52.3	51.7	52.7
天津市	30.0	30.0	31.2	33.3	35.7	37.8	42.0	38.4	40.6
石家庄市	27.5	27.5	31.9	34.1	34.4	34.4	33.4	35.5	34.9
唐山市	22.8	22.8	25.2	25.7	27.3	28.0	28.0	29.1	25.3
秦皇岛市	34.0	34.0	32.1	32.0	31.8	32.1	32.5	29.3	28.0
邯郸市	17.9	17.9	20.1	22.4	22.5	22.7	20.2	23.3	19.1
邢台市	15.8	15.8	16.0	15.2	15.5	15.9	15.6	15.8	16.6
保定市	20.0	20.0	25.5	24.9	26.3	25.4	26.4	27.5	29.6
张家口市	18.0	18.0	17.6	18.9	20.2	20.7	19.3	18.3	21.7
承德市	22.5	22.5	23.9	24.2	24.8	27.7	29.0	26.4	21.7
沧州市	17.2	17.2	24.2	25.7	25.7	25.7	26.3	25.8	26.4
廊坊市	20.3	20.3	23.4	24.5	25.0	24.5	21.8	19.4	17.7
衡水市	19.5	19.5	20.2	19.9	20.4	21.1	20.7	18.7	12.5
济南市	31.6	31.6	34.8	36.0	36.6	38.5	39.2	38.0	36.0
青岛市	27.6	27.6	30.4	29.4	30.1	30.1	31.0	32.3	36.2
淄博市	16.3	16.3	20.7	22.7	21.3	22.3	23.3	21.6	27.4
枣庄市	14.3	14.3	16.4	16.2	14.6	14.0	13.8	12.7	16.2
东营市	26.5	26.5	37.5	38.6	39.6	38.3	38.0	39.4	36.9
烟台市	25.6	25.6	26.1	25.6	26.4	25.6	25.6	25.4	29.1
潍坊市	13.1	13.1	18.2	17.7	16.5	16.3	16.0	15.2	16.6
济宁市	17.9	17.9	19.3	21.1	21.6	22.2	20.3	22.0	21.6
泰安市	16.9	16.9	19.8	20.3	34.4	24.2	25.1	26.8	23.0
威海市	17.4	17.4	23.4	25.4	25.8	26.1	25.5	21.4	23.3
日照市	28.0	28.0	28.4	28.2	29.2	31.5	31.2	29.8	31.8
临沂市	17.3	17.3	18.0	20.8	19.6	20.4	20.6	18.1	15.6
德州市	13.8	13.8	18.9	18.7	19.1	18.7	19.2	16.3	14.7
聊城市	20.2	20.2	21.8	22.3	23.5	24.7	26.1	26.6	23.6
滨州市	16.3	16.3	19.1	21.1	23.0	24.3	23.9	16.3	18.9
菏泽市	12.0	12.0	13.7	13.7	14.2	14.8	14.9	12.8	11.5

伴随着全球经济服务化，高端服务业逐渐成为世界主导产业。发展高知识密集型、具有高产业带动力与低消耗的高端服务业，有助于改善城市服务业的

结构与水平，促进经济快速发展和城市建设。“高端服务业”这一概念由深圳市政府于 2007 年第一次明确提出，并同时阐明高端服务业具有高科技含量、高人力资本投入、高附加值、高产业带动力、高开放度、低资源消耗、低环境污染等特征。我国学术界对此还没有一个统一的定义，目前对高端服务业的定义大致可以分为两大类：一是强调高端服务业属于技术密集型产业，依赖信息技术的应用来实现专业化、高效的服务；二是强调高端服务业的资本投入多、附加值高、行业覆盖面广。高端服务业主要包括以下领域：现代金融业，如银行、证券、信托、保险、基金、租赁等；现代房地产业，如设计、开发、装饰等；现代中介服务业，如会计、审计、评估、法律服务等。表 10 - 6 列出了环渤海地区城市高端服务业从业人员占服务业比重，从中可以看出，高端服务业从业人员占服务业比重同样呈现以北京为中心的强单中心分工格局，在 2011—2019 年北京市和其他中心城市提升了接近 10 个百分点，但总体水平低于生产性服务业。在中小城市，高端服务业的水平没有明显的提升。

表 10 - 6　环渤海地区高端服务业从业人员占服务业比重　（%）

地区	2011 年	2012 年	2013 年	2014 年	2015 年	2016 年	2017 年	2018 年	2019 年
北京市	39.6	39.6	39.6	39.6	40.9	42.1	43.7	42.8	43.9
天津市	22.5	22.5	22.5	22.5	25.2	28.0	32.4	30.0	31.6
石家庄市	21.6	21.6	21.6	21.6	22.7	23.2	23.2	25.0	27.9
唐山市	15.3	15.3	15.3	15.3	15.8	17.0	18.1	18.4	18.6
秦皇岛市	16.5	16.5	16.5	16.5	16.8	18.2	20.0	19.4	19.8
邯郸市	14.5	14.5	14.5	14.5	15.0	15.0	13.6	16.6	13.6
邢台市	11.7	11.7	11.7	11.7	11.8	12.3	12.0	12.9	13.3
保定市	20.1	20.1	20.1	20.1	21.7	20.9	22.3	23.9	26.7
张家口市	13.8	13.8	13.8	13.8	14.1	14.4	14.0	13.4	17.1
承德市	18.4	18.4	18.4	18.4	19.4	22.2	24.3	21.9	17.3
沧州市	20.0	20.0	20.0	20.0	19.8	20.0	21.6	21.3	22.0
廊坊市	20.8	20.8	20.8	20.8	21.1	20.7	16.9	14.7	14.1
衡水市	13.2	13.2	13.2	13.2	13.6	14.5	14.5	13.4	10.3
济南市	29.3	29.3	29.3	29.3	30.5	31.3	33.1	33.2	29.3
青岛市	17.3	17.3	17.3	17.3	18.7	18.8	20.8	19.2	25.7
淄博市	17.9	17.9	17.9	17.9	16.5	17.2	18.3	16.9	24.0

续表

地区	2011年	2012年	2013年	2014年	2015年	2016年	2017年	2018年	2019年
枣庄市	10.6	10.6	10.6	10.6	9.2	9.0	8.6	7.3	11.0
东营市	35.4	35.4	35.4	35.4	36.3	34.4	34.2	33.9	31.8
烟台市	15.8	15.8	15.8	15.8	16.1	15.2	14.9	17.2	21.1
潍坊市	11.5	11.5	11.5	11.5	10.6	11.1	10.9	10.6	12.8
济宁市	15.6	15.6	15.6	15.6	15.9	16.4	14.2	16.1	16.6
泰安市	13.7	13.7	13.7	13.7	20.2	18.0	19.1	21.3	18.5
威海市	17.5	17.5	17.5	17.5	18.0	17.5	17.8	14.1	15.4
日照市	9.8	9.8	9.8	9.8	11.0	13.8	14.2	12.2	15.7
临沂市	14.4	14.4	14.4	14.4	13.9	14.8	15.4	12.9	11.7
德州市	12.8	12.8	12.8	12.8	13.4	13.0	13.7	12.0	11.3
聊城市	13.6	13.6	13.6	13.6	15.5	17.5	18.9	20.9	20.0
滨州市	15.4	15.4	15.4	15.4	17.5	17.4	16.6	8.9	13.7
菏泽市	8.8	8.8	8.8	8.8	9.4	9.9	10.4	8.9	8.4

第三节　环渤海地区城市服务业地区差异

环渤海地区的北京、天津两个直辖市和山东、河北两省在区位和政治地位上有较大差别。北京是京津冀地区的首位城市，山东省沿海城市较多，对外开放程度比河北省高，因此在城市服务业的产业规模和产业结构上4个地区存在着不同程度的差异。

图10－4描绘了北京、天津、河北和山东2011—2019年间城市服务业产业规模指数的变化。通过折线图可以看出，北京市服务业产业规模处于持续上升的状态，2011年北京市城市服务产业规模指数为19.641，2019年上升至30.659。天津市的产业规模水平相对较高，“十二五”初期产业规模指数为30.179，2017年上升至45.106，达到“十二五”和“十三五”期间的最高水平，在2018年和2019年有所下降，2019年下降至34.719。山东和河北两省的城市服务业规模在2011—2016年持续上升，并且由于山东省的地理位置比较优越，产业规模一直高于河北省。在2017年，工业品的价格降低，扩大了第二产业的产业规模，因此山东和河北两省的城市服务业产业规模有所降低。在2019年，北京作为首位城市，进一步发挥其虹吸效应，提升了自身的服务

业规模，同时也降低了周边地区城市服务业产业规模。

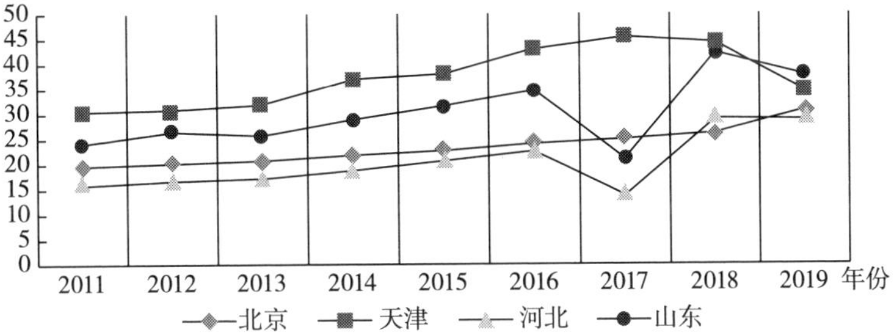

图 10－4　环渤海地区服务业产业规模指数差异

图 10－5 描述了环渤海地区服务业产业结构在 2011—2019 年的变化，从图 10－5 中可以看出，环渤海地区四个地区的服务业产业结构总体上在不断优化，尽管在 2018 年存在小幅度的波动。作为京津冀地区的中心城市和副中心城市，北京的服务业产业结构指数一直处于较高水平，一直高于 20；天津的城市服务业产业结构与北京相比还有待优化，但其产业结构指数也一直高于山东和河北两省。山东和河北两省的服务业产业结构水平不相上下。

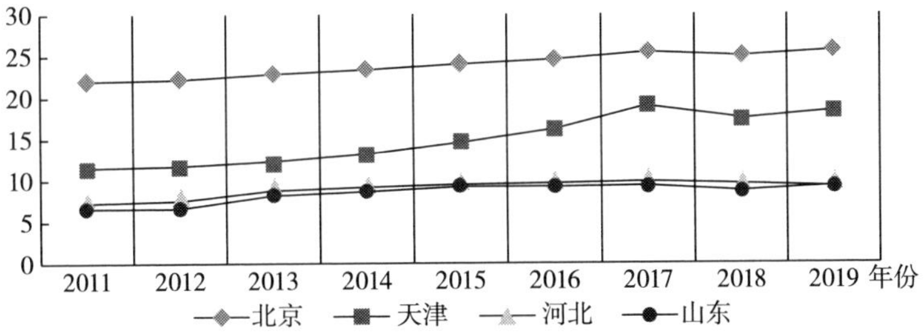

图 10－5　环渤海地区服务业产业结构指数差异

第十一章　环渤海地区服务业高质量发展整体评价与特征分析

环渤海地区以港口为依托，在“十二五”和“十三五”期间，积极促进生产性服务业和高端服务业的发展。

天津滨海新区重点发展现代金融、航运物流、科技研发服务、文化创意、旅游会展、高端商务等生产性服务业和高端服务业，努力成为全国金融改革创新基地、北方国际航运中心、物流中心和科技研发服务基地。

山东黄河三角洲积极发展金融保险和商务服务业等生产性服务业，大力发展第三方物流，推进交通运输业、仓储业整合发展，努力形成区域性物流中心。

河北渤海新区着力打造现代物流产业基地，连通广大内陆区域的现代化集疏运体系，建设形成亚欧大陆桥新通道的桥头堡。

第一节　环渤海地区服务业高质量发展整体评价

环渤海地区位于我国沿太平洋西岸的北部，是中国北部沿海的黄金海岸，在对外开放的沿海发展战略中占重要地位。环渤海地区已成为继珠三角、长三角地区之后的中国第三个经济圈，因此在城市服务业高质量发展中，在全国范围内也处于较高水平。

图 11－1 展示了环渤海地区与全国整体的城市服务业发展水平，从城市服务业高质量发展指数及产业规模、产业结构、产业创新、产业环境和产业协同六个指标进行比较分析。可以看出，在城市服务业高质量发展过程中，环渤海地区发展水平一直高于全国的整体水平。尤其在城市服务业产业规模方面，环渤海地区高出全国整体接近 5 个单位。得益于环渤海地区雄厚的工业基础，在城市服务业发展的过程中产业规模的扩增速度较快。

图 11－2 的雷达图描述了全国整体和其他七个分地区的城市服务业高质量

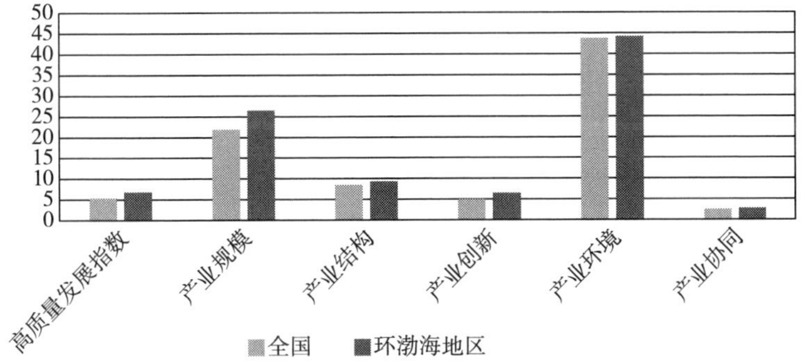

图 11－1　环渤海地区服务业高质量发展整体评价

发展水平的差距，从城市服务业高质量发展指数及产业规模、产业结构、产业创新、产业环境和产业结构六个指标分别对全国整体、长三角、珠三角、环渤海、中部、西南、西北和东北的城市服务业产业发展水平做比较。从图 11－2 中可以看出，环渤海地区的城市服务业发展水平总体上高于全国平均水平，但低于长三角和珠三角地区。尤其在城市服务业产业创新方面，环渤海地区的产业创新指数明显低于长三角和珠三角地区。由于北京、天津的首位度高以及环渤海地区的对外开放程度较高，环渤海地区的城市服务业发展水平高于其他地区。在城市服务业发展过程中，环渤海地区存在着优势。依靠着良好的工业基础，环渤海地区的城市服务业产业规模明显高于全国整体水平和其他地区。

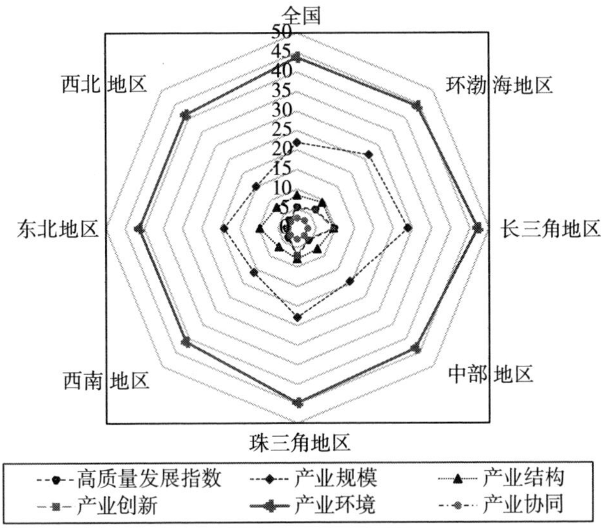

图 11－2　环渤海地区服务业高质量发展指数雷达图

第二节 环渤海地区服务业高质量发展指数时间特征分析

继珠三角和长三角地区之后，环渤海地区已经成为我国区域经济发展的新热点，被视为21世纪中国经济增长的新引擎。环渤海经济圈的城市规模及密度在我国沿海地区位居前列，北京、天津、青岛等中心城市是区域经济和社会发展的重要载体，并通过其辐射和带动作用形成了京津冀和山东半岛都市圈，构成了环渤海经济圈的基本框架。“十二五”和“十三五”期间，环渤海经济圈各个中心城市服务业发展迅速，带动了周边地区城市服务业的提升。本节分析了环渤海地区城市服务业在2011—2019年整体发展状况。

图11-3是环渤海地区城市服务业高质量发展总体水平和产业规模、产业结构、产业创新、产业环境、产业协同指标在时间维度上的发展趋势，城市服务业高质量发展总体水平用城市服务业高质量发展指数来衡量。从图11-3中可以看出，在这九年中，环渤海地区城市服务业整体水平在不断提升，服务业发展速度也在逐渐提高，在“十三五”期间，服务业高质量发展指数的增长速度明显高于“十二五”时期。环渤海经济圈在不断提升城市服务业质量的同时也在加快城市服务业的建设。

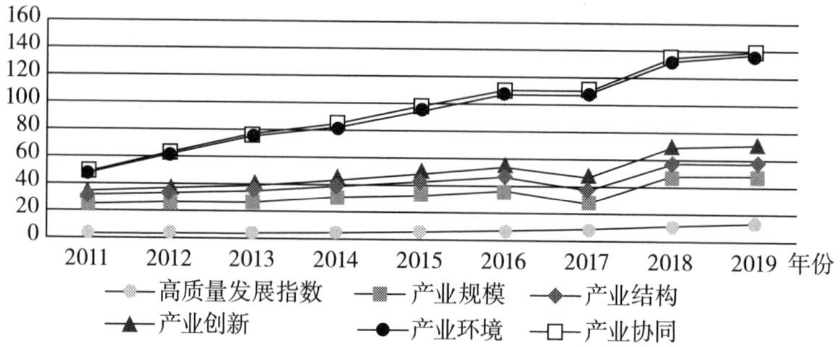

图11-3 环渤海地区服务业高质量发展指数时间特征

在“十二五”期间，环渤海地区城市的服务业规模在逐渐上升，并且上升的速度较为平缓。从2011年到2015年，环渤海地区服务业产业规模指标从21.007上升至27.353，提升了接近30%。在“十三五”初期的2016年，环渤海地区的城市服务业规模继续上升，在2017年有较大幅度的下降，在之后一年的努力下2018年城市服务业规模提升至原有水平之上，但2019年又有小幅度的下降。

在“十二五”和“十三五”期间，环渤海城市的产业结构指标总体上在平稳中上升，2013 年服务业产业结构指标明显提升，产业结构优化显著。尽管在 2017 年有小范围的浮动，但 2018 年产业结构继续优化。

环渤海地区 2011—2019 年的城市服务业产业创新能力也在不断提升，高端服务业逐渐崛起，产业创新指标呈线性增长。

环渤海地区服务业总体产业环境也在不断优化。服务业产业环境指标稳步递增，良好的产业环境进一步促进了城市服务业高质量发展。在城市服务业产业协同方面，环渤海地区处于稳定的水平。

综上分析，环渤海地区的城市服务业发展 2011 年至 2019 年总体上在不断优化，在数量快速发展的同时提升了发展质量。

第三节　环渤海地区服务业高质量发展指数空间特征分析

表 11 - 1 和图 11 - 4 列出了 2011—2019 年环渤海地区的北京、天津、河北、山东四个地区服务业发展的平均水平，并对四个地区的 6 个服务业高质量发展指标进行了对比。

在城市服务业高质量发展的总指标方面，北京市、天津市、山东省与河北省的城市服务业高质量发展指数分别为 37. 441、21. 775、6. 296、3. 454，北京市和天津市城市高质量发展指数明显高于山东省和河北省。北京市由于其更高的行政级别和国际化程度，城市服务业高质量发展指数为 37. 441，高于天津市接近 16 个单位，总体水平优于天津市。山东省得益于优越的地理位置，如青岛市，在对外贸易中与河北省相比占据一定的优势，经济发展水平更高，因此城市服务业的整体水平高于河北省。

在服务业的产业规模方面，天津市与山东省占据优势。自 2011 年中国服务业实际利用外资规模首次超过第二产业，中国便加快通过扩大服务贸易开放试点、服务贸易创新发展试点、自贸试验区、自由贸易协定等方式持续提升服务业开放进程。作为服务贸易创新发展试点城市之一，天津市重点发展与先进制造业密切联系的生产性服务业，基本形成了以金融业、批发零售业、房地产业为主要支撑的服务业体系，融资租赁行业在全国保持领先地位。从 2008 年开始，天津市进入由第二产业向第三产业转型阶段，第二产业占 GDP 比重由上升转为下降，第三产业占 GDP 比重由下降转为上升。山东省工业基础雄厚，加之山东半岛的对外贸易企业较多，通过吸引外资等方式使城市服务业的产业规模在“十二五”和“十三五”期间迅速扩张。

在服务业产业结构方面，北京市的城市服务业产业结构优于天津市和山东、河北两省，天津市优于山东省与河北省，山东省与河北省产业结构指数差距较小，两省的服务业产业结构几乎处于同一水平。北京市的商务中心区是以发展现代服务业为核心的城市功能区，首都经济结构调整有利于大量现代服务型企业进驻，从而提高了服务业的知识含量和整体水平，充分发挥首都经济的集散效应，促进了服务业的快速发展。北京市的服务业主导产业是金融、保险、电信、信息、服务和咨询，同时以优美的环境、便捷的交通、方便舒适的配套设施，成为国际化、现代化的服务业新城区。与北京市相比，天津市的城市服务业虽然整体处于持续发展中，但在服务业结构中传统服务业的比重较大。现代服务业需要高技术和知识储备，天津市的高端技术型和创新型人才的数量和质量与北京市有一定的差距，因此天津市的产业结构与北京相比还有进一步优化的空间。

在城市服务业产业创新和产业环境方面，北京市和天津市在环渤海地区依旧优于山东省与河北省。北京市与天津市作为直辖市，在人力与财力方面与山东省和河北省相比都具有明显的优势，更有利于城市服务业产业环境的改善和产业创新能力的提高。

在城市服务业产业协同发展方面，在京津冀协同发展和环渤海经济圈的背景下，北京市、天津市、山东省与河北省的产业协同指标几乎处于同一水平。

表 11－1　环渤海地区服务业高质量发展指数空间差异

地区	高质量发展指数	产业规模	产业结构	产业创新	产业环境	产业协同
北京市	37.441	23.416	23.856	37.556	54.716	2.422
天津市	21.775	37.242	14.839	21.766	48.597	3.111
山东省	6.296	30.254	8.402	5.973	44.697	2.879
河北省	3.454	20.337	8.822	3.114	42.235	2.671

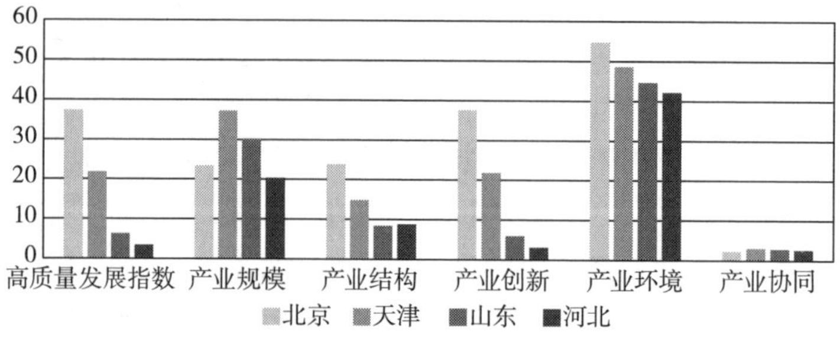

图 11－4　环渤海地区服务业高质量发展指数空间差异

表 11－2 和图 11－5 描述了河北省各个地级市在 2011—2019 年城市服务业的平均发展水平。河北省土地面积 18.77 万平方千米，占全国国土面积的 2.0%。按照区域的不同，河北省可分为冀南、冀中、冀北和冀东。冀东包括唐山和秦皇岛两个地级市；冀北地区是张家口与承德两市；冀中包括石家庄市、保定市、廊坊市、衡水市和沧州市；冀南包括邢台市和邯郸市。

按服务业高质量发展指数排名，由高到低分别是石家庄市、廊坊市、保定市、唐山市、秦皇岛市、邯郸市、沧州市、衡水市、邢台市、张家口市和承德市。石家庄市作为河北省省会城市，拥有更多的政策和经济上的支持，城市服务业发展较好，城市服务业高质量发展指数为 8.649，在河北省内位居第一。廊坊市位于京津冀发展主轴，是雄安新区与北京副中心的两翼连线，是京津冀协同发展、北京非首都核心功能疏解的一线阵地，是京津冀协同发展的最大受益者。优异的地理位置让廊坊市的城市服务业快速发展，城市服务业高质量发展指数为 6.776，总体评价居全省第二。保定市、唐山市与秦皇岛市服务业高质量发展指数低于省会石家庄市和廊坊市但高于河北省服务业整体水平。邯郸市与沧州市的城市服务业发展水平基本持平，略低于河北省的整体水平。衡水市、邢台市、张家口市与承德市的服务业发展水平较低。河北省内城市服务业的产业创新指标排名与总指标排名相同。

唐山市的城市服务业产业规模指标为 29.474，在河北省内位居第一，在其之后的廊坊、沧州、石家庄和秦皇岛四个城市的城市服务业产业规模指标高于河北省的平均水平，均高于 20，邯郸市服务业产业规模略低于平均水平。衡水市、邢台市、保定市、承德市和张家口市的城市服务业产业规模较低，有进一步发展的空间。

省会石家庄市在服务业产业结构的布局中做到了全省最优，产业结构指标为 12.913。秦皇岛市、保定市和承德市略次之，但也明显优于河北省整体水平。沧州市、唐山市与廊坊市的服务业产业结构处于全省的平均水平。邯郸市、张家口市、衡水市与邢台市的服务业产业结构水平较低，有待进一步优化。

河北省城市服务业的产业环境依旧是石家庄市最好，良好的产业环境进一步促进了服务业的发展。廊坊市、唐山市与秦皇岛市的服务业发展环境处于整体水平之上，带动了全省城市服务业环境的提升。张家口市、保定市和邯郸市的产业环境指标略低于省内平均水平。承德市、沧州市、衡水市和邢台市的城市服务业环境与河北省其他地区相比需要加强改善。

在城市服务业的产业协同方面，各个市的差距不明显，产业协同指标总体处于2.4~3.2之间，基本处于同一水平。

表11－2　河北省各城市服务业高质量发展差异

城市	高质量发展指数	产业规模	产业结构	产业创新	产业环境	产业协同
石家庄市	8.649	24.142	12.913	8.532	47.111	2.876
廊坊市	6.776	27.525	8.805	6.628	46.752	2.886
保定市	4.403	15.364	10.555	4.245	41.423	2.947
唐山市	4.179	29.474	9.224	3.857	44.542	2.433
秦皇岛市	3.745	21.085	11.212	3.451	44.503	2.594
邯郸市	2.031	19.256	6.908	1.679	40.644	2.689
沧州市	2.011	24.215	9.428	1.436	40.029	2.448
衡水市	1.711	16.261	6.308	1.338	39.050	2.452
邢台市	1.515	16.018	5.116	1.164	38.905	2.409
张家口市	1.513	15.087	6.669	1.092	41.538	3.120
承德市	1.460	15.275	9.904	0.837	40.093	2.521

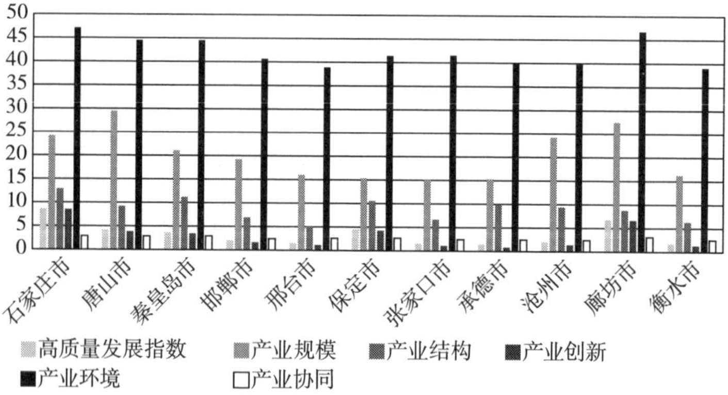

图11－5　河北省各城市服务业高质量发展差异

山东省位于中国东部沿海、黄河下游。境域包括半岛和内陆两部分，山东半岛突出于渤海、黄海之中；内陆部分自北而南与河北、河南、安徽、江苏四省接壤。山东境内可分为东部、中部和西部三个地区。东部地区大都沿海，有青岛、烟台、威海、日照、潍坊、临沂和东营七个城市；中部地区有济南、淄博、泰安、莱芜、滨州、济宁和枣庄七个地级市；西部地区分别是聊城市、菏泽市和德州市。

表 11 - 3 和图 11 - 6 描述了山东省各城市服务业高质量发展差异。山东省拥有较多临海城市，对外开放程度较高，在地理位置上各个城市存在着差异，对城市服务业高质量发展有一定的影响。山东省各个地级市的城市服务业发展水平存在一定的差距，尤其是青岛市与济南市，城市服务业发展质量与创新水平明显高于其他地级市。青岛市作为山东省第二大中心城市和港口城市，服务业发展总体水平以及服务业产业创新能力在山东省位居第一，其服务业高质量发展指数为 25. 540，远高于山东省平均水平；济南市作为山东省会城市，服务业高质量发展指数为 18. 340，在服务业高质量发展和创新方面紧随青岛市。东营、威海、淄博的城市服务业总体水平与青岛市和济南市存在一定差距，但处于山东省整体水平之上。其他城市的服务业总体水平与创新能力相对较为落后，尤其是德州市、聊城市和菏泽市。山东省城市服务业主要聚焦在交通运输、仓储和邮政业，批发零售业，卫生和社会保障行业，以传统产业为主。在信息传输、计算机服务业，金融和商务服务等新兴产业领域发展不足。

城市服务业的产业规模方面，青岛市产业规模指标为 46. 581，依旧领先全省其他城市。青岛市的对外开放程度较高，旅游业是青岛市重要的服务业行业之一，因此在产业规模上有足够优势。地处山东省东部的威海、淄博、东营、烟台和滨州等城市服务业产业规模也处于较高的水平。济南市、日照市与潍坊市处于山东中东部，第三产业规模处于山东省平均水平。山东省西部地区的德州、聊城和菏泽三个地级市的城市服务业规模较小。

在城市服务业产业结构方面，山东省东、中、西部没有明显的差异。处于山东省东部的东营市在第三产业的布局方面做到最优，城市服务业产业结构指标为 16. 737。其次分别为济南市与青岛市，产业结构指标分别为 15. 916 和 11. 127。其余地级市之间的产业结构水平差异较小，但总体来看，中、西部地区的服务业产业结构与东部地区相比还存在一定差距。

城市服务业的产业环境与产业协同指标在各个城市间没有明显的差异。

从上述分析可以看出，在山东省内，东、中、西部的城市服务业发展差异较为明显。东部地区处于山东半岛，靠近渤海，城市服务业发展水平较高，由于知识外溢等效应的存在产业创新能力也处于山东省前列。省会城市济南处于山东省中部地区，在政策、资金等的支持下城市服务业也得到了良好的发展，同时带动周边其他城市。西部地区的城市服务业发展与东、中部相比相对落后。

表 11 -3　山东省各城市服务业高质量发展差异

城市	高质量发展指数	产业规模	产业结构	产业创新	产业环境	产业协同
济南市	18. 340	30. 623	15. 916	18. 308	50. 844	2. 674
青岛市	25. 540	46. 581	11. 127	25. 555	50. 303	3. 201
淄博市	6. 299	37. 105	8. 186	6. 048	47. 125	2. 612
枣庄市	2. 583	24. 782	3. 928	2. 211	43. 409	2. 427
东营市	10. 044	37. 054	16. 737	9. 847	48. 242	2. 492
烟台市	5. 613	35. 874	9. 204	5. 325	47. 112	3. 130
潍坊市	4. 614	29. 031	4. 590	4. 387	44. 972	3. 161
济宁市	3. 082	26. 238	7. 334	2. 708	42. 517	2. 472
泰安市	3. 612	29. 917	8. 687	3. 245	42. 110	2. 586
威海市	7. 083	39. 813	8. 265	6. 808	47. 490	3. 213
日照市	3. 481	29. 783	9. 412	3. 100	45. 128	3. 107
临沂市	2. 666	24. 535	6. 454	2. 309	43. 132	2. 967
德州市	1. 864	23. 042	5. 438	1. 377	40. 076	3. 184
聊城市	1. 625	20. 859	8. 534	0. 994	40. 946	3. 216
滨州市	3. 128	32. 232	7. 193	2. 635	43. 184	3. 170
菏泽市	1. 166	16. 599	3. 424	0. 703	38. 554	2. 461

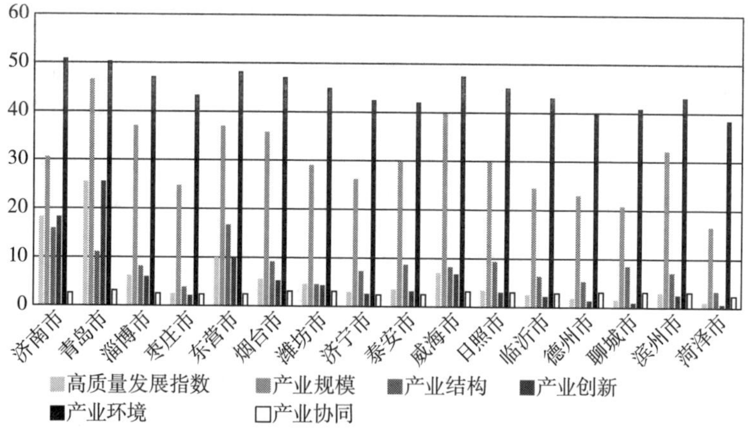

图 11 -6　山东省各城市服务业高质量发展差异

第十二章　环渤海地区服务业高质量发展的问题分析

第一节　环渤海地区服务业高质量发展的现实问题

当前我国正处于经济转型的关键时期，环渤海经济圈作为我国第三大经济圈应当抓住这一重要机遇，加快产业结构的调整。上文中分别分析了环渤海地区的城市服务业发展的总体状况以及与其他地区的城市服务业发展的差异，同时也对环渤海经济圈内部的各个省市进行分析，得出环渤海地区城市服务业总体水平仅次于长三角和珠三角，但环渤海地区的各个地区在城市服务业发展方面都存在一定的问题。北京市与天津市的城市服务业总体水平高于河北和山东两省，河北省和山东省内部各个城市也存在着地区差异。

一、缺乏协同机制

区域经济的发展需要区域内各省市的统筹与协调。环渤海地区城市服务业存在发展不平衡、联系不紧密的问题。北京市与天津市的城市服务业水平显著高于河北省和山东省，在河北省和山东省内也存在着城市服务业发展不平衡的问题。要提高城市服务业的整体水平必须完善协同机制，分步骤、有目的地对整个经济圈进行有效整合。首先，应当推动京津冀的经济进行整合，进一步带动山东一带的经济发展一体化。同时还需要加快环渤海经济圈基础设施一体化建设，促进协同机制的形成。其次，京津冀和山东半岛地区的中心城市可以通过加快基础设施建设来带动周围城市的服务业发展，扩散一些次要服务业，促进区域协同发展。

二、中心城市辐射效应不明显

区域经济的整体发展离不开中心城市的带动。环渤海地区城市服务业整体水平的提升同样离不开北京和天津两个重点城市的带动。

北京市作为环渤海地区的增长极，其服务业发展的扩散作用有待加强。作为环渤海经济圈城市服务业水平最高的城市，北京在城市服务业的产业结构、经济基础、人力资源以及科教投资等方面都有绝对的优势。但北京市的城市服务业存在很强的极化效应，使得扩散效应没有得到充分发挥，限制了周围城市经济与服务业的发展。因此，北京市在发展第三产业的同时还需要加强与周围城市的合作，深化与周围地区的服务业合作与分工，增强自身的扩散效应，带动周边城市服务业发展。

天津市处于东部门户位置并且拥有国家重点投资建设的滨海新区，服务业发展的速度也较快，并且服务业内部结构也不断优化。与北京市相比，尽管天津市的城市服务业存在不足，竞争力次于北京，但同样是环渤海经济圈的核心城市。天津市在不断推进服务业发展的过程中，也需要进一步加快与周边地区的合作，在优化自身服务业发展的同时进一步促进区域服务业发展水平的提升。

三、服务业产业结构有待完善

环渤海地区城市服务业的整体水平与长三角和珠三角地区相比存在一定的差距。环渤海经济圈服务业虽然实现了快速发展，但服务业内部产业结构仍需进一步优化，总体来说传统服务业占比较大，生产性服务业和高端服务业还需进一步提高，应重视现代服务业在地区经济中的发展。在改善传统服务业的同时也要注重新兴服务业的发展，提高服务业整体产业结构水平。

四、应加强高端人才的引进

区域经济的发展与现代服务业的发展离不开高层次人才的支撑。环渤海地区高端人才分布不均，人才短缺是限制渤海地区的山东省与河北省服务业高质量发展的关键因素之一。环渤海地区应结合区域经济发展的需要，结合自身经济发展水平，合理规划服务业高端人才的培养与引进，为当地服务业发展提供有力的人才支撑。

第二节　环渤海地区服务业高质量发展的政策建议

一、推动服务创新

加强技术创新和应用，打造一批面向服务领域的关键共性技术平台，推动人工智能、云计算、大数据等新一代信息技术在服务领域深度应用，提升服务业数字化、智能化发展水平，引导传统服务业企业改造升级，增强个性化、多样化、柔性化服务能力。鼓励业态和模式创新，推动智慧物流、服务外包、医养结合、远程医疗、远程教育等新业态加快发展，引导平台经济、共享经济、体验经济等新模式有序发展，鼓励更多社会主体围绕服务业高质量发展开展创新创业创造。推动数据流动和监管立法，健全侵犯知识产权惩罚性赔偿制度，建设国家知识产权服务业集聚发展区。

二、深化产业融合

加快发展农村服务业，引导农业生产向生产、服务一体化转型，探索建立农业社会化服务综合平台，推动线上线下有机结合；支持利用农村自然生态、历史遗产、地域人文、乡村美食等资源，发展乡村旅游、健康养老、科普教育、文化创意、农村电商等业态，推动农业“接二连三”。打造工业互联网平台，推动制造业龙头企业技术研发、工业设计、采购分销、生产控制、营运管理、售后服务等环节向专业化、高端化跃升；大力发展服务型制造，鼓励有条件的制造业企业向一体化服务总集成总承包商转变；开展先进制造业与现代服务业融合发展试点。以大型服务平台为基础，以大数据和信息技术为支撑，推动生产、服务、消费深度融合；引导各地服务业集聚区升级发展，丰富服务功能，提升产业能级；推进港口、产业、城市融合发展；深入开展服务业综合改革试点。

三、拓展服务消费

补齐服务消费短板，激活幸福产业潜在服务消费需求，全面放开养老服务市场，在扩大试点基础上全面建立长期护理保险制度；简化社会办医审批流程，鼓励有实力的社会机构提供以先进医疗技术为特色的医疗服务；加快建立远程医疗服务体系，推动优质资源下沉扩容；支持社会力量兴办托育服务机构。打造中高端服务消费载体，吸引健康体检、整形美容等高端服务消费回流。推动信息服务消费升级、步行街改造提升，支持有条件的地方建设新兴消费体验中心，开展多样化消费体验活动。鼓励企业围绕汽车、家电等产品更新换代和消费升级，完善维修售后等配套服务体系。着力挖掘农村电子商务和旅游消费潜力，优化农村消费市场环境。完善消费者保护机制，打造一批放心企业、放心网站、放心商圈和放心景区。

四、优化空间布局

围绕京津冀协同发展战略，建设国际型、国家级的现代服务经济中心，形成服务业高质量发展新高地。推动城市群和都市圈公共服务均等化和要素市场一体化，构建城市群和都市圈服务网络，促进服务业联动发展和协同创新，形成区域服务业发展新枢纽。强化中小城市服务功能，打造一批服务业特色小镇，成为服务周边、带动农村的新支点。完善海洋服务基础设施，积极发展海洋物流、海洋旅游、海洋信息服务、海洋工程咨询、涉海金融、涉海商务等项目，构建具有国际竞争力的海洋服务体系。

五、优化营商环境

深化服务业“放管服”改革，进一步压缩企业开办时间和服务商标注册周期。深化企业简易注销改革，试点进一步压缩公告时间和拓展适用范围。取消企业名称预先核准，开展扩大企业名称自主申报改革试点。推动“非禁即入”普遍落实，全面实施市场准入负面清单制度。制定加快放宽服务业市场准入的意见。坚决查处垄断协议、滥用市场支配地位和滥用行政权力排除限制竞争的行为。对服务业新产业、新业态、新模式，坚持包容审慎监管原则，在质量监控、消费维权、税收征管等方面实施线上线下一体化管理。推进服务市场信用体系建设，建立市场主体信用记录，健全对失信主体的惩戒机制。探索建立涉及民生安全的重点服务领域从业人员守信联合激励和失信联合惩戒制度，完善服务消费领域信用信息共享共用机制。加强服务环境综合治理，强化服务业价格监管，及时查处消费侵权等问题。

六、强化人才支撑

鼓励服务业从业人员参加职业技能鉴定（或职业技能等级认定、专项职业能力考核），对通过初次职业技能鉴定并取得职业资格证书（或职业技能登记证书、专项职业能力证书）的，按规定给予一次性职业技能鉴定补贴。进一步畅通非公经济组织人员和自由职业者职称申报渠道。实施更加开放的人才引进政策，加大对海外高端服务业人才的引进力度，改革完善人才培养、使用、评价机制。运用股权激励递延纳税等政策，鼓励服务业企业采用股权激励等中长期激励方式引留人才。完善灵活就业人员社会保险政策。

第五篇

中部地区城市服务业高质量发展评价

第十三章　中部地区城市服务业发展现状

中部地区包括安徽、江西、山西、河南、湖北、湖南六省，土地面积91.6万平方公里，占国土面积的9.5%。2020年末中部地区人口为36469.43万人，占全国总人口的25.83%。人口流动与区域发展关系密切，相较于2019年，中部地区2020年的总人口数呈现下降趋势，人口从内陆向沿海地区流动，可见中部地区为沿海地区提供经济发展、产业升级不可或缺的人才。中部地区在现阶段的中国经济发展格局中处于欠发达的中间层次，承东启西、连南接北的发达交通网络和要素密集、资源丰富的优越基础条件使中部地区的社会经济发展潜力巨大，在全国区域发展格局中具有重要战略地位。大力发展服务业是我国经济和社会发展的重要途径，也是落实科学发展观和构建和谐社会的重要步骤。自中部崛起战略启动至今，中部地区内部结构显著改善，在拉动经济增长、改善民生等方面发挥着重要作用。中部地区服务业发展进程的推进对其优化调整产业结构、实现中部经济社会自然协调发展起着关键作用。

第一节　中部地区城市服务业总体规模分析

表13－1列示了中部地区总体和内部各城市的服务业总体规模指数，图13－1、图13－2、图13－3分别是中部地区产业规模以下二级指标第三产业产值、第三产业比重和第三产业人均产值的变化趋势。下面对中部地区城市服务业总体规模进行分析。

表13－1　中部地区城市服务业总体规模指数

城市	2011年	2012年	2013年	2014年	2015年	2016年	2017年	2018年	2019年
中部地区	13.098	14.532	15.179	17.262	19.194	21.677	14.832	28.215	30.682
合肥市	19.264	20.288	20.955	22.865	26.069	28.814	25.012	35.451	46.882

续表

城市	2011 年	2012 年	2013 年	2014 年	2015 年	2016 年	2017 年	2018 年	2019 年
南昌市	15. 865	17. 999	18. 638	20. 634	22. 180	25. 096	22. 966	29. 869	29. 090
太原市	17. 942	18. 520	19. 831	18. 360	20. 499	22. 346	23. 997	27. 075	28. 520
郑州市	19. 739	21. 124	20. 890	24. 037	25. 880	28. 234	22. 274	37. 207	40. 542
武汉市	23. 701	27. 056	28. 702	31. 975	34. 555	37. 133	39. 104	43. 064	49. 004
长沙市	22. 310	24. 394	26. 756	30. 063	35. 626	41. 834	39. 301	55. 033	49. 177
安庆市	12. 941	13. 955	14. 767	16. 037	17. 671	20. 421	11. 849	25. 353	32. 706
蚌埠市	13. 262	14. 348	14. 128	16. 097	19. 848	24. 261	17. 610	30. 905	37. 952
亳州市	11. 313	12. 441	11. 757	13. 925	15. 077	16. 918	8. 485	21. 288	30. 438
池州市	14. 823	16. 877	15. 924	19. 027	20. 541	23. 231	14. 185	29. 495	31. 272
滁州市	11. 442	12. 875	13. 883	15. 612	17. 582	21. 556	6. 588	27. 511	45. 821
阜阳市	8. 873	9. 908	11. 142	11. 788	13. 117	14. 765	10. 673	17. 475	28. 176
淮北市	13. 099	14. 070	13. 173	16. 951	20. 868	22. 529	18. 235	27. 547	37. 215
淮南市	8. 652	10. 477	11. 502	13. 113	15. 350	17. 266	14. 043	21. 500	26. 761
黄山市	14. 561	15. 689	15. 927	17. 636	21. 551	23. 599	16. 725	31. 054	32. 364
六安市	5. 620	5. 773	6. 009	14. 037	6. 205	6. 540	6. 664	7. 894	9. 559
马鞍山市	21. 558	23. 915	22. 487	25. 629	30. 992	35. 141	28. 049	46. 178	46. 929
铜陵市	19. 916	22. 152	20. 800	22. 268	26. 244	28. 704	26. 025	37. 294	33. 120
芜湖市	18. 484	19. 261	19. 750	22. 457	28. 746	32. 345	24. 310	40. 733	48. 646
宿州市	11. 475	12. 984	12. 317	14. 513	8. 593	9. 507	10. 945	28. 706	33. 869
宣城市	5. 641	5. 834	6. 049	20. 988	24. 305	26. 635	11. 078	31. 047	35. 841
安阳市	13. 630	14. 236	15. 184	18. 921	20. 926	24. 159	12. 266	32. 487	28. 560
鹤壁市	8. 009	8. 881	9. 481	13. 430	15. 783	16. 329	11. 425	21. 406	24. 794
焦作市	12. 162	13. 669	12. 136	16. 841	19. 344	20. 259	11. 704	30. 655	37. 530
开封市	9. 595	10. 631	13. 918	15. 098	18. 365	19. 795	12. 592	28. 422	31. 737
洛阳市	16. 524	18. 814	18. 727	24. 237	26. 779	29. 556	18. 915	41. 631	41. 421
漯河市	6. 975	8. 281	8. 487	11. 602	12. 644	13. 527	10. 354	17. 686	35. 906
南阳市	9. 523	10. 458	11. 223	12. 962	13. 932	15. 718	10. 713	20. 822	28. 127
平顶山市	10. 563	12. 510	12. 755	15. 834	17. 195	19. 426	9. 367	25. 610	28. 070
濮阳市	7. 474	8. 397	9. 519	15. 431	16. 212	18. 097	10. 488	24. 888	27. 200
三门峡市	12. 052	13. 156	14. 006	16. 077	18. 559	23. 453	13. 041	31. 229	31. 849
商丘市	8. 425	9. 245	10. 182	12. 040	12. 550	12. 793	6. 818	17. 043	20. 549
新乡市	10. 790	12. 992	13. 537	14. 709	19. 148	21. 417	14. 027	28. 281	32. 283

续表

城市	2011 年	2012 年	2013 年	2014 年	2015 年	2016 年	2017 年	2018 年	2019 年
信阳市	9. 204	9. 898	10. 131	10. 980	12. 413	14. 442	7. 646	20. 789	24. 756
许昌市	12. 180	14. 022	15. 011	20. 825	23. 259	25. 577	10. 715	34. 616	29. 559
周口市	7. 313	7. 972	8. 389	9. 316	12. 273	13. 458	7. 154	19. 105	22. 512
驻马店市	8. 635	9. 705	9. 920	11. 442	12. 116	14. 347	7. 282	17. 424	20. 910
鄂州市	13. 804	14. 047	14. 967	17. 990	18. 744	22. 056	27. 395	30. 744	37. 114
黄冈市	10. 577	11. 535	12. 983	13. 061	15. 356	16. 652	7. 560	17. 505	20. 560
黄石市	16. 026	18. 393	17. 869	19. 344	22. 021	23. 509	14. 934	28. 305	34. 125
荆门市	10. 478	12. 477	14. 258	15. 184	16. 721	18. 165	9. 577	22. 500	26. 191
荆州市	10. 740	11. 963	12. 430	13. 478	15. 207	16. 590	8. 566	21. 252	32. 498
十堰市	9. 280	9. 210	9. 446	9. 936	10. 884	11. 606	8. 530	13. 926	17. 287
随州市	16. 264	16. 783	16. 859	20. 043	23. 383	25. 074	16. 814	31. 252	36. 771
咸宁市	11. 676	12. 666	12. 995	14. 033	15. 745	17. 543	5. 344	19. 785	29. 815
襄阳市	15. 578	13. 965	14. 363	15. 797	14. 224	16. 294	11. 437	22. 099	24. 625
孝感市	7. 938	8. 300	8. 504	8. 995	9. 609	10. 111	6. 804	12. 158	16. 618
宜昌市	13. 706	10. 478	13. 377	14. 876	15. 465	17. 756	11. 212	23. 636	30. 894
常德市	19. 143	21. 009	22. 594	26. 052	29. 436	33. 932	20. 701	42. 986	37. 927
郴州市	14. 193	15. 415	16. 737	18. 601	20. 885	23. 647	12. 787	30. 408	31. 891
衡阳市	13. 691	14. 888	16. 862	18. 990	22. 651	26. 390	12. 528	40. 799	39. 377
怀化市	11. 468	12. 866	14. 757	15. 128	18. 084	21. 192	14. 557	28. 066	27. 084
娄底市	10. 877	12. 757	14. 249	15. 593	19. 020	21. 769	10. 019	27. 172	29. 902
邵阳市	9. 956	11. 303	12. 587	14. 098	16. 227	18. 364	8. 621	24. 052	30. 889
湘潭市	17. 393	20. 415	22. 320	12. 587	15. 636	17. 447	24. 699	38. 063	34. 301
益阳市	11. 256	13. 085	14. 940	17. 890	21. 080	24. 935	12. 907	33. 933	26. 978
永州市	11. 972	12. 986	14. 465	15. 982	18. 220	20. 529	9. 052	26. 834	28. 917
岳阳市	15. 422	17. 340	17. 867	20. 817	26. 776	30. 520	20. 837	49. 001	38. 563
张家界市	18. 348	21. 078	22. 914	25. 731	29. 013	31. 929	22. 431	40. 594	33. 025
株洲市	17. 897	19. 512	19. 532	22. 097	24. 580	30. 260	20. 454	43. 457	43. 135
抚州市	9. 472	10. 283	10. 850	12. 347	13. 912	15. 185	8. 069	24. 276	25. 990
赣州市	11. 658	13. 167	14. 117	15. 089	15. 480	17. 992	9. 794	22. 387	28. 271
吉安市	9. 950	11. 884	13. 000	13. 809	14. 597	17. 484	7. 998	25. 026	28. 793
景德镇市	12. 354	15. 576	14. 982	17. 083	17. 784	19. 841	14. 980	27. 641	35. 021
九江市	13. 697	15. 798	17. 345	19. 190	20. 345	24. 562	17. 225	32. 191	36. 251

续表

城市	2011 年	2012 年	2013 年	2014 年	2015 年	2016 年	2017 年	2018 年	2019 年
萍乡市	13.980	19.060	20.013	21.660	22.655	26.286	20.348	32.771	30.350
上饶市	10.390	12.074	13.822	14.694	15.453	19.641	11.318	24.165	30.283
新余市	31.124	34.897	35.021	40.570	44.532	53.592	39.151	58.719	52.728
宜春市	9.099	11.885	12.680	14.663	15.713	20.122	8.520	25.732	33.059
鹰潭市	15.278	17.602	17.014	20.230	21.544	27.696	14.121	31.077	32.460
大同市	12.492	12.863	13.810	16.491	18.809	20.203	18.750	25.609	23.017
晋城市	14.215	16.056	15.147	16.840	18.597	20.689	13.403	27.480	23.016
晋中市	11.837	12.796	13.167	14.906	15.659	16.358	10.238	20.466	19.693
临汾市	9.305	10.094	10.649	12.295	14.108	15.280	12.921	18.559	18.223
吕梁市	7.446	8.587	8.452	10.851	11.979	13.020	10.847	15.438	16.171
朔州市	18.587	21.955	23.338	23.670	26.212	27.720	17.503	36.104	34.722
忻州市	9.042	9.849	10.227	11.319	12.438	13.387	9.754	16.967	18.085
阳泉市	14.801	16.553	16.478	16.831	18.864	21.140	17.937	23.867	22.939
运城市	11.027	12.253	11.656	13.989	15.287	16.162	10.913	20.481	19.795
长治市	11.055	12.033	12.725	15.455	16.920	17.671	11.599	20.849	19.979

从中部地区城市服务业总体规模的变化趋势来看，随着中部崛起战略的推动，我国中部地区服务业规模整体处于上升趋势，并且相较于2011年的服务业总体规模，2019年的数值显然是其2倍有余，这表明随着科技水平的提高和国家政策的推行，中部地区服务业得到重视，加上中部地区产业齐全、资源要素丰富等优势基础，第三产业在中部地区的发展潜力巨大。

从中部地区各细分城市服务业总体规模来看，对于中部六省的省会城市合肥、南昌、太原、郑州、武汉、长沙而言，相较于其他中部城市，服务业总体规模发展较为迅速，且多数城市均已超过中部地区的平均水平。但六省省会城市间的服务业总体发展规模存在一定差异。合肥、郑州、武汉、长沙的服务业总体规模发展优势明显，2019年的服务业总体规模指数均已破40，而南昌和太原还未超过中部地区平均水准。

对中部地区城市服务业总体规模的二级指标进行对比分析，从第三产业产值来看，中部地区城市在2011年至2019年均已突破450亿元，并且随着时间的推移，城市服务业发展规模稳步上升，直至2019年中部地区城市服务业增加值比2011年上升近100亿元，成为中部地区社会经济崛起的中坚力量。从第三产业比重来看，中部地区城市逐步上升，从2011年的32%到2019年近乎一半，可见国家政策导向对中部地区产业结构改革的重视程度。中部地区城市GDP增长的主要动力逐渐由第一、第二产业垄断推动向高层次、高质量的服务业引领转变，与第三产业目前在国民经济中的主导地位相符合。从第三产业人均产值来看，中部地区城市在9年间均已超过20万元/人，直至2019年接近50万元/人。人均产值的变化趋势与第三产业增加值相近，中部地区城市服务业规模不仅在总体产值层面呈现上升趋势，也在城市内部人均规模方面不断稳步增加。

图13－1、图13－2和图13－3分别从第三产业产值、第三产业比重、第三产业人均产值三方面展示了我国中部地区城市服务业总体规模二级指标的变化趋势，与三者加权所得出的产业规模指数的变动趋势相吻合，表明我国经济由高速发展阶段转向高质量发展阶段的进程中，服务业在经济增长中的主导作用愈加明显，中部地区城市服务业发展较为迅速，服务业总体规模随着国家中部崛起战略的实施稳步上升并占据中部近50%的份额。

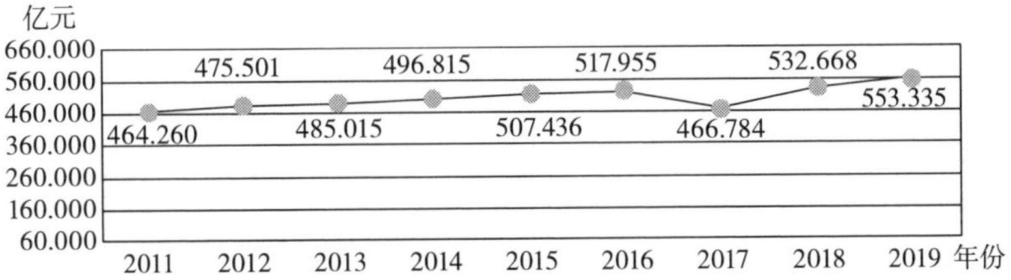

图13－1　中部地区城市服务业第三产业产值

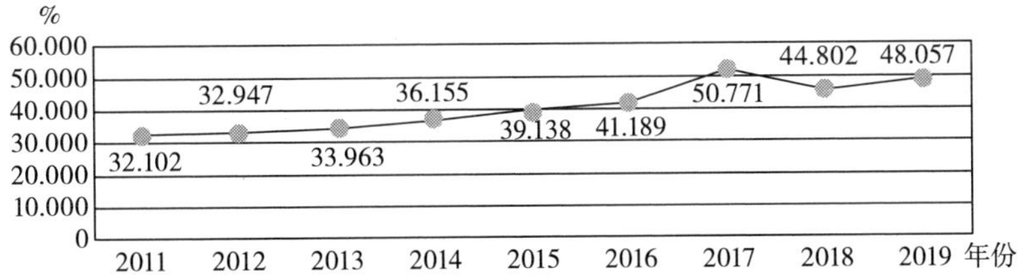

图13－2　中部地区城市服务业第三产业比重

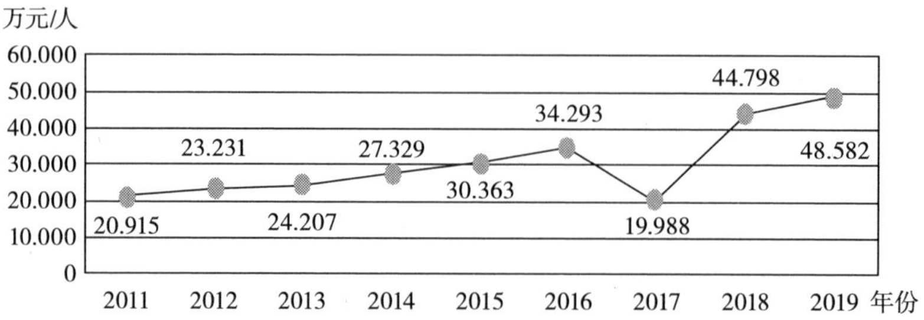

图 13－3　中部地区城市服务业第三产业人均产值

第二节　中部地区城市服务业结构分析

表 13－2 列示了中部地区总体和内部各城市的服务业结构指数，图 13－4、图 13－5 分别是中部地区产业结构以下二级指标生产性服务业比重和高端服务业比重的变化趋势。下面对中部地区城市服务业结构进行分析。

表 13－2　中部地区城市服务业结构指数

城市	2011 年	2012 年	2014 年	2015 年	2016 年	2017 年	2018 年	2019 年
中部地区	6.498	6.327	7.359	7.376	7.694	7.724	7.699	8.547
合肥市	10.807	10.974	12.327	13.142	13.799	14.335	15.075	16.199
南昌市	10.771	10.842	12.463	11.304	12.139	13.608	13.111	14.490
太原市	13.656	13.690	16.060	16.921	16.347	16.318	17.333	17.092
郑州市	8.703	9.059	11.271	11.773	13.956	14.687	13.948	16.078
武汉市	12.225	11.898	11.840	12.437	12.666	13.070	14.811	15.201
长沙市	11.525	12.224	13.332	13.157	13.572	14.006	14.054	15.234
安庆市	5.408	5.210	6.006	6.398	6.786	6.676	6.242	7.924
蚌埠市	9.535	9.550	10.020	10.120	10.677	10.500	10.426	8.657
亳州市	4.635	5.017	6.600	7.113	6.964	7.348	7.516	6.522
池州市	8.514	7.613	9.139	8.849	9.495	10.802	10.865	11.277
滁州市	6.376	6.619	7.372	7.064	7.743	6.346	7.509	8.112
阜阳市	6.622	5.809	6.828	7.303	8.186	8.507	8.072	7.542
淮北市	8.473	6.493	7.900	8.111	7.880	8.853	8.877	11.141
淮南市	12.986	8.987	9.633	8.365	9.997	10.863	10.485	8.936

续表

城市	2011 年	2012 年	2014 年	2015 年	2016 年	2017 年	2018 年	2019 年
黄山市	7. 360	7. 449	7. 922	7. 654	8. 210	8. 335	8. 077	6. 573
六安市	2. 580	2. 525	4. 279	8. 173	8. 118	7. 835	6. 598	5. 938
马鞍山市	10. 134	9. 329	11. 899	11. 810	12. 036	13. 547	12. 885	14. 045
铜陵市	8. 002	8. 352	8. 609	8. 234	8. 974	8. 827	9. 946	8. 951
芜湖市	9. 370	9. 024	9. 297	9. 483	9. 932	10. 335	10. 959	11. 110
宿州市	4. 896	5. 027	6. 606	4. 054	4. 375	0. 639	7. 715	7. 469
宣城市	0. 547	1. 355	6. 549	6. 642	8. 303	8. 432	8. 344	7. 065
安阳市	6. 563	4. 604	6. 844	7. 085	7. 739	7. 890	7. 890	5. 471
鹤壁市	3. 074	3. 598	4. 893	4. 204	6. 554	6. 804	6. 486	10. 406
焦作市	7. 282	6. 626	9. 468	8. 202	8. 482	8. 647	6. 191	6. 791
开封市	2. 782	2. 652	4. 243	4. 857	4. 870	4. 850	4. 197	5. 248
洛阳市	9. 744	9. 415	9. 805	8. 793	9. 838	8. 986	7. 995	8. 850
漯河市	4. 897	4. 767	5. 276	5. 194	5. 576	5. 932	5. 932	8. 992
南阳市	5. 915	5. 688	5. 422	5. 267	5. 404	6. 065	7. 033	6. 887
平顶山市	6. 444	6. 134	7. 186	6. 845	6. 911	6. 776	5. 923	7. 197
濮阳市	9. 304	9. 384	8. 385	8. 438	9. 057	5. 255	8. 999	9. 553
三门峡市	6. 566	6. 266	7. 211	7. 380	9. 564	8. 341	8. 583	7. 657
商丘市	1. 546	1. 790	2. 548	2. 714	4. 073	4. 216	2. 788	5. 803
新乡市	4. 053	4. 236	6. 105	5. 926	5. 977	5. 723	4. 346	4. 195
信阳市	4. 547	4. 655	5. 509	6. 180	5. 453	5. 520	4. 780	4. 780
许昌市	2. 178	2. 397	3. 651	4. 193	5. 153	4. 877	4. 488	7. 318
周口市	2. 935	3. 079	4. 200	4. 022	4. 358	4. 904	3. 498	4. 502
驻马店市	3. 182	3. 153	3. 972	3. 972	4. 528	4. 720	4. 561	9. 088
鄂州市	5. 810	4. 721	6. 483	7. 015	8. 978	6. 257	6. 063	7. 240
黄冈市	3. 359	3. 278	4. 636	4. 423	4. 423	9. 062	7. 259	7. 248
黄石市	6. 650	6. 181	6. 474	6. 283	6. 725	6. 717	6. 403	5. 508
荆门市	7. 874	6. 630	6. 833	6. 593	6. 949	6. 857	6. 335	7. 669
荆州市	5. 024	5. 109	5. 573	5. 703	6. 575	6. 427	6. 231	6. 833
十堰市	5. 115	5. 659	5. 215	5. 125	5. 403	5. 418	5. 468	5. 693
随州市	2. 433	2. 779	4. 318	4. 010	4. 679	4. 896	4. 555	3. 951
咸宁市	4. 104	3. 281	4. 817	4. 919	4. 806	4. 849	5. 626	8. 271
襄阳市	5. 374	4. 865	6. 162	6. 442	6. 028	7. 437	7. 812	9. 697

续表

城市	2011 年	2012 年	2014 年	2015 年	2016 年	2017 年	2018 年	2019 年
孝感市	4.545	4.464	11.765	5.887	5.847	6.179	6.515	7.227
宜昌市	8.959	9.929	10.696	10.754	10.530	9.971	10.572	10.027
常德市	7.035	6.864	8.570	7.852	8.271	8.773	11.653	12.382
郴州市	3.866	4.644	6.629	7.885	8.393	9.015	9.415	9.002
衡阳市	5.753	5.623	6.349	6.261	6.534	5.999	3.781	5.298
怀化市	5.333	5.085	4.798	4.305	4.146	3.784	4.047	4.818
娄底市	4.208	4.351	6.180	5.525	5.775	6.015	9.279	10.031
邵阳市	6.513	6.265	6.083	6.311	6.508	6.931	5.632	6.930
湘潭市	7.860	7.924	15.775	15.770	12.280	8.987	8.529	9.975
益阳市	9.246	8.442	7.737	8.558	8.156	9.108	8.303	9.176
永州市	4.588	5.037	5.232	5.318	5.350	5.924	5.114	4.321
岳阳市	6.608	4.811	6.110	8.676	9.154	9.865	7.126	9.765
张家界市	5.725	5.404	5.857	5.748	5.916	5.932	5.062	3.814
株洲市	8.900	8.956	8.698	9.706	9.478	9.127	8.367	10.093
抚州市	3.594	3.691	4.321	4.180	4.818	4.144	3.751	5.253
赣州市	5.032	5.187	4.618	4.798	3.832	4.529	3.717	5.427
吉安市	5.498	5.755	6.685	5.976	6.833	5.618	4.795	4.652
景德镇市	7.052	9.972	6.892	6.614	7.041	6.609	7.009	6.008
九江市	6.986	6.214	7.900	7.598	7.885	7.577	6.113	6.554
萍乡市	6.723	5.765	6.410	6.154	7.283	6.628	7.850	5.319
上饶市	3.490	3.738	4.329	4.045	3.595	3.905	5.109	6.074
新余市	6.785	5.818	7.732	7.869	7.209	6.943	6.515	10.315
宜春市	4.167	4.887	5.885	5.495	5.915	5.753	5.225	4.982
鹰潭市	7.831	7.988	8.692	8.265	7.968	9.529	9.387	11.925
大同市	7.609	8.697	7.414	7.515	7.543	7.248	6.097	12.049
晋城市	7.182	7.439	9.549	10.251	10.406	10.223	9.608	12.358
晋中市	9.214	8.798	9.602	11.738	12.126	12.482	10.644	10.386
临汾市	7.046	7.143	7.448	7.817	7.502	7.560	8.008	9.344
吕梁市	6.056	2.264	3.722	3.383	3.775	3.829	4.455	5.579
朔州市	6.910	6.023	5.380	5.689	6.183	6.995	8.629	9.307
忻州市	4.509	4.586	5.326	5.336	5.395	5.547	5.565	7.207
阳泉市	9.145	9.630	9.305	9.918	10.118	10.465	10.486	14.641

续表

城市	2011 年	2012 年	2014 年	2015 年	2016 年	2017 年	2018 年	2019 年
运城市	4.294	4.417	5.801	6.972	7.071	5.509	7.426	10.152
长治市	8.049	7.752	8.056	8.065	9.319	9.671	9.547	9.778

从中部地区城市服务业结构的变化趋势来看，城市总体服务业结构指数从2011 年的 6.498 持续增长至 2019 年的 8.547，中部城市服务业结构在 9 年间得到优化升级，服务业结构逐渐向知识密集型的高端服务业转型，中部地区城市的服务业结构质量不断提升。

从中部地区各细分城市服务业结构来看，中部非省会城市的服务业结构指数较低，而六个省会城市服务业结构指数在 2011 年至 2019 年几乎均破 10，并且都远超当年中部地区城市服务业结构指数的平均水平，这与目前多数学者研究服务业结构的城市异质性结论相符合，即中部省会城市的服务业结构要明显优于非省会城市的服务业结构。中部地区省会城市服务业结构指数在 9 年间增长均较为稳健，六个省会城市的服务业结构发展步伐相近，但郑州的服务业结构质量改善效果最为明显，其服务业结构指数从 2011 年的 8.703 增加到 2019 年的 16.078，从最初六个省会城市中的末位一跃成为中部省会城市中的第 3 位。而太原市从 2011 年就在六个省会城市中保持领先地位，2019 年以 17.092 的服务业结构指数居中部地区城市首位。

图 13－4 和图 13－5 分别从生产性服务业从业人数占比和高端服务业从业人数占比视角刻画中部地区城市的服务业结构质量。从生产性服务业从业人数占比来看，中部地区城市在 2011 年至 2019 年处于波动上升阶段。虽然生产性服务业从业人数占比持续上升，但相较于生活性服务业和公共服务业从业人数占比而言仍然较低，中部地区生产性服务业在服务业结构中的地位不容乐观。从高端服务业从业人数占比来看，中部地区城市从 2011 年的 13.40% 提升到 2019 年的 16.97%，与生产性服务业从业人数占比的曲线类似，呈现出波动上升的趋势。但由于高端服务业是知识密集型的生产性服务业，因此不同于生产性服务业从业人数占比，高端服务业从业人数在服务业从业总人数中的比重要更低，中部地区城市非高端服务业显然处于主导地位。

生产性服务业从业人数占比和高端服务业从业人数占比作为中部城市服务业结构指数的二级指标，主要从服务业的结构划分层面进行刻画，将服务业分为生产性服务业和非生产性服务业、高端服务业和非高端服务业。图 13－4、图 13－5 展示出我国中部城市服务业结构的变化趋势，总体而言两者均处于波动上升阶段，且由于2012年新常态下制造业向服务业转型的战略调整，2013年生产性服务业和高端服务业从业人数占比均出现明显上升。我国中部地区城市服务业结构在9年间处于持续转型升级阶段，城市服务业结构质量不断得到优化提高，但究其细分行业，服务业内部结构仍旧处于低水平状态，由于中部地区地理位置的缘故，存在高科技人才外溢和产业转移等问题，使中部城市服务业结构发展速度滞缓。

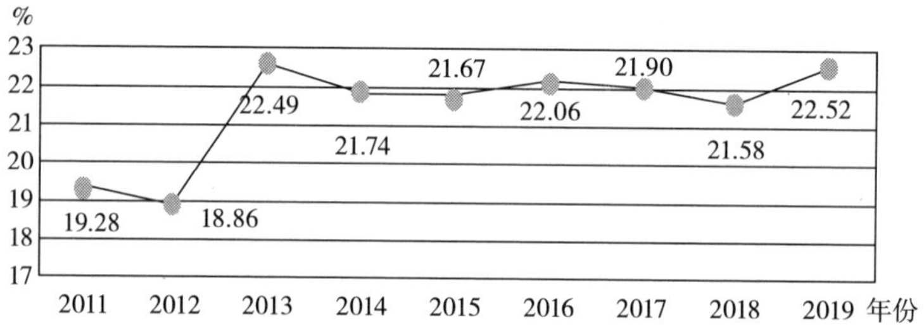

图13－4　中部地区生产性服务业从业人数占服务业比重

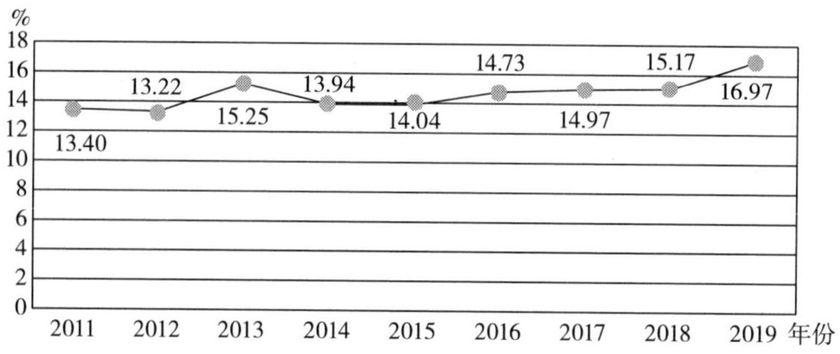

图13－5　中部地区高端服务业从业人数占服务业比重

第三节　中部地区城市服务业地区差异

图13－6、图13－7、图13－8和图13－9列示了中部六省服务业总体规模指数以及其下三个二级指标的变化趋势。图13－10、图13－11和图13－12列示了中部六省服务业结构指数以及其下两个二级指标的变化趋势。下面对中部六省的服务业规模和结构进行分析。

从中部地区六省服务业总体规模指数来看，从2011年起，除2017年，安徽、河南、湖北、江西城市服务业总体规模指数在不断上升，而由于税负比率的提高和非煤工业、装备制造业的蓬勃发展湖南、山西服务业总体规模指数

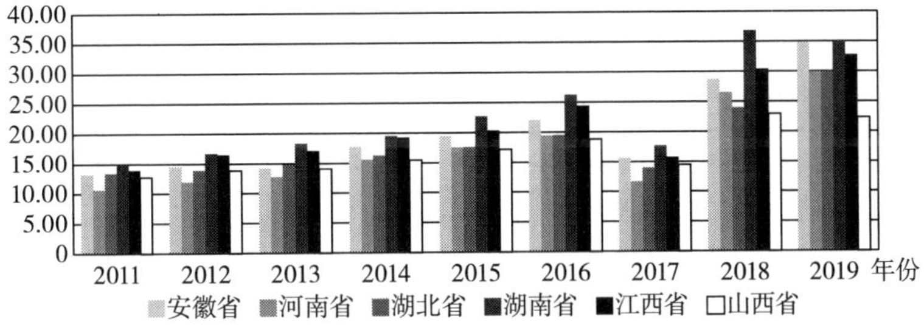

图 13－6 中部六省服务业总体规模

在 2019 年有明显回落。从中部地区六省服务业总体规模指数的对比分析来看，湖南省和江西省一直处于领先地位，并随着时间的推移，与其他省份的差距逐渐拉大。而安徽省从 2011 年的 13.183 上升到 2019 年的 34.847，从六省低端位置一跃成为中部服务业总体规模最大的省份，这与安徽省的政策推行密不可分，试点和资金管理项目使服务业集聚创新融合发展，安徽省服务业质量得到提升，服务业规模不断扩大。

从中部地区六省服务业总体规模指数的二级指标来看，在第三产业产值方面，河南省在 2011 年至 2019 年一直处于领先地位，2019 年河南省服务业增加值已达到 120.390 亿元，这得益于河南省高端服务业与高端制造业的融合发展，生产性服务业贯穿企业生产的上游、中游和下游诸多环节，促使第一、第二、第三产业加速融合，河南省服务业因此得到高质量发展。相较于河南省，中部地区其他五省第三产业产值的增速相对平稳，在政策支持下创新要素集聚、产业结构转型升级，服务业逐渐成为各省推动经济高质量发展的一大利器。在第三产业比重方面，中部六省在 9 年间的增速均较为平稳，且占比相差不大。中部六省在第三产业比重方面发展相对平均，中部经济发展的主动力正逐渐由第一、第二产业垄断转向第三产业引领，截至 2019 年中部六省服务业比重均已接近 50%，中部地区服务业规模不断扩大，第三产业正走上高质量、高水平的发展道路。在第三产业人均产值方面，2011 年至 2016 年中部六省增幅较缓，且发展相对均衡。随着新业态新模式的演变，2018 年和 2019 年中部地区六省的人均产值迅速上升，甚至部分省份人均产值是 2011 年的 2～3 倍，中部地区“幸福产业”蓬勃发展，数字化经济的到来促使服务业总体规模急剧上升，人民美好生活的需求得到满足。

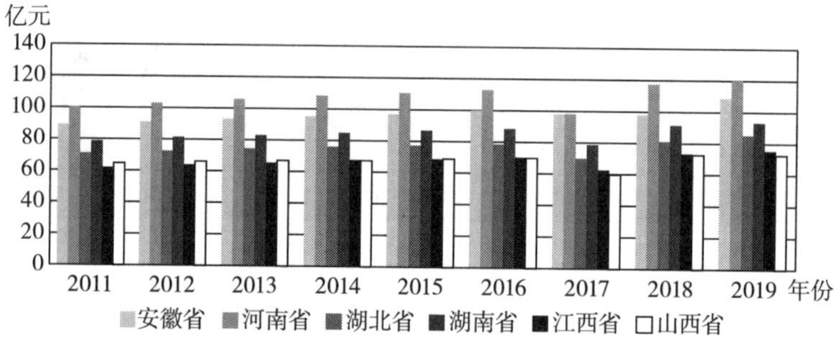

图 13－7　中部六省第三产业产值

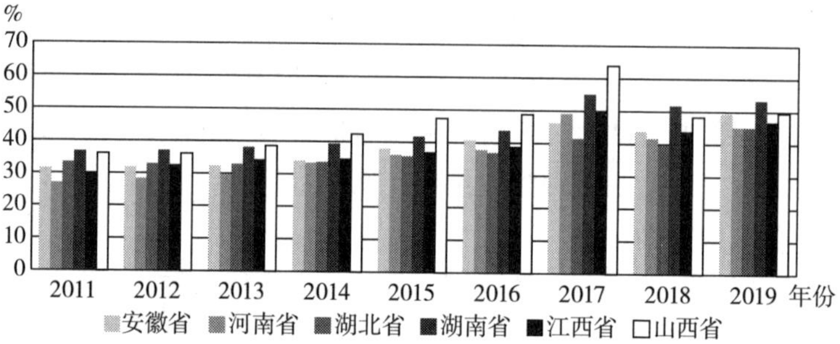

图 13－8　中部六省第三产业比重

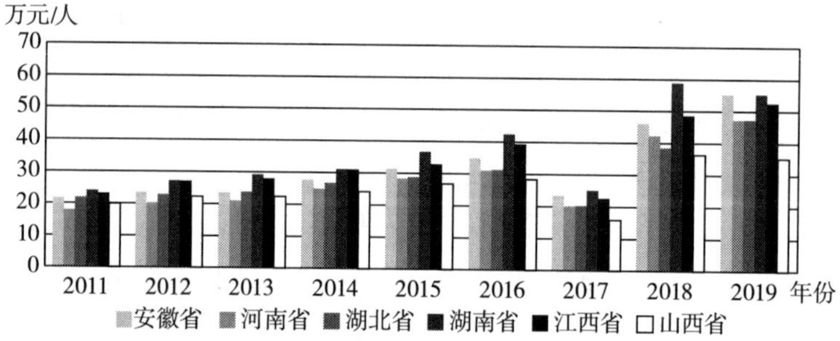

图 13－9　中部六省第三产业人均产值

从中部地区六省的服务业结构指数来看，多数省份在 9 年间增速相对平稳，省份间服务业结构发展差距较小，处于相对均衡的发展状态。就河南省而言，由于 2012 年新常态下制造业向服务业转型发展的号召，河南省着手将自身高端服务业与高端制造业创新融合发展。这使 2013 年河南省服务业结构得到迅速的转型升级，生产性服务业、高端服务业的重要性在服务业结构中得以凸显，服务业结构指数明显高于其他省份，第三产业结构质量在中部六省中居于领先地位。而由于后续中部其他省份逐渐在政策扶持和城市创新的引导下也提升了自身产业结构层次，河南省的制造业、服务业融合发展的优势逐渐消失并处于稳定增长阶段。

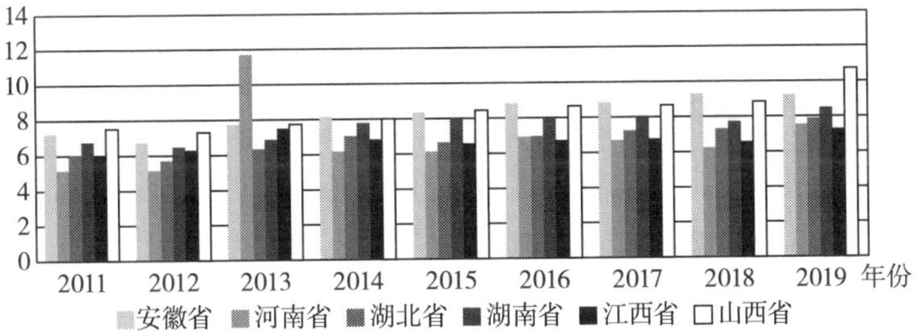

图 13－10　中部六省服务业结构

从中部地区六省服务业结构指数的二级指标来看，在生产性服务业从业人数占比方面，中部地区六省份 2011 年至 2019 年的增速较为平稳，各省份生产性服务业从业人数相较于生活性服务业和公共服务业从业人数略少，中部地区服务业内部结构中生产性服务业经济对中部劳动力就业的承载能力稍弱。在高端服务业从业人数占比方面，与生产性服务业类似，高端服务业作为知识密集型的生产性服务业，主要集中于科研信息等高技术行业，因此高端服务业从业人数占服务业总从业人数的比重显然要低于生产性服务业。但无论从生产性服务业从业人数占比还是高端服务业从业人数占比来看，中部地区 6 省的服务业结构质量在 9 年间不断得到提升，第三产业内部结构得到优化升级，服务业经济发展逐步走向高层次。

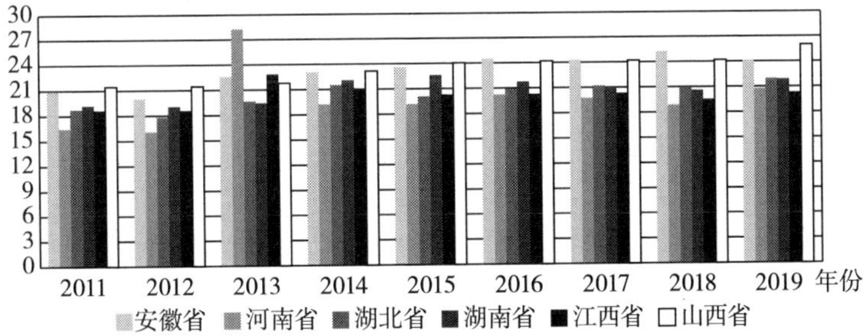

图 13－11　中部六省生产性服务业从业人数占服务业比重

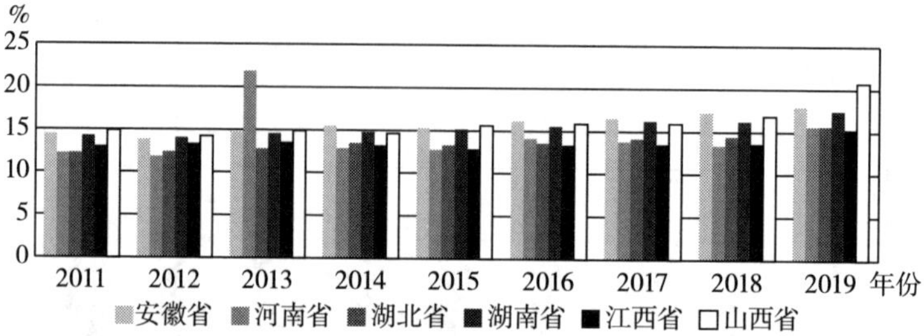

图 13－12　中部六省高端服务业从业人数占服务业比重

第十四章　中部地区服务业高质量发展整体评价与特征分析

第一节　中部地区服务业高质量发展整体评价

中部地区地理位置独特，连接南北、承东启西，既可以承接东部地区的产业转移，又可以向西挖掘市场空间和发展腹地。从整体趋势上看，2011—2019年中部地区服务业高质量发展的各维度指标数据都有不同程度的上升。虽然中部地区在服务业发展方面有所成效，但从总体上看还存在发展质量较低、发展层次较低、竞争力不强、创新能力不足等问题，服务业质量还存在较大的发展空间。

“十三五”期间中部六省快速发展，2019年，在四大区域板块中增速继续居首，有力地支撑了全国经济发展。《中共中央　国务院关于新时代推动中部地区高质量发展的意见》的发布，标志着中部地区迎来了新一轮发展的重大机遇，立足新的发展阶段，构建新的发展格局，推动中部地区服务业高质量发展大有可为。

图14－1和图14－2分别列示了全国和分地区服务业高质量发展指数与各二级指标的年平均数。下面对中部地区与其他地区的服务业发展状况进行对比分析。

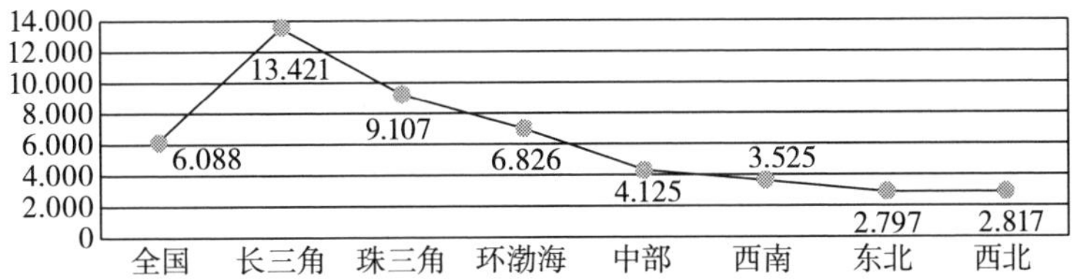

图14－1　全国和分地区服务业高质量发展指数

从全国年均服务业高质量发展指数与中部地区指数的对比分析来看，中部地区在2011年至2019年间的年均服务业高质量发展指数要低于全国平均水平。由于中部、西南、东北、西北等地区深处内陆，不似长三角、珠三角等地区有沿海优势，服务业发展所需的知识、人才、科技等资源的引进速度较为缓慢，服务业集聚难度要远高于沿海省份，这就造成内陆服务业发展质量较低而沿海服务业发展质量颇高的不平衡局面。全国服务业高质量发展的平均水平被沿海地区第三产业蓬勃发展的高效成果迅速拔高，中部等内陆地区的年均服务业高质量发展指数明显低于全国平均水准。

将服务业高质量发展指数分解为5个二级指标对全国各地区进行对比分析，在产业规模方面，长三角、珠三角、环渤海凭借优越的地理位置和发达的经济体系，在全国各地区中处于领先地位，且远超国内平均水平。中部地区的第三产业规模虽不似沿海地区发展那么迅速，但相较于其他内陆地区也较高，逼近全国产业规模指数的平均水平。在产业结构方面，全国各地区相差不大，服务业内部结构质量较为均衡。中部等内陆地区的服务业结构发展态势良好，长三角、珠三角地区仍旧保持全国领先水平。在产业创新方面，中部、西北、东北、西南等内陆地区与长三角、珠三角、环渤海等沿海地区存在显著差异，沿海地区在2011年至2019年的第三产业创新发展效果是中部等地区的2～7倍。长三角等地区凭借优越的交通地理条件、丰富的产业资源优势，使高素质劳动力集聚，新业态新模式的出现不断推动第三产业向高质量高层次方向深化发展。内陆地区劳动力出现的“外流”现象为长三角等地区提供了经济发展、产业升级不可或缺的人才。在产业环境方面，我国各地区发展趋势大体一致，长三角和珠三角地区的年均产业环境指数已逼近50，而其余地区的年均产业环境指数均小于全国平均水平。在产业协同方面，我国各地区服务业与制造业协同发展程度相差无几，中部地区由于河南等省份实行高端服务业与高端制造业的融合发展，相较于其他内陆城市更胜一筹，甚至已然超过全国平均水平。

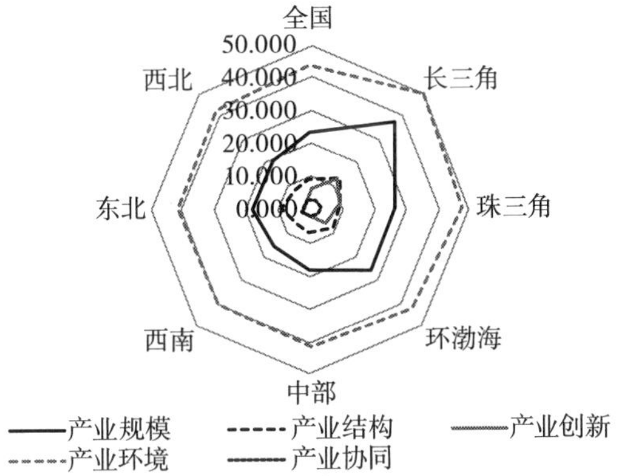

图 14－2 全国和分地区服务业高质量发展指数二级指标

第二节 中部地区服务业高质量发展指数时间特征分析

图 14－3 至图 14－8 展示了中部地区服务业高质量发展各维度指标数据 2011—2019 年的变化趋势，下面对中部地区服务业高质量发展水平的时间特征进行分析。

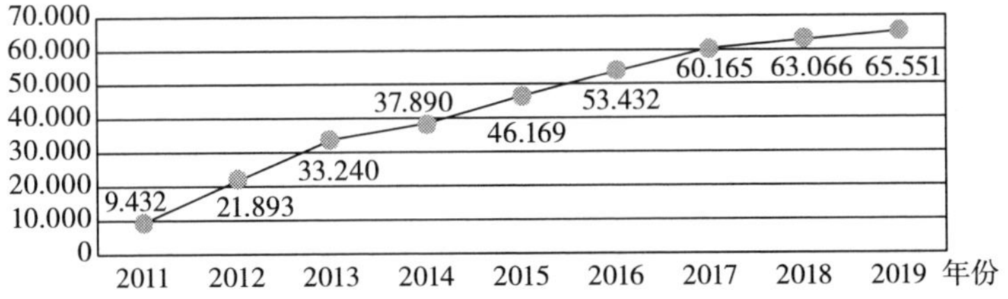

图 14－3 中部地区 2011—2019 年产业环境指数变化趋势

如图 14－3 所示，从总体趋势来看，2011—2019 年中部地区的产业环境指数不断提升。分析原因，主要包括以下几个方面：我国中部地区经济发展相对滞后，服务业发展水平较低，自 2006 年我国提出中部崛起战略以来，中部六省进入快速发展阶段，随着市场经济的发展，中部地区的信用机制不断完善，市场经济机制不断健全，服务业失信企业数量逐渐减少；在经济发展过程中一些阻碍中部地区服务业产业发展的因素被消除，市场监督管理水平不断提高，企业管理逐渐规范；近年来数字普惠金融的迅速发展优化了区域的金融服务环境，也为中部地区服务业高质量发展营造了优良环境。但由于中部地区服务业发展起步较晚，发展潜力仍需挖掘，发展环境水平仍需提高。

中部地区服务业环境指数变化可以分为三个阶段：2011—2013 年服务业产业环境指数快速上升，2011 年产业环境指数为 9.432，2013 年为 33.240，年均上升幅度超过 10。2008 年国际金融危机后我国开始改变经济发展方式，重视开发国内市场，这一时期我国市场经济快速增长的同时伴随着各种市场问题的出现，为适应经济快速发展，市场经营环境不断完善，从而使得这一时期中部地区服务业上升速度较快。2014—2017 年中部地区服务业产业环境指数平稳上升，2014 年中部地区产业环境指数为 37.890，2017 年上升至 60.165，总体上升幅度较大，但年度变化幅度较第一阶段有所下降。这一时期，我国经济发展水平稳步上升，中部地区服务业产业发展环境也不断完善。2017 年之后中部地区服务业产业环境指数缓慢上升，增长幅度较小。这一阶段我国经济增长速度放缓，党的十九大报告提出我国已转向高质量发展阶段，中部地区服务业产业发展环境经过前两个阶段已经形成了一定的基础，在新的阶段依旧保持缓慢增势。

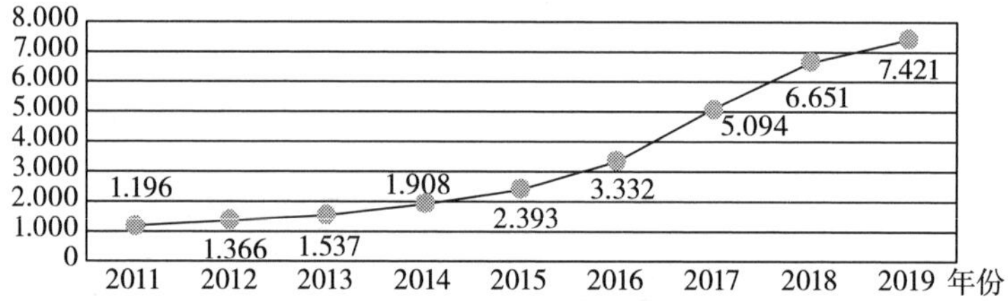

图 14－4　中部地区 2011—2019 年产业创新指数变化趋势

如图 14－4 所示，从产业创新指数来看，中部地区服务业产业创新起点低，2011 年服务业产业创新指数仅为 1.196，2019 年为 7.421，产业创新指数虽有提高，但上升幅度不大。从总体趋势上看，2011—2019 年服务业产业创新指数呈现缓慢上升趋势，且年度之间的指数变化不明显，说明中部地区整体服务业创新能力低。中部地区作为欠发达地区，现代服务业发展滞后，城市化水平低，城市综合能力不强；且中部地区科技产出水平和科技成果产业化水平都远低于东部地区，服务业发展相对粗放，技术效率低下；此外，东部沿海地区的快速发展所产生的强大极化效应，使科技成果、资金、人力资本等资源大量流入东部地区，中部地区出现严重的资源短缺，后续发展力量明显不足。这些因素都制约了中部地区服务业创新水平的提高。

中部地区服务业创新指数变化可分为两个阶段：2011—2015 年中部地区

产业创新指数增长极为缓慢，增长幅度仅为 1.197。这一阶段，投资是驱动经济增长和产业发展的主因，导致服务业创新乏力、产业失衡，使服务业发展质量上升缓慢。2016—2019 年中部地区产业创新指数上升速度相对加快，服务业创新能力得到提高。2015 年我国提出供给侧结构性改革，发展现代服务业，提高供给体系质量，提倡产业高质量发展，强调技术投入和人才培养，使得中部地区在此阶段服务业创新指数有所上升。

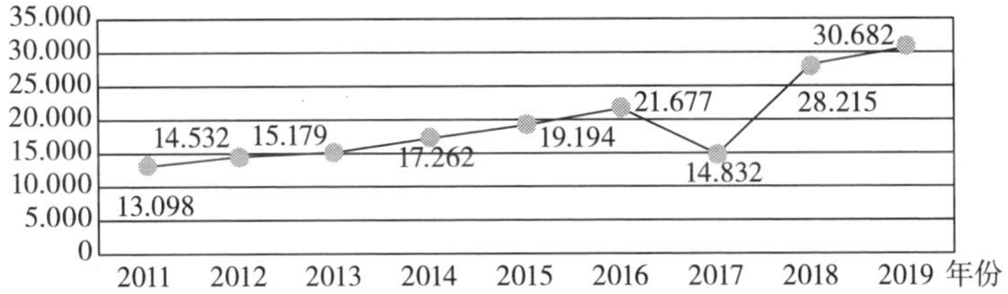

图 14－5　中部地区 2011—2019 年产业规模指数变化趋势

如图 14－5 所示，从产业规模指数上看，2011—2019 年中部地区产业规模指数总体趋势是上升的，但在 2017 年有一个较大水平的下降。2011 年中部地区服务业规模指数为 13.098，2019 年为 30.682，上升幅度达到 17.584，年均增长幅度在 2 左右。中部地区服务业规模在 2011—2019 年逐步扩大，三次产业结构不断完善，第三产业在国民经济中的地位越来越重要。但需要注意的是，中部地区的产业规模指数仍有很大的上升空间。中部地区经济发展的同时服务业也在不断成长，但由于中部地区服务业发展条件较差，经济增长速度相对较慢，制约了人民收入的增长的同时也导致服务业发展较慢，服务业整体规模不大。2017 年中部地区受自然灾害影响较严重，湖南省因灾倒损房屋数量和直接经济损失为 2012 年以来最高值，这可能是 2017 年中部地区服务业规模有一个较大程度下降的原因。

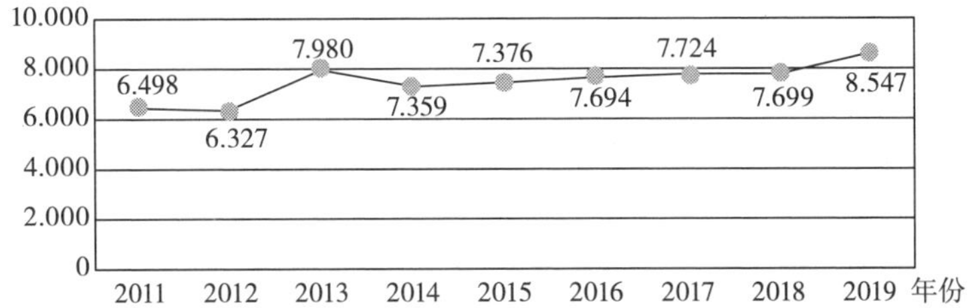

图 14－6　中部地区 2011—2019 年产业结构指数变化趋势

如图 14－6 所示，从产业结构指数来看，2011—2019 年中部地区产业结构指数总体趋势是在波动中逐步提升，2011 年中部地区产业结构指数为 6.498，2019 年为 8.547，上升幅度较小。由于中部地区是欠发达地区，生产性服务业、高端服务业在产业结构中占比较低，存在科技落后、人才短缺等短板，服务业缺乏升级动力源，导致中部地区服务业结构指数长期较低。观察中部地区服务业结构指数的变化趋势发现，2013 年产业结构指数有一个较大的上升，上升幅度为 1.653。2012 年中国经济进入“三期叠加”的新常态，加快推进经济结构战略性调整，产业结构从制造业为主向服务业为主转变，可能是 2013 年中部地区服务业结构指数有一个较大提升的原因。

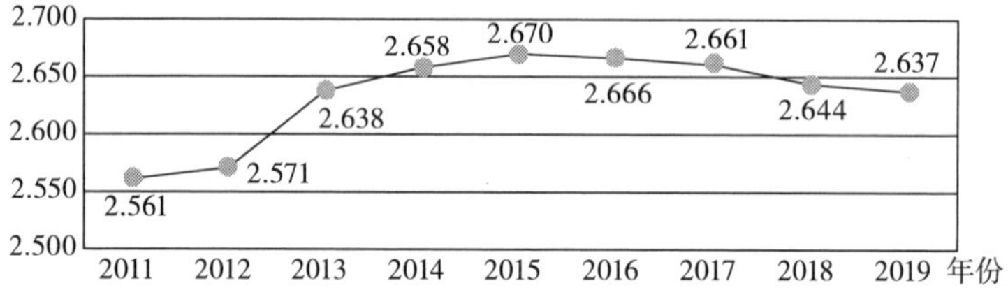

图 14 -7　中部地区 2011—2019 年产业协同指数变化趋势

如图 14 -7 所示，从产业协同指数来看，2011—2019 年中部地区产业协同指数总体趋势是先不断上升后缓慢下降，指数最高达 2.670。2011 年产业协同指数为 2.561，2019 年产业协同指数为 2.637，上升幅度为 0.076，表明中部地区服务业协同指数整体较低，变化幅度不大。由于中部地区服务业与制造业协同发展耦合程度不高、政策扶持不到位、协同联动不够、发展生态不优等瓶颈制约，地区产业协同发展较慢。其变化可以分为两个阶段：2011—2015 年中部地区产业协同指数不断上升，2015 年之后开始缓慢下降，指数年度变化不明显。由于中部地区生产性服务行业发展落后，经济基础条件较差，服务业转型缺乏技术和资源的支撑，使得地区产业协同发展缓慢，后期动力不足。

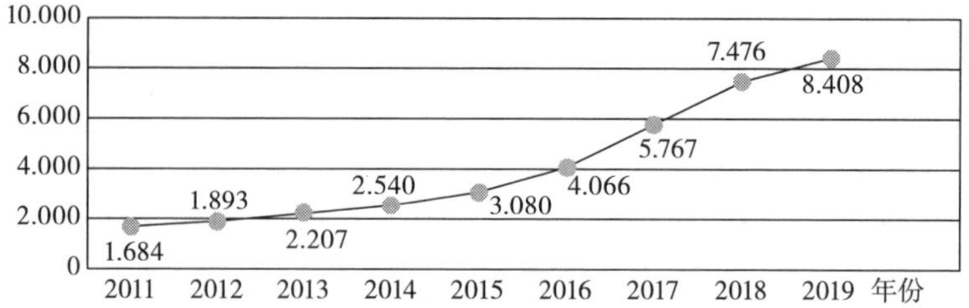

图 14 -8　中部地区 2011—2019 年服务业高质量发展指数变化趋势

如图 14 -8 所示，从高质量发展指数来看，2011—2019 年中部地区服务业高质量发展指数总体趋势是不断上升的，2011 年为 1.684，到 2019 年上升为 8.408，上升幅度为 6.724。可知中部地区服务业高质量发展基础较差，且服务业发展质量提升较为缓慢。其变化可分为两个阶段：2011—2015 年中部地区服务业高质量发展经历了相对平缓的增长时期，2015—2019 年进入稳步上升阶段。2012 年以后中国经济进入了新常态，随着对新常态的逐渐适应以及供给侧结构性改革的推进和深化，中部地区开始大力发展服务经济，并把结构优化、质效提升作为产业发展的主攻方向；2015 年以后六省服务业发展质量提高相对加快；2017 年习近平总书记指出我国已进入高质量发展阶段，提出要使创新成为经济增长的动力，这可能是 2015 年之后中部地区服务业高质量发展指数增长较快的原因。总的来看，中部六省服务业质量虽有发展但仍处于低水平阶段。

第三节　中部地区服务业高质量发展指数空间特征分析

一、中部六省服务业高质量发展各维度水平分析

选取 2011—2019 年服务业高质量发展各维度指数，进一步剖析中部地区服务业高质量发展的空间演化特征，如表 14 - 1 所示。

表 14 - 1　中部六省服务业高质量发展各维度指标数据和排名

省份	2011 年	排名	2013 年	排名	2015 年	排名	2017 年	排名	2019 年	排名
高质量发展指数										
安徽省	2.125	1	3.095	1	5.575	1	13.128	1	17.459	1
河南省	1.586	4	2.266	3	2.562	4	4.339	4	6.906	3
湖北省	1.800	2	2.279	2	3.156	2	5.571	2	8.517	2
湖南省	1.614	3	2.083	4	2.849	3	5.020	3	6.625	4
江西省	1.502	5	1.666	6	2.067	6	3.415	5	5.948	5
山西省	1.479	6	1.855	5	2.270	5	3.129	6	4.995	6
产业规模										
安徽省	13.183	4	14.411	4	19.547	3	15.655	3	34.847	1
河南省	10.753	6	12.559	6	17.493	5	11.575	6	29.783	4
湖北省	13.314	3	14.729	3	17.660	4	13.940	5	29.625	5
湖南省	14.917	1	18.198	1	22.864	1	17.607	1	34.705	2

续表

省份	2011 年	排名	2013 年	排名	2015 年	排名	2017 年	排名	2019 年	排名
江西省	13.897	2	17.044	2	20.381	2	15.863	2	32.936	3
山西省	12.523	5	14.134	5	17.216	6	14.351	4	22.196	6
产业结构										
安徽省	7.265	2	7.738	1	8.282	2	8.886	1	9.216	2
河南省	5.277	6	6.049	6	6.179	6	6.717	6	7.578	5
湖北省	5.956	5	6.310	5	6.633	4	7.262	4	7.880	4
湖南省	6.705	3	6.912	4	8.082	3	7.959	3	8.526	3
江西省	6.175	4	7.541	3	6.572	5	6.804	5	7.364	6
山西省	7.607	1	7.697	2	8.510	1	8.713	2	10.717	1
产业环境										
安徽省	10.033	1	34.148	2	47.674	1	58.011	6	66.434	3
河南省	8.491	6	31.779	6	45.543	5	62.174	2	67.446	2
湖北省	9.875	3	34.793	1	47.580	2	62.324	1	67.699	1
湖南省	8.800	5	32.423	5	44.345	6	58.090	5	62.609	6
江西省	9.486	4	33.705	3	45.891	4	59.775	4	64.656	4
山西省	9.904	2	32.594	4	45.981	3	60.614	3	64.464	5
产业创新										
安徽省	1.833	1	2.813	1	5.339	1	13.051	1	17.394	1
河南省	1.316	3	1.523	4	2.145	4	4.020	4	6.515	3
湖北省	1.494	2	1.912	2	2.780	2	5.357	2	8.270	2
湖南省	1.208	5	1.620	3	2.306	3	4.705	3	6.220	4
江西省	1.220	4	1.213	5	1.606	5	3.155	5	5.677	5
山西省	0.104	6	0.142	6	0.180	6	0.273	6	0.453	6
产业协同										
安徽省	2.455	5	2.619	4	2.657	4	2.642	4	2.707	4
河南省	2.586	3	2.725	3	2.833	3	2.877	3	2.793	3
湖北省	2.859	1	2.864	2	2.926	2	2.882	2	2.870	2
湖南省	2.575	4	2.528	5	2.521	5	2.469	5	2.415	5
江西省	2.688	2	2.936	1	2.936	1	2.941	1	2.905	1
山西省	2.204	6	2.155	6	2.146	6	2.153	6	2.136	6

从服务业高质量发展指数看，中部六省服务业高质量发展水平存在一定的空间差异。安徽省服务业质量发展水平稳居中部地区领先地位，2019 年

安徽省在全省范围内组织开展“三比一增”专项行动，掀起“比创新、比创业、比创造”的热潮，有力地促进了其服务业发展质量的提升，高质量发展指数增长至17.459。湖北省紧随其后，历年来服务业高质量发展指数位于中部地区的第二位。未来，两省将在我国中部地区服务业高质量发展的过程中继续发挥引领作用。河南省和湖南省服务业发展水平交错提升，服务业高质量发展指数在中部六省中处于中间水平。江西省由于龙头企业偏少、中高端人才缺乏、创新能力相对薄弱，服务业发展质量提升缓慢；山西省作为资源型省份，多年发展积淀的结构刚性和发展定式，尤其是协调和开放两方面的短板，极大地制约了服务业高质量发展水平的提升。这两省服务业发展质量较差，排名交替位于中部地区的末尾。

从产业规模来看，中部六省在2011—2019年产业规模指数都有所上升，湖南、江西两省历年来产业规模指数在中部六省排名中一直都居于前列，服务业规模相对增长较快，2019年规模指数分别达到34.705、32.936。自安徽省2014年加入长三角城市群以来，经济得到快速发展，为服务业发展提供了极大动力，其产业规模指数排名不断上升，在2019年超越湖南、江西两省排名第一。湖北省产业规模指数虽然不断上涨，但排名却不断下降，说明其服务业发展速度相比安徽、湖南、江西三省较低，服务业发展缺乏动力。河南省和山西省服务业发展基础薄弱，发展条件差，服务业规模较小，产业规模指数排名历年来长期交替处于末端位置。

从产业结构来看，中部六省产业结构高级化水平存在空间差异，但2011—2019年都有所提升。其中安徽省和山西省的产业结构指数历年来都交替处于中部六省的排名前列，山西省2017年产业结构指数为8.713，2019年为10.717，超越安徽居于第一，其作为资源大省，在我国开始提出高质量发展以来转变发展方式，深化改革，促进资源型经济转型取得成效。湖南、湖北两省产业结构排名在中部地区历年来处于中等水平，变化不大。其产业结构高级化水平较低，河南省作为农业大省，人口密集，人均收入较低，缺乏高端服务业、生产性服务业的发展环境，产业结构指数长期处于排名的末尾。江西省2011—2019年产业结构指数排名不断下降，产业结构高级化发展在中部六省中最慢，服务业发展乏力，后劲不足。

从产业环境来看，2011—2019年中部六省产业环境指数排名变化较频繁，服务业发展环境都有较大的改善，2019年中部六省产业环境指数大体相同，略有差异。安徽省2011年、2013年、2015年排名都在前列，但2017年之后下跌，服务业环境建设相对放缓。湖北省服务业发展环境水平在中部地区相对较好，排名始终靠前，引领中部地区服务业环境建设，企业信用、市场经济法治建设、数字普惠金融建设较好。江西、山西两省产业环境水平相当，排名在中部六省中相对居中。湖南省排名历年都靠近末尾，产业环境建设速度在中部六省中最慢。河南省在2011—2019年产业环境指数排名不断上升，由第六位上升至第二位，进入新常态后积极推动产业转型，多举措推动服务业建设，引入人才，服务业人均专利授权数、数字普惠金融指数明显增加，服务业营商环境得到极大改善。

从产业创新来看，2019年中部六省服务业创新指数分布从最高的17.394（安徽省）到最低的0.453（山西省），可见中部地区服务业创新水平的空间差异较大。安徽省服务业创新水平在中部地区占绝对优势，这主要得益于安徽省的创新要素（人员、经费）投入、创新经济效益均处于领先地位；除安徽省外，湖北省服务业创新能力也较强，2019年湖北省创新指数为8.270；河南、湖南、江西三省服务业创新能力相当，排名位于中间；山西省服务业创新能力在中部地区最差，其服务业人均专利授权数、人均发明专利授权数、企业人均软件著作权数量指标均落后于中部其他省份。

从产业协同来看，中部地区产业协同指数空间差异较小，江西省最高，湖北省紧随其后，两省历年排名基本居于第一名和第二名的位置，2019年两省产业协同指数分别为2.905、2.870。山西省最低，长期处于排名末端，2019年产业协同指数为2.136，其作为传统的能源大省，经济发展曾长期以煤炭产业为主，转型困难，服务业与制造业协同发展状况在中部地区最差。安徽、河南两省产业协同发展水平一般，但略好于湖南省，2019年三省产业协同指数分别为2.707、2.793、2.415，三省服务业与制造业协同发展仍需加强。

二、中部六省内部地级市服务业高质量发展各维度水平分析

现选取2011年和2019年六省地级市服务业高质量发展各维度的排名，通过表14-2至表14-7分析中部六省内部地级市服务业高质量发展的时空演化特征。

表 14－2　2011 年和 2019 年安徽省地级市服务业高质量发展各维度排名

城市	高质量发展指数		产业规模		产业结构		产业协同		产业环境		产业创新	
	2011年	2019年	2011年	2019年	2011年	2019年	2011年	2019年	2011年	2019年	2011年	2019年
安庆市	13	8	9	10	12	10	11	4	12	5	13	8
蚌埠市	5	5	7	5	4	8	6	10	7	3	5	5
亳州市	10	12	12	13	14	15	9	6	16	16	7	12
池州市	8	6	5	12	6	3	10	7	8	9	9	6
滁州市	12	7	11	4	11	9	7	2	11	11	12	7
阜阳市	14	11	13	14	10	11	13	11	13	14	14	11
合肥市	1	1	3	3	2	1	4	12	1	1	1	1
淮北市	6	9	8	6	7	4	15	14	10	13	6	9
淮南市	7	14	14	15	1	7	16	16	9	8	10	14
黄山市	9	15	6	11	9	14	12	13	3	7	11	15
六安市	15	16	16	16	15	16	5	9	15	12	16	16
马鞍山市	4	3	1	2	3	2	2	8	4	4	4	3
铜陵市	3	4	2	9	8	6	3	5	2	6	3	4
芜湖市	2	2	4	1	5	5	1	3	5	2	2	2
宿州市	11	13	10	8	13	12	14	15	14	15	8	13
宣城市	16	10	15	7	16	13	8	1	6	10	15	10

如图 14－2 所示，从服务业高质量发展指数来看，合肥市作为安徽的省会城市，是安徽省的经济、政治中心，地理位置优越，靠近长三角城市群，经济发展水平、城镇化率在省内都居于首位，吸纳安徽其他城市的人才、资源，服务业高质量发展水平始终在省内排名第一；其次是芜湖市，2011 年和 2019 年服务业高质量发展指数排名都是第二，是安徽境内最大的港口城市，经济发展迅速，在安徽非省会城市中芜湖高校数量最多，为服务业高质量发展提供人才支撑；宣城、滁州、安庆三市在 2011 年到 2019 年排名有所上升，服务业质量提升较大；淮南、黄山两市排名下降较多，服务业发展质量相对较差；六安市缺乏带动经济发展的主导产业，经济发展水平在省内较差，限制地区服务业发展质量的提升，服务业高质量排名长期处于末端。

从产业规模来看，合肥市 2011 年和 2019 年都排名第三，马鞍山市 2011 年排名第一，2019 年排名第二，芜湖市 2011 年排名第四，2019 年排名第一，三市引领安徽省服务业发展；亳州、阜阳、淮南、六安四市第三产业规模较小，排名在省内靠后；池州、黄山、铜陵服务业规模排名下降较大，相对于其他市服务业发展相对较缓；滁州市、宣城市排名上升较多，滁州市抓住长三角一体化机遇实现了服务业的快速发展。

从产业结构来看，2019 年安徽省内产业结构指数排名前三的分别是合肥、马鞍山和池州，生产性服务业、高端服务业人数在省内相对较多；淮南市排名下降幅度最大，下降了 6 个排名，地区对服务业高端人才缺乏吸引力；六安市产业结构高级化水平较低，2011 年和 2019 年排名都处于末端；其他地级市产业结构排名虽有波动，但差异不大。

从产业协同上来看，宣城、滁州、芜湖服务业和制造业协同发展情况较好；淮南市最差，2011 年和 2019 年都排末尾，其发展依靠煤炭资源，服务业和工业发展长期失调；安庆、宣城排名上升最多；合肥市排名下降幅度最大，制造业与服务业协同发展相对较慢。

从产业环境来看，合肥市作为省会，普惠金融发展、法律制度建设比较完善，营商环境相对较好，产业环境指数排名第一；亳州市产业环境指数 2011 年、2019 年都排名最后，服务业总体发展水平较低，发展动力不足，产业环境建设有待提高；排名上升最多的是安庆市，说明安庆市服务业发展环境相对好转；宣城、铜陵排名下降相对较多，服务业环境建设在省内相对较慢。

从产业创新来看，安徽省内部地级市之间产业创新指数排名波动较大，合肥创新水平在安徽占据绝对优势，依靠其在省内的独特地位吸纳人才，鼓励企业科技创新；六安市创新水平最差，长期处于末端；亳州、淮南、宿州排名下降幅度较大；安庆、滁州、宣城上升幅度较大。安徽省内产业创新水平发展不均衡。

表 14－3　2011 年和 2019 年河南省地级市服务业高质量发展各维度排名

城市	高质量发展指数		产业规模		产业结构		产业协同		产业环境		产业创新	
	2011年	2019年	2011年	2019年	2011年	2019年	2011年	2019年	2011年	2019年	2011年	2019年
安阳市	6	9	3	9	6	13	11	16	7	14	6	9
鹤壁市	12	8	14	13	13	2	12	9	6	15	10	8
焦作市	7	6	5	3	4	11	6	3	3	2	8	6
开封市	14	11	9	7	15	14	8	6	14	4	14	10
洛阳市	2	2	2	1	1	6	4	4	2	3	2	2
漯河市	11	10	17	4	9	5	1	1	10	12	9	11
南阳市	10	12	10	10	8	10	7	10	13	13	12	12

续表

城市	高质量发展指数		产业规模		产业结构		产业协同		产业环境		产业创新	
	2011年	2019年	2011年	2019年	2011年	2019年	2011年	2019年	2011年	2019年	2011年	2019年
平顶山市	8	5	8	11	7	9	9	14	12	11	7	5
濮阳市	5	7	15	12	2	3	17	17	11	8	5	7
三门峡市	9	13	6	6	5	7	15	11	4	6	11	14
商丘市	15	14	13	17	17	12	16	7	15	16	13	13
新乡市	3	4	7	5	11	17	2	13	5	5	3	4
信阳市	13	15	11	14	10	15	14	15	8	10	15	15
许昌市	4	3	4	8	16	8	3	2	9	9	4	3
郑州市	1	1	1	2	3	1	5	8	1	1	1	1
周口市	17	17	16	15	14	16	13	5	17	17	17	17
驻马店市	16	16	12	16	12	4	10	12	16	7	16	16

如表 14－3 所示，从服务业高质量发展指数来看，郑州市作为河南的省会城市在服务业发展提升中具有绝对优势；周口市、驻马店市、信阳市服务业发展较差，2019 年排名后三位；服务业质量提升相对较快的城市有鹤壁市、平顶山市；新乡市、洛阳市、许昌市是河南服务业质量提升的中坚力量，长期排名靠前。

从产业规模来看，河南省内部地级市服务业发展规模相对变化较小，郑州、洛阳两市排名交替居于首位，第三产业规模较大；2019 年服务业规模最小的是商丘市，作为河南省粮食的主产区，受农业耕地红线的约束，服务业发展受限；安阳市服务业发展相对较慢，排名从第三位下降到第九位；而漯河市的排名则上升最多，由第十七位上升至第四位。

从产业结构来看，省内地级市排名变动较大，郑州市产业结构高级化发展水平较好，排名从第三位上升到第一位；鹤壁市、驻马店市、许昌市服务业结构优化，排名分别提高了 11 位、8 位和 8 位；产业结构高级化发展比较差的地级市有新乡、信阳、周口、开封，指数排名长期靠后。

从产业协同来看，漯河市作为中原经济区重要的现代商贸物流中心，产业协同指数在 2011 年和 2019 年都排第一；许昌、洛阳、焦作三市排名相对靠前，是促进河南省服务业高质量发展的中坚力量；商丘、周口两市服务业与制造业协同发展相对较快，排名上升幅度较大；信阳市、濮阳市服务业与制造业协同水平较差，排名处于末尾；新乡市产业协同指数排名下降幅度最大，服务业发展后期乏力。

从产业环境看，省内多数地级市环境指数2011年和2019年波动不大，各地级市服务业环境建设速度差异较小，郑州市排名稳居第一，服务业发展环境最好；周口市排名最低，服务业发展条件最差；安阳市、鹤壁市排名下降幅度较大，产业环境建设相对较慢；开封市、驻马店市排名上升幅度最大，近年来服务业环境建设取得重大突破。

从产业创新来看，河南省内部地级市排名在2011年和2019年较稳定，略有变化，郑州市依旧居于第一，经济实力在省内相对雄厚，服务业创新要素活跃；周口市排名则处于末尾，服务业发展水平一直较低；洛阳市、许昌市、新乡市发展较稳定，排名始终靠前，服务业发展动力强劲。

表14－4　2011年和2019年湖北省地级市服务业高质量发展各维度排名

城市	高质量发展指数		产业规模		产业结构		产业协同		产业环境		产业创新	
	2011年	2019年	2011年	2019年	2011年	2019年	2011年	2019年	2011年	2019年	2011年	2019年
鄂州市	6	6	5	2	5	7	9	11	7	4	6	6
黄冈市	12	12	9	10	11	6	12	12	11	12	12	12
黄石市	3	3	3	4	4	11	11	9	5	5	3	3
荆门市	5	4	10	8	3	5	4	2	9	10	5	4
荆州市	7	11	8	5	8	9	10	4	3	9	8	11
十堰市	10	9	11	11	7	10	1	1	10	1	9	9
随州市	8	10	2	3	12	12	2	3	12	11	11	10
武汉市	1	1	1	1	1	1	7	10	1	2	1	1
咸宁市	11	8	7	7	10	4	5	8	4	7	10	8
襄阳市	4	7	4	9	6	3	3	5	6	6	4	7
孝感市	9	5	12	12	9	8	8	6	8	8	7	5
宜昌市	2	2	6	6	2	2	6	7	2	3	2	2

如表14－4所示，从服务业高质量发展指数来看，湖北省内部地级市2011年到2019年排名变化幅度较小，武汉、宜昌、黄石作为前三名领跑湖北服务业高质量发展；黄冈市排名最低，服务业发展质量最差；排名上升最多的是孝感市，其地理位置优越，是接受武汉外溢效应第一阵地；襄阳、荆州两市排名分别下降3位、4位，下降幅度最大，在服务业质量提升中相对落后于其他地级市。

从产业规模来看，地级市排名比较稳定，变化不大，武汉市作为省会依然领跑服务业发展；鄂州市服务业规模增加较大，从2011年的第五名上升到

2019 年的第二名；服务业规模排名下降最多的是襄阳市，服务业发展相对较慢，从 2011 年的第四名跌至 2019 年的第九名；排名靠后的是孝感市和十堰市，2011 年和 2019 年服务业规模指数皆排末尾。

从结构上来看，2011 年和 2019 年产业结构指数最高的都是武汉市；产业结构指数最低的都是随州市；宜昌市产业结构高级化水平较高，排名没有发生变化，居第二名；襄阳、孝感、黄冈、咸宁排名都有不同程度的上升，其中咸宁市上升幅度最大；鄂州、黄石、荆州、十堰排名有所下降，下降幅度最大的是黄石市。

从产业协同看，省内地级市排名略有波动，总体变化不大，产业协同发展最好的是十堰市；发展最差的是黄冈市，其服务业发展较差，经济增长主要依靠第一产业和第二产业；排名上升幅度最大的是荆州市，2011 年排名第十，2019 年排名第四；鄂州、咸宁、武汉排名下降幅度相对较大。

从产业环境来看，武汉市和宜昌市服务业发展环境较好，排名始终位于前列；上升幅度最大的是十堰市，从 2011 年的第十名上升至 2019 年的第一名，超越武汉市，说明十堰市的服务业发展环境得到极大改善；排名下降比较大的是荆州市，下降了 6 个排名。

从产业创新来看，武汉市依靠其独特的地理位置、强大的经济实力吸引人才，产业创新指数排名第一；黄冈市作为经济欠发达地区，服务业发展一直相对落后，是劳动力输出城市，产业创新指数排名 2011 年和 2019 年都是最后一位；其他地级市排名变化幅度不大，服务业创新发展速度相当。

表 14－5　2011 年和 2019 年湖南省地级市服务业高质量发展各维度排名

城市	高质量发展指数		产业规模		产业结构		产业协同		产业环境		产业创新	
	2011年	2019年	2011年	2019年	2011年	2019年	2011年	2019年	2011年	2019年	2011年	2019年
常德市	4	6	2	5	5	2	8	5	6	7	7	7
郴州市	8	7	7	8	13	8	10	9	4	6	8	6
衡阳市	9	5	8	3	8	10	7	10	7	5	10	5
怀化市	11	10	10	12	10	11	11	12	12	9	9	10
娄底市	10	9	12	10	12	4	4	4	9	11	6	9
邵阳市	12	12	13	9	7	9	12	11	10	13	11	12
湘潭市	2	3	5	6	4	5	5	6	2	3	2	3
益阳市	5	4	11	13	2	7	6	8	11	12	4	4
永州市	13	13	9	11	11	12	9	7	13	10	13	13

续表

城市	高质量发展指数		产业规模		产业结构		产业协同		产业环境		产业创新	
	2011年	2019年	2011年	2019年	2011年	2019年	2011年	2019年	2011年	2019年	2011年	2019年
岳阳市	6	8	6	4	6	6	2	3	5	4	5	8
张家界市	7	11	3	7	9	13	13	13	8	8	12	11
长沙市	1	1	1	1	1	1	1	2	1	1	1	1
株洲市	3	2	4	2	3	3	3	1	3	2	3	2

如表 14－5 所示，从服务业高质量发展指数来看，长沙市服务业质量提升水平独占鳌头；株洲市、湘潭市、益阳市离长沙较近，可以接受长沙的辐射带动作用，服务业高质量发展水平相对靠前；服务业高质量发展较差的城市包括张家界市、怀化市、邵阳市、娄底市、永州市，其中张家界市服务业高质量发展排名下降幅度最大，其主导产业是旅游业，服务业高质量发展缓慢。

从产业规模来看，地级市之间服务业发展速度差异较明显，长沙市、株洲市服务业发展状况较好；衡阳市、邵阳市服务业发展较快，其中衡阳市排名上升幅度最大；常德、永州、张家界服务业规模排名呈下降趋势。

从产业结构来看，长沙市、常德市、株洲市、娄底市服务业结构调整状况较好，其中娄底市产业结构指数排名上升幅度最大，上升了 8 个位次，生产性服务业人数、高端服务业人数比重增加较大；张家界、永州、怀化、衡阳四市则排名靠后，产业结构仍需优化。

从产业协同来看，长沙市、岳阳市、株洲市引领湖南省服务业与制造业协同发展；张家界市、邵阳市、怀化市、衡阳市、郴州市服务业与制造业协同发展水平较为落后，其中服务业协同发展最差的是张家界市，排名倒数第一。

从产业环境来看，长沙市、株洲市、湘潭市服务业发展条件较好，基础设施完善；邵阳市、益阳市、娄底市、永州市服务业环境指数排名长期靠后，服务业发展条件差；其他地区服务业环境指数从 2011 年到 2019 年位次变化不大，产业环境建设速度相对差异较小。

从产业创新来看，长沙市、株洲市、湘潭市、益阳市产业创新要素较为活跃，创新指数排名靠前；永州市、邵阳市、张家界市、怀化市服务业创新水平较差，科技产业少，经济基础差，排名长期靠后；衡阳市发展高科技产业，服务业创新水平发展加快，从 2011 年的第十位上升至 2019 年的第五位。

表 14－6　2011 年和 2019 年江西省地级市服务业高质量发展各维度排名

城市	高质量发展指数		产业规模		产业结构		产业协同		产业环境		产业创新	
	2011年	2019年	2011年	2019年	2011年	2019年	2011年	2019年	2011年	2019年	2011年	2019年
抚州市	11	11	10	11	10	9	8	11	9	9	11	11
赣州市	5	4	7	10	8	7	3	3	5	2	5	4
吉安市	10	10	9	9	7	11	11	1	11	11	10	9
景德镇市	9	9	6	3	3	6	4	2	2	4	9	10
九江市	6	7	5	2	4	4	5	5	4	3	8	7
南昌市	1	1	2	8	1	1	7	9	1	1	1	1
萍乡市	7	6	4	6	6	8	9	7	3	7	7	6
上饶市	8	5	8	7	11	5	10	10	10	8	6	5
新余市	3	2	1	1	5	3	1	8	8	5	3	2
宜春市	4	8	11	4	9	10	2	4	7	10	4	8
鹰潭市	2	3	3	5	2	2	6	6	6	6	2	3

如表 14－6 所示，从服务业高质量发展指数来看，江西省内部多数地级市排名变化较小，少数地级市排名有所波动，南昌市是江西省的省会，经济发展、基础设施建设、政策扶持、资源引进等方面都有绝对优势，服务业高质量发展指数在 2011 年和 2019 年都排第一；抚州市、吉安市、景德镇市排名靠后，抚州市 GDP 总量较低，经济发展落后，人才流失严重，服务业高质量发展指数排名居于末位；新余、鹰潭、赣州服务业高质量发展水平仅次于南昌市，新余市依托较为强劲的工业，城市建设走在江西省前列，服务业发展前景较好。

从产业规模来看，新余市第三产业发展强劲，产业规模指数在省内排名第一；南昌市第三产业规模提高速度相对较慢，逐渐被其他地级市超越，2019 年排名第八；景德镇市、九江市、宜春市排名都有所上升，其中宜春市服务业发展最快，是江西省突起速度较快的城市，交通发达，服务业规模排名从 2011 年的第十一位跃居 2019 年的第四位；抚州市服务业规模最小，服务业规模指数排名落后。

从产业结构来看，南昌市产业结构优化程度最高，始终排名第一；鹰潭、九江、新余产业结构调整状况较好，在省内排名靠前；吉安、抚州、宜春产业结构调整状况较差，吉安市以制造业和农业为主导产业，服务业主要以旅游业为主，高端服务业发展较慢，因此排名幅度下降较大；产业结构指数排名上升最快的是上饶市，作为“豫章第一门户”，服务业发展条件较好，近年来上饶市政府把优化产业结构、促进产业转型作为重要抓手，有效地促进了服务业的发展。

从产业协同上来看，吉安市服务业与制造业协同发展排名进步最大，上升了 10 个位次，2019 年排名跃居第一；南昌市产业协同发展情况相对一般；景德镇市、赣州市、宜春市制造业与服务业协同发展排名相对靠前；新余市则发展较慢，下降了 7 个位次；抚州市、上饶市产业协同指数较低，始终排名靠后。

从产业环境来看，南昌市服务业发展环境最好；吉安市服务业环境指数排名最低；赣州、新余排名都有所上升；其他地级市排名波动较小；抚州、宜春、上饶服务业发展环境较差，排名相对靠后；景德镇、九江则相对较好，排名稳定靠前。

从产业创新来看，江西省内部地级市服务业创新水平建设速度相当，2011 年和 2019 年排名差别较小，排名第一的仍是南昌市；排名最低位的是省内发展较为落后的抚州市；新余、鹰潭、赣州产业创新指数也相对靠前，是促进江西省服务业创新发展的重要动力源；吉安市、景德镇市服务业发展方式较为粗放，科技水平较低，排名落后；此外，宜春市是排名下降幅度最大的城市，创新发展速度相对较低。

表 14－7　2011 年和 2019 年山西省地级市服务业高质量发展各维度排名

城市	高质量发展指数		产业规模		产业结构		产业协同		产业环境		产业创新	
	2011年	2019年	2011年	2019年	2011年	2019年	2011年	2019年	2011年	2019年	2011年	2019年
大同市	8	8	5	3	5	4	7	7	2	5	8	8
晋城市	3	2	4	4	6	3	11	3	3	2	3	2
晋中市	5	5	6	8	2	5	6	6	5	4	6	5
临汾市	9	9	9	9	7	8	5	8	9	7	7	7
吕梁市	10	11	11	11	9	11	4	5	6	11	11	11
朔州市	6	7	1	1	8	9	9	11	11	9	9	9
太原市	1	1	2	2	1	1	2	2	1	1	1	1
忻州市	11	10	10	10	10	10	8	10	10	10	10	10
阳泉市	4	4	3	5	3	2	10	9	4	8	4	4
运城市	2	3	8	7	11	6	1	1	7	6	2	3
长治市	7	6	7	6	4	7	3	4	8	3	5	6

如表 14－7 所示，从服务业高质量发展指数来看，山西省内部地级市 2011 年和 2019 年排名较为固定，变动比较小，太原市作为山西的省会城市，2011 年和 2019 年服务业高质量发展指数都排名第一；运城、晋城、阳泉、晋中服务业发展质量较好，2011 年和 2019 年都排名前五；忻州市、吕梁市经济发展较差，人均收入低，服务业质量提升缺乏土壤，2011 年和 2019 年都排名倒数；其他地级市排名变动不大，发展速度相差不大。

从产业规模来看，多数地级市两个年份排名变化不大，朔州市产业规模排名第一；太原市排名第二；晋城、大同、阳泉排名在 2011 年和 2019 年都相对靠前，服务业发展相对较好；吕梁市、忻州市服务业规模排名在 2011 年和 2019 年都是最后两位，经济基础薄弱，服务业发展迟缓。

从产业结构来看，太原市作为省会城市，吸引省内各种资源集聚，高端服务业和生产性服务业发展较好，产业结构指数排名第一；吕梁市和忻州市排名靠后；运城市产业结构优化较快，2011 年到 2019 年排名上升了 5 位。

从产业协同来看，运城市产业协同发展情况最好；朔州市发展情况最差，排名倒数第一；晋城市服务业与制造业协同发展速度最快，排名从 2011 年的第十一位上升到 2019 年的第三位；临汾市产业协同排名下降幅度最大，从 2011 年的第五名下降到 2019 年的第八名。

从产业环境来看，太原市排名第一，服务业发展环境较好；晋城市、晋中市排名相对靠前；忻州市、朔州市排名靠近末端，服务业发展环境相对较差；服务业发展环境改善较大的是长治市，从 2011 年的第八位上升到 2019 年的第三位；服务业发展环境建设相对较慢的是大同市、阳泉市和吕梁市，吕梁市下降位次最多。

从产业创新来看，山西省内地级市 2011 年到 2019 年排名波动幅度微弱，地级市之间产业创新能力的提高差距不大，太原市始终居于产业创新指数排名首位；吕梁市则依旧排名靠后，科技、创新人才资源短缺；运城、晋城、阳泉服务业创新能力在省内相对靠前，是带动山西服务业高质量发展的重要力量。

第十五章　中部地区服务业高质量发展的问题分析

一、生产性服务业劳动力就业承载能力较低

中部地区地处内陆，劳动力外流严重。国家统计局数据显示，2020 年末中部地区人口为 36469. 43 万人，占全国总人口的 25. 83%。相较于 2019 年的 39693. 72 万人，中部劳动力出现外流现象。中部地区生产性服务业从业人数占服务业总人数的比重和高端服务业从业人数占服务业总人数的比重在 2011 年至 2019 年均处于低水平状态。就生产性服务业比重而言，2019 年中部地区城市生产性服务业比重只有 22. 519%，这意味着中部城市平均的生活性服务业和公共服务业比重达到 77. 481%，显然中部地区生产性服务业的劳动力承载能力较低。而高端服务业作为知识密集型的生产性服务业，主要涵盖科研信息等高技术行业，因此高端服务业将比生产性服务业对劳动力的就业承载能力更低。

二、省份之间服务业规模发展不均衡

中部地区 6 个省份在服务业发展规模上存在一定差异，尤其是在服务业增加值方面，有着较大差距。首先，作为第一梯队的河南省和安徽省在 2011 年至 2019 年一直处于领先地位，2019 年两个省份的服务业增加值均已突破百亿元大关。其次，湖北省和湖南省在服务业发展规模方面也有较大程度的改善，两省在 2019 年的第三产业产值均已达到 80 亿元，成为中部地区服务业规模层次的第二梯队。而江西省和山西省在中部地区所有省份中处于最末位置，两者服务业规模的发展速度相对于其他省份较为滞缓，截至 2019 年仍未到达 80 亿元。对中部地区 6 个省份的服务业增加值进行对比分析，发现在服务业发展规模上存在分梯队现象，各省份服务业规模仍然未实现均衡发展。

三、服务业发展质量远远落后于沿海地区

中部地区的服务业发展质量相较于长三角、珠三角、环渤海等沿海地区而言处于低水平状态，甚至还未超过全国平均水准。内陆地区和沿海地区在服务业发展规模、发展结构、发展创新、发展环境等方面均存在较大差异，沿海地区凭借优越的交通地理条件和丰富的产业资源优势，在第三产业高质量、高层次深化发展上处于绝对领先地位。中部地区由于外流的劳动力、不均衡的产业发展水平等潜在弱势，服务业的规模和质量在全国各地区处于尾端。

四、省内地级市之间服务业发展质量水平失衡

中部六省中，省会城市在服务业高质量发展各维度排名都有着绝对优势。省份内部地级市之间服务业高质量发展水平不均衡，省会城市往往由于其特殊的政治地位，在经济发展过程中会获得较多的政策支持，经济体量在省内相对较大，吸收省内其他城市的资源，虽然也会带动周边城市发展，但是其产生的极化效应远大于扩散效应，限制了省内其他城市的经济增长，非省会城市服务业质量提升缺乏坚实的经济支撑，服务业发展技术效率低下，粗放特征比较明显，主要以旅游业为主。

五、服务业高质量发展水平较低，服务业质量提升缺乏动力

中部地区服务业高质量发展水平低且提升缓慢。首先，当前中部六省还未形成质量优先占绝对主导的发展方式。总量的平稳提升是质量提升的基础，中部地区作为欠发达地区，服务业规模虽然近年来有所发展，但总体仍然偏小且水平较低，滞后于生产和居民生活的需要，服务业质量提升的基础较为薄弱。其次，产业协同、结构优化、产业创新、产业环境是服务业发展质量提升的主要驱动力，然而中部地区在各维度上都不存在优势。中部地区虽然人口数量较多，但经济发展滞后，人才流失严重，知识密集型产业无法得到发展，创新能力相对薄弱，主要依靠第二产业带动经济增长。河南和山西一个是农业大省，一个是资源大省，长期发展的路径依赖导致产业结构失衡，产业协同水平低，极大地制约了服务业高质量发展水平的提升。

第六篇

西南地区城市服务业高质量发展评价

地域辽阔、民族众多、地形复杂的西南地区是中国传统的地理分区之一，东邻中南地区，北依西北地区，包括云南省、贵州省、重庆市、四川省、广西壮族自治区和西藏自治区的东南部地区，总面积达250万平方千米，占中国陆地面积的24.5%。此外，西南地区向南直通东南亚、西靠中亚，具有沿海沿江沿边的地缘区位优势，也同时拥有丰富的劳动力和文化资源。

实施西部大开发之前，西南地区整体发展较慢，与全国各地区差距较大，西南地区人均GDP相当于全国水平的62.9%。得益于国家西部大开发战略的实施，西南地区经济快速增长，超过了全国平均增长速度，正在实现整体崛起，全国发展差距拉大的状况得到根本扭转；西南地区各省市间的发展也更加均衡。

目前，西南地区有重庆、成都两座特大城市迅速跻身于中国新一线城市行列，长期处于非常落后状态的贵州、云南、西藏也实现了超常规发展。贵州连续8年经济增速处于全国前3位，其中3年居全国第1位；西藏近年来经济也处于高速增长状态，2018年与贵州并列全国经济增速第一位；云南连续几年经济增速位居前列，2019年上半年超越贵州，列全国第1位。

西南地区一直遵循着“重点发展两个一级经济带和四个二级经济带”的思路，并因地制宜地提出了以中心城市作为西南经济开发的重要支撑和建设两大都市经济区及三个城市群的战略。2016年，国家发展改革委、住房和城乡建设部联合印发的《成渝城市群发展规划》明确，要将成渝城市群建设成经济充满活力、生活品质优良、生态环境优美的国家级城市群，并要求在2030年实现世界级城市群的历史性跨越。

第十六章　西南地区城市服务业发展现状

第一节　西南地区城市服务业总体规模分析

“十三五”期间，西南地区各省份服务业持续增长并保持了较高的增速，新兴制造业和服务业的发展助力西南地区充分应对国内外风险和挑战，推动经济社会稳步发展。从西南地区城市服务业总体规模上看，2019 年西南地区第三产业产值为 282.65 亿元，与 2011 年相比增加了 20.93% （见图 16－1、表 16－1）。2012—2019 年逐年相比，西南地区第三产业增速分别为 2.51%、2.20%、2.61%、2.10%、2.12%、－8.19%、13.64%、3.42%，年均增长率为 2.55%。2012—2016 年以及 2019 年西南地区第三产业规模发展平缓，保持了 2%～4% 的增长率，但在 2017—2018 年，西南地区出现了一个幅度明显的波动，2017 年西南地区各省的第三产业增加值都有一定程度的骤降，可以看出当年受到了某种外部冲击。总体而言，服务业作为西南地区经济发展持续的动力所在，助力西南地区经济发展总体步入中等收入阶段。

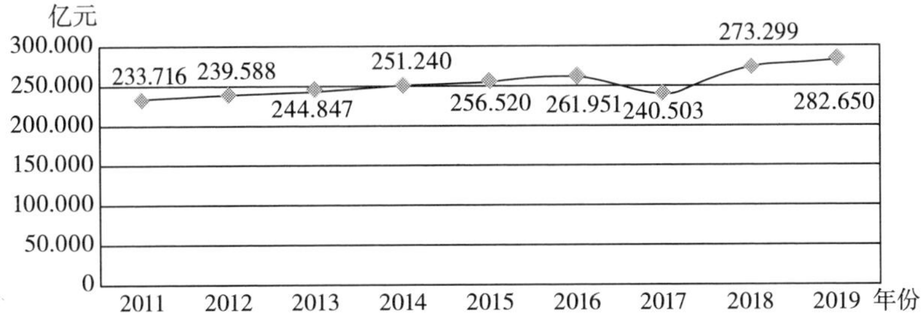

图 16－1　西南地区第三产业产值

资料来源：根据国家统计局网站数据整理而得。

表 16-1　西南地区第三产业产值　　单位：亿元

地区	2011 年	2012 年	2013 年	2014 年	2015 年	2016 年	2017 年	2018 年	2019 年
西南地区	233. 716	239. 588	244. 847	251. 240	256. 520	261. 951	240. 503	273. 299	282. 650
四川省	97. 748	99. 994	102. 243	104. 612	106. 664	109. 326	101. 955	114. 930	119. 597
贵州省	22. 922	23. 736	24. 598	25. 397	26. 038	26. 509	24. 627	27. 330	27. 499
广西壮族自治区	76. 109	77. 799	78. 996	81. 482	82. 836	84. 273	77. 022	87. 827	89. 637
云南省	36. 936	38. 060	39. 010	39. 749	40. 983	41. 843	36. 900	43. 211	45. 917
重庆市	8. 196	8. 411	8. 567	8. 806	8. 922	9. 052	9. 166	9. 274	9. 438
成都市	8. 127	8. 301	8. 428	8. 555	8. 649	8. 774	8. 701	9. 025	9. 320
自贡市	5. 410	5. 510	5. 651	5. 757	5. 863	5. 964	5. 881	6. 401	6. 484
攀枝花市	4. 903	5. 036	5. 175	5. 325	5. 455	5. 584	5. 644	6. 001	5. 910
泸州市	5. 451	5. 575	5. 709	5. 834	5. 940	6. 062	5. 714	6. 434	6. 737
德阳市	5. 629	5. 758	5. 897	6. 022	6. 204	6. 376	5. 658	6. 803	6. 822
绵阳市	5. 925	6. 045	6. 152	6. 269	6. 367	6. 515	6. 294	6. 979	7. 247
广元市	4. 946	5. 060	5. 170	5. 305	5. 399	5. 510	4. 928	5. 788	5. 992
遂宁市	5. 037	5. 158	5. 291	5. 403	5. 564	5. 786	5. 262	6. 197	6. 303
内江市	5. 204	5. 327	5. 450	5. 577	5. 672	5. 865	6. 368	5. 301	6. 557
乐山市	5. 469	5. 603	5. 724	5. 867	5. 973	6. 201	5. 720	6. 591	6. 709
南充市	5. 586	5. 708	5. 840	5. 991	6. 088	6. 285	5. 665	6. 686	6. 889
眉山市	5. 155	5. 283	5. 417	5. 568	5. 680	5. 891	5. 444	6. 246	6. 484
宜宾市	5. 534	5. 662	5. 802	5. 938	6. 042	6. 244	5. 772	6. 649	6. 924
广安市	5. 281	5. 396	5. 516	5. 642	5. 778	5. 865	5. 031	6. 220	6. 455
达州市	5. 513	5. 643	5. 762	5. 902	6. 000	6. 286	5. 545	6. 635	6. 899
雅安市	4. 542	4. 655	4. 749	4. 888	5. 012	5. 185	4. 744	5. 554	5. 912
巴中市	4. 780	4. 875	4. 987	5. 117	5. 218	5. 307	4. 523	5. 448	5. 964
资阳市	5. 259	5. 399	5. 524	5. 654	5. 761	5. 626	5. 062	5. 974	5. 989
贵阳市	6. 599	6. 815	7. 053	7. 254	7. 411	7. 497	7. 431	7. 711	7. 776
六盘水市	5. 289	5. 501	5. 772	5. 994	6. 160	6. 271	5. 498	6. 456	6. 273
遵义市	6. 169	6. 323	6. 451	6. 616	6. 744	6. 879	6. 309	7. 103	7. 286
安顺市	4. 864	5. 096	5. 322	5. 533	5. 723	5. 861	5. 390	6. 060	6. 164
南宁市	6. 982	7. 107	7. 203	7. 332	7. 436	7. 540	7. 513	7. 775	7. 991
柳州市	6. 089	6. 267	6. 358	6. 606	6. 723	6. 842	6. 792	7. 132	7. 211
桂林市	6. 150	6. 248	6. 339	6. 461	6. 556	6. 656	6. 185	6. 897	7. 043

续表

地区	2011 年	2012 年	2013 年	2014 年	2015 年	2016 年	2017 年	2018 年	2019 年
梧州市	5.187	5.316	5.405	5.704	5.809	5.897	5.537	6.154	6.192
北海市	5.163	5.266	5.391	5.526	5.647	5.758	5.596	6.064	6.277
防城港市	4.937	5.012	5.085	5.186	5.263	5.339	5.177	5.550	5.568
钦州市	5.303	5.465	5.546	5.778	5.882	5.992	5.542	6.243	6.439
贵港市	5.432	5.553	5.631	5.769	5.840	5.931	5.361	6.171	6.369
玉林市	5.854	5.970	6.061	6.219	6.314	6.416	5.580	6.663	6.790
百色市	5.160	5.323	5.408	5.599	5.705	5.824	4.741	6.038	6.225
贺州市	4.731	4.838	4.912	5.071	5.178	5.279	4.908	5.601	5.774
河池市	5.201	5.263	5.328	5.560	5.628	5.729	4.947	5.936	6.093
来宾市	4.906	5.025	5.091	5.250	5.318	5.406	4.844	5.668	5.732
崇左市	5.014	5.145	5.236	5.420	5.537	5.666	4.298	5.936	5.934
昆明市	7.103	7.296	7.444	7.598	7.694	7.800	7.755	7.989	8.326
曲靖市	5.823	5.981	6.125	6.216	6.198	6.325	5.893	6.776	7.087
玉溪市	5.497	5.634	5.788	5.876	6.028	6.200	5.456	6.360	6.821
保山市	4.778	4.971	5.118	5.238	5.389	5.518	4.762	5.668	5.965
昭通市	5.021	5.151	5.248	5.333	5.563	5.687	4.628	5.799	6.289
丽江市	4.312	4.465	4.576	4.662	4.874	4.960	4.393	5.083	5.558
临沧市	4.401	4.562	4.710	4.825	5.236	5.354	4.012	5.535	5.871

经济结构不断优化是西南地区服务业发展的特点之一。2011 年西南地区的第三产业占比约为 34.92%，到 2019 年第三产业占比约为 48.94%，增加了约 14 个百分点，工业和农业占比适当降低，现代服务业发展提速，产业结构升级特征显著，服务业高质量发展持续推进（见图 16 -2、表 16 -2）。2012—2019 年，西南地区服务业占比变化幅度分别为 0.69 个百分点、0.79 个百分点、2.24 个百分点、1.61 个百分点、1.20 个百分点、5.84 个百分点、-1.86 个百分点、3.51 个百分点，平均变化幅度为 1.75 个百分点。总体态势上，西南地区第三产业占比以 0.5% ~4% 的速度提升，但在 2017—2018 年出现了一次波动，恰好与西南地区第三产业产值的变化方向相反，在 2017 年第三产业产值下降的情况下，第三产业占比反而加大，只能说明当年的一、二产业产值下降幅度较大，西南地区的经济有一定程度的波动。此外，国家对高污染、高能耗行业和绿色技术行业的政策倾斜也促使工业从粗放型高污染型发展模式向集约型环境友好型发展模式转变，传统产业加速改造升级，新兴制造业和新兴

服务业开始提速发展。此外，引进的先进产业园区管理技术和经验让西南地区节点城市产业集聚更加高效、产业分工更合理；两大都市经济区和三个城市群的战略引导加速形成了多点多极支撑格局，朝着区域协同发展的目标前进；同时，西南地区对互联网大数据的提前布局，带动互联网相关产业迅猛发展，激励各行各业向信息化、智能化迈进，不断增强地区科技创新能力，推动数字产业化和产业数字化发展。

对外开放成果显著。西南地区南靠东南亚、西靠中亚，具有沿海沿江沿边，尤其是作为中国—东盟经贸合作前沿地带的地缘区位优势。政策上又有西部大开发、长江经济带、“一带一路”和西部陆海新通道等支持，自身对外开放水平显著提升。近年来，西南地区作为我国对外开放格局中的“热点”地区，区域内 6 个省市区进出口总额占全国的比重由 2009 年的 3.80% 上升到 2019 年的 6.69%，出口总额由 2009 年的 316.34 亿美元增长到 2019 年的 2935.05 亿美元，增长了几乎 9 倍。根据 WTO 公布的数据，受全球新冠肺炎疫情影响，国际经济形势发展严峻，外需陷入低迷状态，各国出口均受影响，全球出口值下降超过 11%，但西南地区出口额一直保持着高于进口额的状态，虽然对外贸易额存在波动，但总体发展态势依然良好。西南地区通过中欧、中亚班列推动跨国贸易的发展，促进中欧贸易大通道进一步融通，2021 年上半年，中欧班列累计开行 7377 列、发送 70.7 万标准箱，同比分别增长 43%、53%。运输畅通提升了制造业的质量效率，推动制造业高质量发展，同时服务业也借此获得发展机遇，促进自身行业的高质量升级。

招商引资有了新的进展。2017 年国务院已经印发了《关于扩大对外开放积极利用外资若干措施的通知》，并修订了《中西部地区外商投资优势产业目录》，充分体现了中央支持推动内陆地区经济发展、加大中西部地区的引资力度的决心。近年来西南地区投资环境有所改善，对外资的吸引力在提高，实际利用外资水平在总量上基本呈平稳态势，约在 140 亿美元；从产业结构角度看，西南地区的外商直接投资中第二产业流入量最多，第一产业流入量最少，第三产业的流入量呈增多趋势；外资使用也更加合理科学，不仅注重数量，而且注重质量提升、技术领先并引导结构调整。

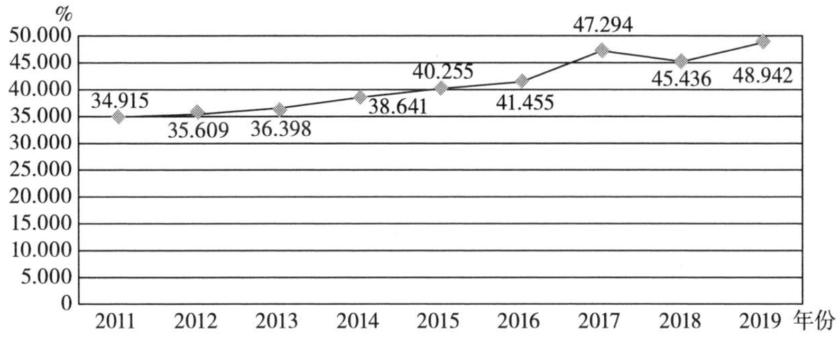

图 16－2　西南地区第三产业占 GDP 的比重

资料来源：根据国家统计局网站数据整理而得。

表 16－2　西南地区第三产业占 GDP 比重　　（%）

地区	2011 年	2012 年	2013 年	2014 年	2015 年	2016 年	2017 年	2018 年	2019 年
西南地区	34.915	35.609	36.398	38.641	40.255	41.455	47.294	45.436	48.942
四川省	27.737	27.481	28.382	29.692	31.027	33.645	42.501	41.024	46.329
贵州省	43.178	43.510	44.775	45.788	46.085	46.893	53.158	47.808	48.490
广西壮族自治区	32.597	33.390	32.994	35.413	36.961	37.404	43.751	43.070	47.738
云南省	34.864	34.274	34.309	35.534	39.500	41.206	48.011	42.946	48.953
重庆市	36.200	39.390	41.530	46.780	47.700	48.130	49.050	52.330	53.200
成都市	49.360	49.460	50.220	51.620	52.810	53.110	54.560	54.120	65.570
自贡市	28.540	27.820	28.310	29.390	30.680	31.430	42.080	42.760	45.760
攀枝花市	20.700	20.660	21.950	23.470	25.170	26.120	33.420	34.310	36.410
泸州市	25.740	25.510	26.350	27.060	27.990	28.890	35.930	36.660	40.480
德阳市	24.380	24.670	26.000	27.150	30.750	33.470	42.570	40.630	39.250
绵阳市	31.400	31.270	32.200	33.350	34.190	36.830	47.050	46.580	49.100
广元市	34.590	33.410	33.710	35.400	36.360	37.300	39.840	40.560	42.370
遂宁市	25.350	25.330	26.830	27.300	28.370	32.190	40.810	40.160	40.510
内江市	21.170	20.930	21.670	22.750	24.170	27.090	41.800	41.200	49.050
乐山市	25.720	26.030	26.880	29.160	30.100	35.000	42.250	45.040	43.950
南充市	25.800	25.440	25.790	27.850	29.000	32.440	42.960	39.890	42.220
眉山市	25.590	25.280	26.070	27.600	28.360	32.300	41.550	41.010	47.380
宜宾市	23.110	23.080	24.560	26.190	27.500	31.090	42.600	38.050	39.020
广安市	29.640	29.190	29.660	30.560	32.030	32.580	43.630	40.110	50.810
达州市	24.390	24.770	25.460	27.060	29.790	37.030	52.140	44.970	48.500

续表

地区	2011 年	2012 年	2013 年	2014 年	2015 年	2016 年	2017 年	2018 年	2019 年
雅安市	26.530	26.150	27.390	28.470	29.690	32.550	47.500	39.820	50.900
巴中市	34.390	33.290	34.970	36.300	36.610	36.870	41.970	35.800	51.480
资阳市	22.860	22.360	22.850	23.780	24.920	29.320	32.350	36.770	51.170
贵阳市	53.050	53.560	55.400	56.570	57.170	57.060	62.990	58.750	58.980
六盘水市	32.110	33.010	36.310	38.350	39.330	40.210	52.040	41.670	41.770
遵义市	42.520	41.410	39.920	39.810	39.120	40.370	49.010	40.490	41.870
安顺市	45.030	46.060	47.470	48.420	48.720	49.930	48.590	50.320	51.340
南宁市	48.670	48.720	47.890	48.510	49.680	50.790	53.660	59.100	65.550
柳州市	27.860	28.880	28.650	33.450	36.110	37.750	39.980	40.930	43.250
桂林市	35.000	34.730	34.110	34.970	36.160	37.800	59.670	49.320	54.310
梧州市	24.190	24.320	22.340	28.100	30.800	30.860	40.480	45.620	49.220
北海市	34.990	30.550	29.730	29.220	31.670	31.370	27.800	35.350	40.840
防城港市	33.440	33.620	30.580	30.180	30.930	30.650	31.150	36.760	37.230
钦州市	30.910	34.040	33.850	37.680	37.850	36.210	42.960	39.750	46.070
贵港市	36.070	37.860	37.450	39.620	39.610	39.150	46.080	40.830	46.290
玉林市	34.080	35.440	35.710	37.360	38.130	39.300	53.580	48.380	52.830
百色市	26.380	27.000	27.640	29.330	30.540	30.270	39.520	35.530	40.080
贺州市	31.540	31.770	31.840	35.320	37.660	37.670	42.780	44.740	45.780
河池市	35.260	38.970	38.790	43.040	44.850	46.640	54.460	47.900	50.320
来宾市	27.580	29.400	31.350	34.390	36.410	37.630	42.910	41.640	47.010
崇左市	30.390	32.160	31.980	34.610	37.050	37.560	37.480	37.130	49.550
昆明市	48.400	48.930	50.030	53.670	55.280	56.730	59.950	56.590	63.730
曲靖市	27.860	28.210	28.810	30.300	29.750	31.410	44.670	43.500	45.300
玉溪市	27.720	27.870	29.500	30.000	33.270	37.470	32.140	38.660	46.950
保山市	36.880	36.700	36.900	37.380	39.480	40.440	44.550	39.090	40.440
昭通市	32.380	30.890	29.820	30.750	36.650	38.410	39.590	37.000	45.040
丽江市	41.240	40.470	38.650	40.060	44.830	45.790	64.290	45.700	54.600
临沧市	29.570	26.850	26.450	26.580	37.240	38.190	50.890	40.080	46.610

2011 年西南地区第三产业人均产值为 19.82 万元/人，2019 年第三产业人均产值达到 44.15 万元/人，增幅达 122.75%（见图 16－3、表 16－3），第三产业总值在增加的同时，服务业质量也在提升。现代服务业产业结构不断优

化，从业人员的效率不断提升，服务业已然成为支撑高质量发展的重要力量。2012—2019 年逐年对比，西南地区第三产业人均产值增长率分别为 -8.21%、3.78%、14.89%、9.25%、32.27%、-25.19%、65.00% 和 14.10%，平均增长率为 13.24%。总的趋势上看，第三产业人均产值是上升的，但从增长率来看，波动较大。特别是 2017—2018 年，第三产业人均产值与第三产业产值有相似的波动，2017 年某种外部冲击对服务业产出的质与量产生了极大的影响。

基础设施的完善是服务业维持高质量发展的重要手段。2019 年末，西南地区高速公路通车里程突破 30000 公里，基础设施水平进一步提升。城市道路和市政设施不断完善，长江上游航运中心地位进一步巩固，国家级互联网骨干直联点开通运行，一大批水利工程项目建设完成，西部首座核电站并网发电，成渝高铁建成通车。其中，四川航空运输建设加快，巴中恩阳、宜宾五粮液和甘孜格萨尔三个机场通航，成都第二大国际机场——天府国际机场主体建成；重庆高速公路通车总里程达到 3225 公里，省界收费站全部取消，江北国际机场航线增至 95 条，旅客吞吐量达到 4479 万人次，枢纽功能明显增强；广西铁路总里程超过 5200 公里，农村公路总里程突破 10 万公里；云南高速公路通车里程超过 6000 公里。截至 2019 年，西南地区基本形成立体交通骨架。

旅游资源助力西南地区经济发展。经过“十三五”时期的快速发展，旅游资源的进一步开发以及基础设施的建设使旅游收入成为拉动西部地区发展的重要力量。有“山城”与“雾都”之称的重庆市坐拥长江三峡、世界文化遗产大足石刻、世界自然遗产武隆喀斯特和南川金佛山等自然景点，同时拥有长江索道等网红打卡点，通过新媒体的宣传以及推动文旅融合的项目，在 2019 年全年共接待国内外游客 6.57 亿人次，实现旅游总收入 5734 亿元，分别同比增长 10% 和 32%；四川有瑰丽险峻的巴蜀风光，九寨沟、黄龙、乐山大佛等世界遗产，也有民族东西交融、博大奇绝的巴蜀文化，通过打造群众文化品牌、推动“非物质文化”与旅游线路融合、打造精品旅游小镇等方式推动旅游行业发展，2019 年四川国内旅游收入为 11454.5 亿元，同比增长 14.4%，接待国内游客人数为 7.5 亿人次，同比增长 7.1%；贵州有黄果树瀑布、百里杜鹃等自然景点，也有镇远古镇等人文景区，通过打造山地旅游目的地，加快发展以民族和山地为特色的文化旅游业，构建“山地旅游 + 地方特色”主体功能区，以“旅游 + 多产业”融合发展来推动旅游业实现持续“井喷式”增长，2019 年贵州省旅游总收入为 12321.81 亿元，增长 30.1%，占地区生产总值的73.48%，旅游总人数突破100000万人次，达到113517.7万人次，增长17.2%；七彩云南自然风光绚丽，有玉龙雪山、洱海、滇池等秀丽风光，也有丽江古城、哈尼梯田、大理古城等民族文化传承，通过积极推进旅游与现代服务业深度融合，构建高端旅游文化产品体系，做优高端旅游文化服务，将旅游这一支柱产业做大做强，2019年云南省旅游收入为11035.2亿元，同比增长22.73%，接待海外入境旅客1484.9万人次，接待国内旅客79977.8万人次；身处中国南疆的广西，拥有桂林山水等一众自然名片，也有桂林、北海等具有历史文化元素的城市，更因为其身处热带季风气候区而盛产各种热带植物，通过推动乡村旅游、红色文化旅游以及重点打造夜间经济来提升广西的旅游体验，2019年广西壮族自治区旅游总收入10241.44亿元，增速34.4%，接待国内游客87000万人次，同比增长28.32%。

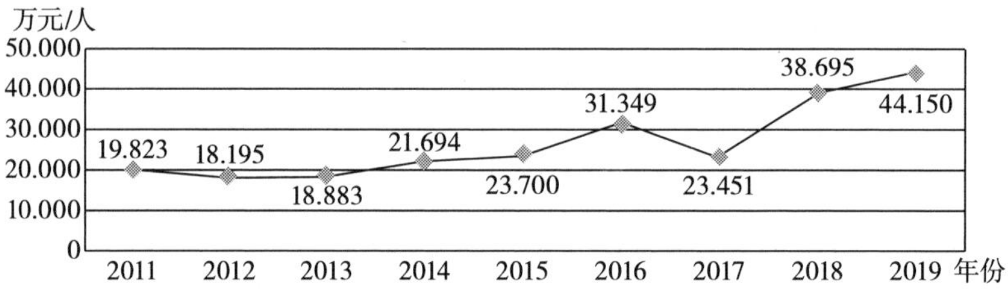

图16-3 西南地区第三产业人均产值

资料来源：根据国家统计局网站数据整理而得。

表16-3 西南地区第三产业人均产值

单位：万元/人

地区	2011年	2012年	2013年	2014年	2015年	2016年	2017年	2018年	2019年
西南地区	19.823	18.195	18.883	21.694	23.700	31.349	23.451	38.695	44.150
四川省	19.355	21.095	19.837	22.302	22.705	26.019	16.271	36.584	42.401
贵州省	19.234	22.529	24.969	28.467	32.268	35.311	21.072	39.627	37.465
广西壮族自治区	18.951	20.560	21.282	25.09	27.207	30.253	21.66	38.173	40.758
云南省	15.919	16.800	17.377	19.208	21.979	24.551	13.390	28.682	43.384
重庆市	25.657	9.991	10.948	13.402	14.343	40.611	44.864	50.407	56.744
成都市	38.003	41.475	14.104	34.259	16.672	17.704	15.485	20.216	24.805
自贡市	23.769	25.911	26.525	27.065	31.146	35.195	31.685	50.228	53.398
攀枝花市	22.808	24.581	24.518	24.694	18.277	20.812	20.834	29.080	25.941
泸州市	18.059	19.559	19.289	21.569	22.472	25.218	17.815	34.447	40.773

续表

地区	2011年	2012年	2013年	2014年	2015年	2016年	2017年	2018年	2019年
德阳市	23.581	26.123	25.381	26.240	31.514	38.064	18.416	57.050	57.434
绵阳市	20.216	20.020	19.227	19.748	21.782	23.648	19.030	38.967	67.054
广元市	13.243	14.485	14.217	16.888	18.272	20.521	11.177	26.674	30.974
遂宁市	18.122	19.510	20.608	21.366	25.657	24.457	18.435	47.557	42.318
内江市	17.021	18.887	21.279	21.297	23.202	27.694	15.681	37.458	46.258
乐山市	18.593	21.005	22.330	24.992	27.024	33.504	20.296	50.355	51.568
南充市	13.979	14.741	15.094	16.680	17.032	20.471	10.553	29.509	37.864
眉山市	18.749	21.118	21.642	23.597	26.320	31.677	20.394	51.116	50.148
宜宾市	16.601	18.601	19.761	21.801	23.404	28.649	17.308	40.178	50.578
广安市	22.586	24.479	25.938	27.534	29.881	31.280	10.197	32.560	43.036
达州市	15.434	17.223	17.784	20.435	19.938	24.352	9.809	27.591	37.608
雅安市	14.335	15.582	15.922	17.523	20.072	23.082	14.132	32.102	40.966
巴中市	13.269	14.142	12.594	13.332	13.500	14.897	6.241	14.794	21.186
资阳市	20.022	22.263	20.853	22.421	22.518	27.110	15.390	38.639	41.312
贵阳市	20.302	24.092	25.691	28.413	32.555	34.775	30.956	41.097	40.732
六盘水市	21.804	26.078	30.360	36.028	40.797	44.741	18.786	46.074	34.303
遵义市	21.034	22.940	24.182	26.442	29.370	33.271	17.775	39.528	40.541
安顺市	13.797	17.007	19.645	22.984	26.352	28.455	16.770	31.810	34.285
南宁市	21.805	24.499	25.280	27.792	30.724	33.940	31.618	38.294	43.544
柳州市	18.476	19.037	22.005	27.900	31.313	36.463	34.926	53.232	52.064
桂林市	20.411	22.135	22.116	24.603	26.771	30.365	18.619	38.284	43.018
梧州市	17.036	19.735	19.132	26.409	28.664	30.847	20.978	38.442	39.162
北海市	23.014	25.125	27.486	30.766	33.834	37.393	30.531	49.761	57.096
防城港市	24.664	25.130	26.283	27.797	29.963	37.209	32.479	46.050	44.723
钦州市	20.170	23.162	23.365	28.918	31.376	33.732	21.324	42.218	46.063
贵港市	19.365	21.718	21.343	23.797	25.634	27.582	15.671	34.235	39.773
玉林市	19.430	20.438	21.452	25.900	28.259	31.152	13.914	40.126	43.687
百色市	13.409	15.425	15.647	18.540	19.407	21.219	7.016	25.794	28.900
贺州市	16.904	17.419	17.970	20.356	22.400	23.591	15.419	30.452	33.852
河池市	14.037	14.736	14.978	18.788	20.033	21.680	9.686	25.077	27.587
来宾市	18.344	18.394	19.151	23.881	24.383	26.724	14.840	33.709	33.845
崇左市	18.251	20.883	21.740	25.812	28.135	31.651	36.220	38.755	37.296

续表

地区	2011 年	2012 年	2013 年	2014 年	2015 年	2016 年	2017 年	2018 年	2019 年
昆明市	19.815	22.615	22.557	27.399	28.245	31.195	29.465	36.684	54.160
曲靖市	20.976	20.371	21.741	24.109	23.064	26.473	16.774	38.685	56.522
玉溪市	22.645	22.774	23.844	25.333	30.159	34.832	16.503	39.002	66.742
保山市	14.306	15.744	16.848	19.041	21.249	23.397	10.765	25.504	34.212
昭通市	10.649	11.159	11.409	12.122	14.673	15.943	5.378	16.750	25.649
丽江市	11.931	12.820	12.235	12.442	15.186	16.947	9.275	19.444	34.597
临沧市	11.112	12.119	13.009	14.009	21.275	23.070	5.572	24.708	31.804

第二节 西南地区城市服务业结构分析

表16－4、图16－4给出了2011—2019年西南地区城市服务业产业结构中生产性服务业从业人数占比情况，表16－5、图16－5则给出了同一时间序列下西南地区高端服务业从业人数占比情况，两者都是通过从业人数与服务业总从业人数之比刻画的。

从生产性服务业比重指标看，2019年西南地区的占比为21.6%，而2011年的占比为19.226%，增长了2.374个百分点。2011—2019年生产性服务业占比的变化率依次为－1.09个、1.14个、0.41个、－0.22个、2.12个、0.08个、－0.68个、0.60个百分点，均值为0.30个百分点。总体来讲，生产性服务业占比呈增长态势，但变化幅度很小，时有波动。生产性服务业具有专业化程度高、知识密集的特点，包括交通运输业、现代物流业、金融服务业、信息服务业等部门。西南地区生产性服务业处于增长阶段，但是不够稳定和持续，与该地区繁荣发展的第二产业不相匹配，存在很大的上升空间。

比较西南地区各省省会，2019年成都市生产性服务业占比为30.287%，重庆市为31.06%，贵阳市为36.15%，南宁市为32.52%，昆明市为31.90%，均跨过了30%的大关，相比2011年的占比，分别有3.55个、6.83个、10.61个、－1.41个、－1.78个百分点的变化。以第二产业作为支柱产业的重庆、成都、贵阳稳步发展了自己的生产性服务业，而南宁、昆明则选择了维持生产性服务业的比例稳定。除此以外，其他地级市的生产性服务业占比集中在20%左右，存在发展空间。

“十三五”期间，西南地区各省都发布了发展生产性服务业的实施意见，将会长期指导生产性服务业的发展方向。重庆深入实施五大功能区发展战略，构建以研发创新、现代物流、专业服务、电子商务、售后服务、品牌营销、人才支撑等为主的现代生产性服务体系，推动生产性服务业向高端化、融合式、外向型、专业化、集聚化发展。四川统筹实施五大新兴先导型服务业推进战略，争取到2020年基本健全生产性服务业体系，着重强调发展电子商务、现代物流、现代金融、研发设计、科技成果转移转化、信息技术服务、服务外包等12个领域。作为国家大数据综合试验区，贵州坚持以供给侧结构性改革为主线，积极推进大扶贫、大数据两大战略行动，在大数据信息服务业、金融保险业、现代物流业、电子商务、旅游业等方面有巨大的发展空间，并持续推进"大数据+产业深度融合行动计划"。广西抓住国家实施"一带一路""互联网+"等战略机遇，凭借自己沿海沿江沿边的区位优势，努力发展一批产业基础好、发展空间大、带动能力强的生产性服务业，建设一批规模大、效益好、功能完善的自治区级生产性服务业集聚区。云南把建成我国民族团结进步示范区、生态文明建设排头兵、面向南亚东南亚辐射中心作为目标，通过开放市场准入、简化企业流程、合理布局规划、优化营商环境招商引资，并结合自己与南亚、东南亚紧密联系的优势，积极推进生产性服务业发展。

表16-4　西南地区生产性服务业从业人数占服务业比重　（%）

地区	2011年	2012年	2013年	2014年	2015年	2016年	2017年	2018年	2019年
西南地区	19.226	18.140	19.281	19.693	19.477	21.596	21.676	21.000	21.600
四川省	18.890	19.168	20.649	21.708	21.158	22.125	21.714	22.297	20.743
贵州省	17.200	16.262	18.026	19.309	19.184	19.143	19.545	18.159	21.477
广西壮族自治区	20.291	20.470	20.527	19.928	19.966	19.289	18.764	18.321	18.170
云南省	15.517	14.928	16.767	16.563	16.100	16.171	16.592	15.911	16.545
重庆市	24.234	19.872	20.435	20.957	20.975	31.253	31.765	30.310	31.064
成都市	26.733	25.850	26.598	37.671	26.665	37.042	34.183	34.925	30.287
自贡市	25.187	26.211	27.315	30.012	28.382	28.005	28.073	27.674	25.583
攀枝花市	22.355	27.331	25.662	30.282	26.482	26.744	26.816	34.986	32.382
泸州市	19.393	19.940	21.374	20.863	21.072	20.764	17.625	17.703	18.802
德阳市	19.983	20.678	27.552	24.710	25.180	23.908	22.643	22.308	18.401
绵阳市	25.826	27.532	29.832	30.012	30.801	34.767	33.683	33.114	16.337
广元市	17.078	16.744	16.748	18.762	18.469	18.871	18.816	20.301	16.277
遂宁市	13.507	13.657	14.181	14.410	15.091	16.077	14.946	15.330	13.964

续表

地区	2011 年	2012 年	2013 年	2014 年	2015 年	2016 年	2017 年	2018 年	2019 年
内江市	13. 829	15. 775	21. 212	19. 008	19. 637	19. 592	20. 236	22. 570	20. 106
乐山市	23. 307	23. 095	20. 864	21. 718	20. 316	19. 616	18. 975	16. 873	18. 019
南充市	20. 263	18. 017	19. 383	20. 535	23. 739	23. 743	23. 966	23. 919	17. 708
眉山市	12. 405	11. 422	12. 741	11. 722	12. 426	13. 704	13. 313	14. 729	24. 319
宜宾市	20. 145	17. 380	20. 012	19. 740	20. 468	20. 719	19. 699	19. 800	19. 039
广安市	15. 820	15. 608	16. 440	18. 391	18. 657	17. 887	19. 554	18. 403	17. 841
达州市	18. 386	18. 065	18. 116	18. 390	18. 356	18. 355	20. 755	20. 864	19. 382
雅安市	16. 821	15. 569	14. 743	15. 586	16. 026	16. 523	16. 858	17. 105	20. 038
巴中市	13. 483	15. 778	18. 355	17. 800	17. 163	16. 760	15. 927	15. 718	22. 441
资阳市	15. 497	16. 380	20. 551	21. 136	21. 915	25. 169	24. 784	25. 026	22. 449
贵阳市	25. 540	22. 646	28. 619	33. 549	33. 919	34. 162	35. 171	35. 238	36. 150
六盘水市	12. 611	12. 513	12. 607	12. 460	12. 235	12. 139	12. 472	12. 193	16. 629
遵义市	16. 056	13. 974	14. 679	14. 245	14. 148	13. 524	14. 125	12. 697	18. 554
安顺市	14. 592	15. 916	16. 201	16. 983	16. 435	16. 748	16. 413	12. 508	14. 576
南宁市	33. 934	33. 528	31. 275	32. 613	32. 658	30. 934	31. 711	34. 138	32. 524
柳州市	29. 345	33. 780	27. 933	26. 943	25. 807	26. 220	24. 519	22. 444	24. 339
桂林市	20. 821	20. 043	20. 141	21. 238	22. 291	22. 674	22. 043	21. 272	20. 146
梧州市	15. 996	15. 984	18. 912	16. 858	17. 924	16. 976	15. 837	15. 876	15. 005
北海市	22. 649	21. 512	22. 893	23. 370	22. 928	21. 745	21. 158	21. 705	19. 796
防城港市	28. 520	27. 778	25. 859	26. 538	25. 851	22. 467	23. 068	21. 756	22. 181
钦州市	16. 852	16. 043	16. 117	13. 914	13. 854	13. 892	13. 306	12. 953	15. 796
贵港市	15. 149	15. 034	18. 894	17. 593	15. 818	15. 470	14. 657	15. 549	12. 378
玉林市	17. 719	17. 635	18. 947	17. 420	16. 977	16. 444	14. 900	14. 711	14. 305
百色市	15. 789	14. 977	14. 225	14. 254	16. 120	15. 367	14. 232	12. 860	14. 065
贺州市	14. 436	16. 273	16. 112	16. 067	16. 490	17. 362	17. 459	15. 550	15. 138
河池市	16. 563	17. 498	17. 458	16. 831	16. 720	15. 329	13. 458	13. 886	15. 907
来宾市	16. 279	17. 275	19. 076	17. 580	17. 964	17. 259	16. 670	14. 026	13. 960
崇左市	20. 024	19. 217	19. 535	17. 775	18. 125	17. 905	19. 685	19. 766	18. 841
昆明市	33. 670	32. 387	35. 314	34. 855	33. 910	34. 984	36. 690	36. 317	31. 895
曲靖市	12. 508	10. 160	16. 770	15. 581	15. 186	15. 296	13. 938	10. 628	12. 069
玉溪市	14. 818	14. 379	15. 762	14. 825	15. 078	14. 647	15. 735	16. 415	17. 683
保山市	13. 471	12. 431	12. 081	12. 510	12. 034	12. 380	12. 188	11. 048	15. 971

续表

地区	2011 年	2012 年	2013 年	2014 年	2015 年	2016 年	2017 年	2018 年	2019 年
昭通市	9. 194	9. 623	9. 946	10. 011	9. 407	9. 673	10. 866	8. 990	9. 300
丽江市	14. 749	13. 881	16. 031	17. 218	16. 015	15. 737	16. 848	17. 969	16. 034
临沧市	10. 207	11. 637	11. 466	10. 943	11. 072	10. 480	9. 877	10. 010	12. 866

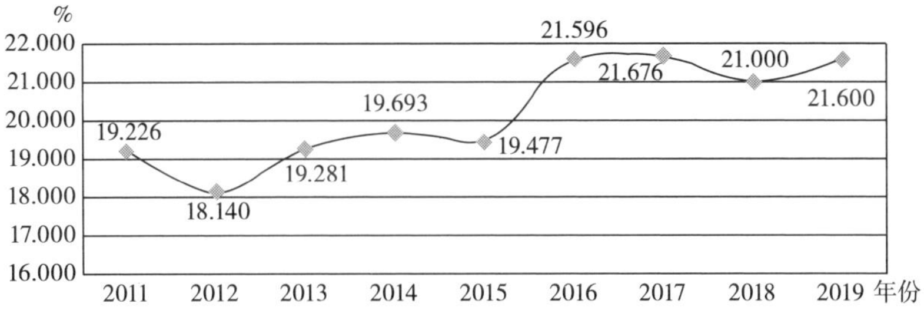

图 16 -4　西南地区生产性服务业从业人数占服务业比重

资料来源：根据国家统计局网站数据整理而得。

高端服务业从业人数占比直接体现服务业的高质量发展水平。2019 年西南地区高端服务业从业人数占比为 15. 87%，而 2011 年占比为 12. 86%，增长了 3. 01 个百分点。2012—2019 年高端服务业占比变化率依次为 -0. 21 个、0. 41 个、0. 003 个、0. 06 个、1. 33 个、0. 19 个、-0. 21 个、1. 44 个百分点，均值为 0. 38 个百分点。总趋势平缓上升，幅度很小，并时有较小浮动。高端服务业通常指智力化、资本化、专业化、效率化的服务业，具有高智、高效、高资（本）、高收（益）、高时（尚）的“五高”特征。可以简单看作是现代服务业的高端部分，如现代金融业、房地产业、中介服务业、信息服务业、文化产业等。从表 16 -5 可以看出，高端服务业占比变化趋势和生产性服务业的变化趋势有一定相似性，都呈现变化幅度较小的特点，侧面说明发展高端服务业是个长期的、缓慢的过程，它的发展需要社会长期关注和投入、资源的集中以及技术与行业的深度融合。

从省会层面进行比较，2019 年成都市高端服务业占比为 21. 83%，重庆市为 21. 35%，贵阳市为 20. 79%，南宁市为 25. 41%，昆明市为 22. 49%，均越过了 20% 的大关，相比 2011 年的占比，分别有 1. 52 个、7. 38 个、1. 89 个、4. 50 个、2. 29 个百分点的变化。其中，重庆和南宁发展高端服务业的效果显著，成都、贵阳、昆明则维持了高端服务业的平缓增长态势。而其他地级市的高端服务业占比多数在 15% 以下，少数接近 20%，中心城市与地级市仍然有一定发展差距，通过区域协同发展缩小城市间差距仍将是主旋律。

推进高端服务业发展是构建现代化产业体系的一个重要组成部分，现代产业体系的发展要求高端服务业与高附加值制造业相配合。重庆为推动服务业高质量发展和现代产业体系的完善，在软件及信息技术服务业方面加强技术攻关，推动产业集约发展，技术与领域融合；在现代金融方面加强金融服务市场建设，提升线上金融水平；在现代会展业方面引进和建造会展品牌，推动会展企业数字化、集团化发展。四川推动商业贸易、现代物流、金融服务、文体旅游四大支柱转型升级，促进科技信息、商务会展、人力资源、川派餐饮、医疗康养、家庭社区六大成长性服务业做大做强，来加快发展“4+6”现代服务业体系，从而推动服务业高质量发展。贵州提出创新发展大旅游、大数据融合、大健康、现代物流、现代金融、现代商贸、科技研发、文化产业、养老服务、会展服务十大工程，深化服务业供给侧结构性改革，推动服务业高质量发展，构建现代化产业体系。广西构建“三龙头核心带动、四区域协同联动、五中心创新驱动、六重点支撑拉动”的现代服务业发展“3456”新格局，以推动现代化产业体系的完善。云南坚持“两型三化”发展方向，在高端服务业方面推行智慧旅游、智慧物流等建设，同时推进行业大数据中心和服务平台建设，推动区块链技术与实体经济深度融合，打造我国面向南亚、东南亚数字经济示范区。

表 16-5　西南地区高端服务业从业人数占服务业比重　(%)

地区	2011 年	2012 年	2013 年	2014 年	2015 年	2016 年	2017 年	2018 年	2019 年
西南地区	12.862	12.650	13.058	13.061	13.120	14.448	14.634	14.427	15.868
四川省	13.758	14.741	14.505	14.493	14.797	15.633	15.290	15.642	16.101
贵州省	12.719	12.369	12.976	13.083	12.988	12.845	13.508	12.266	15.494
广西壮族自治区	13.205	13.584	14.077	13.696	14.093	13.877	13.711	13.373	13.786
云南省	10.662	10.356	11.352	11.426	11.079	11.228	11.570	11.211	12.609
重庆市	13.968	12.200	12.378	12.607	12.645	18.656	19.093	19.644	21.350
成都市	20.319	19.617	18.304	22.951	19.401	24.645	23.573	23.791	21.834
自贡市	16.329	22.632	16.558	16.559	16.662	16.639	16.608	17.625	19.541
攀枝花市	15.700	23.633	16.179	18.603	17.707	18.196	17.540	16.604	25.260
泸州市	12.383	11.682	12.323	11.567	12.569	13.029	11.699	12.203	14.293
德阳市	15.136	18.362	20.280	17.345	18.333	17.726	17.485	17.654	14.400

续表

地区	2011 年	2012 年	2013 年	2014 年	2015 年	2016 年	2017 年	2018 年	2019 年
绵阳市	20. 520	22. 587	25. 523	25. 706	25. 792	29. 778	29. 294	29. 111	11. 652
广元市	13. 188	12. 581	12. 439	13. 084	13. 095	13. 413	13. 677	14. 956	12. 859
遂宁市	11. 374	11. 400	10. 740	11. 297	11. 802	12. 721	11. 493	11. 546	10. 724
内江市	9. 219	13. 100	17. 355	11. 673	12. 291	12. 569	13. 397	14. 593	14. 185
乐山市	17. 008	16. 407	14. 568	13. 769	13. 198	13. 485	12. 771	11. 610	13. 166
南充市	15. 737	13. 746	14. 141	15. 307	18. 407	18. 380	18. 672	18. 651	13. 643
眉山市	7. 943	6. 897	8. 012	7. 734	7. 812	7. 733	7. 848	9. 441	20. 690
宜宾市	13. 167	12. 192	12. 822	12. 861	14. 225	15. 157	14. 658	15. 506	15. 205
广安市	12. 125	11. 929	12. 251	13. 220	13. 769	13. 429	12. 814	12. 515	15. 463
达州市	13. 383	13. 227	12. 675	12. 582	12. 465	12. 465	12. 380	13. 159	14. 299
雅安市	12. 963	12. 575	11. 127	11. 562	11. 749	12. 088	12. 577	13. 382	16. 388
巴中市	9. 101	10. 446	11. 515	11. 146	11. 148	11. 043	10. 599	10. 402	17. 118
资阳市	12. 042	12. 336	14. 286	13. 902	15. 920	18. 894	18. 126	18. 804	19. 105
贵阳市	18. 899	17. 090	19. 835	19. 543	18. 963	19. 086	20. 391	20. 727	20. 788
六盘水市	10. 730	10. 909	9. 479	9. 724	9. 833	9. 365	10. 152	9. 351	13. 551
遵义市	10. 410	9. 646	10. 245	10. 064	10. 531	9. 949	10. 443	9. 193	15. 486
安顺市	10. 837	11. 832	12. 343	13. 001	12. 627	12. 980	13. 046	9. 793	12. 153
南宁市	20. 908	21. 173	23. 197	23. 908	24. 522	22. 680	23. 028	26. 203	25. 405
柳州市	22. 460	26. 394	20. 061	20. 084	19. 260	19. 661	18. 345	16. 617	18. 935
桂林市	15. 888	15. 064	14. 861	16. 090	17. 360	18. 565	18. 250	17. 302	16. 230
梧州市	10. 920	10. 819	12. 608	11. 915	12. 437	12. 301	11. 177	11. 124	10. 617
北海市	15. 894	14. 993	16. 981	17. 589	17. 879	16. 634	16. 556	17. 145	16. 005
防城港市	8. 021	8. 249	10. 802	10. 633	9. 829	10. 105	10. 606	9. 467	11. 152
钦州市	10. 494	9. 744	9. 249	8. 707	8. 912	8. 959	9. 226	8. 101	11. 259
贵港市	8. 340	8. 530	15. 054	9. 763	10. 451	10. 360	10. 049	12. 467	9. 064
玉林市	12. 297	12. 297	12. 531	11. 979	11. 769	11. 798	12. 232	11. 318	11. 906
百色市	10. 217	9. 607	7. 958	8. 214	10. 125	9. 655	9. 063	7. 795	10. 647
贺州市	10. 376	12. 517	12. 517	12. 853	13. 917	14. 823	14. 951	13. 365	13. 538
河池市	11. 353	12. 356	11. 687	11. 676	11. 267	9. 912	8. 292	8. 887	11. 543
来宾市	13. 543	14. 112	14. 692	14. 064	14. 612	14. 095	13. 305	11. 122	11. 074
崇左市	14. 164	14. 321	14. 884	14. 275	14. 968	14. 732	16. 873	16. 310	15. 626

续表

地区	2011年	2012年	2013年	2014年	2015年	2016年	2017年	2018年	2019年
昆明市	20.196	19.447	21.624	20.555	19.993	20.717	21.990	22.070	22.490
曲靖市	9.334	7.788	11.101	11.529	10.921	11.443	9.796	7.609	9.916
玉溪市	11.929	11.356	11.877	11.333	11.654	11.518	12.755	13.810	14.386
保山市	9.951	8.911	8.731	8.965	8.723	8.959	8.664	8.143	12.637
昭通市	6.294	6.892	7.233	7.284	7.084	7.461	8.749	6.927	7.088
丽江市	10.859	10.299	11.450	13.299	12.042	11.663	12.556	13.676	12.487
临沧市	6.069	7.801	7.447	7.019	7.134	6.831	6.478	6.242	9.258

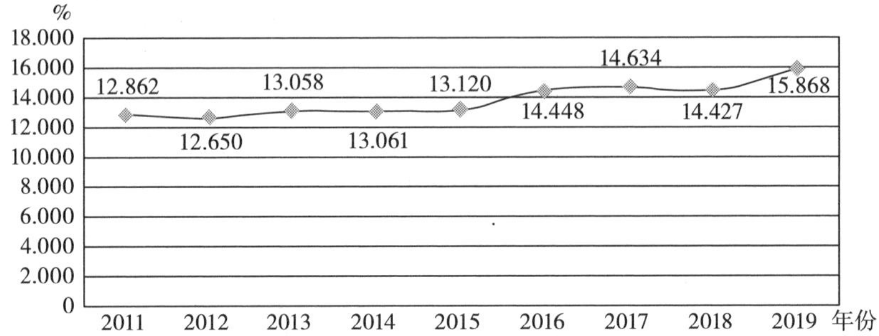

图 16－5　西南地区高端服务业从业人数占服务业比重

资料来源：根据国家统计局网站数据整理而得。

第三节　西南地区城市服务业地区差异

省级层面，2011 年，四川、贵州、广西、云南、重庆的第三产业增加值分别为 97.75 亿元、22.92 亿元、76.11 亿元、36.94 亿元、8.20 亿元，到 2019 年则分别达到 119.60 亿元、27.50 亿元、89.64 亿元、45.92 亿元、9.44 亿元，分别增长了 22.35%、19.97%、17.77%、24.32%、15.15%（见表 16－6、图 16－6）。一方面，西南地区服务业发展都十分迅猛，各省排名依次为四川、广西、云南、贵州（直辖市不参与比较），其中四川更是接近 120 亿元的大关。另一方面，西南地区各省份服务业发展差距十分大，最直观的对比就是排名后一位的省份在 2019 年的第三产业增加值仍然没有达到 2011 年排名前一位的省份第三产业增加值的水平；对比不同时段的省际产值差距，2011 年四川的第三产业增加值是贵州的 4.26 倍，2019 年为 4.35 倍，差值分别为 74.83 亿元、92.10 亿元，两省之间的服务业增加值差距越来越大。这并不是一个特例，广西与贵州之间的第三产业增加值之差由 2011 年的 53. 19 亿元扩大到 2019 年的 62. 14 亿元；四川与云南两省之间的差距由 2011 年的 60. 81 亿元扩大到 2019 年的 73. 68 亿元。西南地区几乎每个省之间的服务业增加值差距都在扩大。这说明西南地区各省份之间服务业发展进程是不同步、不协调的。此外，西南地区各省份的第三产业增加值在 2017 年出现同方向的波动，可以看出在这个时间段内整个西南地区的服务业发展都遭受到了不同程度的打击。总而言之，"十三五"期间，西南地区各省份服务业总体发展水平呈现快速上升、局部有反复、地区不均衡的特点。

表 16－6　西南地区第三产业增加值　单位：亿元

地区	2011 年	2012 年	2013 年	2014 年	2015 年	2016 年	2017 年	2018 年	2019 年
西南地区	233. 716	239. 588	244. 847	251. 240	256. 520	261. 951	240. 503	273. 299	282. 650
四川	97. 748	99. 994	102. 243	104. 612	106. 664	109. 326	101. 955	114. 930	119. 597
贵州	22. 922	23. 736	24. 598	25. 397	26. 038	26. 509	24. 627	27. 330	27. 499
广西	76. 109	77. 799	78. 996	81. 482	82. 836	84. 273	77. 022	87. 827	89. 637
云南	36. 936	38. 060	39. 010	39. 749	40. 983	41. 843	36. 900	43. 211	45. 917
重庆	8. 196	8. 411	8. 567	8. 806	8. 922	9. 052	9. 166	9. 274	9. 438

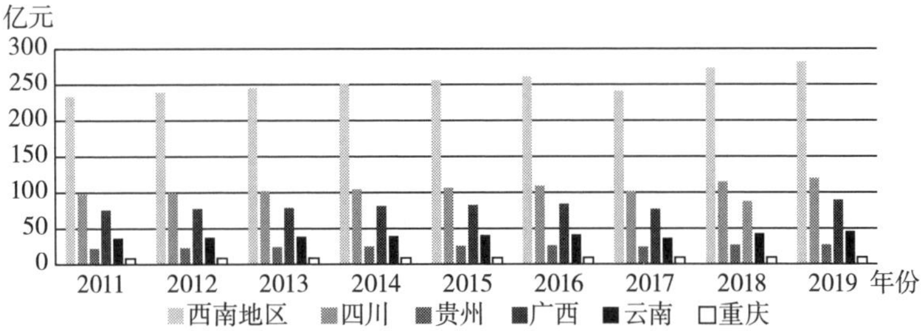

图 16－6　西南地区第三产业增加值

资料来源：根据国家统计局网站数据整理而得。

省级层面，2011 年，四川、贵州、广西、云南、重庆的第三产业占比分别为 27. 74%、43. 18%、32. 60%、34. 86%、36. 20%，贵州的第三产业占比在早年就处于相对高位，这可能与当地根据环境资源和地理条件很早布局旅游行业有很大关系；2019 年 5 个省份的第三产业占比分别达到 46. 33%、48. 49%、47. 74%、48. 95%、53. 20%，分别增加了 18. 59 个、5. 31 个、15. 14 个、14. 09 个、17 个百分点（见表 16－7、图 16－7），四川和重庆第三产业占比增长幅度最大，其次为广西、云南、贵州。一方面，西南地区的产业结构在这些年间不断调整和升级，服务业占 GDP 的比重提升明显，当地政府针对服务业发展制定的政策成效显著，服务业逐渐成为推动当地经济高质量发展的重要动力。另一方面，西南地区各省份的第三产业占比逐渐趋近，2019 年都集中在50%左右，说明省与省之间虽然存在发展第三产业的差距，但是未来的第三产业占比可能是趋同的，优化产业结构的方向是相似的。在第三产业占比排名上，2011 年依次为贵州、重庆、云南、广西、四川；2014 年，重庆的排名超过了贵州，在 2017—2018 年排名有短暂的交替后，重庆还是排在了第一，并拉开了与后面省份的差距，剩下 4 个省份在 2019 年百分比大小相差无几。值得注意的是，2017 年第三产业占比除去重庆变化平稳以外，其他四个省在第三产业产值减少的情况下，占比却不降反升，说明经济发生了较大的下滑，而且第一、第二产业下滑幅度大于第三产业。再结合第三产业占比总体发展趋势来看，各省的服务业的发展已经处于快速上升通道，并具备了一定的发展韧性。

表 16－7　西南地区第三产业占 GDP 比重　(%)

地区	2011 年	2012 年	2013 年	2014 年	2015 年	2016 年	2017 年	2018 年	2019 年
西南地区	34.915	35.609	36.398	38.641	40.255	41.455	47.294	45.436	48.942
四川	27.737	27.481	28.382	29.692	31.027	33.645	42.501	41.024	46.329
贵州	43.178	43.510	44.775	45.788	46.085	46.893	53.158	47.808	48.490
广西	32.597	33.390	32.994	35.413	36.961	37.404	43.751	43.070	47.738
云南	34.864	34.274	34.309	35.534	39.500	41.206	48.011	42.946	48.953
重庆	36.200	39.390	41.530	46.780	47.700	48.130	49.050	52.330	53.200

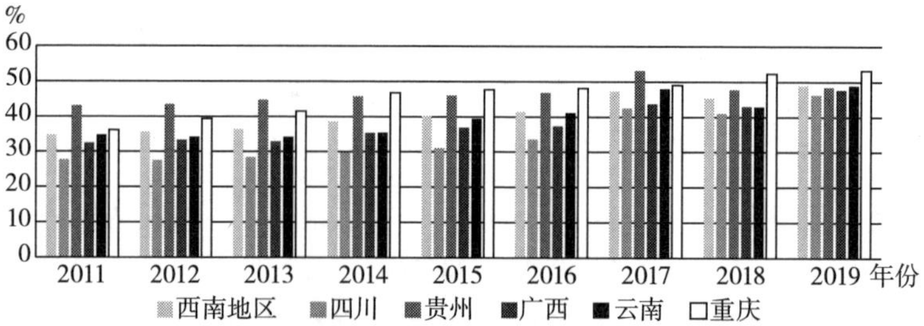

图 16－7　西南地区第三产业占 GDP 比重

资料来源：根据国家统计局网站数据整理而得。

西南地区各省份第三产业人均产值的对比见表 16－8、图 16－8。2011 年四川、贵州、广西、云南、重庆的第三产业人均产值分别为 19.36 万元/人、

19.23 万元/人、18.95 万元/人、15.92 万元/人、25.66 万元/人，重庆的第三产业人均产值早期排在西南地区首位，因为改革开放前实施的三线建设战略给重庆打下了良好的工业基础，与工业相配套的服务业萌芽早、发展较快；2019 年 5 个省份的第三产业人均产值分别达到 42.40 万元/人、37.47 万元/人、40.76 万元/人、43.38 万元/人、56.74 万元/人，分别增加了 119.07%、94.79%、115.07%、172.53%、121.16%，几乎都翻了一倍，其中云南的第三产业人均产值增幅高达 1.7 倍，重庆、四川紧随其后。一方面，西南地区的第三产业发展效率在这几年间不断提高，第三产业从业人员创造的服务业价值显著提升，当地的服务业发展势头强劲，在新科技的助力下越发显示出创造力和持续性，对劳动力的吸引力也日益增强，未来将会吸纳更多第一、第二产业的过剩劳动力，为人民的就业生活提供支持和便利。另一方面，西南地区头部地区与其他省份的第三产业人均产值差距在逐步拉大，2011 年重庆与四川、贵州、广西、云南的差距分别为 6.30 万元/人、6.42 万元/人、6.71 万元/人、9.74 万元/人，到了 2019 年则分别达到 14.34 万元/人、19.28 万元/人、15.99 万元/人、13.36 万元/人。此外，2012 年，重庆发生了人均产值的断崖式下跌，在 2016 年前都在低位水平，2016 年异军突起，重回第一并保持稳步增长，拉开了与其他四地的差距；而四川、贵州、广西、云南则体现了服务业发展的一致性，2011—2019 年第三产业人均产值总体处于上升轨道，但是在 2016—2018 年，呈现与第三产业增加值变化相同的“U”型波动。总体上看，西南地区城市服务业产值效率开始出现分级状况，整体的稳定性、协调性不足，服务业发展仍处在快速上升阶段。

表 16-8　西南地区第三产业人均产值　　单位：万元/人

地区	2011 年	2012 年	2013 年	2014 年	2015 年	2016 年	2017 年	2018 年	2019 年
西南地区	19.823	18.195	18.883	21.694	23.700	31.349	23.451	38.695	44.150
四川	19.355	21.095	19.837	22.302	22.705	26.019	16.271	36.584	42.401
贵州	19.234	22.529	24.969	28.467	32.268	35.311	21.072	39.627	37.465
广西	18.951	20.560	21.282	25.090	27.207	30.253	21.660	38.173	40.758
云南	15.919	16.800	17.377	19.208	21.979	24.551	13.390	28.682	43.384
重庆	25.657	9.991	10.948	13.402	14.343	40.611	44.864	50.407	56.744

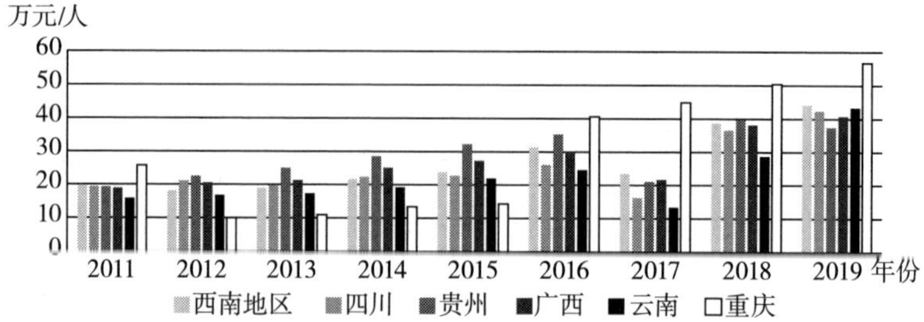

图 16-8　西南地区第三产业人均产值

资料来源：根据国家统计局网站数据整理而得。

对比结构性指标，西南地区生产性服务业从业人数占服务业比重与第三产业人均产值有相似的特征。2011 年四川、贵州、广西、云南、重庆的生产性服务业从业人数占服务业比重分别为 18.89%、17.2%、20.29%、15.52%、24.23%，同样地，重庆的生产性服务业从业人数占比排在西南地区首位，良好的工业基础为配套的生产性服务业提供了广阔的市场以及成长的土壤；2019 年 5 个省份的生产性服务业从业人数占比分别为 20.74%、21.48%、18.17%、16.55%、31.06%，分别变化了 1.85 个、4.28 个、-2.12 个、1.03 个、6.83 个百分点，除了重庆、贵州占比增长明显，其他三个省份没有多大变化（见表 16-9、图 16-9）。一方面，西南地区对生产性服务业发展要求各有侧重，重庆、四川的工业相对发达，同时生产性服务业量和质都得到发展；贵州建成了国家大数据中心，能为生产性服务业提供数据支撑，对生产性服务业吸引力较大；云南、广西更关注旅游文化产业的发展，带动的产业如饮食、住宿等多为生活性服务业。另一方面，作为西南地区头部城市的重庆，与其他省份的生产性服务业从业人数占比差异更大，2011 年重庆比四川、贵州、广西、云南的占比分别高 5.34 个、7.03 个、3.94 个、8.72 个百分点，到 2019 年则分别高 10.32 个、9.59 个、12.89 个、14.52 个百分点。2012—2015 年，四川、广西曾一度超越重庆，但在 2015 年之后，重庆重回第一并拉开差距。总体来讲，四川、贵州、广西、云南生产性服务业占比发展平稳，服务业结构变化稳定，整个西南地区生产性服务业稳步发展，有一定的韧性。但各省份服务业发展各有侧重，工业化程度高的省份更倚重生产性服务业，有文化旅游优势的省份更愿意稳定发展生活性服务业，服务业高质量发展对于生产性和生活性服务业都有要求，西南地区相对于东部地区仍有巨大的发展空间。

表 16 -9　西南地区生产性服务业从业人数占服务业比重　(%)

地区	2011 年	2012 年	2013 年	2014 年	2015 年	2016 年	2017 年	2018 年	2019 年
西南地区	19.226	18.140	19.281	19.693	19.477	21.596	21.676	21.000	21.600
四川	18.890	19.168	20.649	21.708	21.158	22.125	21.714	22.297	20.743
贵州	17.200	16.262	18.026	19.309	19.184	19.143	19.545	18.159	21.477
广西	20.291	20.470	20.527	19.928	19.966	19.289	18.764	18.321	18.170
云南	15.517	14.928	16.767	16.563	16.100	16.171	16.592	15.911	16.545
重庆	24.234	19.872	20.435	20.957	20.975	31.253	31.765	30.310	31.064

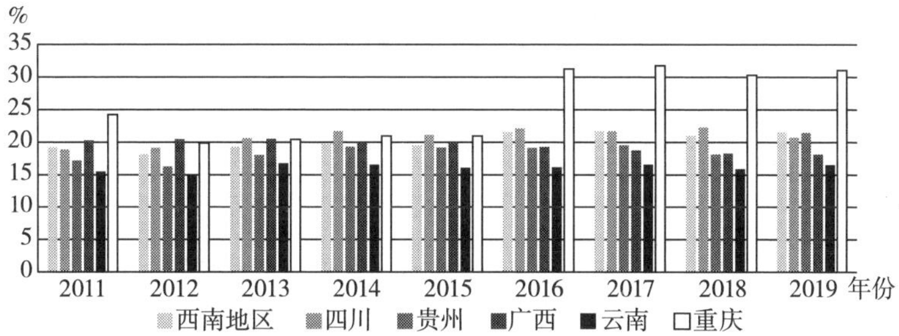

图 16 -9　西南地区生产性服务业从业人数占服务业比重

资料来源：根据国家统计局网站数据整理而得。

从指标上来看，高端服务业更能体现服务业的高质量发展。2011 年四川、贵州、广西、云南、重庆的高端服务业从业人数占比分别为 13.76%、12.72%、13.21%、10.66%、13.97%，除了云南，其他四个省份的占比接近，高端服务业发展普遍处于初级阶段；2019 年 5 个省份的高端服务业占比分别为 16.10%、15.49%、13.79%、12.61%、21.35%，分别变化了 2.34 个、2.78 个、0.58 个、1.95 个、7.38 个百分点，重庆高端服务业占比增长明显，其他四个省份没有多大变化（见表 16 -10、图 16 -10）。

一方面，西南地区在发展高端服务业上遇到了发展缓慢的问题。重庆依靠不错的工业基础打开局面，通过第二产业拉动服务业全方面发展，高端服务业能有广阔的发展空间；四川省由于工业化水平表现欠佳，难以通过工业拉动服务业发展，存在一定的经济结构平衡问题；贵州则存在产业结构“倒挂”现象，表现为第一产业的就业和产值比重偏高，科技创新能力薄弱，亟须通过工业化和调整产业结构推动经济高质量发展；广西由于地理和历史原因，工业基础薄弱，无论是创新还是抗风险能力都比较弱，这需要做好资源的合理分配，对行业进行查漏补缺，提升自己的创新能力和稳定性；云南也存在基础薄弱的问题，需要重视基础设施的建设和城乡的融合水平，为服务业发展提供有利环境，也为高端服务业打好基础。

另一方面，西南地区头部省份与其他省份的高端服务业占比差距拉大，2011 年重庆比四川、贵州、广西、云南的占比分别高 0.21 个、1.25 个、0.76 个、3.31 个百分点，到 2019 年则分别高 5.25 个、5.86 个、7.56 个、8.74 个百分点。在 2016 年以前，西南地区各省份的高端服务业占比十分接近且发展缓慢，但在 2016 年，重庆高端服务业发展迅猛，迅速和西南其他各省份拉开差距。总体来讲，四川、贵州、广西、云南高端服务业占比发展平稳，波动和增幅都很小，整个西南地区在高端服务业发展上略显颓势。但因西南地区各省份经济基础薄弱，推进工业化是更为紧迫的问题，高端服务业的发展也并非一朝一夕的事情，所以需要各省份在西部大开发战略的背景下，应时应地推出自己的发展策略，优化产业结构，协调城乡发展，提升创新能力，助力服务业高质量发展。

表 16－10　西南地区高端服务业从业人数占服务业比重　（%）

地区	2011 年	2012 年	2013 年	2014 年	2015 年	2016 年	2017 年	2018 年	2019 年
西南地区	12.862	12.650	13.058	13.061	13.120	14.448	14.634	14.427	15.868
四川	13.758	14.741	14.505	14.493	14.797	15.633	15.290	15.642	16.101
贵州	12.719	12.369	12.976	13.083	12.988	12.845	13.508	12.266	15.494
广西	13.205	13.584	14.077	13.696	14.093	13.877	13.711	13.373	13.786
云南	10.662	10.356	11.352	11.426	11.079	11.228	11.570	11.211	12.609
重庆	13.968	12.200	12.378	12.607	12.645	18.656	19.093	19.644	21.350

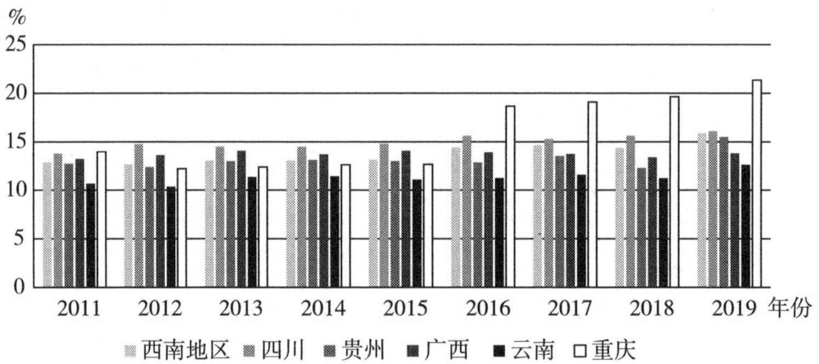

图 16－10　西南地区高端服务业从业人数占服务业比重

资料来源：根据国家统计局网站数据整理而得。

第十七章　西南地区服务业高质量发展整体评价与特征分析

第一节　西南地区服务业高质量发展整体评价

经济高质量发展的重要组成部分是服务业的高质量发展，西南地区要深入落实西部大开发政策，稳步提升自己的综合竞争力，就要在服务业高质量发展上有自己的理解和决策。从整体趋势上看，2011—2019 年西南地区服务业高质量发展除了产业协同指标，其他维度指标数据都有明显的提升。虽然西南地区在服务业发展方面有所成效，但在所有地区中排名靠后，与长三角、珠三角地区的差距仍然很大，产业结构、产业环境、创新能力等方面还需要进一步提升，总体上看，西南地区服务业发展仍处在初级阶段，要实现服务业高质量发展，还有很长的一段路要走。

西南地区在全国区域发展格局中越来越受到重视，近年来有如“一带一路”等多项国家战略来支持其发展。“十三五”期间西南地区服务业发展迅速，2019 年，西南地区内五省增长率均在 8% 以上，追赶的脚步并未放缓，区域协调发展的工作也在逐步推进中。表 17－1 是分地区城市服务业高质量发展整体评价，图 17－1 和图 17－2 分别列示了全国和分地区服务业高质量发展指数与各二级指标的年平均数。下面对西南地区与其他地区的服务业发展状况进行对比分析。

表 17－1　分地区服务业高质量发展整体评价

地区	高质量发展指数	产业规模	产业结构	产业创新	产业环境	产业协同
全国	6.102	23.447	8.839	5.737	44.243	2.607
长三角地区	13.421	37.518	11.978	13.237	50.459	2.762
珠三角地区	9.112	26.483	8.962	8.826	48.407	2.905

续表

地区	高质量发展指数	产业规模	产业结构	产业创新	产业环境	产业协同
环渤海地区	6.826	26.498	9.316	6.522	44.243	2.793
中部地区	4.125	19.408	7.467	3.433	43.426	2.634
西南地区	3.941	17.358	6.876	3.640	42.225	2.488
东北地区	2.707	19.272	9.567	2.099	41.150	2.349
西北地区	3.109	15.470	7.981	2.716	41.503	2.356

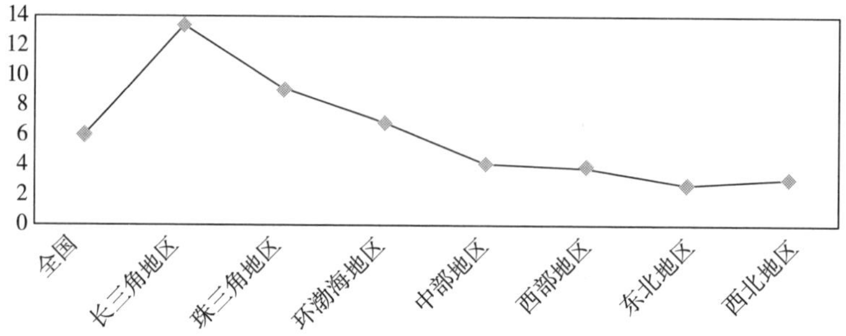

图 17－1　分地区服务业高质量发展指数

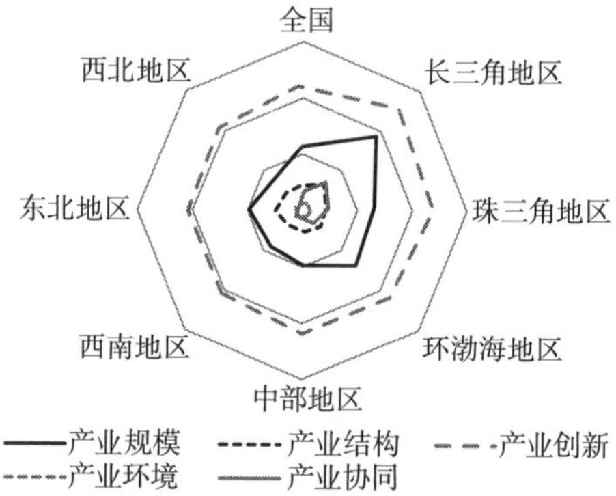

图 17－2　分地区服务业高质量发展指数二级指标

全国年均服务业高质量发展指数是重要的比对基准，西南地区在 2011 年至 2019 年的平均值低于全国平均水准，排名靠后。由于西南地区历史和地理原因，服务业发展所需的知识、人才、科技等资源很难聚集，且容易外流，服务业集聚程度要低于其他省份，这就导致西南地区与沿海地区服务业发展差距较大的局面。全国服务业高质量发展的平均水平主要靠沿海地区第三产业蓬勃发展拉高，像西南地区等内陆地区的年均高质量发展指数长期低于全国平均水准，第三产业发展还在初级阶段，存在产业质量和转型等问题，很难跟上沿海地区发展服务业的脚步。

在高质量发展指数的一级指标下还有5个二级指标。将全国各地区进行对比分析，发现：在产业规模方面，长三角、珠三角、环渤海等沿海地区有着优越的地理位置和发达的经济体系，在全国各地区中处于领先地位，且产业规模年均数远超国内平均水平；西南地区和西北地区早期产业规模接近，在2015年以后，西南地区稳稳超越西北地区，并逐步拉开差距，但都没有超过全国产业规模指标的平均水平，整体上看，西部地区（西南+西北）在产业规模上仍然有较大发展空间。在产业结构方面，我国各地区在全国平均产业结构指数上下均匀分布，长三角和东北地区保持在高位，西南和中部地区保持在平均线以下，虽然各地区的服务业结构年均数相差不大，但排名靠后的地区缩短与排名靠前者的距离很难。在产业创新方面，内陆地区与沿海地区的年均产业创新指数存在显著差异，且有随时间进一步拉开差距的趋势，沿海地区2011年至2019年的第三产业创新发展效果是中部等地区的2～7倍。珠三角等地区凭借先天的地理优势和早期的资本积累以及人才优势，在经济集聚效果下产生了由量到质的变化。此外，随着新业态新模式的创新与尝试，沿海地区不断巩固自己的创新和发展优势，第三产业也进一步向高质量高层次方向深化发展。而内陆地区，由于悬殊的生活质量等一系列因素的影响，劳动力资源自发地流向沿海地区，一方面为沿海地区提供了经济发展、产业升级不可或缺的人才，另一方面也加重了内陆地区的发展压力。在产业环境方面，我国各地区第三产业环境有趋同发展的现象，虽然内陆地区年均产业环境数均低于全国平均水平，长三角和珠三角地区的年均产业环境数已在50左右，但是并未发展到差距悬殊的地步。在产业协同方面，我国各地区服务业与制造业协同发展的水平接近，中部地区成为唯一一个超过全国平均水平的内陆地区。综上所述，内陆地区与沿海地区相比服务业各方面指标都有一定的差距，而西南地区在内陆地区中排中间位置，这种服务业发展追赶将会是很长一段时间的主旋律。

第二节　西南地区服务业高质量发展指数时间特征分析

西南地区位于我国的边疆地区，毗邻东盟和南亚国家，是中国21世纪以来实施“西部大开发战略”的重要发展区域之一，也是中国有色金属工业发展和战略储备的重要基地。服务业即人们常讲的第三产业，包括生产性服务业、生活性服务业、科教文卫等社会事业和政府公共服务等诸多行业和领域，已成为经济发展的重要组成部分，加快发展服务业，是西南地区贯彻落实习近平新时代中国特色社会主义思想的举措；促进服务业向高质量发展是新常态下全面提升西南地区产业竞争力和实现可持续发展的有力措施。近年来，西南地区城市服务业得到了快速发展，服务业在拉动地区增长中扮演着重要角色，但总体上由于处在工业化中后期，相比于其他地区服务业发展水平有待提升。本节以服务业高质量发展主指标和产业规模、产业结构、产业创新、产业环境和产业协同5项二级指标为切入点，研究在整体时间维度上服务业高质量发展水平的变化情况。

表17－2　西南地区城市服务业高质量发展指数

地区	2011年	2012年	2013年	2014年	2015年	2016年	2017年	2018年	2019年
西南地区	1.935	1.693	1.743	2.142	2.511	4.271	5.794	7.133	8.247
四川	2.170	2.472	2.112	2.909	2.712	3.448	4.551	5.412	6.063
贵州	1.963	2.120	2.150	2.393	2.747	3.280	4.163	5.742	7.354
广西壮族自治区	1.082	1.204	1.483	1.852	2.570	4.526	6.638	7.707	8.005
云南	1.203	1.292	1.396	1.664	1.932	2.329	2.877	3.605	4.614
重庆市	3.256	1.377	1.575	1.894	2.597	7.771	10.742	13.200	15.198
成都市	14.606	16.183	6.023	16.215	9.445	12.200	17.239	19.986	21.634
自贡市	1.218	1.473	1.461	1.587	1.871	2.267	2.770	3.330	3.681
攀枝花市	6.499	8.120	9.821	11.451	9.563	11.723	13.031	14.063	14.713
泸州市	1.377	1.712	1.871	2.235	2.568	3.104	4.037	4.863	5.044
德阳市	1.405	1.681	1.888	2.003	2.747	5.047	8.303	10.440	11.196
绵阳市	2.102	2.277	2.558	3.002	4.114	5.637	8.942	11.263	17.172
广元市	0.628	0.690	0.761	0.911	1.091	1.396	1.864	2.260	2.430
遂宁市	0.648	0.734	0.910	1.093	1.710	1.911	4.051	5.275	4.974
内江市	0.708	0.877	1.144	1.174	1.658	2.180	2.798	3.084	3.691
乐山市	1.041	1.131	1.162	1.305	1.496	1.934	2.595	3.385	3.531
南充市	0.758	0.729	0.818	0.907	1.063	1.204	1.365	1.830	2.196
眉山市	0.718	0.904	1.028	1.249	1.459	1.846	2.425	3.359	3.197
宜宾市	4.141	4.428	4.569	4.793	4.985	5.344	5.639	5.849	6.156
广安市	0.694	0.753	0.899	1.070	1.238	1.670	1.693	2.016	2.327

续表

地区	2011 年	2012 年	2013 年	2014 年	2015 年	2016 年	2017 年	2018 年	2019 年
达州市	0. 646	0. 692	0. 750	0. 841	0. 897	1. 027	1. 023	1. 236	1. 545
雅安市	0. 683	0. 744	0. 799	0. 882	1. 083	1. 398	1. 854	2. 295	2. 446
巴中市	0. 501	0. 598	0. 692	0. 728	0. 795	0. 907	1. 042	1. 189	1. 407
资阳市	0. 693	0. 772	0. 872	0. 919	1. 024	1. 267	1. 248	1. 688	1. 796
贵阳市	5. 762	6. 068	5. 782	6. 291	6. 980	8. 410	10. 868	15. 376	21. 234
六盘水市	0. 671	0. 778	0. 897	1. 059	1. 213	1. 331	1. 131	1. 651	1. 891
遵义市	0. 812	0. 879	1. 010	1. 174	1. 505	1. 948	2. 768	3. 696	3. 862
安顺市	0. 607	0. 753	0. 909	1. 049	1. 288	1. 431	1. 886	2. 244	2. 429
南宁市	3. 185	3. 565	3. 986	4. 686	6. 089	8. 695	12. 685	14. 505	16. 513
柳州市	1. 823	2. 032	3. 038	4. 341	7. 246	12. 720	19. 108	23. 673	23. 632
桂林市	1. 466	1. 593	1. 743	2. 236	3. 609	6. 245	9. 481	10. 700	11. 627
梧州市	0. 642	0. 764	0. 896	1. 110	1. 395	2. 345	4. 139	4. 672	4. 834
北海市	1. 775	1. 969	3. 143	3. 675	4. 235	9. 762	11. 483	13. 721	14. 512
防城港市	1. 115	1. 179	1. 352	1. 981	3. 974	10. 611	15. 539	15. 922	15. 775
钦州市	0. 739	0. 860	1. 063	1. 616	2. 090	3. 148	3. 989	4. 224	4. 221
贵港市	0. 697	0. 770	0. 926	0. 945	1. 057	1. 352	2. 575	3. 269	3. 596
玉林市	0. 683	0. 738	0. 867	1. 053	1. 293	1. 721	2. 538	2. 987	3. 055
百色市	0. 521	0. 572	0. 622	0. 755	0. 927	1. 118	1. 609	2. 052	2. 086
贺州市	0. 553	0. 662	0. 723	0. 845	0. 959	2. 006	5. 354	6. 504	6. 257
河池市	0. 569	0. 653	0. 706	0. 800	0. 897	0. 987	1. 456	1. 796	1. 824
来宾市	0. 650	0. 709	0. 825	0. 961	1. 160	1. 429	1. 730	2. 217	2. 400
崇左市	0. 733	0. 797	0. 864	0. 927	1. 047	1. 226	1. 239	1. 662	1. 739
昆明市	4. 108	4. 506	4. 636	5. 692	6. 522	8. 291	11. 136	14. 583	19. 055
曲靖市	0. 632	0. 616	0. 813	0. 937	1. 018	1. 199	1. 469	1. 835	2. 314
玉溪市	1. 625	1. 667	1. 758	2. 096	2. 562	2. 828	3. 278	3. 678	4. 655
保山市	0. 504	0. 542	0. 619	0. 739	0. 816	0. 941	0. 954	1. 210	1. 527
昭通市	0. 328	0. 378	0. 470	0. 528	0. 641	0. 744	0. 764	0. 868	1. 033
丽江市	0. 675	0. 736	0. 832	0. 902	1. 052	1. 258	1. 400	1. 678	2. 211
临沧市	0. 548	0. 599	0. 643	0. 752	0. 916	1. 041	1. 135	1. 385	1. 500

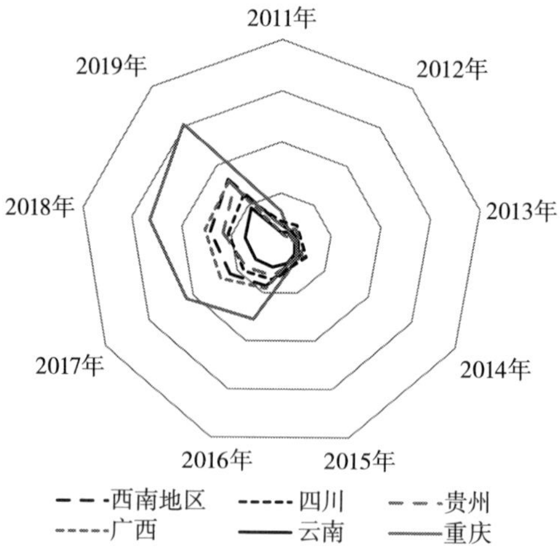

图 17－3　西南地区城市服务业高质量发展指数

表 17－2 是西南地区城市服务业高质量发展指数。首先，从总体上看，城市服务业高质量发展指数呈现递增的态势。2011 年，重庆市、成都市、攀枝花市、宜宾市、贵阳市和昆明市的服务业高质量发展指数位居前列，成都市处于榜首的位置，指数为 14.606。其次，在 2016 年以前，中心城市高质量发展指数有明显波动，而 2016 年以后高质量发展指数增长迅猛，重庆市、成都市、贵阳市和昆明市尤为突出。同时，部分非中心城市，以 2016 年为转折点，城市服务业高质量发展指数显著上升，代表城市有绵阳市、南宁市、柳州市、防城港市。在 2019 年，柳州市以 23.632 的服务业高质量发展指数位居第一，成都市以 21.634 紧随其后。

图 17－3 是西南地区服务业高质量发展指数的雷达图。显而易见，2011 年，重庆服务业高质量发展指数略高于其他省份和整体西南地区，其他四个省份差距不大；从 2011 年开始，各省份的服务业高质量发展指数稳定增长，以 2016 年为临界点，其后变得增长迅猛；经过 9 年的发展，四川、贵州、广西和整个西南地区的发展指数仍然十分接近，重庆则拉开与其他省份的距离，而云南省的服务业高质量发展指数落后于其他省份和整体水平，形成了“重庆市—其他三省份—云南省”的三级梯度。

表 17-3　西南地区城市服务业产业规模指数

地区	2011 年	2012 年	2013 年	2014 年	2015 年	2016 年	2017 年	2018 年	2019 年
西南地区	12.721	12.204	12.684	14.419	15.711	19.941	15.936	24.563	28.040
四川	11.714	12.759	12.220	13.674	14.102	16.238	11.484	23.039	26.854
贵州	12.965	14.814	16.326	18.433	20.677	22.541	14.888	25.169	23.885
广西壮族自治区	11.775	12.792	13.216	15.631	16.989	18.858	13.519	23.969	25.766
云南	10.364	10.786	11.144	12.283	14.192	15.797	10.939	18.319	27.483
重庆市	16.785	9.869	10.514	12.072	12.594	26.270	28.850	32.321	36.211
成都市	24.540	26.634	12.450	22.639	13.865	14.398	13.601	15.731	19.022
自贡市	14.308	15.595	16.023	16.423	18.983	21.514	19.862	31.278	33.359
攀枝花市	13.288	14.412	14.443	14.638	10.885	12.471	12.920	17.925	16.149
泸州市	10.786	11.697	11.626	13.045	13.658	15.371	11.440	21.372	25.444
德阳市	14.071	15.662	15.299	15.899	19.289	23.437	12.322	35.497	35.695
绵阳市	12.528	12.451	12.104	12.517	13.752	15.031	13.275	24.682	42.051
广元市	8.655	9.216	9.142	10.757	11.620	12.977	8.301	16.800	19.481
遂宁市	10.672	11.531	12.299	12.806	15.478	15.004	12.053	29.501	26.306
内江市	9.865	11.013	12.523	12.613	13.846	16.737	10.740	23.386	29.117
乐山市	11.103	12.588	13.454	15.193	16.485	20.675	13.311	31.471	32.198
南充市	8.532	8.982	9.259	10.335	10.647	12.870	8.749	18.653	23.791
眉山市	11.091	12.527	12.915	14.201	15.908	19.380	13.226	31.742	31.417
宜宾市	9.830	11.047	11.848	13.175	14.221	17.579	11.793	24.963	31.450
广安市	13.622	14.763	15.694	16.731	18.251	19.144	8.457	20.353	27.228
达州市	9.220	10.318	10.725	12.401	12.298	15.371	9.730	17.842	23.952
雅安市	8.399	9.122	9.428	10.465	12.066	14.056	10.509	19.924	25.892
巴中市	8.595	8.965	8.388	8.938	9.089	9.846	6.811	9.740	14.688
资阳市	11.754	13.132	12.333	13.354	13.491	16.415	9.607	23.838	26.127
贵阳市	14.600	16.644	17.716	19.326	21.692	22.958	21.248	26.750	26.566
六盘水市	13.302	15.940	18.740	22.314	25.300	27.777	13.411	28.685	21.493
遵义市	13.875	14.883	15.515	16.847	18.546	20.951	12.861	24.768	25.481
安顺市	10.084	11.791	13.333	15.245	17.172	18.480	12.031	20.473	21.998
南宁市	15.090	16.557	16.948	18.414	20.167	22.100	20.957	25.165	28.619
柳州市	11.386	11.835	13.561	17.345	19.535	22.735	21.898	33.191	32.563
桂林市	12.956	13.945	13.927	15.448	16.806	19.037	14.372	24.396	27.503

续表

地区	2011 年	2012 年	2013 年	2014 年	2015 年	2016 年	2017 年	2018 年	2019 年
梧州市	10.015	11.662	11.242	15.957	17.465	18.815	13.486	24.150	24.772
北海市	14.160	15.189	16.609	18.621	20.625	22.828	18.438	30.684	35.456
防城港市	14.997	15.301	15.853	16.776	18.147	22.619	19.687	28.349	27.545
钦州市	12.275	14.261	14.389	17.950	19.453	20.821	13.880	26.203	28.851
贵港市	12.213	13.705	13.485	15.072	16.148	17.279	11.219	21.383	25.026
玉林市	12.237	12.939	13.559	16.266	17.718	19.519	11.423	25.398	27.780
百色市	8.078	9.305	9.506	11.326	11.936	13.006	6.692	16.047	18.182
贺州市	10.287	10.624	10.963	12.620	13.986	14.698	10.602	19.231	21.337
河池市	9.212	9.962	10.087	12.530	13.372	14.437	9.845	16.450	18.073
来宾市	10.895	11.069	11.654	14.653	15.088	16.561	10.318	21.006	21.395
崇左市	11.049	12.728	13.243	15.850	17.395	19.559	6.447	23.918	23.627
昆明市	14.108	15.651	15.772	18.667	19.276	21.021	20.309	24.147	34.861
曲靖市	12.732	12.452	13.332	14.828	14.180	16.315	11.776	24.320	35.368
玉溪市	13.617	13.739	14.501	15.439	18.533	21.590	10.331	24.212	41.731
保山市	9.380	10.161	10.810	12.081	13.518	14.837	8.715	15.996	21.306
昭通市	7.191	7.322	7.377	7.859	9.805	10.665	6.263	10.995	16.650
丽江市	8.639	8.979	8.515	8.805	10.710	11.698	11.123	12.998	22.273
临沧市	6.880	7.196	7.698	8.303	13.326	14.450	8.055	15.567	20.195

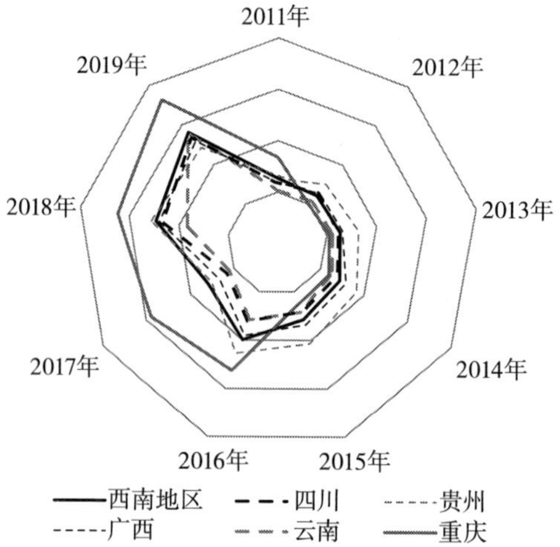

图 17－4 西南地区城市服务业产业规模指数

表 17－3 是西南地区城市服务业产业规模指数。首先，从总体上看，城市服务业产业规模指数大体呈现增长的态势。2011 年，成都市、重庆市的产业规模指数位居前列，尤其是成都市的指数高达 24.540，处于显著领先的地位。其次，在 2017 年以前，中心城市产业规模指数增速稳定，而 2017 年受到某种外生冲击以后，大部分城市服务业产业规模指数突然下降，德阳市、广安市、六盘水市和玉溪市尤为突出。最后，2011 年至 2019 年，只有成都市产业规模指数总体下降，到 2019 年仅有 19.022，绝大部分城市的产业规模指数均显著上升，其中绵阳市增长了 29.523，达到 42.051。

图 17－4 是西南地区城市服务业产业规模指数的雷达图。显而易见，2011 年，重庆服务业产业规模指数略高于其他省份和西南地区整体，其他四个省份差距不大；从 2011 年开始，各省份的产业规模指数都在稳定增长，但 2017 年除了重庆，西南地区其他省份服务业产业规模指数骤降，2018 年后恢复；经过 9 年的发展，四川、云南、广西和整个西南地区的产业规模指数仍然十分接近，重庆则拉开与其他省份的距离，而贵州省的服务业产业规模指数稍落后于其他省份和整体水平。

表 17－4　西南地区城市服务业产业结构指数

地区	2011 年	2012 年	2013 年	2014 年	2015 年	2016 年	2017 年	2018 年	2019 年
西南地区	6.317	5.954	6.374	6.496	6.462	7.472	7.557	7.305	7.946
四川	6.498	6.918	7.215	7.500	7.443	7.980	7.758	8.047	7.784
贵州	5.719	5.360	6.007	6.410	6.364	6.301	6.632	5.842	7.823
广西壮族自治区	6.754	6.919	7.060	6.783	6.931	6.663	6.474	6.246	6.346
云南	4.586	4.337	5.137	5.118	4.883	4.956	5.181	4.892	5.525
重庆市	8.029	6.236	6.451	6.670	6.687	11.461	11.740	11.497	12.253
成都市	10.764	10.295	10.048	14.597	10.432	14.949	13.823	14.095	12.205
自贡市	9.023	11.464	9.695	10.486	10.035	9.919	9.930	10.126	10.201
攀枝花市	8.049	12.097	9.109	11.166	9.821	10.052	9.860	12.018	13.920
泸州市	6.159	6.098	6.707	6.337	6.692	6.746	5.455	5.645	6.653
德阳市	7.246	8.597	10.962	9.224	9.681	9.144	8.740	8.717	6.595
绵阳市	10.607	11.765	13.383	13.493	13.715	16.115	15.679	15.476	5.104
广元市	5.836	5.536	5.486	6.221	6.149	6.362	6.439	7.262	5.527
遂宁市	4.351	4.392	4.254	4.515	4.859	5.429	4.711	4.820	4.198

续表

地区	2011 年	2012 年	2013 年	2014 年	2015 年	2016 年	2017 年	2018 年	2019 年
内江市	3. 619	5. 504	8. 344	5. 827	6. 198	6. 274	6. 718	7. 744	6. 946
乐山市	8. 742	8. 483	7. 275	7. 246	6. 675	6. 581	6. 172	5. 226	6. 059
南充市	7. 529	6. 265	6. 745	7. 444	9. 339	9. 330	9. 489	9. 470	6. 153
眉山市	2. 813	2. 200	2. 923	2. 568	2. 773	3. 102	3. 026	3. 930	10. 304
宜宾市	6. 618	5. 557	6. 471	6. 408	7. 055	7. 439	7. 006	7. 333	7. 041
广安市	5. 148	5. 026	5. 343	6. 172	6. 431	6. 120	6. 342	5. 934	6. 863
达州市	6. 228	6. 092	5. 913	5. 953	5. 905	5. 905	6. 543	6. 815	6. 800
雅安市	5. 693	5. 259	4. 527	4. 887	5. 061	5. 305	5. 562	5. 914	7. 711
巴中市	3. 490	4. 545	5. 594	5. 323	5. 149	5. 005	4. 636	4. 514	8. 560
资阳市	5. 042	5. 359	7. 097	7. 127	8. 009	9. 871	9. 507	9. 803	9. 280
贵阳市	9. 968	8. 601	11. 096	12. 390	12. 330	12. 437	13. 112	13. 230	13. 513
六盘水市	3. 915	3. 969	3. 422	3. 485	3. 481	3. 277	3. 656	3. 283	5. 867
遵义市	4. 607	3. 805	4. 193	4. 021	4. 168	3. 807	4. 130	3. 334	7. 032
安顺市	4. 385	5. 065	5. 319	5. 746	5. 478	5. 682	5. 628	3. 522	4. 879
南宁市	12. 911	12. 877	12. 925	13. 516	13. 736	12. 660	12. 982	14. 695	14. 006
柳州市	12. 174	14. 670	10. 988	10. 737	10. 161	10. 405	9. 515	8. 385	9. 675
桂林市	7. 720	7. 235	7. 188	7. 896	8. 608	9. 135	8. 869	8. 339	7. 679
梧州市	4. 763	4. 725	6. 101	5. 328	5. 782	5. 493	4. 812	4. 803	4. 406
北海市	8. 192	7. 589	8. 626	8. 959	8. 950	8. 215	8. 042	8. 387	7. 514
防城港市	8. 138	7. 913	7. 726	7. 914	7. 523	6. 461	6. 773	6. 084	6. 627
钦州市	4. 852	4. 389	4. 258	3. 468	3. 520	3. 546	3. 491	3. 009	4. 830
贵港市	3. 706	3. 728	6. 951	4. 844	4. 557	4. 435	4. 119	5. 214	3. 213
玉林市	5. 681	5. 659	6. 085	5. 494	5. 308	5. 182	4. 980	4. 591	4. 726
百色市	4. 471	4. 051	3. 321	3. 406	4. 531	4. 172	3. 671	2. 883	4. 192
贺州市	4. 180	5. 400	5. 362	5. 477	5. 974	6. 513	6. 583	5. 558	5. 540
河池市	5. 058	5. 644	5. 406	5. 238	5. 070	4. 247	3. 208	3. 521	4. 958
来宾市	5. 785	6. 224	6. 864	6. 277	6. 570	6. 214	5. 784	4. 363	4. 330
崇左市	6. 918	6. 766	7. 045	6. 401	6. 740	6. 601	7. 810	7. 619	7. 150
昆明市	12. 619	12. 025	13. 522	13. 069	12. 628	13. 154	14. 026	13. 943	12. 851
曲靖市	3. 345	2. 255	5. 027	4. 874	4. 559	4. 774	3. 850	2. 273	3. 482
玉溪市	4. 846	4. 530	5. 044	4. 623	4. 801	4. 652	5. 364	5. 917	6. 421

续表

地区	2011 年	2012 年	2013 年	2014 年	2015 年	2016 年	2017 年	2018 年	2019 年
保山市	3.796	3.168	3.021	3.206	3.007	3.174	3.020	2.570	5.373
昭通市	1.463	1.788	1.987	2.020	1.831	2.034	2.779	1.700	1.816
丽江市	4.431	4.020	4.956	5.910	5.164	4.960	5.552	6.228	5.332
临沧市	1.601	2.571	2.402	2.121	2.193	1.942	1.673	1.614	3.398

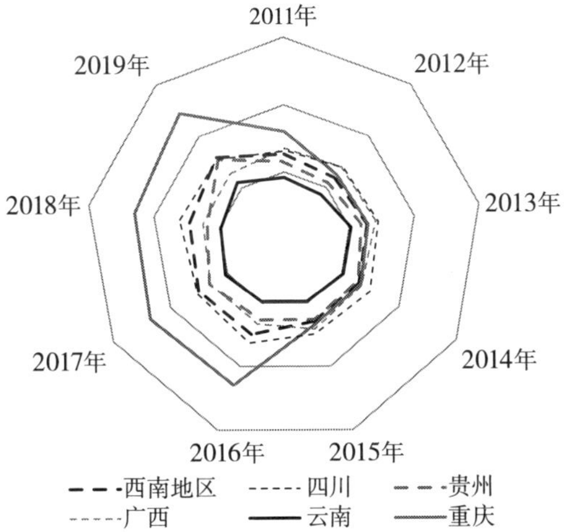

图 17－5　西南地区城市服务业产业结构指数

表 17－4 是西南地区城市服务业产业结构指数。首先，从总体上看，城市服务业产业结构指数大体呈现增长的态势。2011 年，南宁市、柳州市、昆明市的产业结构指数位居前列，尤其是南宁市的指数高达 12.911，处于领先的地位。其次，在 2017 年以前，中心城市产业结构指数增速缓慢，而 2017 年受到某种外生冲击以后，大部分城市服务业产业结构指数出现小幅度波动，泸州市、河池市、崇左市波动超过了 1。最后，2011 年至 2019 年，部分城市产业结构指数出现小幅度下降，其中较为显著的有绵阳市、乐山市、柳州市和防城港市，绝大部分城市的产业结构指数上升，其中眉山市增长显著，增长了 7.491。

图 17－5 是西南地区服务业产业结构指数的雷达图。显而易见，2011 年，重庆服务业产业结构指数略高于其他省份和整体西南地区，其他四个省份差距不大；从 2011 年开始，各省份的产业结构指数都在稳定增长，2018 年除了四川省，西南地区其他省份服务业产业结构指数均小幅度下降，2019 年

有所恢复；经过9年的发展，四川、贵州、广西和整个西南地区的产业结构指数仍然十分接近，重庆市则拉开与其他省份的距离，而云南省的服务业产业结构指数稍落后于其他省份和整体水平。

表17－5　西南地区城市服务业产业创新指数

地区	2011年	2012年	2013年	2014年	2015年	2016年	2017年	2018年	2019年
西南地区	1.659	1.378	1.389	1.789	2.157	3.944	5.581	6.881	7.984
四川	1.879	2.149	1.752	2.559	2.354	3.102	4.304	5.107	5.736
贵州	1.657	1.779	1.749	1.964	2.294	2.813	3.904	5.419	7.095
广西壮族自治区	0.680	0.764	1.038	1.440	2.184	4.246	6.501	7.522	7.808
云南	0.948	1.023	1.063	1.309	1.535	1.911	2.540	3.218	4.141
重庆市	3.129	1.174	1.345	1.672	2.415	7.649	10.656	13.136	15.140
成都市	14.606	16.190	5.947	16.203	9.403	12.152	17.243	20.006	21.669
自贡市	0.794	0.949	0.990	1.093	1.416	1.853	2.440	2.911	3.268
攀枝花市	6.471	8.074	9.811	11.436	9.542	11.713	13.028	14.048	14.696
泸州市	1.211	1.562	1.696	2.074	2.403	2.943	3.938	4.731	4.875
德阳市	1.142	1.373	1.510	1.687	2.467	4.885	8.256	10.344	11.117
绵阳市	1.856	1.998	2.240	2.726	3.902	5.444	8.842	11.172	17.147
广元市	0.218	0.277	0.344	0.463	0.677	1.022	1.618	1.959	2.136
遂宁市	0.332	0.385	0.573	0.788	1.458	1.651	3.956	5.106	4.815
内江市	0.494	0.567	0.680	0.855	1.387	1.925	2.626	2.793	3.394
乐山市	0.613	0.694	0.729	0.885	1.086	1.535	2.375	3.036	3.170
南充市	0.304	0.297	0.287	0.302	0.328	0.489	0.798	1.302	1.765
眉山市	0.491	0.674	0.759	0.992	1.166	1.535	2.240	3.027	2.737
宜宾市	4.101	4.392	4.515	4.735	4.911	5.252	5.566	5.715	5.985
广安市	0.152	0.147	0.345	0.551	0.696	1.270	1.409	1.633	1.843
达州市	0.177	0.197	0.218	0.288	0.291	0.316	0.365	0.467	0.797
雅安市	0.360	0.401	0.426	0.492	0.684	1.030	1.594	1.978	2.003
巴中市	0.236	0.242	0.248	0.270	0.295	0.402	0.637	0.800	0.801
资阳市	0.260	0.259	0.220	0.216	0.260	0.421	0.541	0.888	1.029
贵阳市	5.697	6.007	5.676	6.170	6.856	8.305	10.796	15.342	21.251
六盘水市	0.265	0.265	0.247	0.350	0.348	0.397	0.616	0.922	1.429
遵义市	0.437	0.502	0.617	0.797	1.149	1.614	2.605	3.485	3.614

续表

地区	2011 年	2012 年	2013 年	2014 年	2015 年	2016 年	2017 年	2018 年	2019
安顺市	0. 230	0. 344	0. 457	0. 540	0. 823	0. 938	1. 598	1. 929	2. 086
南宁市	2. 964	3. 349	3. 780	4. 492	5. 927	8. 596	12. 639	14. 457	16. 479
柳州市	1. 471	1. 571	2. 835	4. 188	7. 162	12. 693	19. 133	23. 712	23. 669
桂林市	1. 216	1. 346	1. 486	2. 000	3. 440	6. 145	9. 442	10. 649	11. 577
梧州市	0. 268	0. 375	0. 419	0. 652	0. 961	2. 089	4. 035	4. 514	4. 673
北海市	1. 541	1. 749	2. 975	3. 507	4. 065	9. 714	11. 461	13. 686	14. 472
防城港市	0. 663	0. 728	0. 934	1. 686	3. 837	10. 585	15. 554	15. 923	15. 774
钦州市	0. 381	0. 489	0. 741	1. 370	1. 857	2. 980	3. 894	4. 045	3. 995
贵港市	0. 376	0. 374	0. 371	0. 417	0. 542	0. 929	2. 422	3. 056	3. 375
玉林市	0. 096	0. 111	0. 275	0. 572	0. 851	1. 351	2. 365	2. 702	2. 730
百色市	0. 121	0. 123	0. 147	0. 313	0. 457	0. 698	1. 388	1. 794	1. 774
贺州市	0. 087	0. 104	0. 140	0. 185	0. 307	1. 750	5. 286	6. 427	6. 161
河池市	0. 123	0. 128	0. 137	0. 201	0. 279	0. 410	1. 192	1. 486	1. 452
来宾市	0. 067	0. 099	0. 146	0. 402	0. 660	1. 003	1. 457	1. 893	2. 088
崇左市	0. 145	0. 146	0. 147	0. 174	0. 237	0. 507	0. 749	0. 970	1. 099
昆明市	3. 956	4. 363	4. 457	5. 542	6. 389	8. 180	11. 062	14. 541	19. 036
曲靖市	0. 228	0. 244	0. 333	0. 462	0. 551	0. 694	1. 147	1. 354	1. 665
玉溪市	1. 474	1. 505	1. 561	1. 920	2. 362	2. 594	3. 142	3. 446	4. 280
保山市	0. 077	0. 103	0. 143	0. 197	0. 223	0. 317	0. 464	0. 675	0. 918
昭通市	0. 035	0. 033	0. 053	0. 059	0. 077	0. 102	0. 156	0. 212	0. 276
丽江市	0. 431	0. 480	0. 473	0. 502	0. 635	0. 868	0. 979	1. 291	1. 811
临沧市	0. 439	0. 431	0. 425	0. 482	0. 511	0. 621	0. 829	1. 007	1. 001

表 17 – 5 是西南地区城市服务业产业创新指数。首先，从总体上看，城市服务业产业创新指数大体呈现增长的态势。2011 年，成都市、贵阳市、攀枝花市的产业创新指数位居前列，尤其是成都市高达 14. 606，处于遥遥领先的地位。其次，在 2017 年以前，中心城市产业创新指数增速缓慢，而 2017 年以后，大部分城市服务业产业创新指数出现跳跃式增长。最后，2011 年至 2019 年，绝大部分城市产业创新指数上升，其中较为显著的有绵阳市、贵阳市、柳州市和防城港市，其中柳州市从 2016 年起超越成都市成为第一。

图 17 – 6 是西南地区城市服务业产业创新指数的雷达图。显而易见，2011 年，重庆市服务业产业创新指数显著高于其他省份和西南地区整体，四川省、

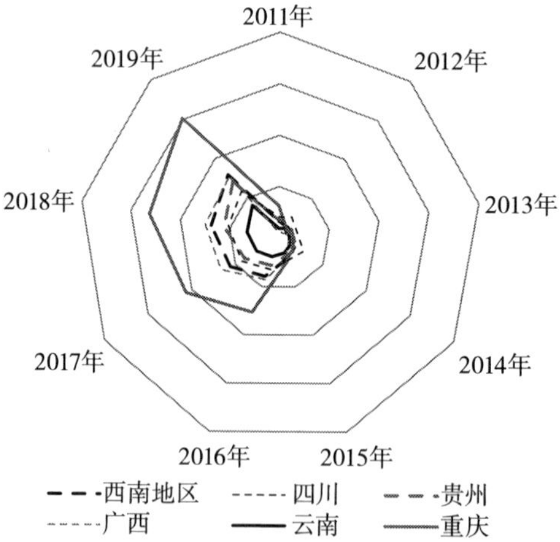

图 17-6　西南地区城市服务业产业创新指数

贵州省位于第二梯队，广西壮族自治区、云南省位于第三梯队。从 2011 年开始，各省份的产业创行指数都在稳定增长，经过 9 年的发展，贵州省、广西壮族自治区和整个西南地区的产业创新指数十分接近，重庆市则拉开与其他省份的距离，而云南省和四川省的服务业产业创新指数则位于第三梯队。

表 17-6　西南地区城市服务业产业环境指数

地区	2011 年	2012 年	2013 年	2014 年	2015 年	2016 年	2017 年	2018 年	2019 年
西南地区	9.527	21.108	32.078	37.108	45.321	51.811	58.831	61.014	63.226
四川	9.247	20.903	31.193	35.926	43.891	50.496	57.433	59.202	61.351
贵州	7.496	19.634	30.793	36.337	45.188	51.620	59.019	61.121	63.523
广西壮族自治区	9.422	20.893	31.469	36.614	44.796	51.361	58.023	61.037	63.226
云南	8.303	19.052	29.767	35.507	43.573	50.340	57.236	59.640	61.577
重庆市	13.165	25.061	37.170	41.155	49.155	55.237	62.442	64.072	66.451
成都市	19.419	32.123	43.163	46.560	55.839	61.408	69.097	71.520	72.865
自贡市	10.167	22.308	32.480	36.967	44.922	50.898	58.350	60.061	62.036
攀枝花市	10.998	18.390	29.464	40.939	46.765	53.169	59.223	60.553	62.281
泸州市	9.056	18.945	30.257	35.867	42.346	48.949	55.369	57.382	59.710
德阳市	12.237	24.098	33.514	39.161	46.101	53.530	60.679	60.880	63.450
绵阳市	12.840	23.964	35.861	39.599	46.955	51.704	61.582	62.236	63.952
广元市	7.320	20.510	28.827	34.262	41.822	49.032	55.126	56.675	59.145

续表

地区	2011 年	2012 年	2013 年	2014 年	2015 年	2016 年	2017 年	2018 年	2019 年
遂宁市	7. 225	18. 802	28. 974	33. 105	41. 764	49. 097	55. 493	57. 509	59. 491
内江市	8. 068	19. 207	30. 419	32. 746	41. 857	48. 101	55. 251	57. 516	59. 547
乐山市	10. 789	22. 940	33. 734	36. 630	46. 204	53. 697	61. 456	64. 063	66. 395
南充市	7. 477	20. 010	30. 448	35. 506	42. 091	48. 976	55. 626	57. 271	59. 626
眉山市	7. 754	21. 494	29. 902	35. 305	43. 893	49. 842	56. 362	58. 838	61. 328
宜宾市	9. 888	21. 084	31. 072	35. 006	43. 141	48. 864	56. 670	59. 057	61. 925
广安市	7. 868	18. 945	28. 736	33. 197	42. 035	49. 056	54. 844	56. 730	59. 360
达州市	5. 594	16. 747	26. 898	31. 897	40. 324	47. 362	53. 300	55. 296	58. 265
雅安市	8. 244	21. 500	33. 037	35. 668	43. 469	49. 491	55. 868	56. 892	59. 267
巴中市	2. 715	16. 160	25. 538	30. 294	38. 764	46. 290	52. 789	54. 328	56. 912
资阳市	8. 789	19. 023	29. 158	33. 961	41. 754	49. 457	56. 707	58. 821	58. 768
贵阳市	14. 966	27. 582	37. 022	42. 620	51. 283	57. 165	65. 089	67. 397	69. 456
六盘水市	1. 316	15. 625	28. 248	31. 855	43. 277	48. 091	55. 460	57. 471	59. 951
遵义市	8. 982	19. 539	29. 043	34. 278	42. 797	51. 413	57. 618	60. 162	62. 486
安顺市	4. 720	15. 789	28. 857	36. 597	43. 395	49. 810	57. 908	59. 454	62. 198
南宁市	15. 686	28. 300	39. 319	43. 473	52. 886	59. 991	66. 468	68. 361	71. 068
柳州市	12. 611	25. 370	36. 396	41. 422	52. 029	60. 582	65. 249	68. 477	70. 989
桂林市	13. 037	24. 118	35. 689	39. 970	49. 011	55. 179	63. 077	65. 740	66. 845
梧州市	10. 406	20. 793	31. 293	34. 979	43. 775	50. 060	56. 623	58. 956	62. 474
北海市	13. 964	24. 719	35. 541	41. 192	49. 335	56. 045	62. 313	64. 385	66. 081
防城港市	13. 688	23. 972	34. 771	41. 834	46. 686	53. 272	59. 800	62. 843	65. 423
钦州市	7. 794	18. 994	29. 785	32. 949	42. 427	48. 099	54. 949	57. 529	60. 210
贵港市	5. 575	18. 043	27. 398	35. 585	41. 192	47. 463	54. 175	57. 617	60. 060
玉林市	6. 667	18. 697	28. 200	31. 528	40. 813	48. 448	55. 535	58. 680	60. 819
百色市	8. 333	18. 441	29. 506	34. 252	42. 828	48. 524	54. 984	58. 334	59. 732
贺州市	8. 195	19. 402	26. 925	37. 508	42. 309	48. 683	56. 961	61. 037	62. 422
河池市	3. 399	16. 309	27. 208	32. 213	40. 852	46. 872	53. 256	56. 787	58. 935
来宾市	5. 245	16. 215	29. 681	32. 530	41. 387	47. 464	54. 092	57. 284	59. 437
崇左市	7. 305	19. 132	28. 850	33. 165	41. 615	48. 376	54. 845	58. 492	60. 666
昆明市	15. 826	29. 549	41. 279	45. 701	55. 085	62. 218	70. 401	72. 381	74. 340
曲靖市	4. 484	13. 868	25. 658	32. 110	41. 617	49. 124	56. 113	59. 360	61. 213
玉溪市	10. 863	22. 350	31. 915	36. 057	45. 384	52. 584	58. 140	60. 607	62. 602

续表

地区	2011年	2012年	2013年	2014年	2015年	2016年	2017年	2018年	2019年
保山市	6.316	16.376	25.984	35.051	39.907	46.810	54.009	56.382	58.733
昭通市	4.240	14.005	25.002	29.755	37.285	44.693	51.058	53.812	55.688
丽江市	12.087	22.691	35.016	36.626	46.200	52.041	58.573	60.438	62.105
临沧市	4.305	14.523	23.518	33.252	39.533	44.911	52.360	54.498	56.356

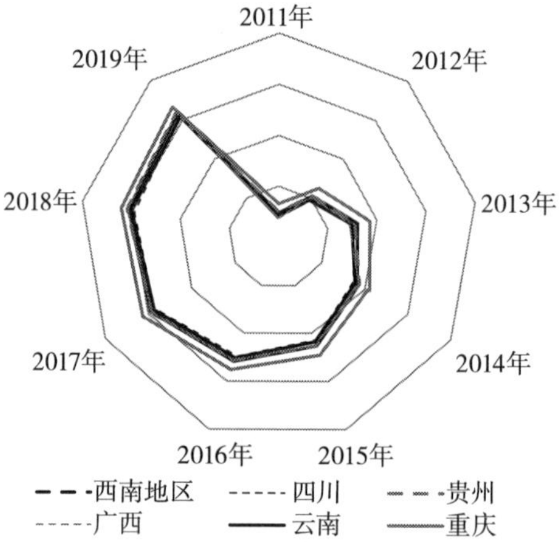

图 17－7　西南地区城市服务业产业环境指数

表 17－6 是西南地区城市服务业产业环境指数。首先，从总体上看，城市服务业产业环境指数大体呈现增长的态势。2011 年，成都市、南宁市、贵阳市和昆明市的产业环境指数位居前列，尤其是成都市高达 19.419，居于首位。其次，在 2011—2019 年，大部分城市服务业产业环境指数稳步高速增长。最后，2011 年至 2019 年，所有西南地区城市产业环境指数均显著上升，指数增长程度相近，都增长了 50 左右，昆明仍以 74.340 居首位。

图 17－7 是西南地区服务业产业环境指数的雷达图。显而易见，2011 年，重庆服务业产业环境指数显著高于其他省份和西南地区整体，其他四个省份差距不大；经过 9 年的发展，重庆市仍排名首位，与其他四个省份差距几乎没有变化，西南地区在服务业产业环境指数上相接近，一直保持稳定快速增长的状态。

表 17-7 西南地区城市服务业产业协同指数

地区	2011 年	2012 年	2013 年	2014 年	2015 年	2016 年	2017 年	2018 年	2019 年
西南地区	2.527	2.512	2.514	2.509	2.515	2.486	2.482	2.451	2.397
四川省	2.430	2.465	2.569	2.560	2.539	2.500	2.526	2.432	2.404
贵州省	2.558	2.573	2.496	2.423	2.464	2.429	2.450	2.348	2.349
广西壮族自治区	2.568	2.607	2.616	2.581	2.551	2.501	2.479	2.398	2.347
云南省	2.354	2.317	2.325	2.382	2.376	2.357	2.328	2.361	2.294
重庆市	2.726	2.599	2.562	2.600	2.644	2.643	2.625	2.716	2.593
成都市	2.827	2.860	2.636	2.739	2.704	2.622	2.641	2.644	2.602
自贡市	2.731	2.637	2.686	2.684	2.577	2.482	2.381	2.311	2.380
攀枝花市	2.674	2.823	2.408	2.669	2.781	2.813	2.788	2.802	2.775
泸州市	2.251	2.356	2.325	2.246	2.225	2.096	2.258	1.596	2.010
德阳市	2.890	3.052	2.921	3.046	3.106	3.074	3.119	3.103	3.126
绵阳市	3.160	3.209	3.025	2.979	2.852	2.767	2.851	2.753	2.725
广元市	2.073	2.114	2.162	2.059	2.035	2.011	1.964	1.843	1.870
遂宁市	2.028	2.159	2.634	2.657	2.648	2.805	2.570	2.429	2.481
内江市	2.341	2.447	2.878	2.704	2.683	2.742	2.613	2.504	2.633
乐山市	2.800	2.820	2.983	2.906	2.963	2.862	2.801	2.447	2.456
南充市	2.073	2.158	2.601	2.543	2.583	2.519	2.506	2.285	2.239
眉山市	2.717	2.581	2.906	2.918	2.938	2.873	2.856	2.619	2.463
宜宾市	2.831	2.842	2.960	2.979	2.931	2.928	2.960	2.916	2.869
广安市	1.577	1.581	1.900	1.895	1.748	1.832	2.554	2.655	2.503
达州市	2.009	1.685	1.899	1.929	1.989	1.984	2.194	2.177	2.167
雅安市	2.322	2.468	2.372	2.299	2.328	2.289	2.227	2.224	2.187
巴中市	1.630	1.762	2.040	2.091	1.994	1.971	1.948	1.995	1.694
资阳市	2.799	2.823	2.902	2.740	2.624	2.338	2.237	2.471	2.094
贵阳市	2.667	2.585	2.354	2.281	2.245	2.161	2.120	2.039	1.914
六盘水市	2.179	2.156	2.084	1.952	1.848	1.857	1.860	1.905	1.805
遵义市	2.626	2.745	2.693	2.652	2.638	2.640	2.569	2.633	2.526
安顺市	2.762	2.806	2.853	2.805	3.126	3.057	3.252	2.816	3.151
南宁市	2.622	2.750	2.400	2.292	2.203	2.169	2.112	2.038	1.952
柳州市	3.233	3.263	2.822	2.821	2.749	2.765	2.661	2.560	2.467
桂林市	2.689	2.658	2.652	2.732	2.763	2.682	2.521	2.257	2.356

续表

地区	2011 年	2012 年	2013 年	2014 年	2015 年	2016 年	2017 年	2018 年	2019 年
梧州市	2.710	2.713	3.239	3.299	3.321	3.334	3.302	3.058	2.911
北海市	3.123	3.089	2.894	2.971	3.004	3.002	3.021	2.834	2.741
防城港市	2.211	2.393	2.291	1.837	1.698	1.710	1.920	2.089	1.879
钦州市	2.207	2.249	2.253	2.322	2.314	2.345	2.223	2.093	2.094
贵港市	2.566	2.655	2.582	2.563	2.554	2.602	2.686	2.636	2.531
玉林市	2.405	2.463	2.987	2.925	2.892	2.786	2.679	2.522	2.501
百色市	2.448	2.521	2.446	2.357	2.338	2.301	2.283	2.285	2.289
贺州市	2.274	2.249	2.626	2.580	2.441	2.370	2.369	2.252	2.239
河池市	2.256	2.263	2.489	2.477	2.515	2.235	2.220	2.195	2.108
来宾市	2.596	2.583	2.491	2.568	2.513	2.370	2.323	2.379	2.405
崇左市	2.617	2.652	2.454	2.396	2.405	2.345	2.391	2.370	2.387
昆明市	2.516	2.450	2.366	2.255	2.293	2.211	2.176	2.206	2.232
曲靖市	2.612	2.420	2.355	2.373	2.398	2.403	2.498	2.608	2.534
玉溪市	3.038	3.005	2.963	2.994	3.014	2.970	2.984	2.887	2.493
保山市	2.213	2.355	2.330	2.420	2.411	2.426	2.416	2.572	2.681
昭通市	1.908	1.837	1.940	2.092	2.026	1.979	1.977	1.893	1.899
丽江市	1.959	1.784	1.925	2.041	1.986	1.985	1.860	1.988	1.911
临沧市	2.232	2.367	2.396	2.500	2.504	2.523	2.385	2.376	2.309

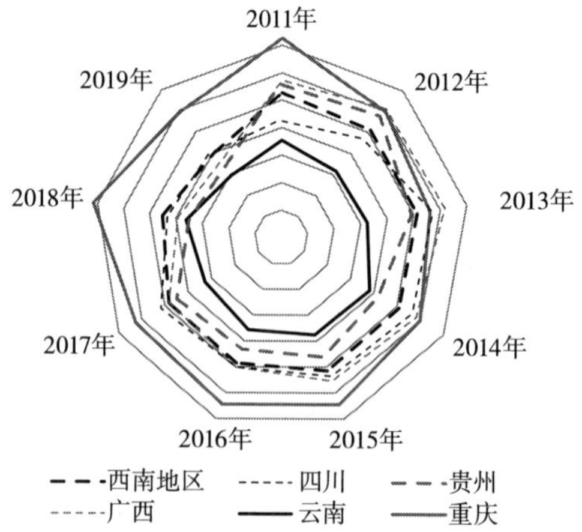

图 17－8　西南地区城市服务业产业协同指数

表 17－7 是西南地区城市服务业产业协同指数。首先，从总体上看，城市

服务业产业协同指数大体保持稳定的态势。2011 年，各个地级市差距较小。其次，2011—2019 年，西南地区城市服务业产业协同指数保持稳定。图 17－8 是西南地区服务业产业协同指数的雷达图。显而易见，2011 年，重庆市服务业产业协同指数稍高于其他省份和西南地区整体，但总体上西南地区在服务业产业协同指数上差距不大；2011—2019 年，西南地区各省份产业协同指数变化十分稳定，但总体上有小幅度的减小，各省份之间的差距也几乎没有变化，保持了稳定。

综上所述，2011—2019 年，西南地区城市服务业高质量发展指数迅猛增长，2019 年为 2011 年的 4.26 倍，但仍处在服务业发展低水平阶段。产业结构方面，服务业占比大幅提升，2019 年达到 48.94%，生产性服务业和高端服务业都有所增加。现代服务业发展加快，产业结构升级特征增强。现代化生态农业加快发展，技术研发水平提高，第一、第二、第三产业呈融合态势，粮食产量稳定增长；重点服务业工程建设持续推进，服务业重点项目、企业、品牌都有数量和质量上的提升；区域协同发展持续向好，以重庆、成都为核心的高端服务业辐射带动整个西南地区服务业加快发展，多个区域性服务业中心城市稳固服务业发展成果；信息等民生领域服务业发展较快，数字产业发展欣欣向荣，科技创新能力不断提高。中国（四川）自由贸易试验区成为西南地区发展高端服务业的新平台，其强大的辐射带动作用将带动西南地区现代服务业全方位提升。

第三节　西南地区服务业高质量发展指数空间特征分析

作为中国经济较为落后的区域，西南地区有自然地理带来的天然经济劣势。但在我国区域协调发展的思路下，西部大开发政策为西南地区发展带来了重大机遇，西南地区要抓住这个重大机遇就要重视服务业的发展。西南地区的服务业正处于低水平的快速发展阶段，亟待产业升级和产业转型。因此，本节以服务业高质量发展主指标和产业规模、产业结构、产业创新、产业环境及产业协同五项二级指标为切入点分析，发现西南地区城市服务业已经成为经济增长的重要组成部分，对经济的贡献也日益上升，服务业内部结构开始呈现高级化发展趋势，劳动密集型的传统服务业部门的占比较大，各省各地级市之间服务业发展程度有明显差距，产业同质化现象仍然存在，应深化产业分工和区域分工合作，加快西南地区一体化建设。

表 17 -8　西南地区城市服务业高质量发展指数

地区	2011 年	2012 年	2013 年	2014 年	2015 年	2016 年	2017 年	2018 年	2019 年
西南地区	1.935	1.693	1.743	2.142	2.511	4.271	5.794	7.133	8.247
四川	2.170	2.472	2.112	2.909	2.712	3.448	4.551	5.412	6.063
贵州	1.963	2.120	2.150	2.393	2.747	3.280	4.163	5.742	7.354
广西	1.082	1.204	1.483	1.852	2.570	4.526	6.638	7.707	8.005
云南	1.203	1.292	1.396	1.664	1.932	2.329	2.877	3.605	4.614
重庆	3.256	1.377	1.575	1.894	2.597	7.771	10.742	13.200	15.198

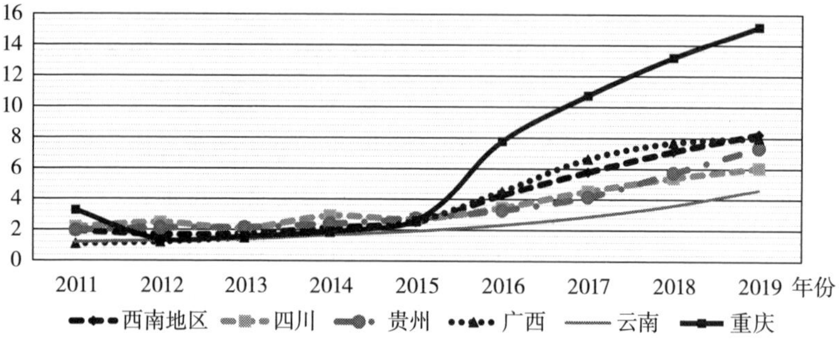

图 17 -9　西南地区城市服务业高质量发展指数

表 17 -8、图 17 -9 描述了西南地区及地区内各省份服务业高质量发展指数的数据及区域对比情况。2011 年西南地区服务业高质量发展指数由高到低分别为重庆市、四川省、贵州省、云南省、广西壮族自治区。表 17 -8 数据显示，2019 年西南地区、四川省、贵州省、广西壮族自治区、云南省、重庆市服务业高质量发展指数分别为 8.247、6.063、7.354、8.005、4.614、15.198。通过图 17 -9 可以清晰地观察到，2011 年、2016—2019 年重庆市一直居于西南地区服务业高质量发展第一位，2012—2015 年四川省和贵州省交替分居第一、第二名。云南省自 2013 年被广西超过以后，其服务业高质量发展指数一直列西南地区末位。近年来随着各省份现代服务业的发展，不仅第一梯队重庆市与第二梯队的四川省、贵州省、广西壮族自治区拉开差距，第二梯队与云南省之间的差距也在逐步扩大。

表 17 -9　西南地区城市服务业产业规模指数

地区	2011 年	2012 年	2013 年	2014 年	2015 年	2016 年	2017 年	2018 年	2019 年
西南地区	12.721	12.204	12.684	14.419	15.711	19.941	15.936	24.563	28.040
四川	11.714	12.759	12.220	13.674	14.102	16.238	11.484	23.039	26.854

续表

地区	2011 年	2012 年	2013 年	2014 年	2015 年	2016 年	2017 年	2018 年	2019 年
贵州	12.965	14.814	16.326	18.433	20.677	22.541	14.888	25.169	23.885
广西	11.775	12.792	13.216	15.631	16.989	18.858	13.519	23.969	25.766
云南	10.364	10.786	11.144	12.283	14.192	15.797	10.939	18.319	27.483
重庆	16.785	9.869	10.514	12.072	12.594	26.270	28.850	32.321	36.211

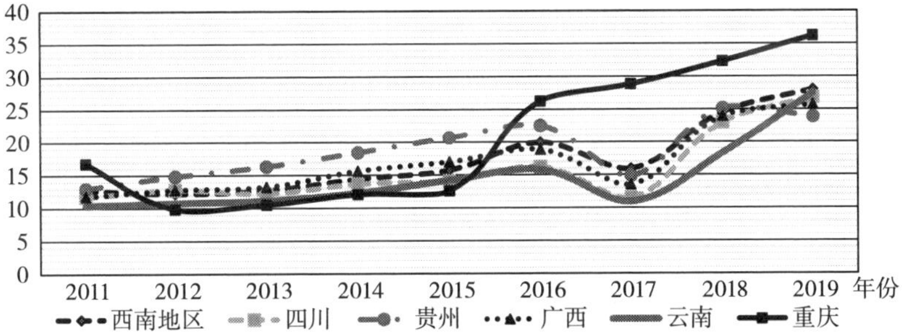

图 17－10　西南地区城市服务业产业规模指数

表 17－9、图 17－10 描述了西南地区及地区内各省份服务业产业规模指数的数据及区域对比情况。2011 年西南地区服务业产业规模指数由高到低分别为重庆市、贵州省、广西壮族自治区、四川省、云南省。表 17－9 数据显示，2019 年西南地区、四川省、贵州省、广西壮族自治区、云南省、重庆市服务业产业规模指数分别为 28.040、26.854、23.885、25.766、27.483、36.211。通过图 17－10 可以清晰地观察到，重庆市在 2012 年受到外生冲击，2016 年前一度垫底，2016 年后产业规模指数急剧上升，并一举重回第一；2011—2019 年，贵州省、广西壮族自治区、四川省、云南省产业规模指数变化几乎一致，排名基本没变，在 2017 年都受到了外部冲击，产业规模指数当年急剧下降，与重庆市差距开始拉大。

表 17－10　西南地区城市服务业产业结构指数

地区	2011 年	2012 年	2013 年	2014 年	2015 年	2016 年	2017 年	2018 年	2019 年
西南地区	6.317	5.954	6.374	6.496	6.462	7.472	7.557	7.305	7.946
四川	6.498	6.918	7.215	7.500	7.443	7.980	7.758	8.047	7.784
贵州	5.719	5.360	6.007	6.410	6.364	6.301	6.632	5.842	7.823
广西	6.754	6.919	7.060	6.783	6.931	6.663	6.474	6.246	6.346
云南	4.586	4.337	5.137	5.118	4.883	4.956	5.181	4.892	5.525

续表

地区	2011年	2012年	2013年	2014年	2015年	2016年	2017年	2018年	2019年
重庆	8.029	6.236	6.451	6.670	6.687	11.461	11.740	11.497	12.253

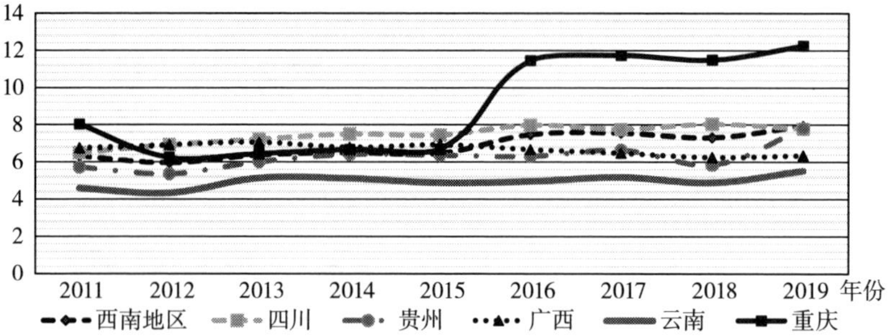

图 17－11　西南地区城市服务业产业结构指数

表 17－10 及图 17－11 描述了西南地区及地区内各省份服务业产业结构指数的数据及区域对比情况。2011 年西南地区服务业产业结构指数由高到低分别为重庆市、广西壮族自治区、四川省、贵州省、云南省。表 17－10 数据显示，2019 年西南地区、四川省、贵州省、广西壮族自治区、云南省、重庆市服务业产业结构指数分别为 7.946、7.784、7.823、6.346、5.525、12.253。通过图 17－11 可以清晰地观察到，2011 年、2016—2019 年重庆市服务业产业结构指数保持第一，且在统计时间内一直高于西南地区平均水平。在 2012—2015 年，除了 2012 年广西壮族自治区排名第一外，其他时间都为四川省排名第一。2016 年重庆市服务业产业结构指数跃升，2016 年后增长放缓，而贵州省、云南省产业结构指数增长较小，广西壮族自治区、四川省甚至略有下降。

表 17－11　西南地区城市服务业产业创新指数

地区	2011年	2012年	2013年	2014年	2015年	2016年	2017年	2018年	2019年
西南地区	1.659	1.378	1.389	1.789	2.157	3.944	5.581	6.881	7.984
四川	1.879	2.149	1.752	2.559	2.354	3.102	4.304	5.107	5.736
贵州	1.657	1.779	1.749	1.964	2.294	2.813	3.904	5.419	7.095
广西	0.680	0.764	1.038	1.440	2.184	4.246	6.501	7.522	7.808
云南	0.948	1.023	1.063	1.309	1.535	1.911	2.540	3.218	4.141
重庆	3.129	1.174	1.345	1.672	2.415	7.649	10.656	13.136	15.140

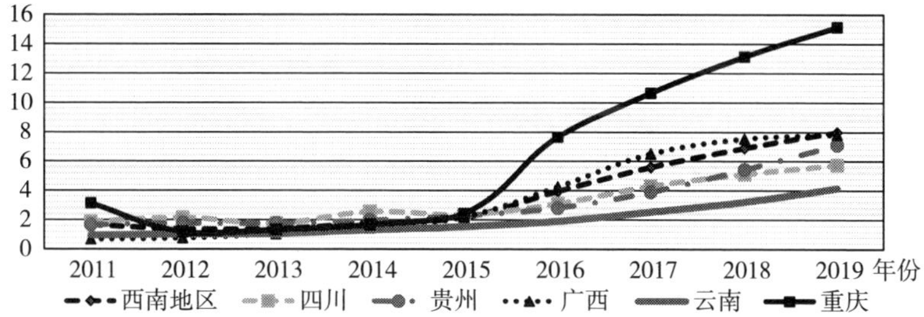

图 17－12　西南地区城市服务业产业创新指数

表 17－11、图 17－12 描述了西南地区及地区内各省份服务业产业创新指数的数据及区域对比情况。2011 年西南地区服务业产业创新指数由高到低分别为重庆市、四川省、贵州省、云南省、广西壮族自治区。表 17－11 数据显示，2019 年西南地区、四川省、贵州省、广西壮族自治区、云南省、重庆市服务业产业创新指数分别为 7.984、5.736、7.095、7.808、4.141、15.140。通过图 17－12 可以清晰地观察到，云南省自 2014 年被广西壮族自治区超过以后，其服务业产业创新指数一直列西南地区末位。重庆市在 2012 年受到外生冲击，2015 年前一直为第三，2015 年后产业创新指数急剧上升，并一举重回第一。2016 年起广西壮族自治区超过四川省稳居第二，实现了从 2011 年的垫底发展到第二的位置。虽然西南地区各省份创新指数一直在增加，但是重庆市与其他四个省份在 2015 年后差距越来越大，甚至出现了四省份在 2019 年的产业创新指数都没超过西南地区平均水平、重庆市指数为垫底云南省指数的接近 4 倍的情况，重视区域间各省份协调发展刻不容缓。

表 17－12　西南地区城市服务业产业环境指数

地区	2011 年	2012 年	2013 年	2014 年	2015 年	2016 年	2017 年	2018 年	2019 年
西南地区	9.527	21.108	32.078	37.108	45.321	51.811	58.831	61.014	63.226
四川	9.247	20.903	31.193	35.926	43.891	50.496	57.433	59.202	61.351
贵州	7.496	19.634	30.793	36.337	45.188	51.620	59.019	61.121	63.523
广西	9.422	20.893	31.469	36.614	44.796	51.361	58.023	61.037	63.226
云南	8.303	19.052	29.767	35.507	43.573	50.340	57.236	59.640	61.577
重庆	13.165	25.061	37.170	41.155	49.155	55.237	62.442	64.072	66.451

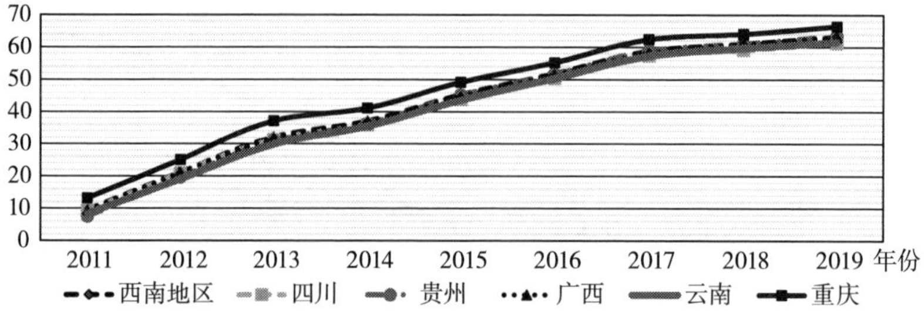

图 17 – 13　西南地区城市服务业产业环境指数

表 17 – 12、图 17 – 13 描述了西南地区及地区内各省份服务业产业环境指数的数据及区域间对比情况。2011 年西南地区服务业产业环境指数由高到低分别为重庆市、广西壮族自治区、四川省、云南省、贵州省。表 17 – 12 数据显示，2019 年西南地区、四川省、贵州省、广西壮族自治区、云南省、重庆市服务业产业环境指数分别为 63. 226、61. 351、63. 523、63. 226、61. 577、66. 451。通过图 17 – 13 可以清晰观察到，西南地区服务业产业环境指数在 2011—2019 年实现飞速发展，各省份均增幅较大。对比来看，各省份产业环境指数相差不大，贵州省从垫底上升到第二，重庆市仍然稳居第一。

表 17 – 13　西南地区城市服务业产业协同指数

地区	2011 年	2012 年	2013 年	2014 年	2015 年	2016 年	2017 年	2018 年	2019 年
西南地区	2. 527	2. 512	2. 514	2. 509	2. 515	2. 486	2. 482	2. 451	2. 397
四川	2. 430	2. 465	2. 569	2. 560	2. 539	2. 500	2. 526	2. 432	2. 404
贵州	2. 558	2. 573	2. 496	2. 423	2. 464	2. 429	2. 450	2. 348	2. 349
广西	2. 568	2. 607	2. 616	2. 581	2. 551	2. 501	2. 479	2. 398	2. 347
云南	2. 354	2. 317	2. 325	2. 382	2. 376	2. 357	2. 328	2. 361	2. 294
重庆	2. 726	2. 599	2. 562	2. 600	2. 644	2. 643	2. 625	2. 716	2. 593

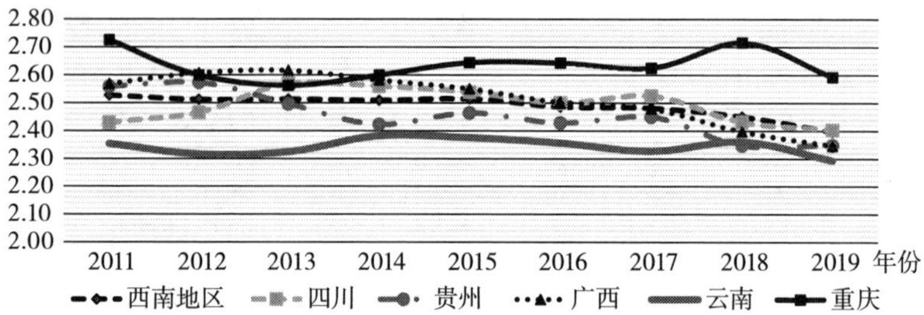

图 17 – 14　西南地区城市服务业产业协同指数

表 17－13、图 17－14 描述了西南地区及地区内各省份服务业产业协同指数的数据及区域间对比情况。2011 年西南地区服务业产业协同指数由高到低分别为重庆市、广西壮族自治区、贵州省、四川省、云南省。表 17－13 数据显示，2019 年西南地区、四川省、贵州省、广西壮族自治区、云南省、重庆市服务业产业协同指数分别为 2. 397、2. 404、2. 349、2. 347、2. 294、2. 593。图 17－14 清楚显示，西南地区各省份服务业产业协同指数在 2011—2019 年整体变化不大且有略微下降。重庆市产业协同指数基本处于领先地位，但近年来与其他四省份的差距在逐步缩小，其他四省份升降基本一致。

综上所述，通过对西南地区各省份在服务业产业规模、产业结构、产业创新、产业环境以及产业协同五个方面的对比分析，可以得出：重庆市各指标在西南地区均位于第一，且在产业规模、产业结构、产业创新指数上与其他四省份的差距越来越大，总体表现为高质量发展指数稳居第一，但重庆市也存在 2012　2016 年指数骤降的情况，说明产业发展稳定性方面需要提高；四川省有巨大的地域优势和人口优势，在产业规模、产业结构、产业协同方面存在优势，但在产业环境、产业创新上存在短板；贵州省在产业结构和产业环境上存在优势，但在产业规模方面有短板，国家级大数据中心的落户将会给贵州的发展带来巨大机遇，其发展战略将围绕大数据展开，未来数字化发展潜能巨大；广西壮族自治区毗邻发展强省广东省和东南亚各国，虽然在产业规模和产业结构方面发展滞后，但凭借在产业创新和产业环境上的一定优势，承接了部分东部地区的产业迁移，并打造了与东盟合作的模范平台，服务业发展欣欣向荣；云南省是多民族聚居省份，在产业规模方面有一定优势，但在产业创新、产业结构、产业协同上与西南其他各省份存在差距，可以看出，云南省仍处于服务业发展的初级阶段，需要通过文化旅游等的发展打好经济基础，服务业高质量发展任重道远。

第十八章　西南地区服务业高质量发展的问题分析

第一节　西南地区基本特征

自西部大开发战略实施以来，西部地区 GDP 实现了较快速的增长，产业结构不断优化，基础设施显著改善，社会事业全面进步，生态环境更加优美。在新常态下，西南地区成为中国经济增长新高地。西南地区在成渝、贵州等地区引领下，经济增长势头良好，成为新常态下经济快速增长的重要区域。2016—2019 年，西南地区 GDP 年均实际增长 8.1%，比全国各地区平均实际增速高 1.1 个百分点。西南地区 GDP 占全国各地区总额的比重呈现不断上升的趋势，由 2010 年的 10.8% 增加至 2015 年的 12.1%，2019 年又提高到 13.5%，显著缩小了与东部地区的差距。

但不能忽视的是，“十三五”期间，西南地区相对于全国其他地区而言，仍表现出以下问题：经济基础较为薄弱，投资增长后劲不足；传统消费进入瓶颈期，新兴消费增长较弱，产业结构处于深度调整期；在社会固定资产投资、财政收入、对外贸易水平、居民收入水平等方面与东部地区的差距仍在不断拉大。

第二节　西南地区服务业高质量发展的问题与建议

党的十九大报告指出，“中国特色社会主义进入了新时代，我国经济已经由高速增长阶段转向高质量发展阶段”，这说明高质量发展是我国经济未来的发展方向，而经济高质量发展应遵循“创新、协调、绿色、开放、共享”新发展理念。在这五个方面，西南地区服务业高质量发展存在一定问题。

一、创新是西南地区服务业高质量发展的基石

从宏观方面来看，以各地区国内发明专利申请量占全国比重为例，2018年西南地区的占比为8%，而同期东部地区的占比为70%、中部地区的占比为14%，西南地区与东部地区之间有绝对的差距；总体R&D经费投入强度方面，西部地区为1.4%，东部地区为2.7%，中部地区为1.7%，西部地区在科研投入强度上仍然与东部地区之间有差距；而对于高校、科研院所等提供基础知识资源供给、孕育创新的场所，从全国层面看，中国主要的百强高校、一流大学以及一些具有影响力的科研院所等主要集中在北京、上海、南京、武汉、广州以及西安、成都、长沙、天津、重庆等地区，这说明虽然西南地区的一流高校在数量上无法与东部地区相媲美，但有着巨大的创新发展潜力。

从中观层面来看，西南地区存在传统服务行业多、现代服务行业少，服务业衍生产业、关联产业和集群化发展滞后，有影响力的服务品牌少等问题。甚至有部分知名度较大的服务企业存在服务业态和内容单一、服务链条衔接不畅、文化内涵不足、商业模式和营销渠道少等问题，难以形成品牌影响力和特色竞争优势。这也说明了西南地区服务业创新能力薄弱。

从微观企业层面来看，部分地方“龙头”服务型企业长期负债经营，缺乏足够的现金流和收益流；甚至企业投资长期没有回报，价值创造能力不足，造血机制不畅，没有动力进行研发投入创新，没有创新也就没有新的收入点，从而陷入恶性循环。此外，发展到一定规模的独角兽企业在西南地区的分布比较少，新兴企业的发展还比较慢；同时，一部分夕阳企业的处置存在问题，仍然占据了一部分社会资源，这对地区的创新能力是有影响的。究其原因，一方面，西南地区对资源的统筹能力有待加强；另一方面，西南地区的创新思维氛围与环境都应该有所转变。

相应地，西南地区服务业高质量发展也应该在宏观、中观、微观三个方面有所突破。

宏观层面上，在“十四五”时期，西南地区应该借助西部大开发、“一带一路”等国家发展战略，积极承接国内外产业转移，从而推动产业发展与升级。坚持质量第一、效益优先，加快现代化经济体系建设，确保经济实现量的合理增长和质的稳步提升。同时深入实施以大数据智能化为引领的创新驱动发展战略行动计划和军民融合发展战略行动计划，重点建设国家数字经济创新发

展试验区，打造“智慧名城”；推动可持续发展观下的服务业创新发展，稳扎稳打为大众创业、万众创新提供政策和制度支持，同时要积极鼓励先行创新和持续创新，提升服务业创新创业者的创新积极性和韧性。

中观层面和微观层面上，新兴服务行业的发展耐心至关重要。创新创业初期，艰难的市场开拓以及漫长的需求培育过程普遍存在，“急功近利”和“杀鸡取卵”的行为方式无法培育高质量的服务业，政府一方面要提供政策和制度支持，另一方面也要做好监管和审查的准备。培育服务业创新能力的同时，也要注意平抑或分散、化解创新风险，增强可持续发展能力。此外，要培育高质量服务业的可持续和创新能力，注意防止两种倾向：一是通过地方政府和相关部门对特定服务行业、特定服务企业给予特惠式支持甚至“风险兜底”等方式，营造特殊有利的政策环境，人为降低企业“死亡”或陷入困境的概率，刻意营造服务业形势“一片大好”甚至“越来越好”的表象。二是部分地方政府对当前服务业发展的成绩过度乐观，想当然地以为当前服务业发展的好形势可以长期延续，看不到妨碍可持续发展的风险隐患也在悄然成长，防范化解重大风险的忧患意识和未雨绸缪、积极应对的超前准备有所欠缺，甚至不惜“拔苗助长”。这两种倾向都不利于服务业企业创新能力、竞争能力的可持续成长，容易加剧服务业发展的波动。短期对部分服务行业的强力助推或刻意优惠，可能导致在不同的服务业行业或企业之间难以形成公平竞争、优胜劣汰的营商环境，影响市场对服务业资源配置决定性作用的发挥，妨碍服务业结构的合理化。

二、协调是西南地区服务业高质量发展的内在要求

协调的问题可以分为产业结构与就业结构不匹配、区域经济发展不均衡两个方面。

在产业结构与就业结构不匹配方面，2019 年西南地区的三次产业结构为 11. 4∶36. 5∶52. 1。第一产业占比高于全国平均水平 4. 3 个百分点，第三产业占比低于全国平均水平 1. 8 个百分点，产业结构仍有调整空间；从三次产业就业结构指标看，2019 年西南地区三次产业就业人数比为 42. 5∶21. 1∶36. 4。其中，第一产业就业比高于全国平均水平 16. 4 个百分点，第三产业就业比低于全国 9. 9 个百分点。由此可见，西南地区第一产业从业人员比重过高，服务业从业人员比重偏低。

区域经济发展不均衡可以分为城乡发展不均衡和城市间发展不均衡。首先，城乡发展不均衡体现为西南地区有大量的贫困人口，2012 年国务院扶贫开发领导小组办公室确定的 11 个全国集中连片特困区，涉及西南五省区市（四川、重庆、云南、贵州、广西）集中连片特困区 6 个（包括四省藏区），其中贫困县占全国贫困县总数的 46.11%，贫困人口数约占全国总数的 39.6%，全国 6 个贫困人口超过 500 万人的省，西南五省区市占据四席，可见西南五省区市贫困问题突出。其次，城乡发展差异还体现在多方面，以重庆为例，目前城镇居民人均可支配收入是农村居民可支配收入的 2.5 倍；在交通等基础设施方面，城镇和农村有较大差距；在生活环境方面，农村的生活垃圾处理体系仍未完善，厕所无害化改造还不彻底，危房和旧房改造还不完全，这些都制约了整体区域上的服务业高质量发展，服务业范围难以延伸，农村和城市服务业发展存在差距。

城市间发展不均衡则体现在省内不同梯队的地级市之间的发展有差距。以广西为例，第一梯队的南宁市在服务业发展上独占鳌头，2019 年其第三产业增加值为 7.99 亿元，第三产业占比达到了 65.5%；第二梯队的桂林市第三产业增加值为 7.04 亿元，第三产业占比达到了 54.31%；第三梯队的防城港市第三产业增加值为 5.58 亿元，第三产业占比达到了 37%。可以看出城市间明显的服务业发展差距，第一梯队的城市资金流量大，人才资源足，处于工业化后期，注重服务业的发展和升级；第二梯队的城市承接和发展从周边省市转移过来的产业，服务业发展水平低，市场规模小。而处于第三梯队的城市偏向农业和传统轻工业，没有服务业高质量发展的环境和资源。与广西相似的是，四川省的地级市也表现出这些特点：处于第一梯队的成都市，2019 年第三产业增加值为 9.31 亿元，第三产业占比达到了 65.57%；第二梯队的绵阳市第三产业增加值为 7.24 亿元，第三产业占比达到了 49.1%；第三梯队的广元市第三产业增加值为 5.99 亿元，第三产业占比达到了 42%。可见西南地区省内地级市普遍存在市与市之间的发展不平衡，这种发展不协调将会阻碍区域的服务业高质量发展。

根据以上提出的问题，在产业结构与就业结构的不匹配方面，优化就业产业结构，推动产业结构转型升级意义重大。首先，以城镇化建设推进现代服务业发展，内部吸收第一产业的剩余劳动力并向第二、第三产业转移。充分发挥比较优势，让支柱产业集群化发展，进行传统动能的改造升级，并积极推动技术在服务业中的广泛应用，让服务业体系逐步完善和现代化；政府要积极引导过剩劳动力从第一产业转到第二、第三产业，实现劳动力的合理配置。其次，稳步提升产业转型升级的质量，让第二、第三产业充分发挥其对经济增长和就业贡献的作用。第一，制造业高质量发展和构建现代产业体系同步推进，利用大数据和人工智能，让产业制造和城市智能化；第二，优化传统服务业的发展模式，促进先进制造业和现代服务业的综合发展。顺应制造业服务化、服务业制造化趋势，促进研发和生产、制造及金融服务的有效整合，现代物流和制造业融合，生产性制造和服务型制造深度融合，平台经济和产业发展创新融合，不断扩展服务业的发展空间。

制定实施相对贫困地区扶持政策是解决西南地区城乡发展不协调的政策的重要组成。“十四五”时期是中国推动减贫战略和政策转型的关键时期。在这一时期，既要巩固全面脱贫成果，提高脱贫质量，又要着手建立减少相对贫困的体制机制和政策体系，推动减贫战略和工作体系实现转型。在全部贫困县实现“摘帽”和现有贫困地区政策退出之后，实现区域高质量协调发展仍然需要政府和国家对欠发达地区给予政策支持。随着中国减贫战略由绝对贫困治理向相对贫困治理转变，科学地引入部分低端服务业能够提高扶贫质量，初步改善贫困地区产业环境，为未来服务业高质量发展打下基础；同时，统筹做好新旧政策的衔接，为现行贫困地区政策的退出设置过渡区，对深度贫困县仍给予政策和资金支持，对相对贫困区则开始培养其内生发展能力，合理搭建基础设施和引入部分工业以及配套服务业，建立农民持续稳定增收和减贫长效机制，为未来的多产业发展打下基础。

解决城市间发展不协调的问题需要大力培育现代化都市圈，强化城市间产业分工协作、促进城市功能互补和错位发展，离不开服务业在不同层次、不同类型城市间和城乡间的协调布局。推动都市圈中心城市产业高端化发展，加快推动中心城市集聚创新要素、提升经济密度、增强高端服务功能，需要总部经济和现代金融、科技、商务、文化创意等高端服务业的集聚集群集约发展作为支撑。在现代化都市圈内，在中心城市、梯级节点城市（镇）、乡村地区之间，往往存在明显的创新能级梯度差，服务业结构和主导行业的不同是这种创新能级梯度差的重要成因。向都市圈中心城市集聚的生产性服务业往往层次高，辐射半径大，辐射力也较强。向中小城市集聚的生产性服务业则往往属于一般生产性服务业，甚至是普通商贸物流业等传统生产性服务业。西南地区都市圈可以选择通过“生产基地 + 中央厨房 + 餐饮门店”“生产基地 + 加工企业 + 超市销售”等新型产销模式或“总部经济 + 基地”“城市服务 + 乡村生产”“特色商贸或服务小镇 + 农业基地”等方式实现以城带乡、城乡融合发展，以上提及的中央厨房、超市销售、总部经济等服务业都能够很好地促进服务业高质量发展。

三、绿色是西南地区服务业高质量发展的保障

2020 年 9 月，我国在第 75 届联合国大会一般性辩论上宣布：中国二氧化碳排放力争于 2030 年前达到峰值，努力争取 2060 年前实现碳中和。2020 年 12 月，我国在气候雄心峰会上进一步宣布：到 2030 年，中国单位国内生产总值（GDP）二氧化碳排放将比 2005 年下降 65% 以上，非化石能源占一次能源消费比重将达 25% 左右，风电、太阳能发电总装机容量将达 12 亿千瓦以上。经济发展的低能耗和可持续越来越受到关注。西南地区相对于其他地区还处于需要第二产业拉动增长的阶段，生态环境有一定压力，但新能源新技术能够改变这一状况。以重庆市为例，2019 年，重庆市规模以上工业产能利用率为 75.9%，比全国工业产能利用率低 0.7 个百分点。2018 年，重庆市大气污染攻坚战中仍存在 16 个突出问题，主要包括所在区域臭氧浓度较高、PM2.5 浓度不降反升、优良天数不增反降、执法检测废弃排放超标等，严重影响重庆市大气质量。西南地区作为经济增长新高地，旅游和运输行业发展迅猛，产生于服务业的污染已经不容忽视：旅游的发展带动了地区餐饮住宿的发展，新增的宾馆餐馆产生的大量有机污染废水考验着城市污水处理能力，且餐饮零售业的发展不可避免地产生了大量难以降解的塑料制品；运输行业的发展增加了交通运输量，同时也带来了交通工具尾气排放问题和噪声问题。

针对服务业造成的污染问题，加速发展绿色生产性服务业，积极发展绿色生活性服务业，培育发展新兴服务业是应对之策。

生产性服务业的重点行业主要包括现代物流业、金融保险业以及专业性质的服务行业。

在绿色服务业发展过程中，建议从以下方面着手：第一，鼓励发展绿色金融业。绿色金融是指金融部门在投融资决策中将潜在的环境影响纳入考虑，将与环境影响相关的潜在风险、成本以及回报都纳入决策中，在金融经营活动中注重环境保护。加快发展绿色金融。首先，应建立健全绿色金融的法律法规体系，对相关法律法规进行调整、完善和修订，推动金融业务结构的调整，通过实施绿色金融推动低碳经济的发展。其次，建立贷款评价指标体系，将环保参

数等指标纳入现有的会计核算指标体系中，将生态环保意识纳入信贷的决策环节。对有利于资源节约利用和生态环境保护的项目给予低利率贷款优惠，而对生态环境破坏较为严重的项目给予高利率贷款限制。最后，应鼓励推出绿色金融产品，如绿色信贷、绿色债券以及绿色基金等，加快建立为绿色金融和绿色技术投资的基金产品，开发资源再生和环保产业相关的信贷业务与保险产品等。

第二，推动绿色物流业的发展。加快绿色物流业的发展可以从以下几个方面开展：一是在物流业领域，优先对具有绿色物流理念与行动的企业给予税收、市场准许、财政补贴等方面的激励与优惠政策，为绿色物流业的发展创造良好的市场环境和竞争环境。二是加快绿色物流业公共基础设施的规划与建设，按照绿色物流的理念对物流规划进行整体设计，并对现有的物流基础设施进行规模、布局和功能方面的整合改造，提高现有基础设施的利用率。三是我国在物流业领域的研究以及教育等方面较为落后，缺乏高级物流人才，因此，政府应支持和引导绿色物流相关的教学与科研工作，一方面积极支持绿色物流基础理论和技术的研究，另一方面加强企业与院校和科研机构的合作，加强应用性绿色物流相关技术的研发与应用。四是制定较为严格的绿色物流管理机制以及相应的产品标准。

在积极发展绿色生活性服务业方面：第一，绿色销售业。在产品促销方面，改进销售方式，增强生态环保意识，尽可能将销售做到可翻新、可重复利用，同时使用无纸化、低消耗的促销方式，并实现与绿色消费的零距离对接。在营销方式方面，选择电子交易平台进行销售和消费，并选用绿色物流与电子交易相互配合的销售消费方式，以更好地推动绿色消费的可持续发展。

第二，绿色商业。发展绿色商业可从以下几个方面进行：①积极推进新能源材料和节能灯具等节能产品和设备的使用，减少能源与资源的消耗，注重可再生能源以及无污染材料在商业中的应用；②大力倡导能源的循环利用，为冷冻系统提供余热回收装置，使用蓄能电梯等，同时，通过冷凝水回收利用系统、节水装备等，降低水资源的使用量。

第三，绿色采购。开展绿色采购，鼓励企业购买环境友好型产品，引导消费者进行绿色消费。在推动绿色产品采购过程中，开展信息技术的使用，形成耦合采购方式与供应商的信息交换体系，这样一来，供应商可以掌握商贸企业对绿色产品的现实需求和社会变化趋势，以便对企业的发展进行长期的可持续规划。加大对绿色产品的生产投入，形成有规模的绿色产品供应商群体。

第四，绿色消费观念。绿色消费在保护生态环境的同时，还有利于提高消费者的生活水平，保证消费者的安全健康。因此应大力倡导绿色消费，通过媒体、网络进行宣传，引导并鼓励消费者开展绿色消费，建立绿色采购通道，以及多样化的绿色消费模式，创建绿色服务途径。另外，应提高消费者的绿色消费知识水平，通过普及绿色消费知识，向消费者推广绿色消费，提高消费者绿色环保意识。消费者通过掌握绿色产品的相关知识，如绿色标志、绿色包装等，提高对绿色产品的辨别能力和购买能力，并有效地维护自己的消费权益。此外，应鼓励消费者适度消费，倡导鼓励循环消费，减少消费过程中造成的生态环境污染。通过减少浪费、产品的循环式消费利用以及消费品的回收利用，可以有效地减轻消费对生态环境产生的破坏和压力。

培育发展新兴服务业就是培育壮大服务业的新亮点，推动文化创意产业与农业、科技等产业的融合发展。培育健康养老、文化休闲、医疗保健等新兴服务业，推进健康养老产业的模式创新发展，建立养老服务与医疗、生态旅游等产业相融合的养老产业集聚区。加强信息化建设，加快增强软件信息产业的服务支撑能力，扶持大数据、云计算、物联网、人才培训等公共服务平台建设，积极发展基于互联网信息和数字内容的服务业。

四、开放是西南地区服务业高质量发展的必由之路

受制于经济基础和基础设施，西南地区发展与东、中部地区比较具有明显的滞后性，具体表现为经济集聚效应和空间辐射能力较弱。再对比经济开放度的指标如进出口贸易规模、外资企业总数、外商投资总量，西南地区相比东、中部地区经济开放度不高。近年来随着我国开放格局进一步打开，西南地区进出口总额从 2009 年的 3.8% 上升到 2019 年的 6.69%，出口总额也增长了接近 10 倍。但各省份之间的差距被拉开，2019 年四川和重庆分别占西南地区外商投资总额的 60.34% 和 21.51%。其他省份无论是利用外资能力还是利用外资质量均呈现较大的劣势。从产业结构角度看，西南地区的外商直接投资中第二产业流入量最大，第一产业流入量最小，第三产业的流入量呈增大趋势。西南地区的外商直接投资绝大部分都是来自东盟的中小规模投资，虽然国家给予了西部地区很多的优惠政策，但外商对东部地区产业的投资仍然会在很长一段时间内大于西部地区的现状不会改变，西南地区想要吸引更多的外商投资，缩小东西投资差距，关键还是要进一步提高地区对外开放度。

在逐步提升对外开放度时要注意以下三点：第一，坚定深化对外开放的决心，将放宽外商投资准入与发展服务贸易有机结合起来，将推动服务业全方位对外开放与提高有效维护国家安全和战略利益的能力结合起来，统筹促进服务业开放加大力度、优化结构和提高效率。第二，把扩大对外开放同扩大对内开放有机结合起来，统筹提升服务业对内对外开放的水平和质量。第三，将扩大和深化服务业开放同培育服务业国际竞争力、创新服务业监管方式有机结合起来。国际经验表明，这有利于服务业开放更好地做到扬长避短、趋利避害。

具体来讲，西南地区要构建高质量开放格局，要建设多层次高质量开放大通道。要更注重基础设施的跨国联通，构筑多层次高质量开放大通道，特别是要着重弥补多数西部地区非临海的劣势，完善陆路、内河运输与海运的衔接，积极发展多式联运，加快铁路、公路与港口、园区连接线建设，探索陆海联运、空铁联运、中欧班列、长江水道等有机结合的联运服务，打通国内国际物流大通道。同时，打造服务业开放聚集地也有利于高质量开放。相比制造业，服务业对区域供应链的要求不那么苛刻，而更依赖于下游市场需求，无论是传统服务业，还是生产性服务业，都更倾向于“邻近市场”并发生空间集聚。随着西部地区城镇化进程推进、人均收入水平提高、市场主体规模扩大，服务业及其开放发展将获得广阔的市场空间。因此，在开放领域向服务贸易及服务业投资拓展的进程中，西部地区供应链布局分散化、要素优势特定化的劣势能够得以规避，转而与东部地区同台竞技，借助开放推动服务业商业模式创新和数字。

五、共享是西南地区服务业高质量发展的目标

共享成为根本目的，是坚持以人民为中心的发展思想的必然要求，也是推进服务业高质量发展的要求。共享水平与公共服务的发展有关，体现为教育、医疗、基建水平方面的完善程度。教育方面，西南地区的教育投入力度不断加大，小学、初中、高中生均公共财政预算教育经费分别由 2003 年的 977. 78 元、1127. 63 元和 1673. 62 元增加到了 2018 年的 13429. 04 元、17243. 03 元和 16495. 87 元，经费投入分别增加 12. 73 倍、14. 29 倍和 8. 88 倍。但相对于东部地区，小学教育经费投入的差距从 2003 年到 2011 年呈逐步扩大趋势，由 2003 年的 916. 83 元增加至 2011 年的 3558. 28 元，在 2011 年后开始缓慢下降，2018 年，东、西部地区小学教育经费投入的差距为 3404. 1 元。在初、高中的

教育经费投入方面，两地区的差距逐年增大，分别从 2003 年的 899.28 元和 1188.66 元增加到了 2018 年的 10216.85 元和 14894.55 元，分别扩大约 10.36 倍和 11.53 倍。总体上讲，西南地区教育仍存在基础教育整体环境相对纷乱、资金投入不足、师资力量相对薄弱以及教育对象结构复杂等问题。

从基础医疗方面来看，西南地区医疗卫生体系日渐完善。从 2000 年到 2018 年，西部地区医疗卫生机构总数由 115711 所增加到 312770 所，高于中部地区，与东部地区基本持平。西部地区每万人医疗卫生机构床位数由 2000 年的 23.25 张增加到 2018 年的 64.89 张，扩大了近 2 倍。同期，虽然东部地区的医疗卫生机构床位数一直大于西部地区，但是由于其人口的逐年增加和西部地区医疗卫生条件的持续改善，从 2009 年开始，西部地区每万人医疗卫生机构床位数一直大于东部地区。从 2000 年到 2018 年，西南地区医疗卫生机构数由 80018 所增加至 195667 所，扩大了 1.45 倍。社会保险方面，西南地区的医疗保险、在职职工养老保险和失业保险参保人数占全国的比重分别由 2003 年的 12.01%、9.52% 和 10.96% 上升至 2018 年的 19.44%、12.81% 和 11.39%，与东部仍有较大差距。

服务业高质量发展离不开人才，拥有高质量的教育和医疗才能吸引人才，同时提高教育与医疗水平也是服务业高质量发展的一部分，这将形成一个良性循环。在新的发展大环境下，应大力发展新基建项目，构建新时代西部地区数字经济现代化体系，积极融入国家和全球创新网络，加快构建“数字西部”的战略布局和回旋空间。充分发挥数字经济对于经济高质量发展的调节、传导作用，以发展空间换取发展时间，结合特色优势资源加大对于高端前沿技术、创新专业人才的引进力度。进一步提高公路、高铁、航空等综合口岸和枢纽的建设，推动大数据、云计算、人工智能、物联网、5G 等新基建的发展。

大数据技术与医疗的创新与融合，将可穿戴设备智能化、自动化，能随时随地采集人身体各项生理指标数据并及时传送到云端存储与处理，改变了医生“视触叩听”的传统问诊方式；大数据技术使得医疗健康产业进入“精准、个性化诊疗”的新时代；云计算正推动医疗模式从疾病医学向健康医学转变，从重治疗走向防治并重；移动医疗、远程医疗、互联网诊疗、互联网健康服务、医疗数据共享和医疗大数据平台的出现积极解决社会老龄化带来的慢性病问题，医疗资源配置东西失衡、城乡失衡、专业失衡的问题，以及“看病难，看病贵”的民众诉求。

积极发展互联网教育，一方面是服务业高质量发展的体现；另一方面也为教育行业发展、解决教育资源不均衡提供思路。首先，西南地区山区多导致教育资源难以获取，“互联网 + 教育”可以加强跨地区、跨行业、跨时间的合作交流，促进资源的流动与共享，不仅可以丰富资源的内容，减少资源的低水平建设，还可以缩小甚至消除传统上地域、时空和师资力量差异所导致的教育资源鸿沟，任何人在任何地方、任何时候，都能接触到同等量的优质资源。其次，“互联网 + 教育”能够提供个性化、多样化的教育，这也是在线教育未来的趋势。因为“互联网 + 教育”打破了流水线式传统教育模式，让教育以学习者为中心，尊重学生的个体差异性，满足学生的个性化需求，强化学生个性化学习体验，让学生真正成为教育中的主人。

第七篇

东北地区城市服务业高质量发展评价

第十九章　东北地区城市服务业发展现状

东北地区地处中国东北部，由辽宁省、吉林省和黑龙江省三个省份组成，国土面积为78.79万平方公里，占全国国土总面积的10.7%。东北地区是新中国成立后的工业基地，是中国经济增长的第一代增长极，东三省的工业发展为中国奠定了坚实的工业基础。然而随着改革开放的深入，东北地区长期以来形成的路径发展依赖和制度锁定，制约了其可持续发展。东北地区作为我国老工业基地振兴发展的关键地区，其特殊的地理区位、经济地位及战略要位对我国经济发展至关重要。目前，东北三省已经形成以沈阳为中心的抚顺、辽阳、本溪、鞍山、铁岭、阜新城市群；以大连为中心的营口和丹东城市群；以长春为中心的吉林、松原、辽源和四平城市群；以哈尔滨为中心向西北延伸到大庆和齐齐哈尔，向东南延伸到牡丹江，向东北延伸到佳木斯的城市群。未来，东北地区要贯彻落实党的十九届五中全会精神，加快调整产业结构，做大做强实体经济，转换发展动力，刺激消费市场潜力释放，稳固经济高质量发展的基础；同时，以更高水平的对外开放合作，进一步拓宽国际市场，加强国际合作，促进国内国际双循环，推动东北经济高质量发展，实现东北地区全面振兴、全方位振兴。

第一节　东北地区城市服务业总体规模分析

《中共中央关于制定国民经济和社会发展第十四个五年规划和二〇三五年远景目标的建议》中明确提出，加快发展现代服务业，其中生产性服务业要向专业化和价值链高端延伸，生活性服务业向高品质和多样化升级，推进服务业标准化、品牌化建设。服务业高质量发展已经成为下一阶段的重要经济工作内容。东北地区作为我国老工业基地振兴发展的关键地区，具有特殊的地理区位、经济地位及战略要位。基于新时期、新形势下的发展要求，东北地区积极按照党中央部署纷纷制定相应政策及实施意见，助推城市服务业高质量发展。

表 19－1 和图 19－1 分别是东北地区城市从 2011 年到 2019 年总体产业规模的数据及变化情况。表 19－2、表 19－3、表 19－4 列示了东北地区总体和内部各城市的产业规模下二级指标（第三产业产值、第三产业比重和第三产业人均产值）数据，图 19－2、图 19－3、图 19－4 分别列示了东北地区这三个指标 2011—2019 年的变化趋势。下面对东北地区城市服务业总体规模进行分析。

表 19－1　东北地区城市服务业总体规模指数

地区	2011 年	2012 年	2013 年	2014 年	2015 年	2016 年	2017 年	2018 年	2019 年
东北地区	15.794	17.639	18.210	19.025	20.705	21.214	15.088	24.479	21.292
辽宁省	17.947	19.272	19.417	21.038	22.952	21.140	17.178	24.660	23.891
吉林省	17.509	20.522	20.875	21.186	22.841	24.673	14.933	28.955	21.853
黑龙江省	11.926	13.122	14.338	14.850	16.323	17.829	13.154	19.822	18.134
沈阳市	22.135	25.028	24.535	25.188	27.287	27.332	26.903	31.611	32.459
大连市	30.505	34.374	35.843	38.296	42.527	38.365	35.202	41.170	37.783
鞍山市	29.607	26.999	23.926	23.431	26.071	23.208	13.841	30.062	31.801
抚顺市	19.745	20.663	20.260	22.906	25.947	19.683	18.247	24.004	21.958
本溪市	18.072	18.686	17.828	18.665	24.067	22.041	16.567	25.099	19.937
丹东市	13.300	14.036	15.282	16.252	18.098	19.099	12.032	23.273	21.389
锦州市	15.718	17.096	18.038	18.532	19.033	17.091	12.610	24.016	23.288
营口市	21.954	24.077	26.013	28.302	29.503	22.274	18.257	26.006	25.111
阜新市	10.307	11.115	11.840	12.623	12.898	14.007	11.190	13.936	14.965
辽阳市	20.523	21.895	21.214	23.333	26.593	24.820	17.057	27.045	27.064
铁岭市	12.639	14.218	14.566	14.757	15.071	13.566	10.515	16.599	17.422
朝阳市	9.072	9.939	10.212	12.820	13.738	14.592	10.297	16.608	15.408
盘锦市	13.424	16.019	15.921	23.360	23.735	23.126	27.140	27.120	25.414
葫芦岛市	14.260	15.666	16.362	16.061	16.759	16.761	10.633	18.686	20.471
长春市	18.629	19.962	20.708	22.198	24.024	26.139	22.176	31.433	27.050
吉林市	29.573	32.892	30.445	29.615	32.253	34.719	25.286	40.237	20.743
四平市	13.452	15.487	14.729	14.539	17.727	19.462	7.070	23.070	17.551
辽源市	19.984	24.051	26.150	26.144	28.006	29.963	18.515	32.002	27.022
通化市	15.743	17.350	18.286	20.197	20.773	21.384	9.894	24.492	21.500

续表

地区	2011 年	2012 年	2013 年	2014 年	2015 年	2016 年	2017 年	2018 年	2019 年
白山市	9. 591	15. 115	15. 062	14. 797	15. 650	17. 836	11. 160	21. 910	23. 029
白城市	9. 228	10. 467	11. 294	11. 340	12. 039	12. 738	12. 564	14. 321	16. 194
松原市	23. 872	28. 850	30. 325	30. 659	32. 259	35. 140	12. 796	44. 177	21. 733
哈尔滨市	18. 339	19. 955	21. 787	23. 203	24. 958	26. 817	23. 886	31. 828	29. 892
齐齐哈尔市	11. 390	15. 565	14. 110	14. 798	16. 271	17. 386	15. 170	19. 418	18. 524
牡丹江市	20. 831	19. 460	23. 533	25. 981	27. 318	29. 102	12. 830	32. 106	22. 259
佳木斯市	12. 967	16. 903	19. 113	19. 807	20. 717	23. 427	20. 210	22. 262	14. 481
鸡西市	10. 224	11. 109	14. 010	11. 145	10. 879	12. 852	8. 738	15. 421	16. 626
鹤岗市	6. 111	6. 846	6. 429	7. 752	8. 855	8. 927	7. 747	11. 933	12. 739
双鸭山市	8. 903	9. 734	9. 756	8. 634	14. 109	13. 408	11. 739	13. 967	17. 563
七台河市	13. 655	14. 610	14. 945	15. 196	16. 156	17. 294	14. 694	18. 348	15. 214
黑河市	6. 993	7. 256	7. 847	8. 707	9. 198	14. 348	10. 172	14. 092	15. 196
伊春市	9. 728	9. 147	10. 295	10. 051	11. 059	10. 964	9. 012	12. 934	12. 597
大庆市	12. 497	14. 534	16. 424	19. 263	20. 614	23. 395	20. 005	27. 922	25. 933
绥化市	11. 473	12. 349	13. 805	13. 660	15. 738	16. 028	3. 650	17. 627	16. 582

资料来源：根据国家统计局官网数据整理并计算。

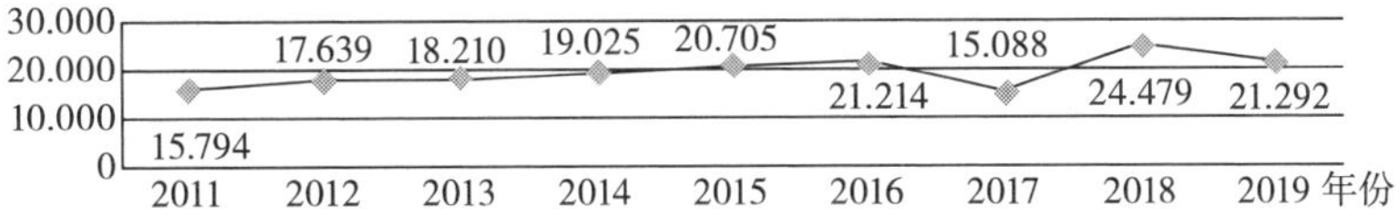

图 19－1　东北地区城市服务业总体规模指数

资料来源：国家统计局网站。

从东北地区城市服务业总体规模的时间趋势来看，在振兴东北老工业基地战略的推动下，我国东北地区城市服务业总体规模整体呈上升趋势。东北地区 2011 年城市服务业总体规模为 15. 794，2019 年为 21. 292，增长 34. 8%。这表明随着科技水平的提高和国家政策的推行，东北地区服务业得到重视，加上东北地区工业基础雄厚、资源要素丰富等优势，服务业在东北地区的发展潜力巨大。但从图 19－1 中可以发现，2017 年和 2019 年，东北地区城市服务业总体规模出现了下降态势，2017 年达到最低值。

从东北地区各细分城市服务业总体规模来看，东三省的沈阳市、大连市、长春市、哈尔滨市和牡丹江市等，相较于其他城市而言，城市服务业总体规模的发展较为迅速，且多数城市均已超过东北地区的平均水平。但以上几个城市间的服务业总体规模仍存在一定差异。其中，沈阳市、大连市的城市服务业总体规模发展优势明显，年均城市服务业总体规模指数都突破 25。

表 19－2　东北地区城市第三产业增加值　　单位：亿元

地区	2011 年	2012 年	2013 年	2014 年	2015 年	2016 年	2017 年	2018 年	2019 年
东北地区	1680. 081	1679. 873	1679. 716	1679. 348	1679. 037	1678. 537	1677. 421	1679. 154	1678. 974
辽宁省	733. 997	733. 372	732. 860	732. 348	731. 909	731. 261	730. 632	731. 055	730. 647
吉林省	375. 901	378. 206	380. 444	382. 619	384. 873	387. 201	389. 323	392. 616	394. 971
黑龙江省	570. 183	568. 295	566. 412	564. 381	562. 255	560. 075	557. 466	555. 483	553. 356
沈阳市	7. 867	7. 974	8. 052	8. 081	8. 148	8. 049	8. 010	8. 204	8. 296
大连市	7. 845	7. 979	8. 096	8. 165	8. 277	8. 160	8. 059	8. 290	8. 228
鞍山市	6. 916	6. 920	7. 003	6. 956	7. 002	6. 732	6. 050	6. 838	6. 798
抚顺市	5. 915	6. 030	6. 114	6. 197	6. 263	5. 919	5. 801	6. 040	5. 924
本溪市	5. 816	5. 936	6. 040	6. 146	6. 214	5. 905	5. 613	5. 991	5. 878
丹东市	5. 744	5. 908	6. 024	6. 039	6. 055	5. 975	5. 007	6. 068	6. 068
锦州市	5. 968	6. 080	6. 188	6. 274	6. 307	6. 163	5. 612	6. 391	6. 391
营口市	6. 134	6. 291	6. 408	6. 492	6. 517	6. 354	6. 103	6. 473	6. 429
阜新市	5. 061	5. 192	5. 287	5. 379	5. 335	5. 306	4. 720	5. 432	5. 535
辽阳市	5. 606	5. 724	5. 810	5. 885	5. 962	5. 774	5. 389	5. 870	5. 880
铁岭市	5. 490	5. 627	5. 719	5. 702	5. 708	5. 554	4. 431	5. 633	5. 728
朝阳市	5. 424	5. 564	5. 654	5. 877	5. 928	5. 892	4. 795	6. 040	5. 995
盘锦市	5. 577	5. 683	5. 788	6. 111	6. 141	6. 060	6. 086	6. 224	6. 203
葫芦岛市	5. 539	5. 640	5. 740	5. 730	5. 770	5. 750	5. 143	5. 848	5. 921
长春市	7. 391	7. 522	7. 608	7. 695	7. 790	7. 904	7. 754	8. 121	8. 027
吉林市	6. 771	6. 888	6. 990	6. 924	6. 961	7. 055	6. 706	7. 171	6. 613
四平市	5. 647	5. 788	5. 872	5. 886	5. 947	6. 051	4. 299	6. 168	5. 986
辽源市	5. 082	5. 275	5. 433	5. 433	5. 519	5. 597	5. 146	5. 649	5. 524
通化市	5. 685	5. 793	5. 904	5. 959	5. 986	6. 021	4. 678	6. 083	6. 048
白山市	5. 116	5. 309	5. 371	5. 382	5. 430	5. 560	5. 010	5. 740	5. 750
白城市	5. 217	5. 370	5. 521	5. 536	5. 576	5. 632	4. 828	5. 671	5. 663
松原市	6. 134	6. 348	6. 401	6. 395	6. 448	6. 539	5. 353	6. 693	5. 979
哈尔滨市	7. 673	7. 785	7. 896	7. 983	8. 076	8. 165	8. 016	8. 316	8. 176

续表

地区	2011 年	2012 年	2013 年	2014 年	2015 年	2016 年	2017 年	2018 年	2019 年
齐齐哈尔市	5.950	6.116	6.214	6.261	6.346	6.423	6.063	6.531	6.304
牡丹江市	5.997	5.916	6.256	6.382	6.427	6.481	5.385	6.541	6.154
佳木斯市	5.602	5.687	5.804	5.838	5.900	5.993	5.739	6.118	5.757
鸡西市	5.083	5.192	5.222	5.226	5.271	5.341	4.433	5.385	5.418
鹤岗市	4.337	4.454	4.431	4.456	4.541	4.560	4.126	4.695	4.953
双鸭山市	4.708	4.817	4.868	5.051	5.136	5.211	4.430	5.345	5.411
七台河市	4.471	4.557	4.593	4.573	4.617	4.670	4.481	4.793	4.642
黑河市	4.696	4.803	4.911	5.024	5.103	5.185	3.176	5.315	5.575
伊春市	4.261	4.400	4.533	4.504	4.568	4.570	4.258	4.719	4.869
大庆市	6.288	6.417	6.534	6.693	6.750	6.867	6.702	6.995	6.906
绥化市	5.778	5.860	6.009	5.986	6.071	6.151	3.926	6.269	6.160

资料来源：根据国家统计局官网数据整理并计算。

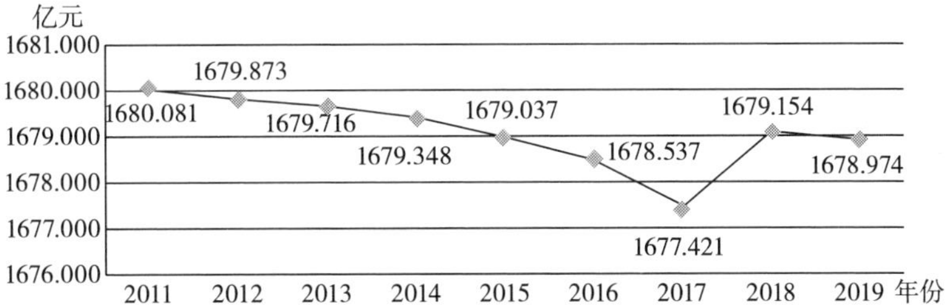

图 19－2　东北地区城市第三产业增加值

资料来源：根据国家统计局网站数据整理而得。

表 19－2 和图 19－2 分别展示了东北地区城市第三产业增加值数值和趋势。从东北地区各省份和细分城市第三产业增加值的数值来看，东北地区第三产业增加值在 2011 年至 2019 年均突破 1670 亿元。其中辽宁省第三产业增加值在 2011 年至 2019 年均突破 730 亿元；吉林省第三产业增加值在 2011 年至 2019 年均突破 370 亿元；黑龙江省第三产业增加值在 2011 年至 2019 年均突破 550 亿元。从时间维度上看，东北地区第三产业增加值 2011 年为 1680.081 亿元，2019 年为 1678.974 亿元，整体有小幅度的下降。其中，2017 年达到最低点，第三产业增加值为 1677.421 亿元。

表 19-3　东北地区城市第三产业占 GDP 比重　(%)

地区	2011 年	2012 年	2013 年	2014 年	2015 年	2016 年	2017 年	2018 年	2019 年
东北地区	33.871	34.232	35.251	38.172	40.539	44.148	52.993	47.990	50.544
辽宁省	34.379	34.754	35.389	39.583	43.058	49.041	53.190	48.104	49.218
吉林省	34.533	35.194	35.503	36.384	37.816	40.630	52.223	50.948	55.881
黑龙江省	32.702	32.747	34.862	38.550	40.744	42.773	53.568	44.919	46.533
沈阳市	44.120	43.990	43.840	45.530	47.530	56.410	58.480	58.100	61.940
大连市	41.470	41.650	42.890	45.930	50.830	51.360	58.650	51.960	53.460
鞍山市	41.990	41.650	41.910	43.940	46.970	57.320	48.960	53.190	51.270
抚顺市	33.180	33.530	33.650	38.410	43.070	42.880	40.500	39.940	44.010
本溪市	32.020	33.940	35.100	39.770	42.810	47.700	48.850	48.460	45.590
丹东市	35.040	36.130	37.220	40.930	43.180	52.220	64.600	52.750	56.090
锦州市	34.880	35.100	36.140	38.820	41.230	45.890	48.480	49.930	55.500
营口市	37.570	39.000	40.040	42.600	44.630	49.630	55.250	48.000	46.590
阜新市	32.640	31.920	31.980	35.600	39.280	49.190	60.130	51.050	51.710
辽阳市	30.500	30.500	30.800	35.350	37.670	49.020	42.450	40.600	42.940
铁岭市	27.610	28.380	29.450	34.420	40.530	43.730	64.100	45.170	47.870
朝阳市	27.760	28.240	28.370	35.820	43.820	50.420	61.880	50.390	47.510
盘锦市	23.520	23.530	24.070	34.510	36.890	42.440	45.040	41.390	38.490
葫芦岛市	39.000	39.000	39.990	42.530	44.370	48.360	47.290	42.520	46.080
长春市	40.470	41.460	40.220	41.120	43.690	45.200	45.320	46.850	51.840
吉林市	39.460	40.320	41.460	42.660	44.030	47.180	61.180	58.810	52.470
四平市	28.700	28.970	29.240	29.670	30.930	35.480	45.020	50.450	49.870
辽源市	31.980	32.140	32.550	33.000	34.190	35.090	40.170	45.520	60.880
通化市	37.600	37.120	36.420	38.290	39.630	43.390	56.380	52.740	58.150
白山市	31.170	31.280	31.770	32.050	33.960	37.150	42.000	46.860	61.520
白城市	33.070	34.750	35.930	36.820	37.580	39.730	73.960	47.720	58.330
松原市	33.810	35.510	36.430	37.460	38.520	41.820	53.750	58.630	53.990
哈尔滨市	50.630	52.840	53.540	54.860	55.920	57.590	64.240	64.850	67.680
齐齐哈尔市	35.920	38.440	40.540	43.240	44.830	46.380	67.360	51.130	48.350
牡丹江市	42.670	37.720	42.780	46.680	47.110	47.610	60.460	53.140	56.900
佳木斯市	43.160	44.010	41.750	44.680	44.920	47.280	67.910	44.760	41.340
鸡西市	31.570	30.710	32.290	35.870	37.610	40.080	50.280	40.550	40.650

续表

地区	2011 年	2012 年	2013 年	2014 年	2015 年	2016 年	2017 年	2018 年	2019 年
鹤岗市	24. 120	23. 710	25. 940	32. 820	34. 930	35. 810	43. 030	37. 440	41. 860
双鸭山市	21. 830	21. 690	23. 250	35. 870	39. 010	41. 680	68. 330	41. 120	46. 800
七台河市	28. 060	31. 550	40. 560	44. 730	47. 130	48. 790	49. 660	47. 790	44. 480
黑河市	34. 340	33. 010	34. 590	35. 840	36. 510	37. 700	65. 670	40. 060	45. 400
伊春市	30. 430	30. 950	32. 350	34. 900	38. 400	38. 030	42. 210	40. 510	43. 190
大庆市	14. 360	15. 270	16. 440	19. 760	28. 590	36. 760	35. 510	38. 920	38. 820
绥化市	35. 330	33. 060	34. 310	33. 350	33. 970	35. 560	28. 150	38. 760	42. 920

资料来源：根据国家统计局官网数据整理并计算。

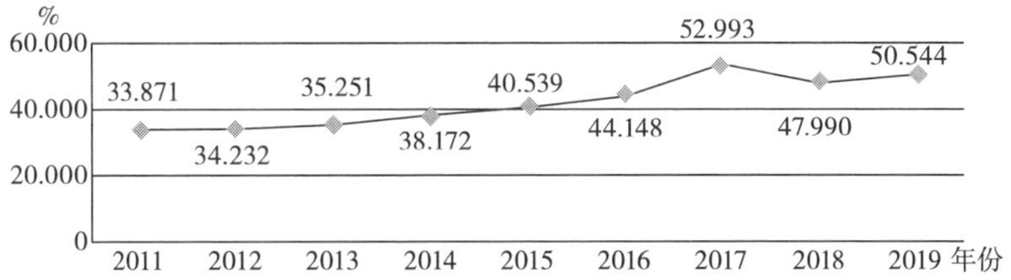

图 19－3　东北地区城市第三产业占 GDP 比重

资料来源：根据国家统计局网站数据整理而得。

表 19－3 和图 19－3 分别展示了东北地区城市第三产业占 GDP 比重数值和趋势。从时间维度上看，东北地区第三产业占 GDP 比重 2011 年为 33. 871%，2019 年为 50. 544%，增长 16. 673 个百分点，整体呈上升趋势。其中，2018 年东北地区第三产业占 GDP 比重首次下降，为 47. 990%。从东北地区各省份和细分城市第三产业占 GDP 比重的数值来看，吉林省第三产业占 GDP 比重在 2019 年超越 50%，顺利进行产业结构的转型。东北地区总体 GDP 增长的主要动力逐渐由第一、第二产业垄断推动向高层次高质量的服务业引领转变，并且与第三产业目前在国民经济中的主导地位相符合。

表 19－4　东北地区城市第三产业人均产值　　单位：万元/人

地区	2011 年	2012 年	2013 年	2014 年	2015 年	2016 年	2017 年	2018 年	2019 年
东北地区	25. 420	28. 467	29. 298	30. 331	32. 924	33. 445	20. 192	38. 572	33. 002
辽宁省	28. 980	31. 122	31. 285	33. 580	36. 413	32. 826	24. 111	38. 821	37. 450
吉林省	28. 222	33. 128	33. 664	34. 110	36. 717	39. 480	19. 999	45. 685	33. 377
黑龙江省	19. 058	21. 150	22. 946	23. 304	25. 644	28. 029	16. 466	31. 209	28. 179

续表

地区	2011 年	2012 年	2013 年	2014 年	2015 年	2016 年	2017 年	2018 年	2019 年
沈阳市	34. 483	39. 345	38. 493	39. 447	42. 789	42. 173	41. 264	49. 195	50. 286
大连市	48. 621	54. 866	57. 148	60. 941	67. 494	60. 758	55. 163	65. 238	59. 671
鞍山市	47. 422	43. 184	38. 068	37. 101	41. 242	35. 511	19. 949	47. 430	50. 436
抚顺市	32. 207	33. 649	32. 948	36. 931	41. 567	31. 293	29. 142	38. 673	35. 006
本溪市	29. 573	30. 397	28. 835	29. 783	38. 510	34. 812	25. 294	39. 832	31. 468
丹东市	21. 255	22. 328	24. 315	25. 573	28. 509	29. 210	11. 827	36. 346	32. 724
锦州市	25. 331	27. 590	29. 036	29. 591	30. 200	26. 386	17. 855	37. 767	35. 976
营口市	35. 447	38. 780	41. 841	45. 382	47. 201	34. 862	27. 217	41. 229	39. 872
阜新市	16. 623	18. 091	19. 305	20. 184	20. 192	20. 629	11. 437	20. 078	21. 900
辽阳市	33. 754	35. 942	34. 795	37. 934	43. 060	39. 381	27. 060	43. 635	43. 509
铁岭市	21. 016	23. 537	23. 990	23. 863	23. 712	20. 621	6. 674	25. 843	26. 907
朝阳市	14. 839	16. 239	16. 648	20. 235	20. 722	21. 234	7. 014	24. 952	23. 204
盘锦市	22. 591	26. 801	26. 569	37. 963	38. 412	37. 034	43. 433	43. 611	41. 026
葫芦岛市	22. 556	24. 959	26. 004	25. 189	26. 167	25. 655	14. 231	29. 667	32. 310
长春市	29. 038	31. 175	32. 519	34. 931	37. 763	41. 146	34. 502	49. 718	42. 099
吉林市	47. 560	52. 848	48. 794	47. 391	51. 585	55. 374	38. 703	63. 615	31. 811
四平市	22. 215	25. 532	24. 207	23. 845	29. 031	31. 520	5. 325	36. 197	26. 760
辽源市	32. 934	39. 450	42. 767	42. 734	45. 644	48. 724	29. 843	51. 410	42. 046
通化市	25. 225	27. 955	29. 544	32. 550	33. 387	34. 069	9. 074	38. 406	32. 670
白山市	15. 510	24. 924	24. 770	24. 298	25. 533	28. 855	16. 641	34. 722	35. 042
白城市	14. 464	16. 415	17. 668	17. 605	18. 754	19. 678	8. 732	21. 311	22. 989
松原市	38. 831	46. 728	49. 043	49. 527	52. 037	56. 477	17. 175	70. 100	33. 601
哈尔滨市	27. 167	29. 764	32. 906	35. 217	38. 125	41. 134	35. 322	48. 980	45. 466
齐齐哈尔市	17. 561	24. 623	21. 725	22. 572	24. 970	26. 720	18. 471	29. 676	28. 544
牡丹江市	33. 216	31. 387	37. 617	41. 320	43. 478	46. 355	15. 336	50. 875	34. 118
佳木斯市	19. 571	26. 497	30. 481	31. 354	32. 847	37. 148	28. 988	35. 384	22. 537
鸡西市	16. 614	18. 230	23. 015	17. 572	16. 772	19. 986	8. 555	24. 459	26. 512
鹤岗市	10. 695	12. 014	10. 923	12. 115	13. 800	13. 752	9. 168	19. 002	19. 675
双鸭山市	15. 617	16. 963	16. 849	12. 851	22. 462	20. 813	9. 208	21. 842	27. 409
七台河市	23. 051	24. 306	23. 898	23. 792	25. 142	26. 907	22. 142	28. 837	23. 839
黑河市	9. 957	10. 819	11. 609	13. 027	13. 822	23. 020	2. 981	22. 222	23. 336
伊春市	16. 254	15. 099	16. 887	16. 071	17. 311	17. 197	12. 514	20. 330	19. 225

续表

地区	2011 年	2012 年	2013 年	2014 年	2015 年	2016 年	2017 年	2018 年	2019 年
大庆市	21.070	24.351	27.366	31.822	33.595	37.610	32.153	44.839	41.627
绥化市	17.922	19.750	22.075	21.941	25.401	25.704	2.747	28.064	25.856

资料来源：根据国家统计局官网数据整理并计算。

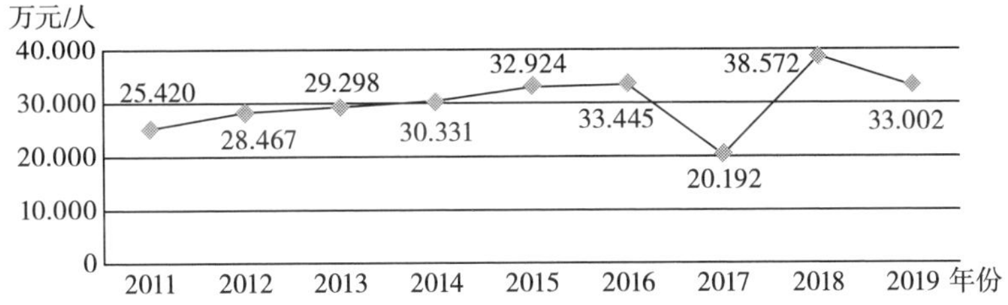

图 19－4　东北地区城市第三产业人均产值

资料来源：根据国家统计局网站数据整理而得。

表 19－4 和图 19－4 分别展示了东北地区第三产业人均产值数值和趋势。从时间维度上看，东北地区第三产业人均产值 2011 年为 25.42 万元/人，2019 年为 33.002 万元/人，整体有小幅度的上升，增幅为 29.83%。其中，2017 年达到最低点，第三产业人均产值仅为 20.192 万元/人，低于 2011 年的第三产业人均产值。这与东北地区城市服务业总体产业规模相似。从东北地区各省份和细分城市第三产业人均产值的数值来看，辽宁省第三产业人均产值在 2011 年至 2019 年均突破 24 万元/人；吉林省第三产业人均产值除 2017 年外，在 2011 年至 2019 年均突破 28 万元/人；黑龙江省第三产业人均产值除 2017 年外，在 2011 年至 2019 年均突破 19 万元/人。

第二节　东北地区城市服务业结构分析

表 19－5、图 19－5 表示东北地区 2011 年到 2019 年总体产业结构指数的变化情况，表 19－6、图 19－6、表 19－7、图 19－7 列示了东北地区总体和内部各城市的产业结构下二级指标（生产性服务业比重和高端服务业比重）的变化情况。下面对东北地区城市服务业结构进行分析。

表 19-5 东北地区城市服务业结构指数

地区	2011 年	2012 年	2013 年	2014 年	2015 年	2016 年	2017 年	2018 年	2019 年
东北地区	8. 873	8. 739	9. 854	9. 466	9. 490	9. 631	9. 974	9. 584	10. 491
辽宁省	10. 131	9. 804	10. 639	10. 630	10. 763	10. 975	11. 117	10. 556	10. 883
吉林省	7. 760	7. 698	8. 717	8. 331	8. 040	7. 950	8. 705	8. 101	8. 651
黑龙江省	8. 728	8. 715	10. 208	9. 438	9. 667	9. 967	10. 101	10. 094	11. 938
沈阳市	14. 687	14. 006	13. 134	13. 096	13. 161	13. 778	14. 917	14. 580	15. 548
大连市	13. 870	13. 959	16. 354	17. 149	18. 042	18. 522	19. 429	18. 226	19. 880
鞍山市	10. 614	11. 104	12. 128	12. 149	10. 753	11. 668	10. 929	8. 802	9. 104
抚顺市	9. 235	8. 871	11. 647	10. 800	11. 298	9. 667	9. 728	9. 795	9. 583
本溪市	7. 747	7. 580	10. 863	10. 363	11. 461	12. 346	12. 389	10. 916	14. 455
丹东市	9. 472	8. 700	9. 283	8. 604	8. 580	8. 614	8. 887	7. 320	7. 731
锦州市	10. 282	10. 426	11. 186	11. 575	12. 240	13. 367	11. 949	10. 106	10. 920
营口市	9. 717	10. 241	10. 484	11. 546	11. 971	12. 791	12. 909	13. 026	14. 048
阜新市	8. 741	8. 462	8. 262	8. 938	9. 065	7. 990	9. 988	8. 417	9. 916
辽阳市	7. 416	7. 673	9. 037	8. 926	7. 578	8. 088	7. 610	8. 122	8. 446
铁岭市	9. 149	8. 718	7. 038	7. 125	6. 999	7. 113	8. 610	8. 395	8. 329
朝阳市	6. 850	6. 552	6. 642	6. 885	7. 163	7. 055	7. 995	7. 805	7. 133
盘锦市	15. 231	12. 865	13. 931	12. 189	12. 129	12. 663	10. 410	12. 348	9. 891
葫芦岛市	8. 818	8. 099	8. 949	9. 478	10. 240	9. 987	9. 894	9. 930	7. 376
长春市	12. 509	13. 317	13. 559	13. 759	13. 772	14. 050	14. 037	14. 290	14. 885
吉林市	6. 155	5. 558	7. 938	7. 598	6. 412	5. 831	5. 435	5. 421	7. 582
四平市	6. 238	6. 934	8. 911	5. 714	7. 039	7. 062	6. 500	4. 989	6. 921
辽源市	8. 016	7. 624	7. 819	7. 984	7. 827	7. 902	8. 003	7. 039	8. 486
通化市	7. 453	8. 580	9. 122	8. 591	8. 819	8. 353	8. 031	7. 392	9. 701
白山市	11. 736	8. 860	9. 458	9. 087	8. 467	8. 590	15. 267	14. 002	6. 765
白城市	3. 479	3. 904	7. 671	8. 026	6. 098	6. 134	6. 616	6. 805	8. 603
松原市	6. 494	6. 803	5. 255	5. 887	5. 888	5. 680	5. 747	4. 871	6. 266
哈尔滨市	11. 505	10. 926	16. 904	12. 330	12. 949	13. 977	15. 736	16. 174	18. 889
齐齐哈尔市	11. 038	8. 148	11. 858	12. 152	12. 287	12. 857	13. 673	12. 395	6. 033
牡丹江市	10. 063	11. 519	12. 036	12. 540	13. 202	13. 695	14. 591	15. 931	16. 920
佳木斯市	5. 779	6. 261	6. 870	7. 260	7. 260	7. 572	7. 287	5. 945	12. 924
鸡西市	7. 219	7. 738	8. 381	8. 187	8. 626	8. 551	8. 455	9. 205	10. 700

续表

地区	2011年	2012年	2013年	2014年	2015年	2016年	2017年	2018年	2019年
鹤岗市	5. 602	5. 627	11. 575	5. 395	5. 065	4. 861	4. 956	5. 798	13. 043
双鸭山市	7. 254	7. 536	8. 986	8. 113	8. 452	7. 524	6. 471	5. 089	7. 777
七台河市	8. 769	11. 906	10. 088	9. 923	9. 819	9. 469	9. 638	11. 725	13. 518
黑河市	5. 849	6. 185	6. 929	7. 529	7. 550	7. 608	7. 591	5. 853	11. 274
伊春市	10. 419	8. 915	8. 659	9. 240	9. 225	8. 938	9. 180	7. 912	6. 317
大庆市	15. 433	15. 179	15. 415	15. 440	16. 594	17. 832	17. 507	17. 456	18. 081
绥化市	5. 810	4. 640	4. 797	5. 152	4. 976	6. 725	6. 133	7. 641	7. 782

资料来源：根据国家统计局官网数据整理并计算。

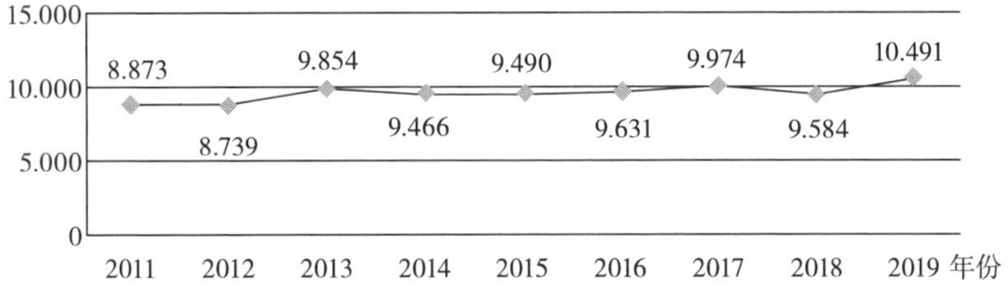

图 19－5　东北地区城市服务业结构指数

资料来源：根据国家统计局网站数据整理而得。

从东北地区城市服务业结构总体的时间趋势来看，呈稳步上升趋势，从2011 年的 8. 873 增长至 2019 年的 10. 491，涨幅为 18. 24%。仅在 2012 年、2014 年和 2018 年出现小幅度的下降。这表明东北地区服务业结构在 9 年间得到优化升级，逐渐向知识密集型的高端服务业转型，东北地区城市服务业结构质量不断提升。

从东北地区各细分城市服务业结构来看，东三省的沈阳市、大连市、长春市、哈尔滨市、大庆市和牡丹江市等，相较于其他城市而言，城市服务业结构发展较为迅速，年均指数值都突破 13，超过东北地区的平均水平。这与目前多数学者研究服务业结构的城市异质性结论相符合，即东北地区省会城市的服务业结构质量要明显优于非省会城市。以上六个城市的服务业结构发展情况相近，其中年均指数值最高的分别是大连市（17. 270）和大庆市（16. 549）。

表 19－6　东北地区城市生产性服务业从业人数占服务业比重　(%)

地区	2011年	2012年	2013年	2014年	2015年	2016年	2017年	2018年	2019年
东北地区	24.0	23.5	26.2	25.2	25.3	25.4	26.0	25.0	26.0
辽宁省	26.5	25.6	27.5	27.6	27.7	28.1	28.5	27.1	27.2
吉林省	20.7	20.9	23.5	21.9	21.6	21.4	22.6	21.4	22.2
黑龙江省	24.7	24.0	27.5	26.0	26.5	26.7	26.8	26.5	28.6
沈阳市	37.7	36.1	34.3	34.1	34.0	35.4	38.5	37.8	39.1
大连市	34.9	35.2	39.0	40.1	42.2	42.8	44.1	40.7	43.4
鞍山市	26.2	26.7	32.5	31.6	28.9	30.1	27.9	24.0	24.6
抚顺市	24.4	23.5	29.0	27.5	28.4	25.7	25.8	26.0	25.4
本溪市	23.1	21.9	27.3	28.0	30.2	30.6	32.4	28.2	32.1
丹东市	25.8	24.1	29.0	23.8	22.7	22.5	23.1	21.7	23.4
锦州市	27.1	27.3	29.5	29.5	30.1	31.7	29.6	27.0	26.2
营口市	29.6	31.0	31.5	34.2	34.2	38.2	38.0	38.4	37.1
阜新市	21.8	21.2	21.3	22.3	23.0	20.7	23.8	20.4	23.5
辽阳市	20.0	20.6	23.1	23.1	20.6	21.8	20.5	20.8	21.2
铁岭市	23.9	23.2	19.7	20.2	19.8	19.9	22.6	21.5	20.5
朝阳市	18.9	18.2	18.6	19.1	19.7	19.3	20.6	20.1	18.7
盘锦市	32.9	28.6	30.6	28.8	28.6	29.9	26.6	27.8	25.3
葫芦岛市	24.9	21.5	23.4	24.4	25.8	25.1	25.1	24.8	20.2
长春市	29.5	31.9	32.0	32.5	32.7	32.7	32.8	33.1	34.5
吉林市	18.6	17.3	22.6	20.7	18.8	17.8	17.1	16.9	20.3
四平市	18.0	19.2	27.3	16.9	19.9	20.0	19.1	16.1	18.9
辽源市	21.2	21.1	21.4	21.6	21.4	21.4	21.4	19.7	22.4
通化市	20.8	22.9	24.2	22.4	22.8	21.9	21.3	20.3	23.9
白山市	26.6	22.1	23.7	22.8	21.7	22.0	33.1	30.7	18.8
白城市	13.0	13.9	20.2	20.5	17.4	17.5	18.1	18.0	21.2
松原市	18.1	18.6	16.8	18.0	18.1	17.8	18.0	16.0	17.3
哈尔滨市	32.3	30.1	40.5	32.4	33.4	35.0	38.2	38.0	44.3
齐齐哈尔市	34.1	22.1	36.0	36.4	36.5	36.9	38.0	35.4	17.6
牡丹江市	25.8	28.9	28.6	29.4	30.4	31.1	32.8	34.8	35.3
佳木斯市	19.7	19.3	20.8	21.5	21.5	22.2	21.6	19.4	30.6
鸡西市	22.4	23.8	23.8	24.5	25.4	24.4	24.2	24.6	26.1

续表

地区	2011 年	2012 年	2013 年	2014 年	2015 年	2016 年	2017 年	2018 年	2019 年
鹤岗市	19.7	19.7	30.9	18.2	17.7	17.3	17.6	18.0	30.0
双鸭山市	22.6	22.8	25.1	23.0	24.4	22.4	19.8	17.6	21.7
七台河市	19.5	26.8	26.4	26.1	25.9	25.1	25.6	29.4	30.7
黑河市	20.6	21.4	22.8	24.4	24.5	23.3	23.1	19.5	28.4
伊春市	26.7	23.6	23.9	24.6	24.5	23.9	24.3	22.2	19.3
大庆市	34.4	34.0	34.4	34.3	36.0	38.2	37.5	37.4	38.5
绥化市	18.1	15.9	16.8	17.5	17.5	20.1	18.9	21.0	21.1

资料来源：根据国家统计局官网数据整理并计算。

图 19－6　东北地区城市生产性服务业从业人数占服务业比重

资料来源：根据国家统计局网站数据整理而得。

表 19－6 和图 19－6 分别展示了东北地区城市生产性服务业从业人数占比数值和趋势。从东北地区各省份和细分城市生产性服务业从业人数占比的数值来看，辽宁省从 2011 年的 26.5% 上升到 2019 年的 27.2%，吉林省从 2011 年的 20.7% 上升到 2019 年的 22.2%，黑龙江省从 2011 年的 24.7% 上升到 2019 年的 28.6%。从时间维度上看，东北地区生产性服务业从业人数占比在 2011 年至 2019 年均超过 23%，2011 年为 24.0%，2019 年为 26.0%，整体有小幅度的上升，波动增长。其中，2012 年达到最低点，为 23.5%。

表 19－7　东北地区城市高端服务业从业人数占服务业比重　（%）

地区	2011 年	2012 年	2013 年	2014 年	2015 年	2016 年	2017 年	2018 年	2019 年
东北地区	16.7	16.7	17.9	17.6	17.6	17.9	18.5	18.1	20.0
辽宁省	18.5	18.2	19.2	19.1	19.5	19.7	19.9	19.3	20.2
吉林省	16.1	15.8	16.7	16.8	16.2	16.1	17.4	16.6	17.6
黑龙江省	15.6	16.2	17.9	16.7	17.1	17.9	18.2	18.5	22.3
沈阳市	23.2	22.5	21.3	21.4	21.7	22.4	23.2	22.8	24.8

续表

地区	2011 年	2012 年	2013 年	2014 年	2015 年	2016 年	2017 年	2018 年	2019 年
大连市	23.1	23.1	27.3	28.8	29.9	30.8	32.5	31.6	34.3
鞍山市	20.3	21.3	19.7	20.6	18.6	20.4	19.9	16.7	17.1
抚顺市	17.6	17.2	21.2	19.9	20.7	17.9	18.0	18.0	17.9
本溪市	14.1	14.7	20.2	18.1	19.6	22.0	20.6	19.6	27.0
丹东市	17.2	16.3	17.2	16.2	17.0	17.2	17.5	14.0	13.8
锦州市	18.6	18.9	19.4	20.6	22.1	24.1	21.6	18.2	21.1
营口市	14.2	14.5	14.8	15.7	17.4	15.6	16.3	16.4	21.7
阜新市	18.0	17.7	17.1	18.3	18.1	16.7	20.2	18.1	20.1
辽阳市	15.6	15.9	18.0	17.7	15.6	16.2	15.8	17.0	17.7
铁岭市	17.8	17.0	14.8	14.6	14.6	14.8	17.1	17.3	17.7
朝阳市	14.8	14.4	14.4	14.7	15.1	15.1	16.8	16.6	15.7
盘锦市	28.6	24.9	26.6	22.9	22.9	23.4	19.4	24.0	18.8
葫芦岛市	15.9	16.5	17.5	18.3	19.5	19.3	19.0	19.3	15.3
长春市	23.3	23.8	24.5	24.7	24.6	25.4	25.3	25.8	26.5
吉林市	13.0	12.2	15.2	15.6	13.6	12.7	12.0	12.1	15.9
四平市	13.7	14.8	13.8	12.9	14.6	14.6	13.6	11.5	15.0
辽源市	16.5	15.4	15.8	16.1	15.8	16.0	16.3	14.7	16.9
通化市	15.1	16.8	17.5	17.2	17.6	16.9	16.4	15.3	19.3
白山市	23.1	18.2	18.8	18.4	17.4	17.5	28.5	26.6	14.6
白城市	9.4	10.0	16.2	16.9	13.7	13.8	14.6	15.2	18.1
松原市	14.3	14.8	11.7	12.7	12.6	12.2	12.2	11.3	14.2
哈尔滨市	17.7	18.0	27.8	20.4	21.6	23.4	26.1	27.6	30.7
齐齐哈尔市	13.7	16.2	14.5	15.3	15.8	17.5	19.4	17.5	13.4
牡丹江市	19.0	20.9	22.6	23.5	24.7	25.5	26.8	29.2	31.6
佳木斯市	10.8	12.8	13.4	14.0	14.0	14.4	14.0	11.7	23.7
鸡西市	13.1	13.5	15.5	14.3	14.9	15.5	15.4	17.4	20.6
鹤岗市	10.2	10.3	19.3	11.0	10.4	10.1	10.1	12.4	24.4
双鸭山市	12.9	13.7	16.3	15.3	15.2	14.0	13.0	10.6	15.4
七台河市	19.5	23.5	18.6	18.4	18.2	17.7	17.9	21.1	25.3
黑河市	10.0	10.4	11.5	12.0	11.9	13.5	13.6	11.3	20.5
伊春市	19.3	17.3	16.3	17.4	17.5	17.1	17.5	15.4	13.0
大庆市	28.2	27.7	28.1	28.2	30.2	32.3	31.8	31.7	32.7

续表

地区	2011 年	2012 年	2013 年	2014 年	2015 年	2016 年	2017 年	2018 年	2019 年
绥化市	12.4	10.6	10.3	10.8	10.3	13.5	12.7	15.6	15.9

资料来源：根据国家统计局官网数据整理并计算。

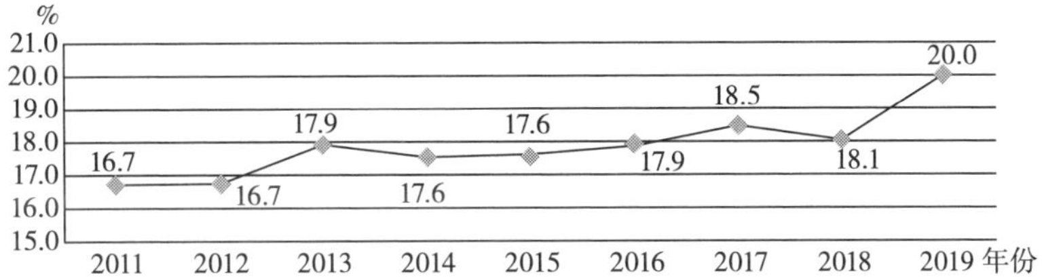

图 19－7　东北地区城市高端服务业从业人数占服务业比重

资料来源：根据国家统计局网站整理而得。

表 19－7 和图 19－7 分别展示了东北地区城市高端服务业从业人数占比数值和趋势。从东北地区各省份和细分城市高端服务业从业人数占比的数值来看，辽宁省从 2011 年的 18.5% 上升到 2019 年的 20.2%，吉林省从 2011 年的 16.1% 上升到 2019 年的 17.6%，黑龙江省从 2011 年的 15.6% 上升到 2019 年的 22.3%。从时间维度上看，东北地区高端服务业从业人数占服务业从业人数的比重从 2011 年的 16.7% 上升到 2019 年的 20%，整体有小幅度的上升。其中，2014 年和 2018 年出现下降。

第三节　东北地区城市服务业地区差异

表 19－8 至表 19－11 列出了东北地区 2011 年到 2019 年总体和各省内部城市服务业总体规模指数及其下二级指标数值，表 19－12 至表 19－14 列出了东北地区 2011 年到 2019 年总体和各省内部城市服务业结构指数及其下二级指标数值。图 19－8 至图 19－11、图 19－12 至图 19－14 分别从时间维度上对东北地区内部各省城市服务业总体规模指数和结构指数进行对比。

表 19－8　东北地区城市服务业总体规模指数

地区	2011 年	2012 年	2013 年	2014 年	2015 年	2016 年	2017 年	2018 年	2019 年
东北地区	15.794	17.639	18.210	19.025	20.705	21.214	15.088	24.479	21.292
辽宁省	17.947	19.272	19.417	21.038	22.952	21.140	17.178	24.660	23.891
吉林省	17.509	20.522	20.875	21.186	22.841	24.673	14.933	28.955	21.853

续表

地区	2011 年	2012 年	2013 年	2014 年	2015 年	2016 年	2017 年	2018 年	2019 年
黑龙江省	11.926	13.122	14.338	14.850	16.323	17.829	13.154	19.822	18.134

资料来源：根据国家统计局官网数据整理并计算。

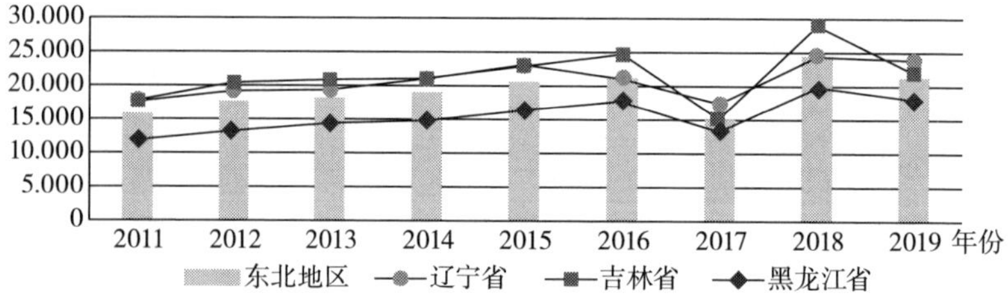

图 19－8　东北地区城市服务业总体规模指数

资料来源：根据国家统计局网站数据整理而得。

从东北地区服务业总体规模指数的时间趋势来看，辽宁省、吉林省和黑龙江省在这 9 年间都呈现波动增长的趋势。其中，辽宁省服务业总体规模指数从 2011 年的 17.947 上升到 2019 年的 23.891，整体呈现稳步增长的趋势，但在 2016—2017 年出现下降，在 2017 年达到最低点，2019 年也有小幅下降。吉林省服务业总体规模指数从 2011 年的 17.509 上升到 2019 年的 21.853，整体也呈现稳步增长的趋势，但在 2017 年和 2019 年两年出现下降，特别在 2017 年达到最低点。黑龙江省服务业总体规模指数从 2011 年的 11.926 上升到 2019 年的 18.134，整体也呈现增长的趋势，但和吉林省的增长情况相似，在 2017 年和 2019 年两年出现下降，并在 2017 年达到最低点。

表 19－9　东北地区第三产业增加值　　单位：亿元

地区	2011 年	2012 年	2013 年	2014 年	2015 年	2016 年	2017 年	2018 年	2019 年
东北地区	1680.081	1679.873	1679.716	1679.348	1679.037	1678.537	1677.421	1679.154	1678.974
辽宁省	733.997	733.372	732.860	732.348	731.909	731.261	730.632	731.055	730.647
吉林省	375.901	378.206	380.444	382.619	384.873	387.201	389.323	392.616	394.971
黑龙江省	570.183	568.295	566.412	564.381	562.255	560.075	557.466	555.483	553.356

资料来源：根据国家统计局官网数据整理并计算。

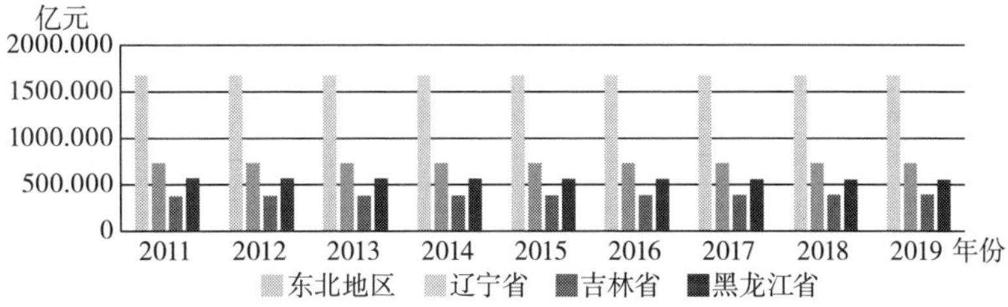

图 19－9　东北地区第三产业增加值

资料来源：根据国家统计局网站数据整理而得。

表 19－10　东北地区第三产业占 GDP 比重　（%）

地区	2011 年	2012 年	2013 年	2014 年	2015 年	2016 年	2017 年	2018 年	2019 年
东北地区	33.871	34.232	35.251	38.172	40.539	44.148	52.993	47.990	50.544
辽宁省	34.379	34.754	35.389	39.583	43.058	49.041	53.190	48.104	49.218
吉林省	34.533	35.194	35.503	36.384	37.816	40.630	52.223	50.948	55.881
黑龙江省	32.702	32.747	34.862	38.550	40.744	42.773	53.568	44.919	46.533

资料来源：根据国家统计局官网数据整理并计算。

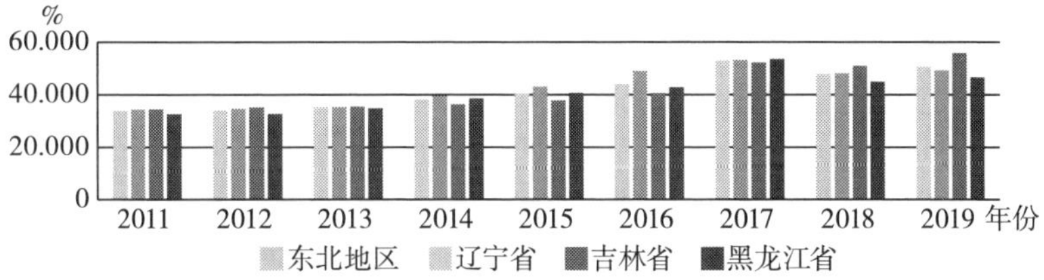

图 19－10　东北地区第三产业占 GDP 比重

资料来源：根据国家统计局网站数据整理而得。

表 19－11　东北地区第三产业人均产值　单位：万元/人

地区	2011 年	2012 年	2013 年	2014 年	2015 年	2016 年	2017 年	2018 年	2019 年
东北地区	25.420	28.467	29.298	30.331	32.924	33.445	20.192	38.572	33.002
辽宁省	28.980	31.122	31.285	33.580	36.413	32.826	24.111	38.821	37.450
吉林省	28.222	33.128	33.664	34.110	36.717	39.480	19.999	45.685	33.377
黑龙江省	19.058	21.150	22.946	23.304	25.644	28.029	16.466	31.209	28.179

资料来源：根据国家统计局官网数据整理并计算。

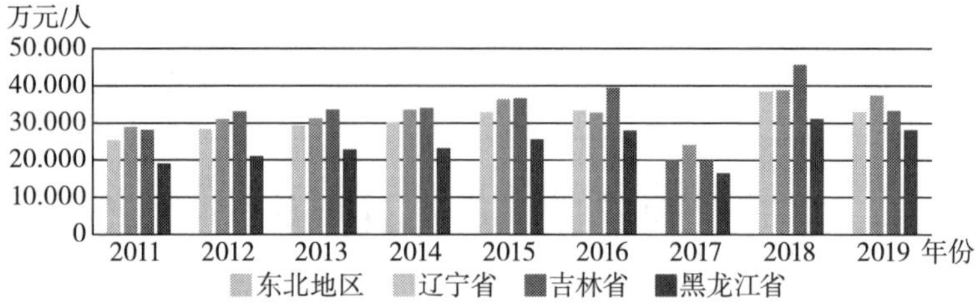

图 19 - 11　东北地区第三产业人均产值

资料来源：根据国家统计局网站数据整理而得。

从东北地区城市服务业总体规模的各细分城市来看，东三省的沈阳市、长春市和哈尔滨市这样的省会城市相对于其他城市的城市服务业总体规模的发展较为迅速，且多数城市均已超过东北地区的平均水平。东三省省会城市间的服务业总体发展规模较为相似，发展速率相近。此外，东北地区由于有些城市靠近沿海地区，借助优越的地理优势和海港的便利交通，发展较为迅速。例如，辽宁省大连市，城市服务业总体规模指数超过 37%，成为东北地区服务业总体规模指数最高的城市。

表 19 - 12　东北地区服务业结构指数

地区	2011 年	2012 年	2013 年	2014 年	2015 年	2016 年	2017 年	2018 年	2019 年
东北地区	8.873	8.739	9.854	9.466	9.490	9.631	9.974	9.584	10.491
辽宁省	10.131	9.804	10.639	10.630	10.763	10.975	11.117	10.556	10.883
吉林省	7.760	7.698	8.717	8.331	8.040	7.950	8.705	8.101	8.651
黑龙江省	8.728	8.715	10.208	9.438	9.667	9.967	10.101	10.094	11.938

资料来源：根据国家统计局官网数据整理并计算。

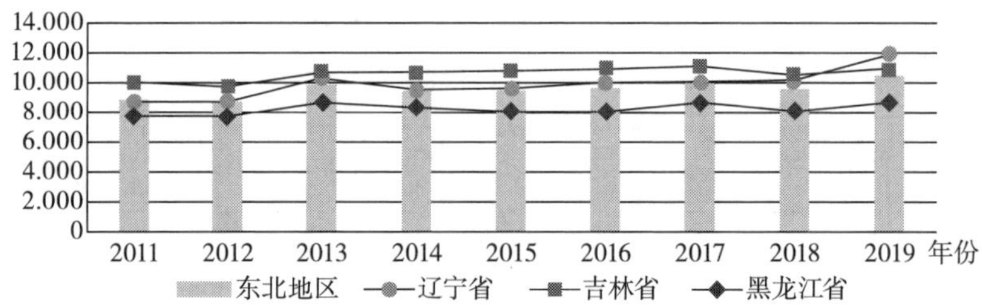

图 19 - 12　东北地区服务业结构指数

资料来源：根据国家统计局网站数据整理而得。

从东北地区服务业结构指数的时间趋势来看，辽宁省、吉林省和黑龙江省在这 9 年间都呈现波动增长的趋势。其中，辽宁省服务业结构指数从 2011 年的10.131上升到2019年的10.883，整体呈现波动增长的趋势。吉林省服务业结构指数从2011年的7.760上升到2019年的8.651，整体也呈现波动增长的趋势。黑龙江省服务业结构指数从2011年的8.728上升到2019年的11.938，整体也呈现增长的趋势，但在2012年、2014年和2018年三年出现明显下降的情况。

表19－13　东北地区生产性服务业从业人数占比　（%）

地区	2011年	2012年	2013年	2014年	2015年	2016年	2017年	2018年	2019年
东北地区	24.0	23.5	26.2	25.2	25.3	25.4	26.0	25.0	26.0
辽宁省	26.5	25.6	27.5	27.6	27.7	28.1	28.5	27.1	27.2
吉林省	20.7	20.9	23.5	21.9	21.6	21.4	22.6	21.4	22.2
黑龙江省	24.7	24.0	27.5	26.0	26.5	26.7	26.8	26.5	28.6

资料来源：根据国家统计局官网数据整理并计算。

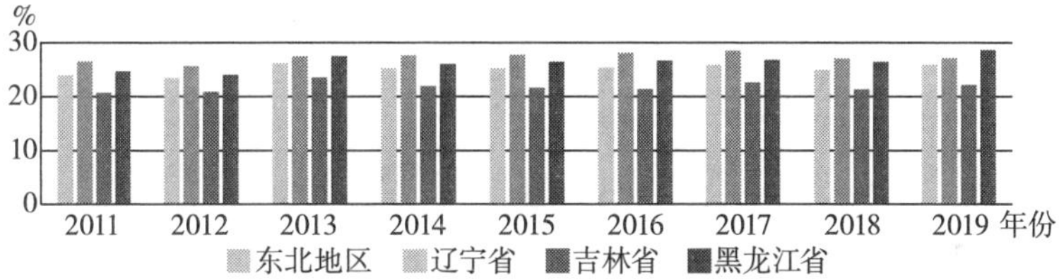

图19－13　东北地区生产性服务业从业人数占比

资料来源：根据国家统计局网站数据整理而得。

表19－14　东北地区高端服务业从业人数占比　（%）

地区	2011年	2012年	2013年	2014年	2015年	2016年	2017年	2018年	2019年
东北地区	16.7	16.7	17.9	17.6	17.6	17.9	18.5	18.1	20.0
辽宁省	18.5	18.2	19.2	19.1	19.5	19.7	19.9	19.3	20.2
吉林省	16.1	15.8	16.7	16.8	16.2	16.1	17.4	16.6	17.6
黑龙江省	15.6	16.2	17.9	16.7	17.1	17.9	18.2	18.5	22.3

资料来源：根据国家统计局官网数据整理并计算。

从东北地区城市服务业结构的各细分城市来看，东北地区非省会城市的服务业结构指数较低，省会城市服务业结构指数在2011年至2019年均破10，并且都远超过当年东北地区城市服务业结构指数的平均水平。其中，沿海地区较为发达的城市，例如大连，城市服务业结构指数几乎达到20%，在东北地区所有城市中达到最大值。东北地区省会城市服务业结构指数在9年间的增长速度均较为稳健，其中，哈尔滨市城市服务业结构指数增长最快，由 2011 年的 11. 505 上升到 2019 年的 18. 889，服务业结构质量改善效果最为明显。其他两个省会城市沈阳市和长春市分别从 2011 年的 14. 687、6. 155 增长到 2019 年的 15. 548、7. 582，9 年间服务业结构质量稳步优化。

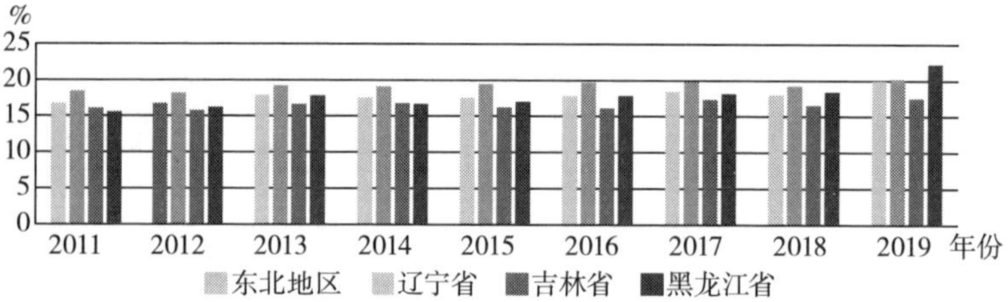

图 19 - 14　东北地区高端服务业从业人数占比

资料来源：根据国家统计局网站整理而得。

第二十章　东北地区服务业高质量发展整体评价与结构分析

第一节　东北地区服务业高质量发展整体评价

自东北振兴战略提出并实施以来，东北地区经济得到一定发展，但是伴随着我国经济进入新常态，东北地区经济再度下行。1978 年以来，东北经济在全国的地位一直呈下降态势，存在明显的阶段性，经济增长态势与全国一致，但波动幅度明显大于全国。高质量发展对于东北振兴既是机遇又是挑战。在高质量发展的背景下，东北振兴的战略重点是：推进产业转型升级，实现产业发展高质量；城乡并举，实现区域协调高质量；积极参与“一带一路”建设，实现对外开放高质量；严格环境保护，实现生态文明高质量。东北地区应提高经济的市场化程度，促进经济增长动能的顺利转换，从根本上破除发展的体制机制障碍，提高城镇化质量，加强区域合作，促进高质量发展。

表 20－1　全国各地区城市服务业高质量发展整体评价

地区	高质量发展指数	产业规模	产业结构	产业创新	产业环境	产业协同
全国	6.102	23.447	8.839	5.737	44.243	2.607
长三角地区	13.421	37.518	11.978	13.237	50.459	2.762
珠三角地区	9.112	26.483	8.962	8.826	48.407	2.905
环渤海地区	6.826	26.498	9.316	6.522	44.243	2.793
中部地区	4.125	19.408	7.467	3.433	43.426	2.634
西南地区	3.941	17.358	6.876	3.640	42.225	2.488
东北地区	2.707	19.272	9.567	2.099	41.150	2.349
西北地区	3.109	15.470	7.981	2.716	41.503	2.356

资料来源：根据国家统计局官网数据整理并计算。

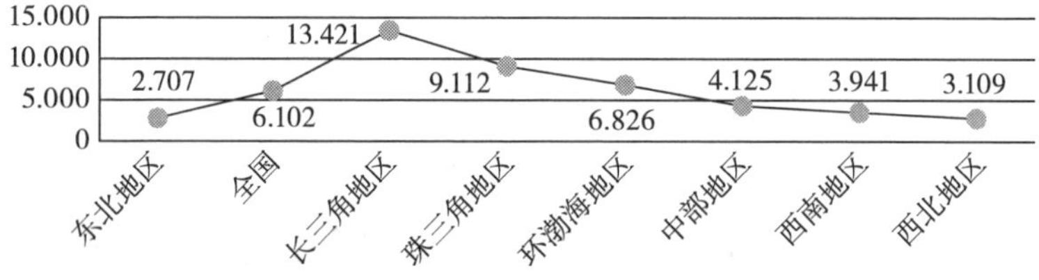

图 20－1　全国各地区服务业高质量发展指数

资料来源：根据国家统计局网站数据整理而得。

表 20－1、图 20－1、图 20－2 和图 20－3 分别列示了全国和分地区服务业高质量发展指数与各二级指标（服务业产业规模、服务业产业结构、服务业产业创新、服务业产业环境、服务业产业协同）的年平均数。下面对东北地区与其他地区的服务业发展状况进行对比分析。

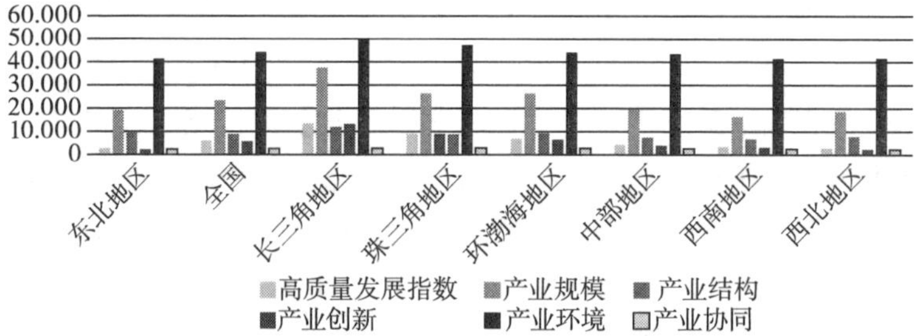

图 20－2　全国各地区服务业高质量发展整体评价

资料来源：根据国家统计局网站数据整理而得。

从全国年均服务业高质量发展指数与东北地区年均服务业高质量发展指数的对比分析来看，东北地区 2011 年至 2019 年的年均服务业高质量发展指数要低于全国平均水准。由于东北、中部、西南、西北等地区深处内陆，不似长三角、珠三角等地区有沿海优势，服务业发展所需的知识、人才、科技等资源的引进速度较为缓慢，服务业集聚难度要远高于沿海省份，这就造成东北地区服务业发展质量较低而沿海服务业发展质量颇高的不平衡局面。全国服务业高质量发展的平均水平被沿海地区第三产业蓬勃发展的高效成果迅速拔高，东北地区的年均高质量发展指数明显低于全国平均水准。

将高质量发展指数分解为 5 个二级指标对全国各地区进行对比分析，在产业规模方面，长三角、珠三角、环渤海凭借优越的地理位置和发达的经济体系，在全国各地区中处于领先地位，且产业规模年均数远超国内平均水平。东北地区的第三产业规模虽不似沿海地区发展那么迅速，但和中部地区服务业规模保持在相似水平。西北地区产业规模指数最低。在产业结构方面，全国各地区的服务业结构年均数相差不大，各地区服务业内部结构质量较为均衡。东北地区由于新中国成立早期的工业化运动，工业基础好，服务业结构发展态势良好，超过全国平均水平，仅次于长三角地区，产业结构优势明显。在产业创新方面，中部、西北、东北、西南等内陆地区与长三角、珠三角、环渤海等沿海地区的产业创新年均指数存在显著差异，长三角地区在 2011 年至 2019 年的服务业产业创新年均指数比东北地区高出 5.3 倍。长三角等地区凭借优越的交通地理条件、丰富的产业资源优势，使高素质劳动力集聚，新业态、新模式的出现不断推动第三产业向高质量、高层次方向深化发展。内陆地区劳动力出现的“外流”现象为长三角等地区提供了经济发展、产业升级不可或缺的人才。在产业环境方面，我国各地区第三产业的发展环境大体一致，长三角和珠三角地区的年均产业环境指数在 50 左右，而其余地区的年均产业环境指数均小于或等于全国平均水平。在产业协同方面，我国各地区服务业与制造业协同发展的年均指数相差无几，全国保持较为一致的发展水平。

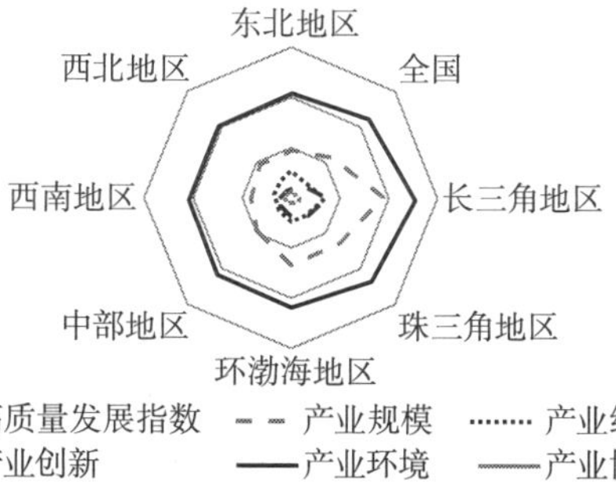

图 20－3　全国各地区服务业高质量发展二级指标

资料来源：根据国家统计局网站数据整理而得。

第二节　东北地区服务业高质量发展指数时间特征分析

图 20－4 至图 20－9 展示了全国和分地区服务业高质量发展指数与各二级指标（服务业产业规模、服务业产业结构、服务业产业创新、服务业产业环境、服务业产业协同）2011—2019 年的变化趋势。下面对东北地区服务业高质量发展水平的时间特征进行分析。

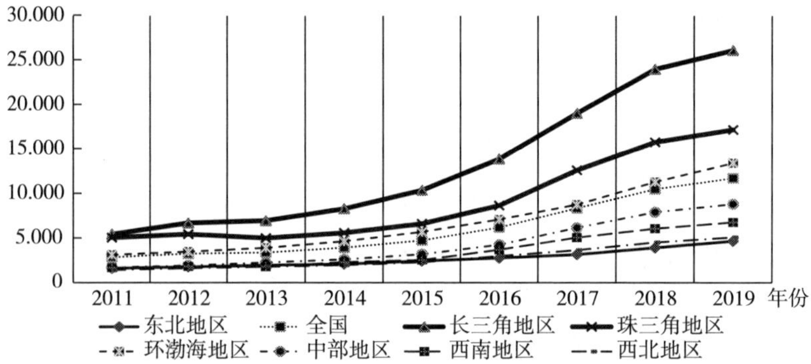

图 20-4　全国和分地区 2011—2019 年服务业高质量发展指数

资料来源：根据国家统计局网站数据整理而得。

如图 20-4 所示，从高质量发展指数来看，2011—2019 年东北地区服务业高质量发展指数总体趋势是不断上升的，2011 年东北地区服务业高质量发展指数为 1.609，到 2019 年该指数上升为 4.657，增长了 1.89 倍。由此可知，东北地区服务业高质量发展基础较差，且服务业发展质量提升较为缓慢。对比全国和其他区域可知，大多数地区服务业高质量发展指数变化趋势可分为两个阶段，2011—2015 年全国及其他区域的服务业高质量发展经历了相对平缓的增长时期，2015—2019 年全国及大部分地区服务业高质量发展进入稳步上升阶段。2012 年以后中国经济进入了新常态，随着对新常态的逐渐适应以及供给侧结构性改革的推进和深化，全国各地区开始大力发展服务经济，并把结构优化、质效提升作为产业发展的主攻方向。2017 年，习近平总书记指出我国已进入高质量发展阶段，提出要使创新成为经济增长的动力，这可能是 2015 年之后全国大部分地区服务业高质量发展指数增长较快的原因。总的来看，东

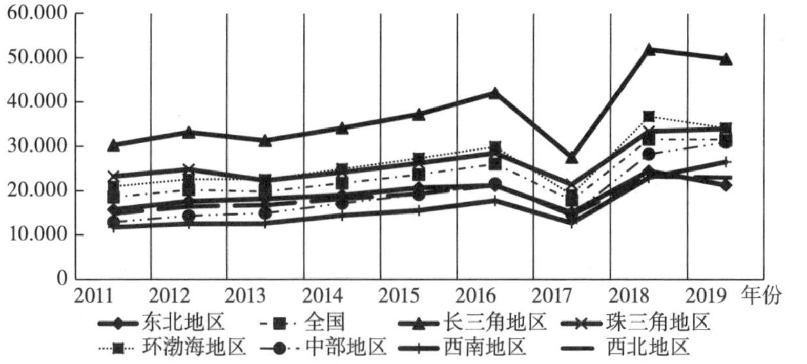

图 20-5　全国和分地区 2011—2019 年服务业产业规模指数

资料来源：根据国家统计局网站数据整理而得。

北地区服务业质量虽有发展但仍处于低水平阶段。

如图 20－5 所示，从产业规模指数来看，2011—2019 年东北地区服务业产业规模指数总体趋势是上升的，在 2017 年和 2019 年有大幅度的下降。对比全国和其他区域可知，大多数地区服务业产业规模指数也呈现稳步上升的趋势，但都在 2017 年发生大幅度的下降。2011 年东北地区服务业产业规模指数为 15.794，2019 年为 21.292，增长了 34.8%。东北地区服务业规模在 2011—2019 年逐步扩大，三次产业结构不断完善，第三产业在国民经济中的地位越来越重要，但需要注意的是东北地区的产业规模指数仍有很大的上升空间。东北地区经济发展的同时服务业也在不断成长，但由于东北地区服务业发展条件较差，经济增长速度相对较慢，制约了人民收入的增长，也导致服务业发展缓慢，服务业整体规模不大。2017 年全国大面积受自然灾害影响严重，这可能是 2017 年全国各地区服务业规模有一个较大程度下降的原因。

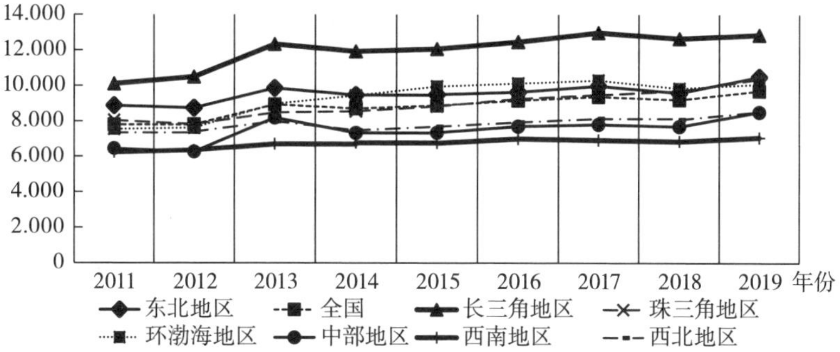

图 20－6　全国和分地区 2011—2019 年服务业产业结构指数

资料来源：根据国家统计局网站数据整理而得。

如图 20－6 所示，从产业结构指数来看，2011—2019 年东北地区服务业产业结构指数总体趋势是在波动中稳步上升。2011 年东北地区产业结构指数为 8.873，2019 年产业结构指数为 10.491，增长了 18.20%。由于东北地区为欠发达地区，生产性服务业、高端服务业在产业结构中占比较低，存在科技落后、人才短缺等短板，服务业缺乏升级动力源，导致东北地区服务业结构指数长期较低。对比全国和其他区域可知，大多数地区服务业产业结构指数也呈现稳步增长的趋势，其中大部分地区服务业产业结构指数在 2013 年有一个较大的上升。2012 年中国经济进入“三期叠加”的新常态，加快推进经济结构战略性调整，产业结构从制造业为主向服务业为主转变，由此可能促使全国大多数区域服务业产业结构指数大幅度上升。

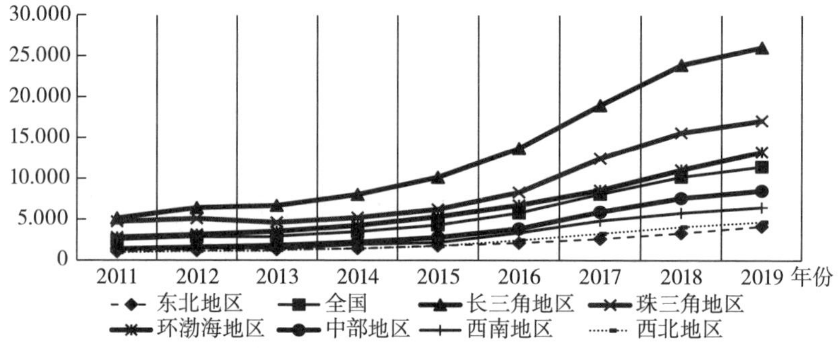

图 20－7　全国和分地区 2011—2019 年服务业产业创新指数

资料来源：根据国家统计局网站数据整理而得。

如图 20－7 所示，从产业创新指数来看，2011—2019 年东北地区服务业产业创新指数总体趋势是上升的。2011 年东北地区服务业产业创新指数为 1.040，2019 年为 4.146，增长了 298.7%。虽然东北地区服务业产业创新指数增长率高，但对比全国和其他区域可知，大多数地区服务业产业创新指数也呈现稳步上升的趋势。其中，长三角地区增长速度最快，从 2011 年的 5.140 上升到 2019 年的 26.082，增长率为 407.4%。这是由于东北地区作为欠发达地区，现代服务业发展滞后，城市化水平低，城市综合能力不强；且东北地区科技产出水平和科技成果产业化水平都远低于东部地区，服务业发展相对粗放，技术效率低下；此外，由于东部沿海地区的快速发展所产生的强大极化效应，科技成果、资金、人力资本等资源大量流入东部地区，使其服务业创新能力迅速提高。

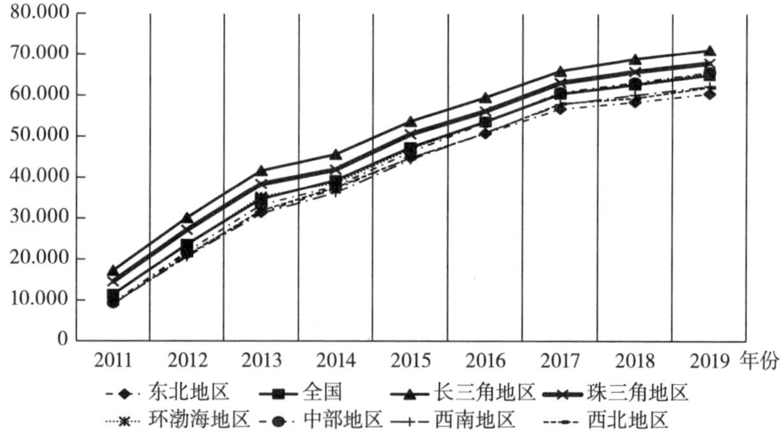

图 20－8　全国和分地区 2011—2019 年服务业产业环境指数

资料来源：根据国家统计局网站数据整理而得。

如图 20－8 所示，从产业环境指数来看，2011—2019 年东北地区服务业产业环境指数总体呈现稳步增长的趋势。2011 年东北地区服务业产业环境指数为 9.311，2019 年为 60.481，增长了 549.6%。对比全国和其他区域可知，大多数地区服务业产业环境指数也呈现稳步上升的趋势。我国东北地区经济发展相对滞后，服务业发展水平较低，但随着市场经济的发展，东北地区的信用机制不断完善，市场经济机制不断健全，服务业失信企业数量逐渐减少；在经济发展过程中一些阻碍东北地区服务业产业发展的因素被消除，市场监督管理水平不断提高，企业管理逐渐规范；近年来数字普惠金融的迅速发展优化了区域的金融服务环境，也为东北地区服务业高质量发展营造了优良环境。然而由于东北地区服务业发展起步较晚，服务业发展潜力仍需挖掘，服务业发展环境水平仍需提高。

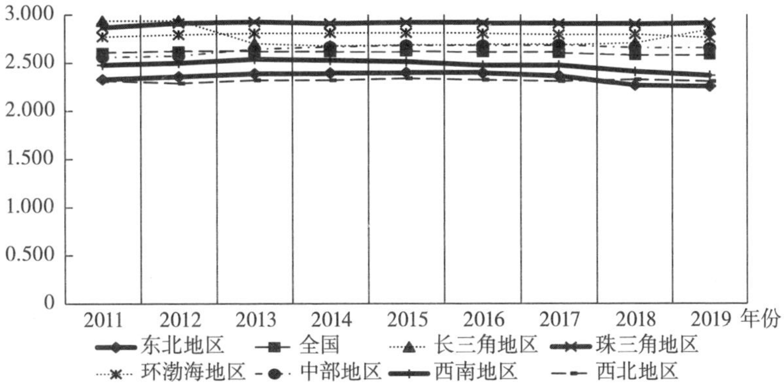

图 20－9 全国和分地区 2011—2019 年服务业产业协同指数

资料来源：根据国家统计局网站数据整理而得。

如图 20－9 所示，从产业协同指数来看，2011—2019 年东北地区服务业产业协同指数呈先不断上升后缓慢下降的趋势。2011 年服务业产业协同指数为 2.330，2019 年服务业产业协同指数为 2.252，下降了 3.3%。表明东北地区服务业产业协同指数整体较低，变化幅度不大。由于东北地区服务业与制造业协同发展耦合程度不高、政策扶持不到位、协同联动不够、发展生态不优等瓶颈制约，地区产业协同发展较慢。其变化趋势可以分为两个阶段：2011—2015 年东北地区服务业产业协同指数不断上升，从 2011 年的 2.330 增长到 2015 年的 2.400；但在 2015 年之后开始缓慢下降，从 2015 年的 2.400 下降到 2019 年的 2.252。东北地区生产性服务行业发展落后，经济基础条件较差，服务业转型缺乏技术和资源的支撑，使得地区产业协同发展缓慢，后期动力不足。

第三节 东北地区服务业高质量发展指数空间特征分析

一、东北地区省际服务业高质量发展指数空间特征分析

表 20－2 列出了东北地区和区域内各省 2011—2019 年服务业高质量发展指数及其二级指标（产业规模、产业结构、产业创新、产业环境、产业协同）的数值，进一步分析东北地区及省际服务业高质量发展指数的空间演化特征。

表 20－2 东北地区省际服务业高质量发展指数及二级指标

地区	2011 年	2012 年	2013 年	2014 年	2015 年	2016 年	2017 年	2018 年	2019 年
高质量发展指数									
全国	2. 862	3. 253	3. 381	3. 928	4. 736	6. 190	8. 347	10. 497	11. 726
东北地区	1. 609	1. 778	1. 961	2. 083	2. 444	2. 771	3. 149	3. 913	4. 657
辽宁省	1. 918	2. 133	2. 310	2. 562	2. 887	3. 412	4. 131	4. 990	5. 977
吉林省	1. 466	1. 586	1. 703	1. 785	1. 956	2. 177	2. 369	3. 412	4. 011
黑龙江省	1. 442	1. 615	1. 869	1. 901	2. 489	2. 723	2. 946	3. 338	3. 984
产业规模									
全国	18. 570	20. 245	19. 842	21. 739	23. 661	26. 078	17. 898	31. 590	31. 400
东北地区	15. 794	17. 639	18. 210	19. 025	20. 705	21. 214	15. 088	24. 479	21. 292
辽宁省	17. 947	19. 272	19. 417	21. 038	22. 952	21. 140	17. 178	24. 660	23. 891
吉林省	17. 509	20. 522	20. 875	21. 186	22. 841	24. 673	14. 933	28. 955	21. 853
黑龙江省	11. 926	13. 122	14. 338	14. 850	16. 323	17. 829	13. 154	19. 822	18. 134
产业结构									
全国	7. 799	7. 813	8. 931	8. 710	8. 875	9. 159	9. 370	9. 198	9. 696
东北地区	8. 873	8. 739	9. 854	9. 466	9. 490	9. 631	9. 974	9. 584	10. 491
辽宁省	10. 131	9. 804	10. 639	10. 630	10. 763	10. 975	11. 117	10. 556	10. 883
吉林省	7. 760	7. 698	8. 717	8. 331	8. 040	7. 950	8. 705	8. 101	8. 651
黑龙江省	8. 728	8. 715	10. 208	9. 438	9. 667	9. 967	10. 101	10. 094	11. 938
产业创新									
全国	2. 486	2. 855	2. 935	3. 501	4. 306	5. 787	8. 094	10. 199	11. 473
东北地区	1. 040	1. 179	1. 285	1. 426	1. 772	2. 114	2. 615	3. 312	4. 146

续表

地区	2011年	2012年	2013年	2014年	2015年	2016年	2017年	2018年	2019年
辽宁省	1.384	1.599	1.726	1.973	2.277	2.883	3.706	4.559	5.596
吉林省	0.847	0.899	0.937	1.047	1.212	1.432	1.804	2.696	3.489
黑龙江省	0.889	1.038	1.191	1.259	1.826	2.027	2.335	2.682	3.354
产业环境									
全国	11.421	23.625	34.694	39.303	47.351	53.629	60.429	62.698	65.041
东北地区	9.311	21.234	31.383	37.162	44.843	50.754	56.749	58.436	60.481
辽宁省	10.788	22.815	33.445	38.730	46.503	51.765	57.523	59.300	61.638
吉林省	8.380	20.416	29.838	36.316	43.914	49.848	56.206	57.598	59.448
黑龙江省	8.765	20.472	30.867	36.439	44.112	50.647	56.519	58.410	60.356
产业协同									
全国	2.609	2.623	2.617	2.614	2.621	2.611	2.602	2.578	2.584
东北地区	2.330	2.358	2.388	2.395	2.400	2.394	2.364	2.263	2.252
辽宁省	2.646	2.660	2.582	2.581	2.605	2.588	2.616	2.682	2.660
吉林省	2.476	2.490	2.620	2.627	2.645	2.645	2.589	2.451	2.375
黑龙江省	1.869	1.924	1.963	1.977	1.950	1.949	1.887	1.656	1.720

资料来源：根据国家统计局官网数据整理并计算。

从服务业高质量发展指数来看，东北地区服务业高质量发展水平存在一定的空间差异。辽宁省服务业高质量发展水平稳居东北地区领先地位，2019年服务业高质量发展指数达到5.977。吉林省紧随其后，2019年服务业高质量发展指数居东北地区的第二位。黑龙江省处于追赶地位，2019年高质量发展指数仅为3.984。

从产业规模来看，东三省在2011—2019年产业规模指数都有所上升，辽宁省仍稳居东北地区领先地位，2019年服务业产业规模指数达到23.891。吉林省仍紧随其后，位于东北地区的第二位。黑龙江省仍然处于末位，2019年服务业产业规模指数为18.134。

从产业结构来看，东三省在2011—2019年产业结构指数都有所上升。其中，黑龙江省产业结构指数增长迅速，从2011年的8.728上升到2019年的11.938，反超辽宁省，占据东北地区领先地位。辽宁省服务业产业结构指数位于东北地区的第二位，2019年增长至10.883。吉林省服务业产业结构指数在东三省中居末位，2019年仅为8.651。

从产业创新来看，东三省服务业产业创新指数从2011年的1.040上升到

2019 年的 4.146。其中，辽宁省服务业产业创新指数仍是最高。

从产业环境来看，东三省在 2011—2019 年服务业产业环境指数都有所上升。辽宁省服务业产业环境水平仍稳居东北地区领先地位，2019 年服务业产业环境指数达到 61.638。黑龙江省居其后，处于东北地区的第二位。吉林省处于末位，2019 年服务业产业环境指数为 59.448。

从产业协同来看，东北地区服务业产业协同空间差异较小，辽宁省服务业产业协同指数最高，其次是吉林省，两省排名在历年均交替居于第一名和第二名，2019 年两省产业协同指数分别为 2.660、2.375，黑龙江省最低，长期处于排名末端，2019 年产业协同指数为 1.720。

二、东北地区省内地级市服务业高质量发展指数空间特征分析

表 20－3 列出了辽宁省各城市 2011—2019 年服务业高质量发展指数及其二级指标（产业规模、产业结构、产业创新、产业环境、产业协同）的年均数值，图 20－10、图 20－11 和图 20－12 分别列示辽宁省内各城市服务业高质量发展指数及其二级指标的排名，有助于了解辽宁省城市之间服务业高质量发展的空间演化特征。

表 20－3　辽宁省服务业高质量发展指数及二级指标

城市	高质量发展指数	产业规模	产业结构	产业创新	产业环境	产业协同
沈阳市	11.616	26.942	14.101	11.527	48.972	2.816
大连市	13.583	37.118	17.270	13.453	50.287	3.237
鞍山市	3.729	25.438	10.806	3.405	43.253	3.044
抚顺市	2.342	21.490	10.069	1.908	43.282	2.719
本溪市	1.945	20.107	10.902	1.401	42.388	2.920
丹东市	1.427	16.973	8.577	0.837	41.937	2.720
锦州市	1.594	18.380	11.339	0.892	40.919	2.573
营口市	1.782	24.611	11.859	0.884	43.623	3.064
阜新市	1.131	12.542	8.864	0.492	39.440	1.861
辽阳市	1.652	23.283	8.100	1.017	41.344	3.054
铁岭市	1.469	14.373	7.942	1.067	38.247	1.885
朝阳市	0.968	12.521	7.120	0.317	36.186	2.370
盘锦市	2.583	21.695	12.406	2.100	44.975	1.533
葫芦岛市	1.346	16.184	9.197	0.683	40.155	2.946

资料来源：根据国家统计局官网数据整理并计算。

从产业高质量发展指数来看，虽然沈阳市是辽宁省的省会，但是在服务业高质量发展方面，大连市却占据绝对领先地位，沈阳市只能位居第二。除了大连市和沈阳市处于绝对领先地位，辽宁省其他城市服务业高质量发展指数差距较小，空间差异较小。阜新市和朝阳市居于末位。

从产业规模来看，辽宁省内部地级市服务业产业规模相对差距较小。除大连市在服务业产业规模指数上遥遥领先，其他城市呈现稳定的阶梯下降的排列趋势。前几位主要是沈阳市、鞍山市、营口市和辽阳市。阜新市和朝阳市在服务业产业规模指数上仍居末位。

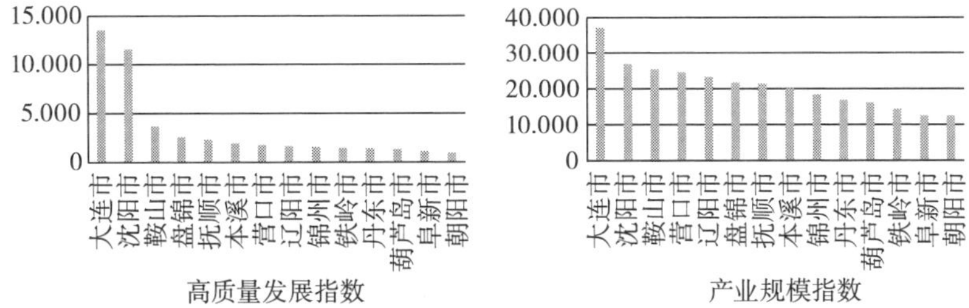

图 20－10　辽宁省各城市 2011—2019 年服务业高质量发展指数和产业规模指数

资料来源：根据国家统计局网站数据整理而得。

从产业结构来看，辽宁省内部地级市服务业产业结构相对差距较小。除去大连市在服务业产业结构指数上处于领先地位，其他城市呈现稳定的阶梯下降的排列趋势。前几位主要是沈阳市、盘锦市、营口市和锦州市。铁岭市和朝阳市在服务业产业结构指数上居末位。

从产业创新来看，辽宁省内部地级市空间差异较大。大连市和沈阳市在服务业产业创新指数上远远领先于辽宁省内其他城市。大连市 2011—2019 年服务业产业创新平均值为 13. 453，是朝阳市年平均值 0. 317 的 42 倍多。即使是排名第三的鞍山市，年平均值也仅为 3. 405，大连市的服务业产业创新指数是其 3. 95 倍。除去大连市和沈阳市，辽宁省内其他城市之间服务业产业创新指数差距较小，空间差异不大。

从产业环境来看，辽宁省内地级市服务业产业环境指数空间差异小，2011 年和 2019 年波动不大，各地级市服务业环境建设速度差异较小，大连市和沈阳市排名仍稳居第一和第二，稍微领先省内其他城市。省内其他城市服务业产业环境指数差距小，几乎维持在相同水平，空间差异特征不显著。

从产业协同看，省内多数地级市服务业产业协同指数从 2011 年到 2019 年波动不大，各地级市服务业协同建设速度差异较小。大连市排名稳居第一，稍

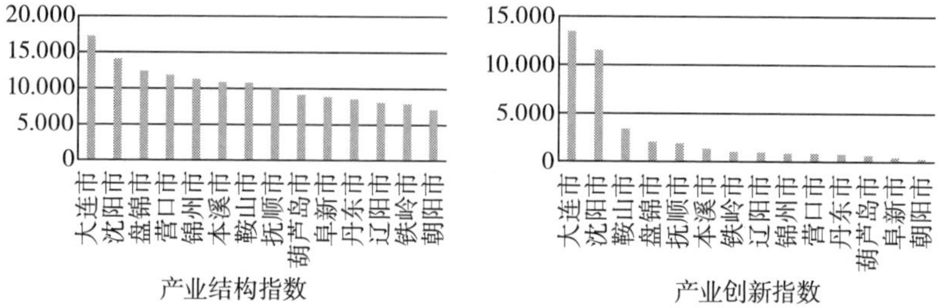

图 20－11　辽宁省各城市 2011—2019 年服务业产业结构指数和产业创新指数

资料来源：根据国家统计局网站数据整理而得。

微领先于省内其他城市。铁岭市、阜新市和盘锦市排名较低，稍微落后于省内其他城市。其他城市在服务业产业协同指数上大体保持一致，空间差距小。

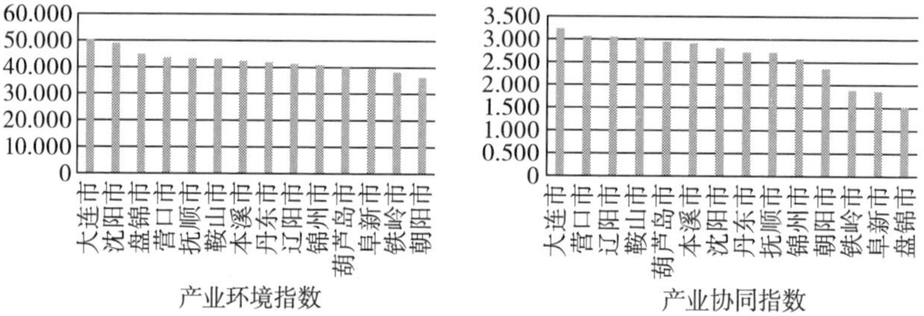

图 20－12　辽宁省各城市 2011—2019 年服务业产业环境指数和产业协同指数

资料来源：根据国家统计局网站数据整理而得。

表 20－4 列出了吉林省各城市 2011—2019 年服务业高质量发展指数及其二级指标（服务业产业规模、服务业产业结构、服务业产业创新、服务业产业环境、服务业产业协同）的年均数值，图 20－13、图 20－14和图 20－15 分别列示吉林省内各城市服务业高质量发展指数及其二级指标的排名，有助于了解吉林省城市之间服务业高质量发展的空间演化特征。

表 20－4　吉林省服务业高质量发展指数及二级指标

城市	高质量发展指数	产业规模	产业结构	产业创新	产业环境	产业协同
长春市	8. 226	23. 591	13. 798	8. 088	45. 790	3. 098
吉林市	2. 397	30. 640	6. 437	1. 868	42. 518	3. 053
四平市	1. 059	15. 898	6. 701	0. 331	38. 842	2. 534
辽源市	1. 432	25. 760	7. 856	0. 550	38. 511	2. 437
通化市	1. 504	18. 847	8. 449	0. 936	40. 271	2. 915

续表

城市	高质量发展指数	产业规模	产业结构	产业创新	产业环境	产业协同
白山市	1.244	16.017	10.248	0.333	41.788	2.083
白城市	0.912	12.243	6.371	0.251	37.235	2.206
松原市	1.419	28.868	5.877	0.411	36.791	2.046

资料来源：根据国家统计局官网数据整理并计算。

从产业高质量发展指数来看，长春市作为吉林的省会城市在服务业发展提升中具有绝对优势，服务业高质量发展指数为 8.226，远高于省内其他城市。其他城市服务业高质量发展指数差距较小，大体保持一致，空间差异小。其中，白城市排名末位，服务业高质量发展指数只有 0.912，长春市是其 9 倍多。

从产业规模来看，吉林省内部地级市服务业发展规模相对差异较小，各城市呈现稳定的阶梯下降的排列趋势。前几位主要是吉林市、松原市、辽源市和长春市。白城市仍居末位。

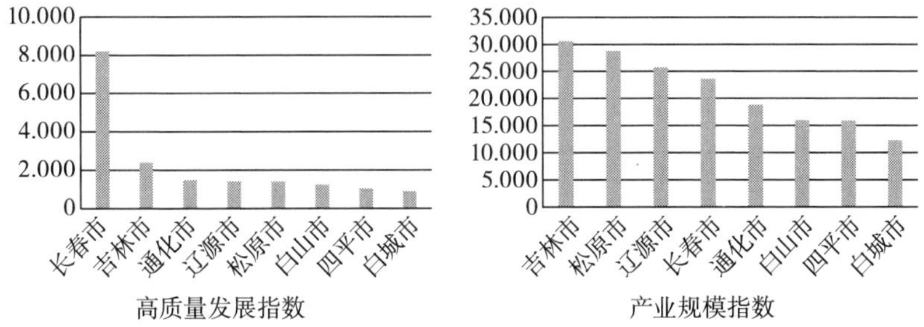

图 20－13　吉林省各城市 2011—2019 年服务业高质量发展指数和产业规模指数

资料来源：根据国家统计局网站数据整理而得。

从产业结构来看，吉林省内部地级市排名在 2011 年和 2019 年较稳定，长春市依旧居于第一，经济实力在省内相对雄厚，服务业产业结构基础较好。省内其他城市服务业产业结构指数差距不大，发展较为稳定。

从产业创新来看，吉林省内部地级市排名空间差异较大。长春市作为省会，服务业产业创新指数远远超过省内其他城市，年均值为 8.088。白城市产业创新指数只有 0.251，在省内排名末位，长春市服务业产业创新指数是其 32 倍多。

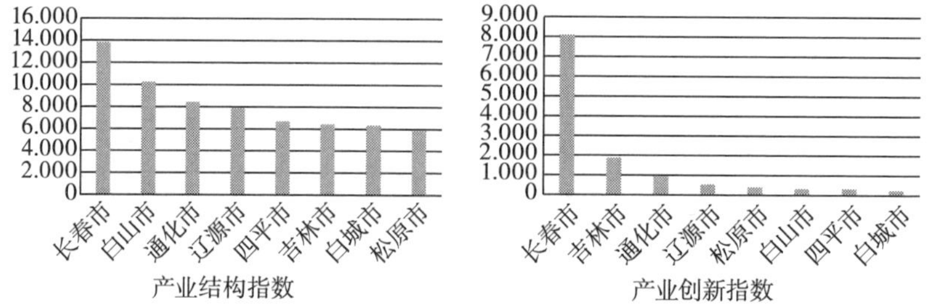

图 20－14　吉林省各城市 2011—2019 年服务业产业结构指数和产业创新指数

资料来源：根据国家统计局网站数据整理而得。

从产业环境看，省内多数地级市环境指数波动不大，各地级市服务业环境建设速度差异较小，长春市排名稳居第一，松原市排名最低。其他城市服务业产业环境指数大体相同，呈现稳定的阶梯下降的排列趋势，前几位分别是吉林市、白山市和通化市。

从产业协同看，省内大多数地级市产业协同指数差距不大，长春市作为吉林省省会，仍稳居第一。排名前三的分别是长春市、吉林市和通化市。排名最后三位的分别是白城市、白山市和松原市。

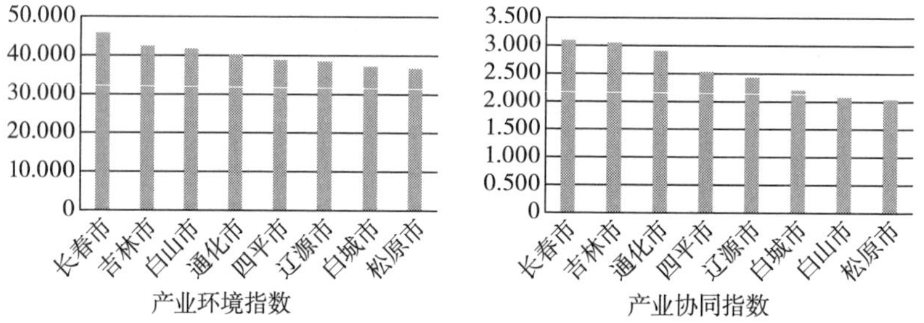

图 20－15　吉林省各城市 2011—2019 年服务业产业环境指数和产业协同指数

资料来源：根据国家统计局网站数据整理而得。

表 20－5 列出了黑龙江省各城市 2011—2019 年服务业高质量发展指数及其二级指标（服务业产业规模、服务业产业结构、服务业产业创新、服务业产业环境、服务业产业协同）的年均数值，图 20－16、图 20－17和图 20－18 分别列示黑龙江省内各城市服务业高质量发展指数及其二级指标的排名，有助于了解黑龙江省城市之间服务业高质量发展的空间演化特征。

表 20－5　黑龙江省服务业高质量发展指数及二级指标

城市	高质量发展指数	产业规模	产业结构	产业创新	产业环境	产业协同
哈尔滨市	7.776	24.518	14.377	7.596	46.897	2.606
齐齐哈尔市	1.424	15.848	11.160	0.699	37.960	2.607
牡丹江市	1.574	23.713	13.388	0.376	42.194	2.160
佳木斯市	1.209	18.876	7.462	0.476	41.244	1.798
鸡西市	1.003	12.334	8.562	0.156	39.681	1.446
鹤岗市	0.904	8.593	6.880	0.261	40.167	1.480
双鸭山市	6.527	11.979	7.467	6.484	39.668	1.447
七台河市	1.252	15.568	10.540	0.413	39.079	1.441
黑河市	0.910	10.423	7.374	0.173	38.952	1.381
伊春市	1.032	10.643	8.756	0.280	41.249	1.656
大庆市	5.213	20.065	16.549	4.962	46.504	2.072
绥化市	0.920	13.435	5.962	0.257	35.189	2.432

资料来源：根据国家统计局官网数据整理并计算。

从产业高质量发展指数来看，黑龙江省空间差异较大。哈尔滨市、双鸭山市和大庆市在服务业高质量发展方面处于黑龙江省的前三名，服务业高质量发展指数都大于5，遥遥领先于省内其他城市，而省内其他城市服务业高质量发展指数都小于2。其中，省会哈尔滨市服务业高质量发展指数为7.776，是排名末尾鹤岗市的8倍多。

从产业规模来看，黑龙江省内部地级市服务业产业规模相对差距较小。省内城市呈现稳定的阶梯下降的排列趋势。其中，哈尔滨市和牡丹江市服务业产业规模指数较高，领先于省内其他城市。接下来的排名分别是大庆市、佳木斯市和齐齐哈尔市。

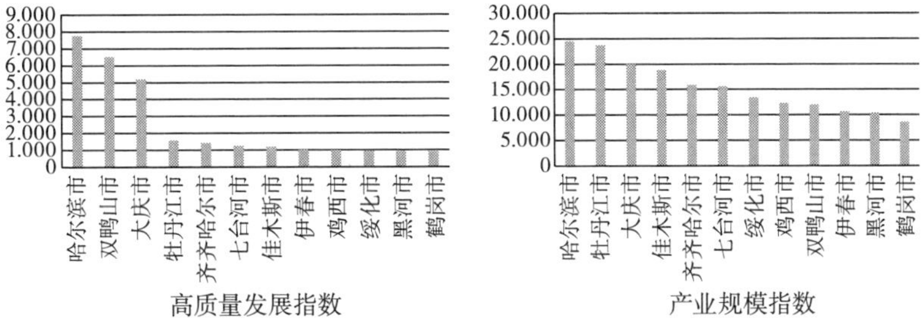

图 20－16　黑龙江省各城市 2011—2019 年服务业高质量发展指数和产业规模指数

资料来源：根据国家统计局网站数据整理而得。

从产业结构来看，黑龙江省内部地级市排名较为稳定，虽然哈尔滨市是黑龙江省的省会，但是大庆市却反超哈尔滨市，在服务业产业结构指数上居于第一。这可能是因为大庆市作为最早一批进行工业化发展的城市，工业基础好，产业结构具有优势。绥化市排名末位。

从产业创新来看，黑龙江省内部地级市空间差异较大。哈尔滨市、双鸭山市和大庆市作为服务业产业创新指数排名前三的城市，指数值都大于4.9，但是省内其他城市都小于1。哈尔滨市作为省会，指数值为7.596，是排名末位的鸡西市的48.69倍。

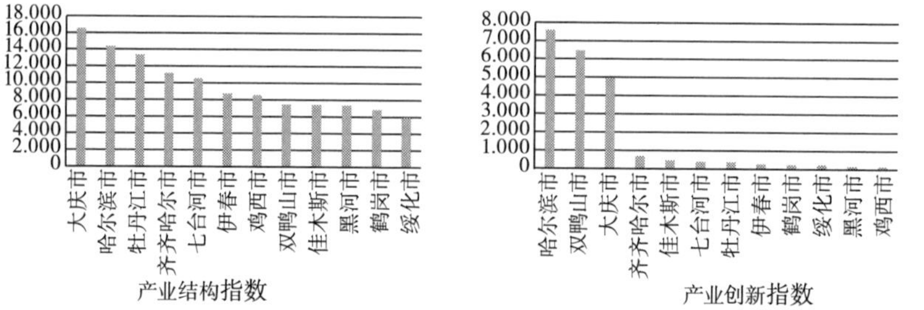

图20－17　黑龙江省各城市2011—2019年服务业产业结构指数和产业创新指数

资料来源：根据国家统计局网站数据整理而得。

从产业环境看，省内城市服务业产业环境指数从2011年到2019年波动不大，空间差距小。省内所有城市服务业产业环境指数值都大于35，整体呈现阶梯形稳步下降排列趋势。排名前几位分别是哈尔滨市、大庆市和牡丹江市，绥化市排名末位。

从产业协同看，排名前七位的城市呈现稳步下降的排列趋势，排名后五位的城市在服务业产业协同指数数值上大体保持一致。前两位分别为齐齐哈尔市和哈尔滨市，排名最后两位分别是七台河市和黑河市。

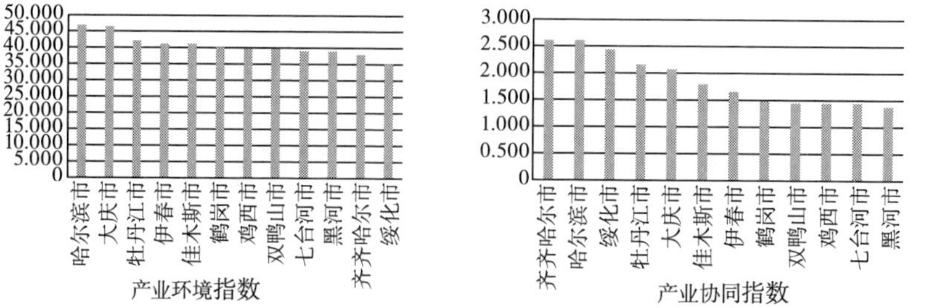

图20－18　黑龙江省各城市2011—2019年服务业产业环境指数和产业协同指数

资料来源：根据国家统计局网站数据整理而得。

第二十一章　东北地区服务业高质量发展的问题分析

一、产业规模小且结构不优

东北三省服务业发展总体上处于全国中下游水平。2019 年，辽宁、吉林、黑龙江三省服务业增加值分别为 13200.4 亿元、6304.7 亿元、6815.0 亿元，分别排在全国的第 14 位、第 26 位、第 25 位；服务业增加值占比分别为 52.9%、53.8%、50.0%，分别排在全国的第 9 位、第 12 位、第 25 位。从服务业内部结构看，传统服务业发展较慢，但规模较大，新兴服务业增长速度快，但规模较小；生活性服务业有效供给不足、质量不高，生产性服务业发展不充分，特别是中高端领域生产性服务业发展不充分。

二、区域城乡发展不均衡

从区域服务业发展来看，受区位条件、经济发展水平、科技实力、人力资源、基础设施、信息化程度等因素影响，现代金融、软件及信息服务、文化娱乐、卫生保健等服务业高度集中在沈阳、长春、哈尔滨、大连等中心城市，发展水平较高，中小城市服务业规模小、发展不充分，且普遍存在特色不够突出、产业结构趋同等问题。从城乡服务业发展来看，城市人口集中、基础设施完备，服务业相对发达；乡村服务设施薄弱，服务供给不足，生产性服务业、生活性服务业发展不充分，专业化、社会化、产业化水平低，且主要集中在低水平的传统领域，特别是乡村医疗卫生、文化教育等服务行业与城市相比存在很大差距。

三、市场主体竞争力不强

东北三省服务业企业数量众多，但大多数规模偏小、市场竞争力偏弱，同行业业务内容雷同度较高，创新服务较少，在国内外市场上知名度低，竞争力不强。仅有吉林银行股份有限公司、长春欧亚集团、黑龙江倍丰农业生产资料集团等几家企业入围2020年中国服务业企业500强，且均排在第260位以后。黑龙江倍丰农业生产资料集团在500强服务业企业中的位次逐年下降，由2015年的第208位下滑至2020年的第317位。而2020年黑龙江省百强服务业企业的最低门槛为营业收入6.70亿元，仅相当于同期中国服务业企业500强入围门槛的12.22%。

四、人力资源支撑不足

人口要素作为经济社会发展的基础，其规模、结构与空间分布影响着东北三省服务消费和服务业发展。东北三省的人口自然增长率较低，且近年来人口外流严重，使得总人口持续下降。2019年，东北三省常住人口为10793.7万人，比2015年末减少了153.3万人，且老龄人口占比超过12%。同时，服务业又是劳动密集型和知识技术密集型的产业，其发展需要大量劳动力投入和专业人才支撑。近年来，全国各大城市间的人才争夺，特别是对年轻人的争夺日益激烈，省外城市“零门槛落户”、家属随迁、人才公寓、租房购房补贴、创业补贴、优惠贷款等政策，成为吸引东北服务业中高端人才外迁、高校毕业生东北就业意愿下降的重要因素。人口大量流失、人口老龄化、专业人才不足，正在削弱东北三省服务业发展优势，人力资源缺乏问题在三、四线城市表现得尤为明显。

五、标准化建设相对滞后

“十三五”以来，东北三省共有4个项目入选国家标准化服务业试点，3个市县获批成为首批国家基本公共服务标准化试点；东北三省还积极开展实施了省级服务业标准化试点，制定修订服务标准化规划、服务业地方标准等。但总体来看，东北三省服务业行业标准和行业规范建设相对滞后，特别是一些新兴服务行业和业态的地方标准规范制定工作尚处于起步阶段，服务业相关标准化地方法规、规章数量少且覆盖面不足，还没有真正建立起适应服务业高质量发展要求的标准化体系。

第八篇

西北地区城市服务业高质量发展评价

西北地区是我国七大地理分区之一，包括陕西、甘肃、青海、宁夏和新疆五省区，总区域面积304.43万平方千米，占全国国土面积的31.7%。西北地区历史文化底蕴深厚，是丝绸之路经济带的重要通道和节点。近年来，西北地区以共建“一带一路”为引领，积极参与和融入“一带一路”建设，不断加大开放力度，成为我国西向开发开放的枢纽和核心区。西北地区的经济结构以资源型工业和传统农业为主。其中工业结构以煤炭开采、石油开采和有色金属冶炼为主；农业结构以灌溉农业、绿洲农业和畜牧业为主。煤炭开采、石油开采主要分布在新疆，灌溉农业主要分布在宁夏的河套地区，绿洲农业主要分布在甘肃省河西地区、新疆天山山麓，畜牧业主要分布在青海、宁夏和新疆。青海和新疆为全国重要的畜牧业基地。宁夏和新疆为全国重要的糖料作物产地。新疆为全国重要的温带水果产地。西北地区经济较为落后，服务业发展缓慢，吸纳就业能力弱，与发达省份相比存在较大差距，但也应看到其服务业发展的潜力，发展的总体趋势还是好的。借着丝绸之路经济带构想的提出，各省份合理规划、准确定位，积极发展服务业，带动就业，推动经济发展，在良好的发展环境下，了解西北各省区服务业发展现状对今后的战略规划有很大帮助。

第二十二章　西北地区城市服务业发展现状

第一节　西北地区城市服务业总体规模分析

城市服务业的发展水平是衡量现代经济社会发达程度的重要指标，也是衡量城市服务业产业层次、功能强弱和中心地位的重要指标。西北地区经济较为落后，服务业发展缓慢，吸纳就业能力弱，与发达省份相比存在较大差距，但也应看到其服务业发展的潜力，发展的总体趋势还是好的。

近年来，西北地区服务业发展迅速，尤其是中心城市西安、兰州、乌鲁木齐、银川、西宁等服务业已呈现较快的发展势头，并奠定了进一步发展的良好基础。服务业产业规模是指城市服务业的产出规模和经营规模，合适的产业规模是国家和政府在制定产业政策时需要考虑的重要方面。西北地区城市服务业总体规模主要从第三产业增加值、第三产业占 GDP 的比重和第三产业人均产值三个方面进行分析。

表 22－1　西北地区城市第三产业增加值　　单位：亿元

地区	2011 年	2012 年	2013 年	2014 年	2015 年	2016 年	2017 年	2018 年	2019 年
西北地区	144.021	148.066	152.490	156.205	159.308	161.996	146.654	167.905	171.070
陕西省	56.269	57.525	58.661	60.010	61.103	62.291	54.810	64.600	66.013
甘肃省	51.367	53.054	54.880	56.662	57.969	59.110	52.753	61.096	61.514
青海省	5.808	5.944	6.061	6.212	6.313	6.421	6.446	6.651	6.778
宁夏回族自治区	19.352	19.952	20.453	20.672	21.051	21.501	19.731	22.418	23.226
新疆维吾尔自治区	11.225	11.592	12.434	12.649	12.873	12.674	12.914	13.141	13.538
西安市	7.598	7.736	7.844	8.034	8.148	8.250	8.400	8.550	8.679
铜川市	4.231	4.357	4.456	4.594	4.703	4.844	4.907	5.091	5.290
宝鸡市	5.700	5.818	5.919	6.066	6.178	6.282	5.807	6.505	6.649

续表

地区	2011 年	2012 年	2013 年	2014 年	2015 年	2016 年	2017 年	2018 年	2019 年
咸阳市	5. 912	6. 028	6. 152	6. 286	6. 376	6. 495	5. 280	6. 606	6. 781
渭南市	5. 782	5. 897	6. 002	6. 145	6. 252	6. 362	5. 096	6. 593	6. 715
延安市	5. 358	5. 481	5. 597	5. 719	5. 846	5. 971	5. 284	6. 206	6. 245
汉中市	5. 475	5. 619	5. 728	5. 858	6. 005	6. 124	5. 277	6. 337	6. 489
榆林市	6. 313	6. 424	6. 583	6. 697	6. 735	6. 836	5. 558	7. 091	7. 087
安康市	5. 031	5. 156	5. 266	5. 382	5. 524	5. 681	4. 946	5. 952	6. 198
商洛市	4. 870	5. 009	5. 114	5. 230	5. 336	5. 446	4. 256	5. 668	5. 880
兰州市	6. 499	6. 654	6. 811	7. 025	7. 137	7. 255	7. 246	7. 469	7. 518
嘉峪关市	3. 700	3. 833	4. 007	4. 255	4. 361	4. 496	4. 585	4. 732	4. 621
金昌市	3. 673	3. 840	3. 991	4. 255	4. 342	4. 430	4. 048	4. 627	4. 578
白银市	4. 779	4. 924	5. 062	5. 115	5. 204	5. 314	4. 840	5. 436	5. 392
天水市	5. 006	5. 153	5. 309	5. 511	5. 605	5. 708	5. 294	5. 892	5. 884
武威市	4. 514	4. 695	4. 843	4. 937	5. 105	5. 213	4. 858	5. 385	5. 596
平凉市	4. 463	4. 635	4. 784	4. 947	5. 060	5. 161	4. 506	5. 320	5. 491
酒泉市	5. 145	5. 290	5. 458	5. 514	5. 580	5. 668	4. 664	5. 772	5. 605
庆阳市	4. 693	4. 851	5. 132	5. 259	5. 332	5. 418	4. 532	5. 644	5. 657
定西市	4. 422	4. 568	4. 740	4. 991	5. 090	5. 181	3. 812	5. 362	5. 610
陇南市	4. 473	4. 610	4. 744	4. 852	5. 153	5. 266	4. 368	5. 458	5. 562
西宁市	5. 808	5. 944	6. 061	6. 212	6. 313	6. 421	6. 446	6. 651	6. 778
银川市	6. 029	6. 178	6. 303	6. 374	6. 485	6. 599	6. 538	6. 875	6. 912
石嘴山市	4. 711	4. 818	4. 918	4. 947	5. 005	5. 106	4. 910	5. 342	5. 458
吴忠市	4. 439	4. 586	4. 720	4. 717	4. 826	4. 924	4. 014	5. 114	5. 537
固原市	4. 173	4. 370	4. 513	4. 634	4. 734	4. 872	4. 268	5. 086	5. 319
乌鲁木齐市	6. 813	7. 049	7. 172	7. 332	7. 503	7. 455	7. 535	7. 663	7. 816
克拉玛依市	4. 411	4. 543	5. 262	5. 317	5. 369	5. 219	5. 379	5. 478	5. 722

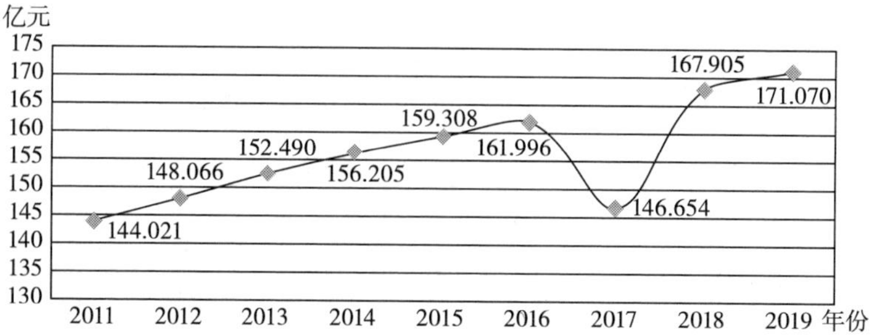

图 22－1　西北地区城市第三产业增加值

表22－1、图22－1是西北地区城市第三产业增加值。首先，从总体规模来看，西北地区各个地级市第三产业增加值呈现稳定增长的态势，不同地级市差距相对缩小，增长势头明显。其次，从横向来看，陕西的中心城市西安市、宝鸡市和咸阳市，甘肃的中心城市兰州市，宁夏的银川市，以及新疆的乌鲁木齐市第三产业增加值都占据所在省份的前列。综合西北地区，服务业发展迅猛，但投入仍然不足，存在较大的潜力空间，这也说明在较长的一段时间内，西北五省区服务业仍可以保持一个较快的增长速度。最后，从纵向来看，2011年至2019年，西北地区第三产业增加值基本呈递增趋势。

表22－2　西北地区城市第三产业占GDP比重　（%）

地区	2011年	2012年	2013年	2014年	2015年	2016年	2017年	2018年	2019年
西北地区	33.885	34.064	35.352	37.598	41.640	43.957	49.590	45.393	48.648
陕西省	31.700	31.086	30.188	31.931	34.697	37.243	43.115	38.298	42.486
甘肃省	33.279	33.312	36.065	39.794	45.380	49.183	54.745	50.207	49.462
青海省	43.080	44.700	43.730	46.700	48.660	49.140	62.350	60.040	66.090
宁夏回族自治区	37.620	37.950	38.393	37.920	39.263	40.543	46.683	42.285	51.275
新疆维吾尔自治区	31.965	34.430	40.785	42.995	51.420	49.905	49.050	47.565	51.975
西安市	51.600	52.420	52.180	56.140	59.550	61.170	61.830	61.860	63.030
铜川市	28.910	28.180	26.450	30.080	33.670	40.420	43.230	49.260	55.580
宝鸡市	25.340	24.390	23.990	26.170	26.910	27.620	30.680	29.480	34.680
咸阳市	27.070	26.290	25.200	25.790	27.210	27.630	27.710	31.080	40.070
渭南市	31.420	31.470	29.900	32.680	35.260	38.870	43.820	41.220	45.070
延安市	18.970	18.810	19.840	21.900	28.780	36.110	51.270	31.740	30.930
汉中市	36.700	36.400	34.740	35.230	37.980	39.410	40.580	38.340	42.450
榆林市	24.020	23.050	25.350	27.690	32.060	33.530	36.990	31.180	28.900
安康市	37.340	34.710	31.860	31.390	32.320	34.660	47.980	33.840	41.510
商洛市	35.630	35.140	32.370	32.240	33.230	33.010	47.060	34.980	42.640
兰州市	48.780	49.530	51.050	56.150	59.980	62.440	66.840	64.110	64.870
嘉峪关市	16.750	16.790	23.860	28.570	40.680	57.790	45.970	37.540	35.550
金昌市	16.480	18.700	21.070	27.130	33.780	39.920	35.990	38.310	28.330
白银市	31.390	31.490	33.860	36.970	41.680	45.710	46.840	44.690	44.970
天水市	41.490	41.640	44.290	47.150	48.890	50.830	53.560	55.360	56.580
武威市	33.100	31.740	33.010	34.090	39.370	39.570	46.940	46.250	54.980

续表

地区	2011 年	2012 年	2013 年	2014 年	2015 年	2016 年	2017 年	2018 年	2019 年
平凉市	31.060	31.450	34.750	39.870	45.020	47.170	69.620	51.470	52.870
酒泉市	35.420	34.360	36.390	40.490	48.490	49.920	62.240	53.650	43.830
庆阳市	23.800	23.970	27.810	28.610	33.790	37.530	45.300	39.750	38.380
定西市	44.000	42.720	44.980	50.350	52.950	53.430	57.680	59.550	65.420
陇南市	43.800	44.040	45.650	48.350	54.550	56.700	71.210	61.600	58.300
西宁市	43.080	44.700	43.730	46.700	48.660	49.140	62.350	60.040	66.090
银川市	42.000	41.790	42.280	42.170	43.810	45.340	62.520	50.850	52.890
石嘴山市	29.930	29.920	30.390	29.900	30.710	31.920	35.710	34.330	45.700
吴忠市	30.760	30.830	31.580	28.900	30.570	30.870	28.690	30.920	43.590
固原市	47.790	49.260	49.320	50.710	51.960	54.040	59.810	53.040	62.920
乌鲁木齐市	53.780	57.390	59.080	62.080	68.880	70.220	69.110	68.590	72.650
克拉玛依市	10.150	11.470	22.490	23.910	33.960	29.590	28.990	26.540	31.300

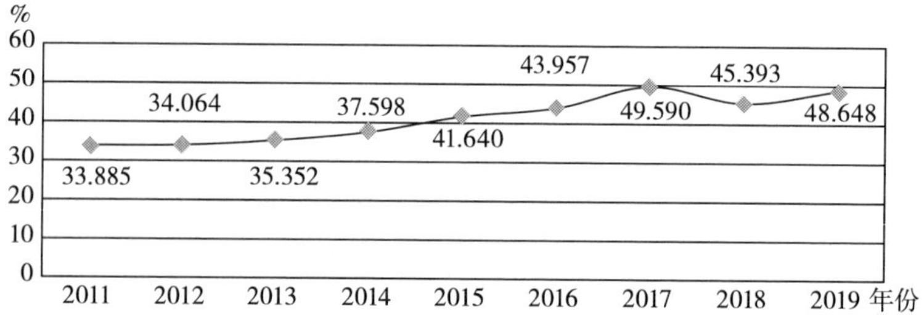

图 22－2　西北地区城市第三产业占 GDP 的比重

表 22－2、图 22－2 是西北地区城市第三产业占 GDP 的比重。首先，从总体规模来看，西北地区各个地级市第三产业占 GDP 的比重呈现稳定增长的态势，部分地级市出现下降的异常现象，但大体趋势是上涨的。其次，从横向来看，陕西的中心城市西安市和铜川市，甘肃的中心城市兰州市，以及新疆的乌鲁木齐市第三产业占 GDP 比重都占据所在省份的前列，说明核心城市的经济发展主要依托于第三产业的发展。最后，从纵向来看，2011 年至 2017 年，西北地区第三产业占 GDP 的比重大体呈现上升趋势，但在 2018 年，大部分城市如延安市、兰州市、陇南市、银川市等有所下降，说明第三产业的比重有所调整。2019 年，西安市、兰州市、定西市、固原市、乌鲁木齐市和西宁市的第三产业占 GDP 的比重突破 60%，在整个西北地区领先。

表 22－3　西北地区城市第三产业人均产值　　单位：万元/人

地区	2011 年	2012 年	2013 年	2014 年	2015 年	2016 年	2017 年	2018 年	2019 年
西北地区	17.648	19.867	20.735	21.864	23.855	26.074	18.025	32.130	33.815
陕西省	16.877	18.617	18.552	20.231	22.288	24.704	13.317	31.532	33.579
甘肃省	16.182	18.051	18.361	20.326	22.752	23.696	15.360	29.801	28.170
青海省	17.812	21.289	21.131	25.603	27.802	30.211	29.891	35.091	34.505
宁夏回族自治区	20.403	22.936	22.633	18.745	20.337	28.671	20.324	35.857	40.744
新疆维吾尔自治区	21.635	25.650	34.806	36.711	37.249	33.526	34.205	35.452	45.247
西安市	22.162	24.705	22.206	25.421	28.808	30.995	35.077	41.910	42.681
铜川市	12.464	14.754	14.558	15.011	17.173	20.171	21.414	26.915	29.386
宝鸡市	18.323	20.205	20.638	22.605	24.284	26.544	16.442	33.917	36.710
咸阳市	16.327	18.193	18.214	20.842	21.956	24.362	8.166	30.840	37.209
渭南市	14.149	15.110	15.124	17.321	19.011	20.916	5.826	25.499	28.906
延安市	14.476	15.854	15.860	16.362	18.250	20.490	10.212	28.780	23.680
汉中市	14.587	16.546	17.132	18.601	21.385	23.491	9.983	28.992	34.015
榆林市	29.714	32.170	31.173	34.094	34.935	38.503	10.239	46.925	40.779
安康市	13.575	14.830	15.347	16.606	18.829	21.358	9.785	26.717	31.362
商洛市	12.994	13.799	15.270	15.444	18.247	20.207	6.028	24.829	31.062
兰州市	24.133	27.273	26.080	31.105	34.355	36.726	32.669	35.749	42.627
嘉峪关市	28.589	30.329	29.495	26.820	36.622	31.603	36.853	52.685	44.213
金昌市	18.179	21.469	19.102	24.638	23.777	26.018	17.445	33.609	24.701
白银市	14.970	17.074	17.145	18.275	19.714	23.206	13.570	26.513	23.457
天水市	11.699	12.167	13.101	16.190	17.600	19.221	12.552	24.881	22.298
武威市	12.865	14.870	16.132	17.454	20.893	22.755	15.270	25.310	29.662
平凉市	10.010	11.352	13.068	14.047	15.430	16.916	8.873	20.259	21.511
酒泉市	26.609	29.466	31.869	33.310	34.213	34.958	13.351	43.189	31.067
庆阳市	11.818	13.231	15.347	17.327	18.431	19.788	8.119	24.982	22.211
定西市	9.160	10.179	11.025	13.657	14.847	15.946	4.012	20.835	23.594
陇南市	9.975	11.144	9.603	10.766	14.385	13.524	6.247	19.797	24.529
西宁市	17.812	21.289	21.131	25.603	27.802	30.211	29.891	35.091	34.505
银川市	26.030	26.055	27.992	10.274	11.145	35.119	32.725	46.220	43.254
石嘴山市	26.288	25.933	26.344	28.258	29.614	34.485	27.815	43.440	50.139
吴忠市	16.087	23.631	18.710	17.862	20.756	22.877	8.774	26.376	36.373

续表

地区	2011 年	2012 年	2013 年	2014 年	2015 年	2016 年	2017 年	2018 年	2019 年
固原市	13. 206	16. 127	17. 487	18. 584	19. 831	22. 201	11. 983	27. 392	33. 212
乌鲁木齐市	24. 984	30. 022	29. 305	33. 415	39. 391	36. 129	38. 658	41. 124	43. 432
克拉玛依市	18. 286	21. 279	40. 308	40. 008	35. 107	30. 922	29. 752	29. 779	47. 061

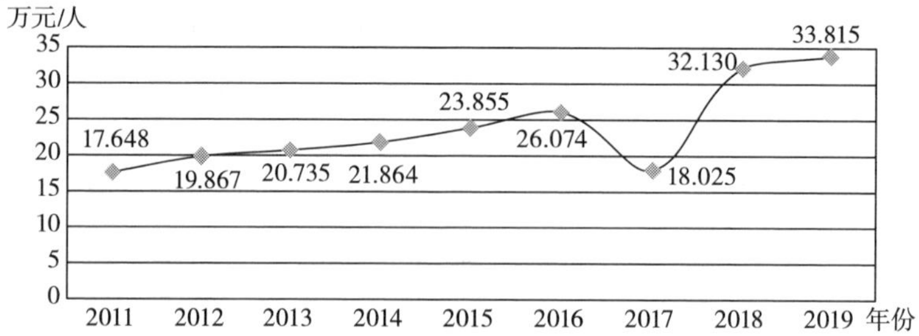

图 22 -3　西北地区城市第三产业人均产值

表 22 -3、图 22 -3 是西北地区城市第三产业人均产值。首先，从总体规模来看，西北地区各个地级市第三产业人均产值大体呈现增长的态势，不同地级市差距较大，中心城市人均产值较高。其次，从横向来看，陕西省的中心城市西安市、甘肃省的中心城市兰州市第三产业人均产值都占据所在省份的前列。综合西北地区，各个城市均呈现不断上升的趋势。最后，从纵向来看，2011 年至 2017 年，西北地区部分城市服务业人均产值逐年递增，但是增速较缓，2017 年以后，各个地级市第三产业人均产值增速较大。总的来看，2011 年至 2019 年所有地级市第三产业人均产值都有所增加。

综上所述，通过对产业规模中的第三产业增加值、第三产业占 GDP 的比重和第三产业人均产值的分析，得出如下结论：

第一，总体上，近几年来西北地区中心城市的服务业发展都比较快，规模扩张迅速，而新疆的服务业在西北地区专业化优势最小，由于其市场需求不足，第三产业发展水平较低，对经济的贡献较小。

第二，从增长速度来看，西北地区增速呈现“低、高、低”的态势，但总体高于全国水平。近两年西北地区服务业增长速度有较大提高，说明丝绸之路经济带的提出为西北地区服务业的发展提供了良好的政策环境。

第三，从相对值来看，各地区潜力值均高于实际值，可知各省区要素投入仍然有缺口，使得潜力值与实际值之间存在差距。所以，西北各省区投入要素逐步增长，使得服务业发展迅猛，但投入仍然不足，西北地区服务业发展存在较大的潜力空间，这也说明在较长的一段时间内，西北五省区服务业仍可以保持一个较快的增长速度。

第二节　西北地区城市服务业结构分析

虽然西北地区传统服务业仍占较大比重，但随着行业结构的不断优化，其构成也发生了明显变化，批发和零售业、住宿和餐饮业的比重呈下降趋势，而金融业、房地产业的崛起已成为西北经济发展的重要动力，交通运输、仓储和邮政业的占比保持在15%左右，西部地区基础设施建设领域将继续突出强调交通等关键环节，只有不断完善交通基础设施，才能更好地为其他行业提供有力的支持。

城市服务业产业结构主要从生产性服务业从业人数占服务业比重和高端服务业从业人数占服务业比重两项指标进行分析。

表22-4　西北地区城市生产性服务业从业人数占服务业比重　(%)

地区	2011年	2012年	2013年	2014年	2015年	2016年	2017年	2018年	2019年
西北地区	21.1	21.1	23.0	21.0	22.2	22.5	23.0	22.9	22.1
陕西省	19.7	19.9	20.8	19.3	20.0	20.7	20.6	20.9	20.9
甘肃省	16.3	16.7	19.0	17.8	18.0	17.8	18.6	17.4	17.4
青海省	35.5	35.7	42.5	25.2	40.1	39.8	40.2	38.1	37.0
宁夏回族自治区	20.3	20.1	20.6	20.7	18.8	21.5	21.4	21.6	21.1
新疆维吾尔自治区	36.9	35.1	37.4	38.3	40.2	38.1	40.6	43.7	37.4
西安市	37.9	40.2	46.2	41.7	43.9	44.9	44.1	44.3	44.8
铜川市	19.5	19.3	16.9	19.9	18.1	21.0	20.8	23.7	17.8
宝鸡市	22.3	21.9	21.6	16.8	16.7	17.0	16.8	17.4	19.5
咸阳市	17.2	16.8	16.2	16.3	17.3	17.7	18.1	17.2	18.3
渭南市	16.8	17.7	17.8	18.1	18.6	19.0	19.0	19.0	19.4
延安市	13.3	13.2	13.0	13.6	13.5	13.5	12.5	16.1	18.9
汉中市	20.0	19.6	19.5	19.7	20.6	21.1	21.8	20.9	18.7
榆林市	16.8	16.8	23.2	12.6	18.0	18.5	17.9	16.2	17.5
安康市	14.4	14.3	15.1	14.5	15.2	15.7	15.8	15.6	18.7
商洛市	18.8	19.1	18.7	19.5	18.2	18.3	18.7	18.9	15.1

续表

地区	2011年	2012年	2013年	2014年	2015年	2016年	2017年	2018年	2019年
兰州市	29.6	29.7	30.6	30.8	30.5	31.5	36.1	43.1	31.7
嘉峪关市	18.8	19.5	27.3	20.7	29.2	27.2	23.9	25.0	19.4
金昌市	16.1	17.5	24.1	23.9	21.8	21.2	21.3	16.8	24.9
白银市	14.3	15.0	16.3	15.5	15.3	14.2	13.6	12.8	10.7
天水市	14.3	15.0	16.0	15.2	14.4	13.3	12.7	13.2	13.5
武威市	21.1	22.2	21.2	13.7	14.2	14.5	15.0	13.8	17.2
平凉市	11.2	12.2	13.0	15.3	15.3	14.7	13.3	12.5	14.2
酒泉市	22.3	21.8	24.7	23.0	21.9	24.6	32.4	22.8	24.1
庆阳市	10.7	10.6	11.7	11.7	11.5	12.3	13.0	13.4	14.6
定西市	10.4	09.7	10.7	10.4	10.1	10.6	10.5	10.0	11.9
陇南市	10.3	10.5	13.4	15.6	13.7	12.1	12.6	8.0	9.0
西宁市	35.5	35.7	42.5	25.2	40.1	39.8	40.2	38.1	37.0
银川市	33.1	30.6	32.8	27.1	20.4	31.1	30.4	29.5	31.9
石嘴山市	19.1	21.4	20.0	23.1	20.5	21.7	20.7	20.9	15.9
吴忠市	15.8	15.3	16.8	16.5	16.9	16.6	17.6	19.1	19.8
固原市	13.4	13.0	12.8	15.8	17.5	16.8	17.0	16.8	17.0
乌鲁木齐市	37.9	38.4	42.9	42.1	40.0	38.0	37.2	39.4	39.7
克拉玛依市	36.0	31.8	31.9	34.6	40.3	38.1	44.0	48.1	35.2

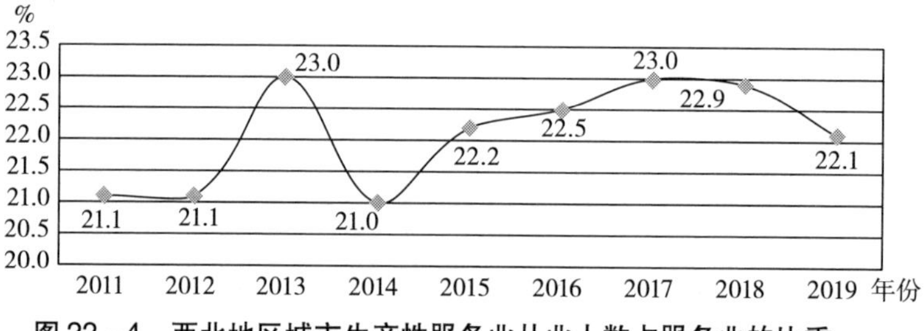

图 22-4　西北地区城市生产性服务业从业人数占服务业的比重

表22-4、图22-4是西北地区城市服务业中生产性服务业从业人数占服务业的比重。首先，从总体产业结构来看，西北地区生产性服务业从业人数占服务业的比重处于20%左右，大体差距不大，并呈现稳定增长的态势。其次，从横向来看，西安市、兰州市、克拉玛依市生产性服务业从业人数所占比重超过30%，位于西北地区的前列，说明核心城市的生产性服务业占据整体服

务业的1/3。最后，从纵向来看，2011年至2017年，西北地区城市生产性服务业从业人数占服务业的比重大体呈现上升趋势，但在2018年，小部分城市如金昌市、酒泉市、武威市等有所下降，说明产业结构出现微调。到2019年，西安市、西宁市和乌鲁木齐市、克拉玛依市的生产性服务业从业人数占服务业比重突破35%，在整个西北地区遥遥领先。

表22－5　西北地区城市高端服务业从业人数占服务业比重　　（%）

地区	2011年	2012年	2013年	2014年	2015年	2016年	2017年	2018年	2019年
西北地区	14.9	15.1	15.3	14.9	15.5	15.9	16.4	15.8	16.1
陕西省	13.7	14.2	14.4	13.9	14.0	14.6	14.7	15.0	15.6
甘肃省	12.1	12.5	13.0	12.3	13.1	13.0	13.7	11.9	13.3
青海省	21.9	22.6	22.7	20.6	22.2	22.5	21.2	19.8	20.7
宁夏回族自治区	15.2	15.7	15.8	15.6	15.1	17.5	17.3	16.9	17.3
新疆维吾尔自治区	24.8	22.8	22.2	23.8	27.0	25.4	28.6	30.0	24.0
西安市	25.8	28.9	35.6	28.2	31.0	31.5	31.1	31.1	32.6
铜川市	16.4	13.4	12.1	15.5	13.9	16.7	16.6	18.9	13.9
宝鸡市	11.1	12.0	11.6	11.9	12.1	12.3	12.1	12.2	13.7
咸阳市	13.5	13.4	12.7	12.7	13.0	13.3	14.1	13.1	14.8
渭南市	13.3	15.3	13.4	13.8	14.1	14.4	14.5	14.5	14.8
延安市	10.3	10.5	06.8	07.5	07.5	07.9	07.1	10.0	13.9
汉中市	14.6	14.8	14.0	14.4	15.7	16.2	17.1	16.4	15.4
榆林市	9.1	9.8	14.5	11.0	9.6	9.8	9.9	8.2	9.8
安康市	11.4	11.3	11.6	11.1	11.3	12.4	12.2	12.6	15.7
商洛市	11.8	12.6	12.2	12.7	11.8	11.9	12.3	12.7	11.3
兰州市	23.3	23.5	23.7	24.7	24.5	25.1	29.9	20.3	24.6
嘉峪关市	15.9	15.4	19.1	15.0	24.5	23.4	19.5	21.0	15.8
金昌市	11.4	13.2	14.0	13.8	14.7	13.7	13.7	12.4	15.8
白银市	11.0	11.9	11.7	11.1	11.1	11.1	9.9	9.2	7.6
天水市	10.0	10.5	12.1	11.3	10.4	9.6	9.0	10.1	10.6
武威市	15.0	15.5	14.0	10.8	10.8	11.1	11.4	11.3	14.9
平凉市	8.3	9.8	9.9	9.6	9.4	9.4	9.1	8.9	10.9
酒泉市	17.3	17.3	18.8	16.9	16.4	19.1	26.7	18.2	20.5
庆阳市	8.6	8.7	8.1	8.1	8.1	8.0	8.0	8.3	9.6

续表

地区	2011 年	2012 年	2013 年	2014 年	2015 年	2016 年	2017 年	2018 年	2019 年
定西市	6. 3	6. 3	6. 8	7. 0	6. 7	6. 5	6. 8	7. 2	9. 1
陇南市	5. 5	5. 7	5. 1	6. 4	7. 2	6. 1	6. 5	3. 6	6. 8
西宁市	21. 9	22. 6	22. 7	20. 6	22. 2	22. 5	21. 2	19. 8	20. 7
银川市	26. 7	23. 7	25. 5	23. 2	17. 3	25. 2	24. 5	23. 6	26. 2
石嘴山市	13. 8	17. 1	15. 1	17. 9	17. 3	19. 2	18. 2	16. 9	11. 9
吴忠市	12. 1	11. 7	12. 1	11. 5	14. 2	14. 1	14. 8	15. 4	17. 6
固原市	8. 3	10. 3	10. 3	9. 7	11. 5	11. 4	11. 6	11. 6	13. 5
乌鲁木齐市	19. 1	19. 8	18. 4	18. 8	18. 0	16. 9	17. 0	15. 5	18. 7
克拉玛依市	30. 6	25. 9	26. 1	28. 9	36. 1	34. 0	40. 2	44. 5	29. 2

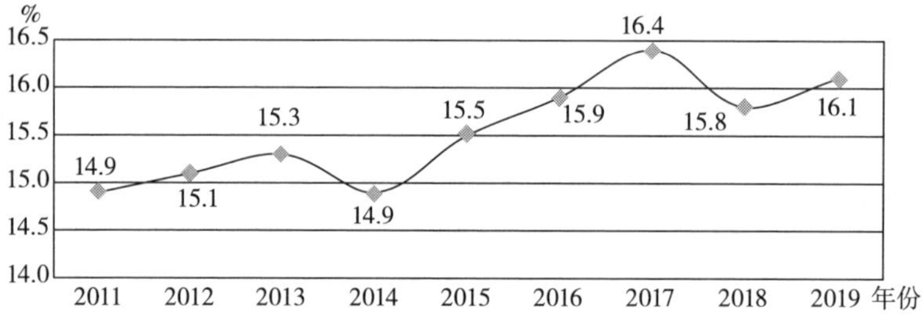

图 22－5　西北地区城市高端服务业从业人数占服务业的比重

表 22－5、图 22－5 是西北地区城市服务业中高端服务业从业人数占服务业的比重。首先，从总体产业结构来看，西北地区各个地级市高端服务业从业人数占服务业的比重处于 13% 左右，大体差距不大，并呈现稳定增长的态势。其次，从横向来看，新疆的克拉玛依市高端服务业从业人数所占比重“一马当先”，位于西北地区的前列。最后，从纵向来看，2011 年至 2017 年，西北地区城市的高端服务业从业人数占服务业的比重大体呈现上升趋势，但在 2018 年，极少部分城市如平凉市、石嘴山市、延安市等有所下降，说明产业结构出现微调。到 2019 年，克拉玛依市的高端服务业从业人数占服务业比重为 29. 2%，在整个西北地区遥遥领先。

综上所述，西北地区现代服务业在近十年内呈现出稳步增长的趋势，并逐步成为整个西北地区经济增长的有效推动力。现代服务业在扩张的同时，为西北地区吸纳了大量的剩余劳动力，成为扩大就业的主要渠道。

第三节　西北地区城市服务业地区差异

由于资源禀赋、市场条件、制度等因素的不同，西北地区城市间的服务业专业化程度差异较大，根据城市服务业发展的产业规模和产业结构两个维度，从第三产业增加值、第三产业占 GDP 的比重、第三产业人均产值、生产性服务业从业人数占服务业的比重和高端服务业从业人数占服务业的比重五项指标进行分析，观察西北地区各个省份之间的产业规模和产业结构的差异。

表 22－6　西北地区城市第三产业增加值　　单位：亿元

地区	2011 年	2012 年	2013 年	2014 年	2015 年	2016 年	2017 年	2018 年	2019 年
西北地区	144.021	148.066	152.490	156.205	159.308	161.996	146.654	167.905	171.070
陕西	56.269	57.525	58.661	60.010	61.103	62.291	54.810	64.600	66.013
甘肃	51.367	53.054	54.880	56.662	57.969	59.110	52.753	61.096	61.514
青海	5.808	5.944	6.061	6.212	6.313	6.421	6.446	6.651	6.778
宁夏	19.352	19.952	20.453	20.672	21.051	21.501	19.731	22.418	23.226
新疆	11.225	11.592	12.434	12.649	12.873	12.674	12.914	13.141	13.538

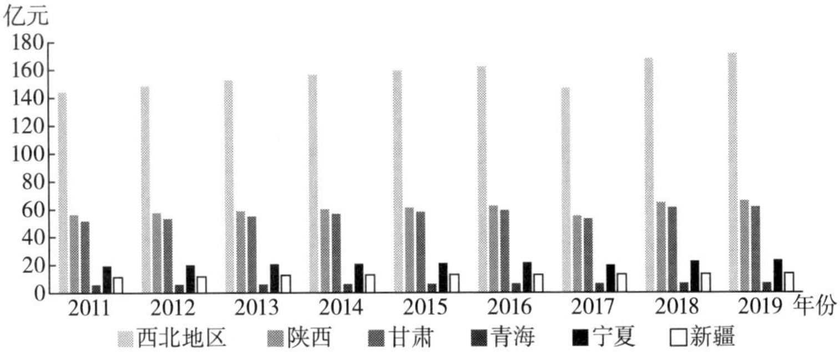

图 22－6　西北地区城市第三产业增加值

表 22－6 是西北地区整体以及各个省份之间第三产业增加值的差异。首先，从总体来看，西北地区整体及各个省份第三产业增加值呈现上涨的趋势，省份之间差距较大。其次，从横向来看，陕西和甘肃的第三产业增加值处于领先，2019 年均超过 60 亿元，宁夏次之，新疆和青海最少，仅有 10 亿元左右。最后，从纵向来看，2011 年至 2019 年，西北地区城市的第三产业增加值大体上升。通过图 22－6 清楚地发现，2017 年受到外生冲击，陕西、宁夏和甘肃

的第三产业增加值有轻微下降，但是2018年又恢复增长态势。

表22-7　西北地区城市第三产业占GDP比重　(%)

地区	2011年	2012年	2013年	2014年	2015年	2016年	2017年	2018年	2019年
西北地区	33.885	34.064	35.352	37.598	41.640	43.957	49.590	45.393	48.648
陕西	31.700	31.086	30.188	31.931	34.697	37.243	43.115	38.298	42.486
甘肃	33.279	33.312	36.065	39.794	45.380	49.183	54.745	50.207	49.462
青海	43.080	44.700	43.730	46.700	48.660	49.140	62.350	60.040	66.090
宁夏	37.620	37.950	38.393	37.920	39.263	40.543	46.683	42.285	51.275
新疆	31.965	34.430	40.785	42.995	51.420	49.905	49.050	47.565	51.975

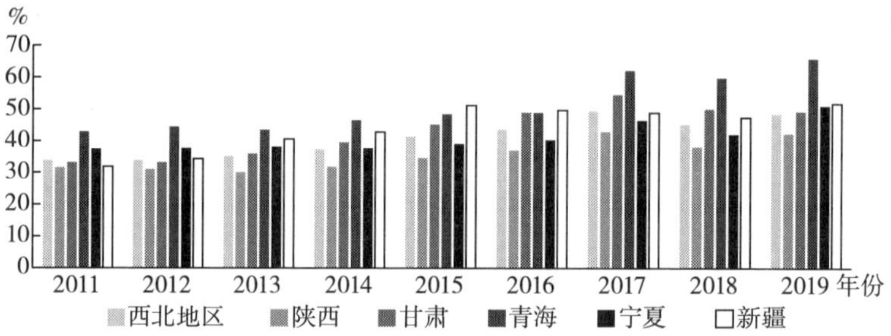

图22-7　西北地区城市第三产业占GDP比重

表22-7是西北地区整体以及各个省份之间第三产业占GDP比重。首先，从总体来看，西北地区整体及各个省份第三产业占GDP比重呈现上涨的趋势，省份之间差距非常微小。其次，从横向来看，青海的第三产业占GDP的比重处于领先，2019年超过60%，新疆和宁夏次之，陕西最小，仅有40%左右。最后，从纵向来看，2011年至2019年，西北地区城市的第三产业占GDP的比重大体提升。通过图22-7清楚地看出，2018年受到外生冲击，青海第三产业占GDP的比重突然下降，但是2019年又恢复增长态势。

表22-8　西北地区城市第三产业人均产值　单位：万元/人

地区	2011年	2012年	2013年	2014年	2015年	2016年	2017年	2018年	2019年
西北地区	17.648	19.867	20.735	21.864	23.855	26.074	18.025	32.130	33.815
陕西	16.877	18.617	18.552	20.231	22.288	24.704	13.317	31.532	33.579
甘肃	16.182	18.051	18.361	20.326	22.752	23.696	15.360	29.801	28.170
青海	17.812	21.289	21.131	25.603	27.802	30.211	29.891	35.091	34.505
宁夏	20.403	22.936	22.633	18.745	20.337	28.671	20.324	35.857	40.744

续表

地区	2011 年	2012 年	2013 年	2014 年	2015 年	2016 年	2017 年	2018 年	2019 年
新疆	21.635	25.650	34.806	36.711	37.249	33.526	34.205	35.452	45.247

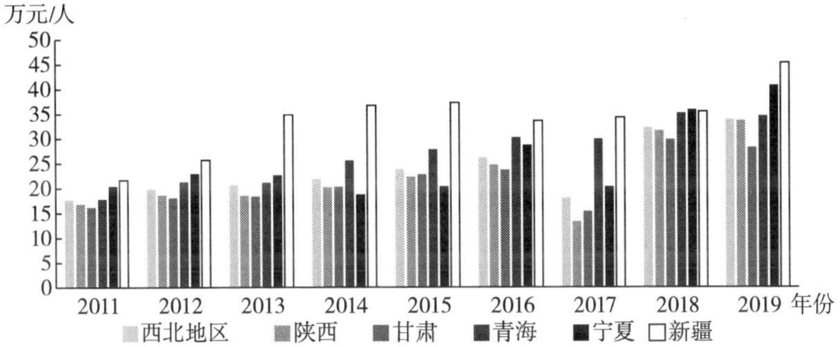

图 22－8　西北地区城市第三产业人均产值

表 22－8 是西北地区整体以及各个省份之间第三产业人均产值的差异。首先，从总体来看，西北地区整体及各个省份第三产业人均产值呈现上涨的趋势，省份之间差距较大。其次，从横向来看，新疆和宁夏的第三产业人均产值相差不大，2014—2017 年，青海第三产业人均产值高于宁夏，2018 年之后宁夏第三产业人均产值增速较快，超过了青海，而甘肃一直处于最后，2019 年仅有 28 万元/人左右。最后，从纵向来看，2011 年至 2019 年，西北地区城市的第三产业人均产值大体增加。通过图 22－8 清楚地发现，2017 年受到外生冲击，甘肃和宁夏第三产业人均产值突然下降，次年又恢复增长态势。

表 22－9　西北地区城市生产性服务业从业人数占服务业比重　（%）

地区	2011 年	2012 年	2013 年	2014 年	2015 年	2016 年	2017 年	2018 年	2019 年
西北地区	21.1	21.1	23.0	21.0	22.2	22.5	23.0	22.9	22.1
陕西	19.7	19.9	20.8	19.3	20.0	20.7	20.6	20.9	20.9
甘肃	16.3	16.7	19.0	17.8	18.0	17.8	18.6	17.4	17.4
青海	35.5	35.7	42.5	25.2	40.1	39.8	40.2	38.1	37.0
宁夏	20.3	20.1	20.6	20.7	18.8	21.5	21.4	21.6	21.1
新疆	36.9	35.1	37.4	38.3	40.2	38.1	40.6	43.7	37.4

表 22－9 是西北地区整体以及各个省份之间生产性服务业从业人数占服务业的比重差异。首先，从总体来看，西北地区整体及各个省份生产性服务业从业人数占服务业比重呈现上涨的趋势，省份之间差距较大。其次，从横向来

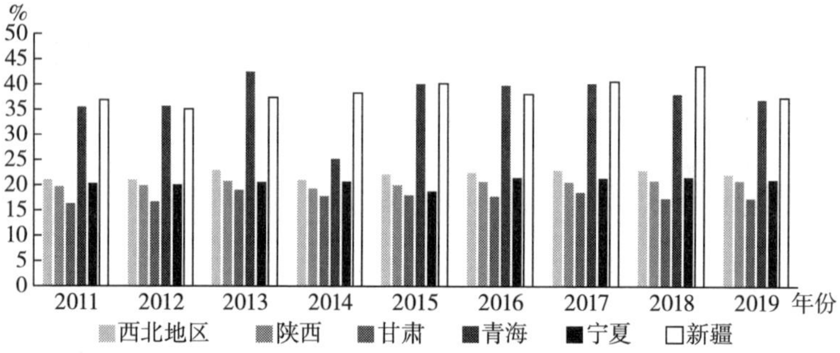

图 22－9　西北地区城市生产性服务业从业人数占服务业的比重

看，青海和新疆的生产性服务业从业人数占服务业的比重一开始远远高于其他省区，但随着时间的推移，近几年其他省区的生产性服务业从业人数增加，占服务业比重已逐渐接近青海和新疆。最后，从纵向来看，2013 年西北地区城市的生产性服务业从业人数占服务业比重差距最大。通过图 22－9 清楚地发现，2014 年受到外生冲击，陕西生产性服务业从业人数占服务业比重为 19.3%，而甘肃仅有 17.8%。

表 22－10　西北地区城市高端服务业从业人数占服务业比重　　(%)

地区	2011 年	2012 年	2013 年	2014 年	2015 年	2016 年	2017 年	2018 年	2019 年
西北地区	14.9	15.1	15.3	14.9	15.5	15.9	16.4	15.8	16.1
陕西	13.7	14.2	14.4	13.9	14.0	14.6	14.7	15.0	15.6
甘肃	12.1	12.5	13.0	12.3	13.1	13.0	13.7	11.9	13.3
青海	21.9	22.6	22.7	20.6	22.2	22.5	21.2	19.8	20.7
宁夏	15.2	15.7	15.8	15.6	15.1	17.5	17.3	16.9	17.3
新疆	24.8	22.8	22.2	23.8	27.0	25.4	28.6	30.0	24.0

表 22－10 是西北地区整体以及各个省份之间高端服务业从业人数占服务业比重的差异。首先，从总体来看，西北地区整体及各个省份高端服务业从业人数占服务业比重除青海和新疆外呈现上涨的趋势，省份之间差距较大。其次，从横向来看，新疆和青海的高端服务业从业人数占服务业比重相差不大。最后，从纵向来看，2011 年至 2019 年，西北地区城市的高端服务业从业人数占服务业比重大体增加。通过图 22－10 清楚地发现，2014 年受到外生冲击，除新疆外，其余省份高端服务业从业人数占服务业比重均下降。

综上所述，服务业在当前国际经济全球化中的重要性日益显著，与世界各国服务业的平均发展水平比较，中国服务业的发展水平仍相对落后，当前大力

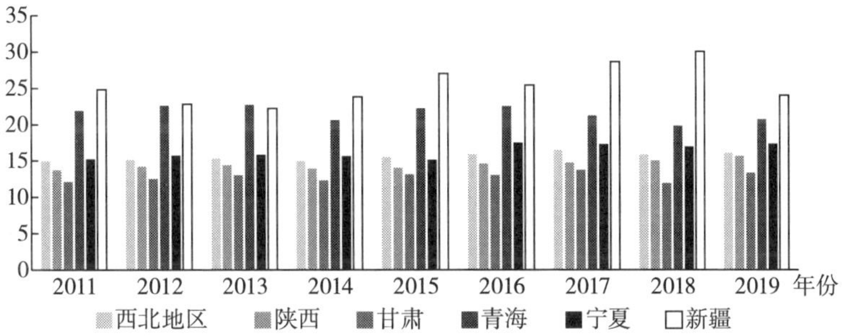

图 22－10　西北地区城市高端服务业从业人数占服务业比重

发展服务业是我国优化产业结构、应对全球经济危机的重大举措之一，而衡量和评价一国服务业发展水平的重要指标之一就是服务业内部结构的优化和高级化水平。

西北地区服务业发展的实际情况与发展潜力之间存在一定差距。根据测算结果可知，西北五省区潜力值均高于实际值，这说明西北地区服务业投入要素能够合理使用，相互之间配合度较好，但由于大多依靠投资带动需求，而投资却未能得到充分利用，造成投入要素仍然有缺口，最终导致实际值与潜力值之间存在差距。要解决这一问题，就应当让市场充分发挥作用，促进资源向发展潜力大、经济效益明显的行业配置，不断发掘服务业内部优势行业。

虽然随着服务业发展，人力资本也有一定程度的积累，但大多是产业工人或者初级从业人员，缺乏具有较高技能的专业型人才，尤其缺乏推动服务业向高层次发展的生产性服务业以及高技术服务业人才。特别是科研开发、信息咨询、现代物流业等对人力资本要求较高的行业更是缺乏高级管理人员、高技能人才以及产品创新人才，所以人力资本投入不足已然成为制约西北地区服务业持续发展的关键因素。应当针对人才缺口进行相关培训，培养适应服务业发展的后备人才，采取优惠措施吸引并激励这方面人才更好地为西北地区的服务业发展做出贡献。

第二十三章　西北地区服务业高质量发展整体评价与特征分析

第一节　西北地区服务业高质量发展整体评价

随着知识经济的快速发展，现代服务业逐渐成为发达国家特别是国际大都市的主导产业和经济增长的亮点。近年来，随着我国工业化进程的加快，现代服务业也得到了一定的发展，逐步成为北京、上海、广州等大城市重点发展的主导性产业。对于西部地区而言，现代服务业的发展还处于起步阶段，与发达地区相比，在效益水平、服务能力和服务范围等方面还存在较大的差距，大力发展现代服务业对于促进西部区域经济发展、增强西部地区可持续发展能力和综合竞争力、提升其参与国际国内分工的地位等方面都具有重要的意义。

西北地区在全国区域发展格局中具有十分重要的战略地位，近年来积极主动融入国家发展战略。表 23－1 是分地区城市服务业高质量发展整体评价，图 23－1和图 23－2 分别列示了全国和分地区服务业高质量发展指数与各二级指标的年平均数。下面对西北地区与其他地区的服务业发展状况进行对比分析。

表 23－1　分地区城市服务业高质量发展整体评价

地区	高质量发展指数	产业规模	产业结构	产业创新	产业环境	产业协同
全国	6.102	23.447	8.839	5.737	44.243	2.607
长三角地区	13.421	37.518	11.978	13.237	50.459	2.762
珠三角地区	9.112	26.483	8.962	8.826	48.407	2.905
环渤海地区	6.826	26.498	9.316	6.522	44.243	2.793
中部地区	4.125	19.408	7.467	3.433	43.426	2.634
西南地区	3.941	17.358	6.876	3.640	42.225	2.488

续表

地区	高质量发展指数	产业规模	产业结构	产业创新	产业环境	产业协同
东北地区	2.707	19.272	9.567	2.099	41.150	2.349
西北地区	3.109	15.470	7.981	2.716	41.503	2.356

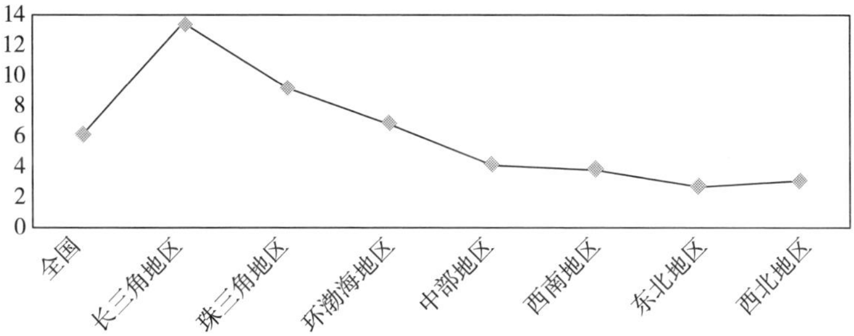

图 23－1　分地区城市服务业高质量发展指数

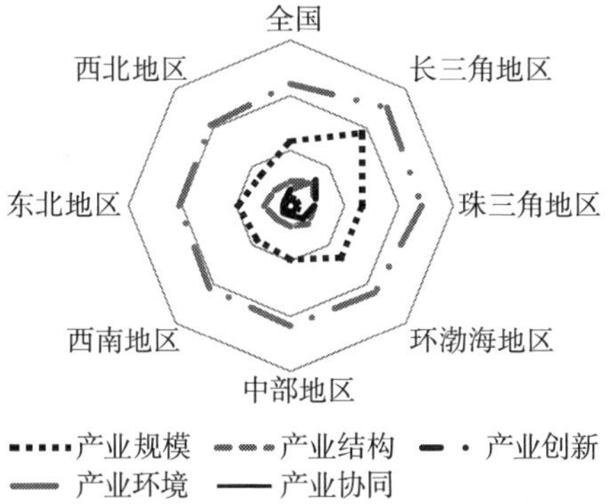

图 23－2　分地区城市服务业高质量发展二级指标

从全国年均服务业高质量发展指数与西北地区指数的对比分析来看，西北地区在 2011 年至 2019 年的服务业年均高质量发展指数要低于全国平均水准。相对于东部和中部地区而言，西部地区服务业技术效率较低。西部大开发以来，为统筹服务业的区域发展，东部地区的资本逐步向西部地区流动，但由于西部地区服务业的市场化改革滞后，社会基础设施以及制度建设不足，缺乏高素质劳动力的流入，服务领域的管理和技术缺乏创新，导致区域之间的技术效率差距仍然较大，阻碍了服务业技术效率的提高以及服务业的结构优化和升级。

将高质量发展指数分解为 5 个二级指标对全国各地区进行对比分析，在产业规模方面，长三角、珠三角、环渤海凭借优越的地理位置和发达的经济体系，在全国各地区中处于领先地位，且产业规模年均数远超国内平均水平。而中部地区的第三产业规模虽不似沿海地区发展那么迅速，但相较于其他内陆地区，2011 年至 2019 年的年均指数也较高，逼近全国产业规模指数的平均水平。在产业结构方面，全国各地区的服务业结构年均数相差不大，中国各地区服务业内部结构质量较为均衡。中部等内陆地区的服务业结构发展态势良好，长三角、环渤海、珠三角地区仍旧保持全国领先水平。在产业创新方面，中部、西北、东北、西南等内陆地区与长三角、珠三角、环渤海等沿海地区的年均产业创新指数存在显著差异，沿海地区在 2011 年至 2019 年的第三产业创新发展效果是中部等地区的 2 ~ 7 倍。在产业环境方面，我国各地区第三产业的发展环境大体一致，长三角和珠三角地区的年均产业环境指数在 50 左右，而其余地区的年均产业环境指数均小于或等于全国平均水平。在产业协同方面，我国各地区服务业与制造业协同发展的年均数相差无几，由于河南省等省份实行高端服务业与高端制造业的融合发展，相较于其他内陆地区，中部地区在产业协同视角下的服务业发展状态更胜一筹，甚至已然超过全国平均水平。

第二节　西北地区服务业高质量发展指数时间特征分析

西北地区（陕西、甘肃、青海、宁夏、新疆）恰是丝绸之路经济带中国段的主要区域，沿线各省份积极响应政策，依靠自身优势和特色，大力推进服务业发展，成为新的经济增长极，抓住加速经济社会发展的重大机遇。所以，客观认识西北地区服务业发展现状不仅能够为各省份制定相关产业政策提供现实依据，还能为发掘服务业自身潜力发挥内部行业优势。那么如何测度服务业发展潜力？潜力值与实际值之间到底存在多大差距？差距由何而来？只有准确找到西北各省份服务业发展短板所在，挖掘具有较大发展潜力的产业，才能更好地促进西北欠发达地区的经济发展。

本节对西北地区服务业高质量发展指数的分析中，主要结合产业规模、产业结构、产业创新、产业环境和产业协同五项指标，研究在整体时间维度上服务业高质量发展指数的变化情况。

表 23－2　西北地区城市服务业高质量发展指数

地区	2011 年	2012 年	2013 年	2014 年	2015 年	2016 年	2017 年	2018 年	2019 年
西北地区	1. 447	1. 675	1. 877	2. 067	2. 484	3. 349	4. 196	5. 104	5. 782
陕西省	1. 486	1. 810	2. 050	2. 331	2. 723	3. 183	3. 893	4. 790	5. 243
甘肃省	0. 990	1. 131	1. 264	1. 465	1. 827	2. 111	2. 762	3. 588	4. 218
青海省	1. 413	1. 542	1. 709	1. 691	2. 351	3. 385	4. 184	4. 841	5. 229
宁夏回族自治区	1. 206	1. 370	1. 633	1. 424	1. 800	4. 729	6. 405	7. 681	8. 398
新疆维吾尔自治区	3. 553	3. 951	4. 220	4. 828	5. 462	6. 587	7. 368	8. 194	10. 022
西安市	8. 024	10. 480	12. 145	14. 124	16. 775	19. 522	24. 213	29. 765	32. 733
铜川市	0. 708	0. 697	0. 697	0. 845	0. 909	1. 098	1. 175	1. 389	1. 419
宝鸡市	1. 106	1. 309	1. 544	1. 713	1. 988	2. 343	3. 648	4. 382	4. 575
咸阳市	1. 138	1. 268	1. 311	1. 429	1. 566	1. 830	2. 428	2. 947	3. 526
渭南市	0. 660	0. 781	0. 862	0. 995	1. 179	1. 484	1. 671	1. 929	2. 166
延安市	0. 534	0. 605	0. 647	0. 776	0. 940	1. 168	1. 344	1. 750	1. 732
汉中市	0. 727	0. 806	0. 860	0. 934	1. 087	1. 216	1. 285	1. 556	1. 700
榆林市	0. 803	0. 892	1. 059	1. 000	1. 102	1. 250	1. 025	1. 585	1. 648
安康市	0. 566	0. 616	0. 682	0. 730	0. 850	0. 975	1. 083	1. 324	1. 513
商洛市	0. 592	0. 646	0. 692	0. 766	0. 839	0. 945	1. 063	1. 276	1. 421
兰州市	3. 570	3. 961	3. 791	4. 184	4. 742	5. 370	6. 235	7. 624	11. 857
嘉峪关市	2. 112	2. 403	2. 930	3. 694	5. 974	5. 808	9. 052	13. 626	15. 504
金昌市	0. 609	0. 749	0. 864	1. 037	1. 032	1. 103	1. 066	1. 249	1. 309
白银市	0. 855	1. 081	1. 295	1. 624	1. 894	3. 281	4. 128	5. 005	5. 097
天水市	0. 566	0. 611	0. 727	0. 803	0. 859	0. 971	1. 016	1. 327	1. 414
武威市	0. 733	0. 836	0. 895	0. 885	1. 193	1. 623	2. 637	3. 296	3. 583
平凉市	0. 342	0. 452	0. 555	0. 670	0. 756	0. 829	0. 957	1. 054	1. 150
酒泉市	0. 972	1. 049	1. 207	1. 217	1. 293	1. 464	1. 944	2. 360	2. 375
庆阳市	0. 372	0. 438	0. 525	0. 681	0. 769	1. 008	1. 318	1. 537	1. 522
定西市	0. 399	0. 441	0. 593	0. 743	0. 867	0. 996	1. 172	1. 435	1. 530
陇南市	0. 365	0. 417	0. 519	0. 581	0. 717	0. 772	0. 860	0. 955	1. 061
西宁市	1. 413	1. 542	1. 709	1. 691	2. 351	3. 385	4. 184	4. 841	5. 229
银川市	2. 513	2. 600	3. 496	2. 071	2. 830	12. 433	15. 637	18. 706	19. 939
石嘴山市	1. 109	1. 418	1. 505	1. 931	2. 242	3. 872	6. 396	7. 337	8. 313
吴忠市	0. 627	0. 800	0. 814	0. 905	1. 201	1. 593	2. 322	3. 001	3. 401

续表

地区	2011 年	2012 年	2013 年	2014 年	2015 年	2016 年	2017 年	2018 年	2019 年
固原市	0. 576	0. 661	0. 716	0. 791	0. 929	1. 018	1. 264	1. 681	1. 939
乌鲁木齐市	2. 514	2. 871	3. 146	3. 765	4. 852	5. 981	7. 762	9. 192	10. 120
克拉玛依市	4. 592	5. 031	5. 294	5. 891	6. 071	7. 194	6. 974	7. 196	9. 924

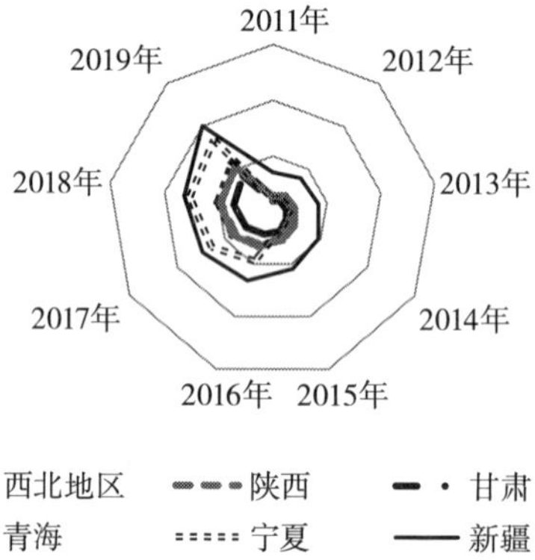

图 23 －3　西北地区城市服务业高质量发展指数

表 23 －2 是西北地区城市服务业高质量发展指数。首先，从总体上看，城市服务业高质量发展指数呈现逐年递增的态势。2011 年，西安市、兰州市、银川市、乌鲁木齐市、克拉玛依市的服务业高质量发展指数位居前列。其次，在 2017 年以前，中心城市高质量发展指数增速较缓，而 2017 年以后高质量发展指数增长迅猛，银川市、西安市、嘉峪关市尤为突出。最后，2019 年，西安市的高质量发展指数为 32. 733，高居榜首。

图 23 －3 是西北地区城市服务业高质量发展指数的雷达图，清晰地展示了整体的西北地区和其所辖五个省份的 2011—2019 年服务业高质量发展指数。显而易见，甘肃省的服务业高质量发展指数基本落后于其他省份和整体西北地区；随着时间的推移，每个省份的高质量发展指数都在稳定增长，2016 年以后增长速度加快；整个西北地区的发展指数在 2011—2019 年差距非常微小。

表 23 －3　西北地区城市服务业产业规模指数

地区	2011 年	2012 年	2013 年	2014 年	2015 年	2016 年	2017 年	2018 年	2019 年
西北地区	11. 320	12. 593	13. 225	14. 072	15. 461	16. 872	13. 414	20. 540	21. 736
陕西省	10. 726	11. 684	11. 599	12. 699	14. 057	15. 655	10. 270	19. 781	21. 243
甘肃省	10. 445	11. 499	11. 906	13. 279	15. 053	15. 861	12. 783	19. 492	18. 427

续表

地区	2011 年	2012 年	2013 年	2014 年	2015 年	2016 年	2017 年	2018 年	2019 年
青海省	12. 108	14. 122	13. 992	16. 724	18. 129	19. 558	20. 368	23. 131	23. 258
宁夏回族自治区	13. 015	14. 480	14. 309	12. 381	13. 398	18. 042	13. 936	22. 435	25. 865
新疆维吾尔自治区	13. 650	16. 140	22. 142	23. 328	23. 896	21. 642	21. 957	22. 623	28. 882
西安市	15. 770	17. 193	15. 944	17. 982	20. 059	21. 379	23. 696	27. 600	28. 142
铜川市	7. 478	8. 717	8. 498	9. 071	10. 601	12. 864	13. 802	17. 403	19. 316
宝鸡市	11. 008	12. 108	12. 382	13. 694	14. 762	16. 177	10. 320	20. 780	22. 713
咸阳市	10. 056	11. 111	11. 117	12. 718	13. 469	14. 945	5. 703	18. 998	23. 274
渭南市	9. 149	9. 706	9. 638	11. 087	12. 239	13. 591	7. 229	16. 392	18. 623
延安市	8. 331	9. 183	9. 275	9. 708	11. 216	13. 016	9. 641	17. 677	14. 618
汉中市	9. 733	10. 768	10. 979	11. 865	13. 662	14. 986	8. 050	18. 168	21. 404
榆林市	17. 981	19. 487	18. 986	20. 875	21. 551	23. 807	7. 810	28. 971	25. 108
安康市	9. 139	9. 551	9. 611	10. 303	11. 664	13. 314	8. 909	16. 478	19. 709
商洛市	8. 617	9. 013	9. 560	9. 682	11. 343	12. 474	7. 541	15. 349	19. 524
兰州市	16. 164	17. 989	17. 495	20. 706	22. 823	24. 355	22. 422	23. 971	27. 947
嘉峪关市	16. 645	17. 751	17. 418	15. 958	22. 541	20. 622	22. 970	32. 409	27. 050
金昌市	10. 085	12. 224	10. 847	14. 552	14. 387	16. 115	10. 826	20. 616	14. 692
白银市	9. 209	10. 431	10. 695	11. 591	12. 804	15. 087	10. 202	16. 904	15. 185
天水市	8. 761	9. 031	9. 819	11. 631	12. 527	13. 557	10. 797	16. 956	15. 726
武威市	8. 178	9. 162	10. 004	10. 851	13. 240	14. 335	10. 990	16. 323	19. 481
平凉市	6. 531	7. 277	8. 532	9. 621	10. 897	11. 882	11. 870	14. 043	14. 864
酒泉市	16. 312	18. 006	19. 593	20. 679	21. 673	22. 214	12. 145	27. 348	19. 540
庆阳市	6. 825	7. 687	9. 249	10. 471	11. 487	12. 558	7. 852	15. 730	14. 051
定西市	7. 957	8. 179	8. 870	10. 727	11. 591	12. 155	8. 963	15. 180	17. 198
陇南市	8. 232	8. 752	8. 443	9. 278	11. 617	11. 586	11. 571	14. 934	16. 963
西宁市	12. 108	14. 122	13. 992	16. 724	18. 129	19. 558	20. 368	23. 131	23. 258
银川市	16. 583	16. 624	17. 805	8. 899	9. 482	22. 239	21. 954	29. 230	27. 546
石嘴山市	15. 758	15. 559	15. 850	17. 002	17. 878	20. 943	17. 009	26. 615	31. 198
吴忠市	9. 695	14. 169	11. 323	10. 647	12. 480	13. 781	5. 535	15. 931	22. 689
固原市	10. 025	11. 567	12. 257	12. 974	13. 752	15. 206	11. 246	17. 965	22. 026
乌鲁木齐市	17. 131	20. 205	19. 980	22. 496	26. 342	24. 611	25. 953	27. 340	28. 937
克拉玛依市	10. 170	12. 076	24. 304	24. 159	21. 449	18. 674	17. 961	17. 906	28. 828

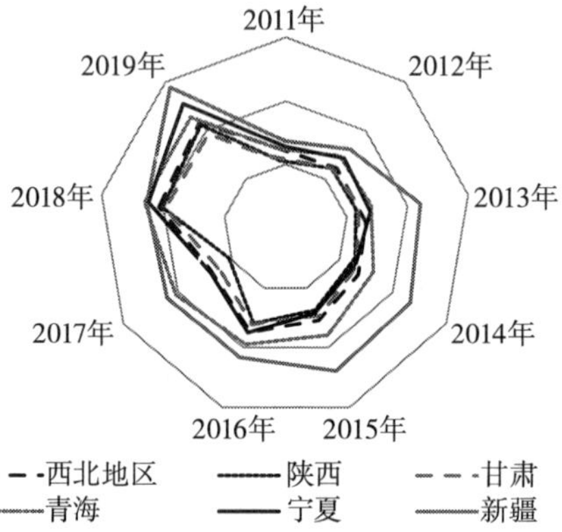

图 23－4　西北地区城市服务业产业规模指数

表 23－3 是西北地区城市服务业产业规模指数。首先，从总体上看，城市服务业产业规模指数大体呈现增长的态势。2011 年，西安市、酒泉市、嘉峪关市和乌鲁木齐市的产业规模指数位居前列。其次，2017 年以前，中心城市产业规模指数增速较缓，而 2017 年受到某种外生冲击以后，大部分城市服务业产业规模指数突然下降，宝鸡市、咸阳市、石嘴山市尤为突出。

图 23－4 是西北地区城市服务业产业规模指数的雷达图，清晰展示了整体的西北地区和其所辖五个省份的 2011—2019 年服务业产业规模指数。显而易见，甘肃省的服务业产业规模指数基本一直落后于其他省份和整体西北地区，但在 2011—2019 年其增长变化十分稳定；随着时间的推移，每个省份的产业规模指数都在稳定增长。

表 23－4　西北地区城市服务业产业结构指数

地区	2011 年	2012 年	2013 年	2014 年	2015 年	2016 年	2017 年	2018 年	2019 年
西北地区	7.473	7.563	8.149	7.471	7.986	8.224	8.495	8.295	8.177
陕西省	6.727	6.927	7.248	6.651	6.877	7.268	7.254	7.450	7.646
甘肃省	5.252	5.524	6.304	5.729	6.038	5.976	6.391	5.516	5.968
青海省	13.676	13.934	15.925	10.481	15.081	15.071	14.817	13.800	13.744
宁夏回族自治区	7.374	7.484	7.631	7.581	6.955	8.477	8.372	8.255	8.320
新疆维吾尔自治区	15.122	13.938	14.513	15.257	16.833	15.738	17.453	18.906	15.013
西安市	15.545	17.187	21.039	17.371	18.869	19.310	18.964	18.998	19.633

续表

地区	2011 年	2012 年	2013 年	2014 年	2015 年	2016 年	2017 年	2018 年	2019 年
铜川市	7.572	6.485	5.422	7.361	6.341	8.051	7.961	9.513	6.272
宝鸡市	6.651	6.781	6.576	5.313	5.355	5.519	5.372	5.550	6.637
咸阳市	5.983	5.837	5.428	5.468	5.813	6.040	6.407	5.849	6.699
渭南市	5.815	6.756	6.090	6.303	6.557	6.722	6.803	6.770	6.994
延安市	3.881	3.935	2.634	3.016	2.949	3.086	2.572	4.485	6.541
汉中市	7.053	7.033	6.725	6.932	7.597	7.883	8.380	7.935	7.029
榆林市	4.420	4.624	7.894	4.000	4.923	5.128	4.981	3.984	4.831
安康市	4.557	4.472	4.778	4.462	4.727	5.223	5.165	5.277	7.145
商洛市	5.794	6.157	5.893	6.283	5.638	5.713	5.939	6.140	4.675
兰州市	12.549	12.639	12.914	13.323	13.180	13.626	16.482	15.486	13.498
嘉峪关市	7.268	7.226	10.513	7.386	12.862	11.977	9.779	10.583	7.366
金昌市	4.951	5.934	8.008	7.877	7.593	7.106	7.083	5.471	8.752
白银市	4.402	4.866	5.106	4.703	4.649	4.398	3.817	3.346	2.282
天水市	4.011	4.380	5.174	4.715	4.172	3.612	3.273	3.790	4.044
武威市	7.464	7.947	7.156	4.190	4.287	4.460	4.686	4.391	6.492
平凉市	2.658	3.464	3.681	4.146	4.073	3.917	3.424	3.176	4.302
酒泉市	8.597	8.468	9.726	8.612	8.172	9.803	14.422	9.025	10.172
庆阳市	2.703	2.699	2.694	2.705	2.671	2.810	2.973	3.183	3.952
定西市	1.736	1.568	1.981	1.970	1.802	1.858	1.934	1.987	3.131
陇南市	1.437	1.571	2.388	3.393	2.954	2.170	2.424	0.233	1.657
西宁市	13.676	13.934	15.925	10.481	15.081	15.071	14.817	13.800	13.744
银川市	14.605	12.935	14.106	11.881	8.136	13.578	13.140	12.613	14.143
石嘴山市	6.567	8.294	7.253	9.026	8.168	9.139	8.520	8.087	5.100
吴忠市	5.133	4.869	5.394	5.091	6.187	6.049	6.554	7.121	8.113
固原市	3.192	3.839	3.769	4.324	5.329	5.142	5.273	5.202	5.925
乌鲁木齐市	13.558	13.890	14.941	14.760	13.937	13.035	12.800	13.155	14.025
克拉玛依市	16.687	13.986	14.085	15.753	19.728	18.442	22.106	24.657	16.001

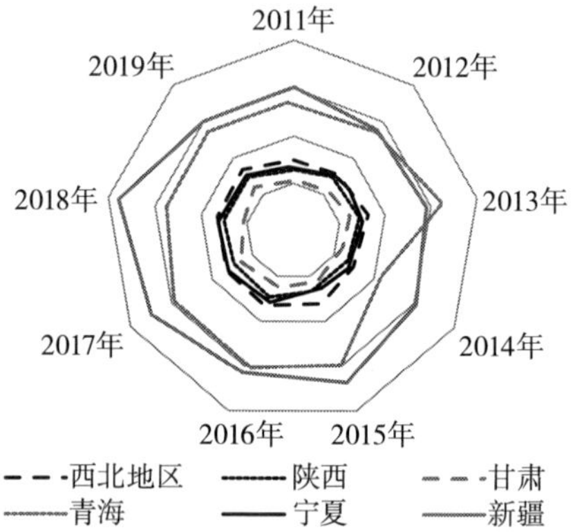

图 23－5　西北地区城市服务业产业结构指数

表 23－4 是西北地区城市服务业产业结构指数。首先，从总体上看，城市服务业产业结构指数大体呈现增长的态势。2011 年，西安市、兰州市、西宁市、银川市、乌鲁木齐市、克拉玛依市的产业结构指数位居前列，尤其是西安市和克拉玛依市的指数高达 15.545 和 16.687，处于遥遥领先的地位。其次，在 2017 年以前，中心城市产业结构指数增速较缓，而 2017 年受到某种外生冲击以后，大部分城市服务业产业结构指数突然下降，嘉峪关市尤为突出。最后，2011 年至 2019 年，西安市、延安市、安康市、金昌市产业结构指数增长极快，尤其是西安市增长到 19.633。

图 23－5 是西北地区服务业产业结构指数的雷达图。将整体的西北地区和其所辖五个省份的 2011—2019 年服务业产业结构指数在图中清楚地展示出来。显而易见，甘肃省的服务业产业结构指数一直落后于其他省份和整体西北地区，2011—2014 年其落后差距较大，2015 年之后差距缩小；随着时间的推移，每个省份的发展指数都在稳定增长，新疆的产业结构指数基本一直处于领先地位。

表 23－5　西北地区城市服务业产业创新指数

地区	2011 年	2012 年	2013 年	2014 年	2015 年	2016 年	2017 年	2018 年	2019 年
西北地区	1.074	1.279	1.439	1.640	2.036	2.931	3.860	4.744	5.438
陕西省	1.102	1.405	1.624	1.901	2.259	2.692	3.518	4.340	4.806
甘肃省	0.641	0.738	0.806	0.988	1.327	1.637	2.357	3.183	3.829
青海省	0.754	0.881	0.920	1.230	1.804	3.012	3.873	4.576	4.979
宁夏回族自治区	0.852	0.999	1.266	1.040	1.446	4.448	6.238	7.509	8.205
新疆维吾尔自治区	3.285	3.707	3.929	4.560	5.193	6.395	7.158	7.973	9.888

续表

地区	2011 年	2012 年	2013 年	2014 年	2015 年	2016 年	2017 年	2018 年	2019 年
西安市	7.933	10.404	12.054	14.084	16.742	19.507	24.230	29.816	32.803
铜川市	0.193	0.216	0.210	0.233	0.294	0.323	0.375	0.538	0.709
宝鸡市	0.841	1.047	1.297	1.495	1.758	2.109	3.526	4.223	4.394
咸阳市	0.935	1.053	1.071	1.174	1.271	1.520	2.244	2.708	3.272
渭南市	0.259	0.337	0.465	0.606	0.776	1.107	1.378	1.568	1.796
延安市	0.281	0.309	0.348	0.465	0.580	0.778	1.028	1.369	1.322
汉中市	0.157	0.236	0.306	0.356	0.451	0.563	0.747	0.956	1.097
榆林市	0.120	0.125	0.130	0.169	0.200	0.296	0.472	0.737	0.967
安康市	0.199	0.208	0.205	0.228	0.284	0.356	0.594	0.766	0.856
商洛市	0.101	0.120	0.159	0.198	0.234	0.361	0.586	0.717	0.848
兰州市	3.378	3.765	3.567	3.947	4.509	5.144	6.003	7.447	11.773
嘉峪关市	1.923	2.212	2.670	3.541	5.820	5.658	8.974	13.571	15.493
金昌市	0.048	0.048	0.038	0.059	0.079	0.133	0.138	0.259	0.395
白银市	0.668	0.886	1.098	1.442	1.706	3.161	4.049	4.918	5.017
天水市	0.259	0.242	0.273	0.296	0.330	0.461	0.548	0.851	0.969
武威市	0.269	0.358	0.463	0.545	0.893	1.362	2.489	3.149	3.393
平凉市	0.033	0.038	0.054	0.071	0.097	0.173	0.357	0.480	0.542
酒泉市	0.222	0.276	0.298	0.349	0.372	0.569	1.278	1.805	1.910
庆阳市	0.085	0.088	0.105	0.131	0.187	0.611	1.053	1.180	1.161
定西市	0.152	0.190	0.282	0.452	0.533	0.649	0.872	1.098	1.128
陇南市	0.018	0.018	0.020	0.037	0.075	0.091	0.166	0.253	0.338
西宁市	0.754	0.881	0.920	1.230	1.804	3.012	3.873	4.576	4.979
银川市	2.141	2.287	3.223	1.725	2.655	12.386	15.620	18.703	19.940
石嘴山市	0.737	1.058	1.167	1.602	1.945	3.674	6.308	7.227	8.213
吴忠市	0.212	0.332	0.367	0.540	0.813	1.285	2.144	2.799	3.145
固原市	0.319	0.319	0.306	0.293	0.371	0.448	0.880	1.308	1.521
乌鲁木齐市	2.169	2.515	2.764	3.438	4.581	5.787	7.613	9.066	9.995
克拉玛依市	4.400	4.898	5.093	5.683	5.805	7.003	6.703	6.881	9.781

表 23－5 是西北地区城市服务业产业创新指数。首先，从总体上看，城市服务业产业创新指数大体呈现增长的态势。2011 年，西安市、克拉玛依市、兰州市的产业创新指数位居前列，尤其是西安市的指数高达 7.933，处于遥遥

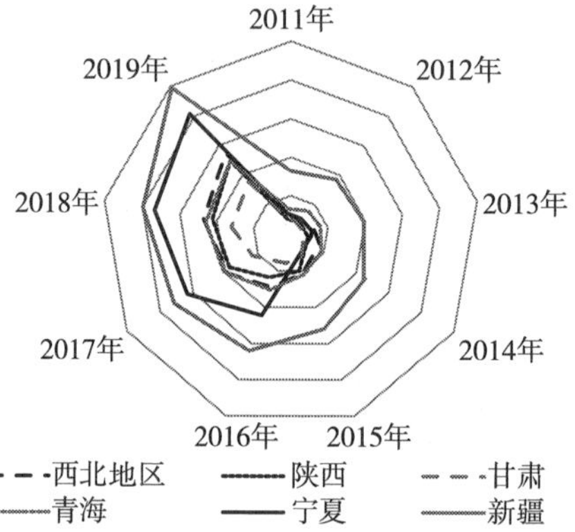

图 23－6　西北地区城市服务业产业创新指数

领先的地位。其次，在 2017 年以前，中心城市产业创新指数增速较缓，而 2017 年受到某种外生冲击以后，大部分城市产业创新指数增速加大。最后，2011 年至 2019 年，大部分城市指数增长较快，尤其是西安市 2019 年产业创新指数高达 32.803。

图 23－6 是西北地区城市服务业产业创新指数的雷达图，清晰地展示整体的西北地区和其所辖五省区的 2011—2019 年服务业产业创新指数。显而易见，甘肃省的服务业产业创新指数一直落后于其他省份和整体西北地区，但在 2017 年以前其落后的差距较小，2017 年之后差距逐渐拉大；随着时间的推移，每个省份的产业创新指数都在稳定增长，陕西省、青海省和整个西北地区产业创新指数相差无几。

表 23－6　西北地区城市服务业产业环境指数

地区	2011 年	2012 年	2013 年	2014 年	2015 年	2016 年	2017 年	2018 年	2019 年
西北地区	9.079	20.497	31.379	37.156	44.656	50.793	57.882	59.736	62.349
陕西省	9.300	20.351	30.615	35.448	43.939	51.462	58.018	60.250	63.079
甘肃省	7.085	18.847	30.207	37.353	42.829	48.455	55.855	57.750	60.589
青海省	11.181	21.663	33.222	37.585	47.486	52.864	60.019	62.016	64.314
宁夏回族自治区	7.666	20.035	29.695	35.922	44.973	49.641	57.600	58.596	60.479
新疆维吾尔自治区	17.198	27.620	40.451	44.401	52.182	58.236	64.530	66.172	68.514
西安市	17.928	30.935	41.213	46.487	54.336	61.835	69.162	69.920	73.210
铜川市	10.179	18.643	29.178	34.206	43.143	52.025	57.226	59.761	62.455
宝鸡市	9.983	21.333	32.936	37.162	46.286	53.979	61.931	64.031	66.055

续表

地区	2011 年	2012 年	2013 年	2014 年	2015 年	2016 年	2017 年	2018 年	2019 年
咸阳市	11.448	22.598	32.833	35.802	44.756	52.991	58.584	61.234	64.052
渭南市	6.337	17.689	28.644	32.509	40.943	49.763	54.875	57.844	60.899
延安市	5.044	16.547	27.204	33.618	42.450	51.109	56.768	58.415	61.717
汉中市	9.820	21.941	30.794	35.690	43.608	49.878	56.599	59.480	62.404
榆林市	8.988	20.667	31.899	35.014	43.501	52.111	57.687	59.211	61.983
安康市	7.404	19.091	28.021	33.517	41.529	47.316	55.227	57.736	60.500
商洛市	5.865	14.069	23.428	30.471	38.833	43.610	52.125	54.874	57.510
兰州市	15.247	28.015	38.681	42.372	52.016	56.856	63.594	65.712	68.152
嘉峪关市	5.736	23.383	45.753	52.158	44.790	52.212	63.615	65.749	69.419
金昌市	12.583	24.423	30.715	45.800	46.919	52.491	58.543	60.110	62.961
白银市	7.213	18.446	28.077	36.404	42.689	47.847	55.488	57.436	60.069
天水市	4.886	16.245	26.617	33.763	39.382	45.368	51.982	53.398	56.691
武威市	4.432	15.543	25.836	33.869	38.336	45.957	53.019	54.304	57.737
平凉市	3.533	16.916	25.847	34.424	40.723	45.581	52.553	54.685	57.226
酒泉市	13.487	23.195	34.695	38.430	48.197	52.351	59.976	62.328	65.379
庆阳市	5.452	15.762	23.272	37.842	43.389	46.251	53.431	56.041	57.722
定西市	0.780	11.876	26.848	28.833	37.292	43.261	51.308	52.218	55.577
陇南市	4.593	13.514	25.934	26.985	37.382	44.833	50.901	53.265	55.550
西宁市	11.181	21.663	33.222	37.585	47.486	52.864	60.019	62.016	64.314
银川市	15.627	27.111	36.521	45.053	52.729	56.746	65.240	66.799	69.101
石嘴山市	7.693	21.460	31.828	35.861	46.098	50.674	57.797	59.001	60.613
吴忠市	7.345	18.603	27.327	31.905	42.063	47.578	55.113	55.896	57.627
固原市	0.000	12.968	23.105	30.868	39.002	43.568	52.251	52.687	54.577
乌鲁木齐市	15.677	28.636	42.344	43.188	52.124	57.499	64.025	65.485	68.270
克拉玛依市	18.719	26.605	38.558	45.614	52.239	58.974	65.035	66.859	68.758

表 23 – 6 是西北地区城市服务业产业环境指数。首先，从总体上看，城市服务业产业环境指数大体呈现增长的态势。2011 年，西安市、兰州市、乌鲁木齐市、克拉玛依市和银川市的产业环境指数位居前列，尤其是克拉玛依市的指数高达 18.719，处于领先的地位。其次，在 2013 年以前，中心城市产业环境指数增速极大，而 2013 年以后，大部分城市服务业产业环境指数稳定增加。最后，2011 年至 2019 年，大部分城市产业环境指数呈现总体上升趋势，其中

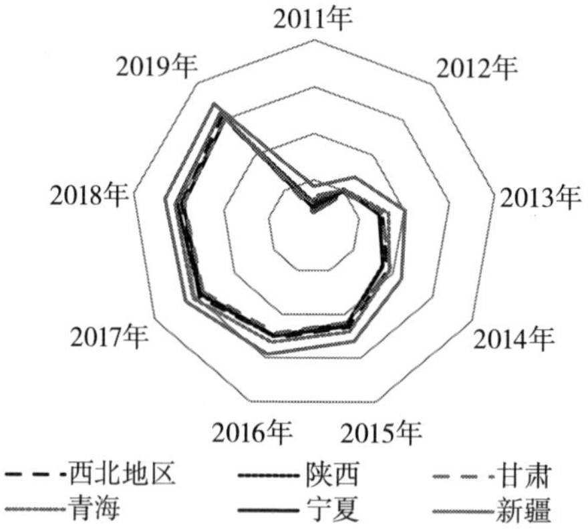

图 23－7　西北地区城市服务业产业环境指数

克拉玛依市 2019 年达到 68.758。

图 23－7 是西北地区城市服务业产业环境指数的雷达图，清晰展示整体的西北地区和其所辖五省区的 2011—2019 年服务业产业环境指数。显而易见，陕西、甘肃、宁夏和整个西北地区的产业环境指数相差不大，一直保持稳定增长的状态。

表 23－7　西北地区城市服务业产业协同指数

地区	2011 年	2012 年	2013 年	2014 年	2015 年	2016 年	2017 年	2018 年	2019 年
西北地区	2.382	2.325	2.375	2.369	2.356	2.348	2.338	2.359	2.350
陕西省	2.372	2.375	2.458	2.446	2.459	2.450	2.450	2.462	2.447
甘肃省	2.342	2.243	2.208	2.224	2.199	2.180	2.170	2.235	2.261
青海省	2.788	2.716	2.654	2.573	2.572	2.552	2.508	2.468	2.453
宁夏回族自治区	2.449	2.383	2.589	2.566	2.530	2.569	2.569	2.517	2.434
新疆维吾尔自治区	2.195	2.108	2.197	2.202	2.168	2.138	2.100	2.138	2.142
西安市	3.052	3.042	2.753	2.775	2.816	2.834	2.929	2.931	2.855
铜川市	1.878	1.938	2.190	2.122	2.243	2.347	2.396	2.261	2.290
宝鸡市	3.140	3.193	3.102	3.091	3.073	3.080	3.049	3.082	3.039
咸阳市	2.774	2.709	3.014	2.985	2.966	2.928	2.726	2.665	2.564
渭南市	2.507	2.431	2.557	2.481	2.494	2.461	2.482	2.547	2.572
延安市	1.535	1.552	1.737	1.720	1.773	1.740	1.814	1.923	1.991
汉中市	2.829	2.841	2.734	2.682	2.639	2.573	2.562	2.633	2.512
榆林市	1.863	1.822	2.223	2.280	2.260	2.271	2.325	2.321	2.361

续表

地区	2011年	2012年	2013年	2014年	2015年	2016年	2017年	2018年	2019年
安康市	2.122	2.153	2.219	2.231	2.165	2.116	2.123	2.153	2.103
商洛市	2.018	2.071	2.050	2.092	2.163	2.149	2.090	2.108	2.181
兰州市	2.583	2.719	2.483	2.390	2.365	2.318	2.246	2.232	2.257
嘉峪关市	3.305	3.033	3.063	3.148	2.823	2.944	2.881	3.341	3.378
金昌市	2.910	2.437	2.461	2.562	2.632	2.625	2.700	2.703	2.936
白银市	2.671	2.568	2.455	2.442	2.432	2.460	2.475	2.292	2.268
天水市	2.645	2.562	2.488	2.534	2.500	2.469	2.417	2.457	2.682
武威市	2.199	2.176	2.086	2.215	2.097	2.089	2.037	2.062	1.981
平凉市	1.540	1.379	1.486	1.452	1.417	1.439	1.400	1.420	1.353
酒泉市	1.982	1.937	2.342	2.448	2.536	2.388	2.387	2.531	2.507
庆阳市	1.930	1.913	1.524	1.440	1.442	1.440	1.445	1.459	1.503
定西市	2.176	2.136	1.869	1.868	1.924	1.915	1.990	2.050	1.958
陇南市	1.822	1.808	2.029	1.969	2.024	1.893	1.893	2.034	2.052
西宁市	2.788	2.716	2.654	2.573	2.572	2.552	2.508	2.468	2.453
银川市	2.196	2.159	2.229	2.260	2.277	2.505	2.570	2.479	2.314
石嘴山市	2.994	3.015	3.268	3.206	3.212	3.163	3.181	3.119	3.023
吴忠市	2.761	2.555	2.851	2.818	2.712	2.659	2.680	2.705	2.705
固原市	1.845	1.804	2.007	1.979	1.917	1.950	1.845	1.764	1.695
乌鲁木齐市	2.307	2.291	2.224	2.205	2.162	2.096	2.046	2.061	2.006
克拉玛依市	2.083	1.926	2.170	2.198	2.174	2.180	2.154	2.215	2.277

表23-7是西北地区城市服务业产业协同指数。首先，从总体上看，城市服务业产业协同指数大体保持稳定的态势。2011年，各个地级市的差距微小。其次，2011—2019年，西北地区城市服务业产业协同指数变化不大，相差无几。图23-8是西北地区城市服务业产业协同指数的雷达图，清晰展示整体的西北地区和其所辖五个省份的2011—2019年服务业产业协同指数。显而易见，新疆的服务业产业协同指数一直落后于其他省份和整体西北地区，但在2011—2019年十分稳定；随着时间的推移，每个省份的产业协同指数都保持稳定。

综上所述，2011—2019年，西北地区城市服务业高质量发展指数稳定增长。结构方面，2014年，西北地区现代服务业增加值为10155.58亿元，比2008年增长了3.01倍，占西北地区GDP的比重由2008年的20.69%上升到2014年的26.14%，西北地区现代服务业在近十年内呈现稳步增长的趋势，并

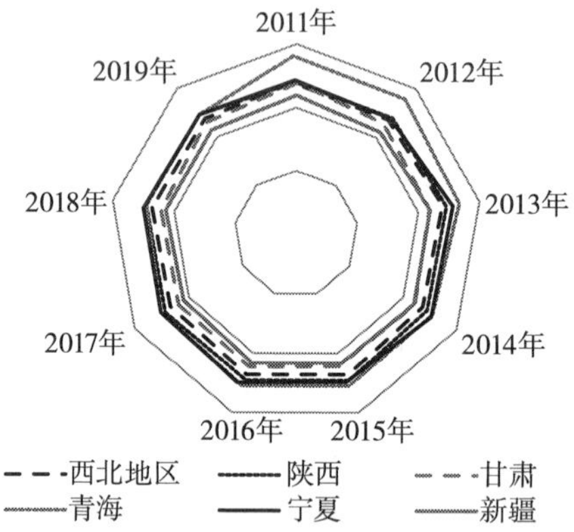

图 23-8 西北地区城市服务业产业协同指数

逐步成为整个西北地区经济增长的有效推动力。

现代服务业在扩张的同时，为西北地区吸纳了大量的剩余劳动力，成为扩大就业的主要渠道，西北地区现代服务业吸纳的就业人口从 2008 年的 270.35 万人增加到 2014 年的 362.77 万人，增幅达 34.19%。现代服务业从业人员占全部社会从业人员的比重也由 2005 年的 19.728% 上升到了 2014 年的 26.472%。从各行业增加值占现代服务业总增加值比重看，金融业和房地产业在现代服务业中占据主导地位，其发展状况决定了现代服务业可持续发展的能力，2014 年，金融业增加值为 2256.08 亿元，比 2013 年增长了 34.7%，房地产业增加值为 1258.38 亿元，比 2013 年增长了 20.2%，这些行业的快速增长对现代服务业的发展起到了良好的推动作用。发展现代服务业，归根结底是要提升其整体竞争力水平，对现代服务业竞争力进行系统而全面的研究，首先需要建立一套科学完整的指标体系。现代服务业是一个综合的分类，它的发展不仅在于整体实力的提升，也包含内部行业结构的不断优化，既要有高速发展的经济支撑、国家政策保证，也需要高科技、人力资本的大量投入。因此，其竞争力的研究涉及经济发展、发展潜力、内部行业发展、科技等诸多方面。

第三节　西北地区服务业高质量发展指数空间特征分析

2020 年 5 月国务院在《关于新时代推进西部大开发形成新格局的指导意见》中指出，为顺应新时代、实现区域协调发展进入新阶段的要求，要继续做好西部大开发工作，加快推动西部地区经济变革，促进经济发展与人口、资源、环境相协调，实现更高质量、兼顾效率与公平、全面协调可持续的发展格局。西部大开发以来，伴随着经济快速增长，自然资源枯竭、产业结构不合理、人力资本挤出等问题突出。产业发展是经济增长的主要拉动力，促进产业升级是西部地区实现新一轮可持续经济增长的可能突破点。目前西部大开发已进入攻坚阶段，西部地区为实现高质量发展，应坚持贯彻新发展理念，有效发挥比较优势，优化资源配置，打造现代化产业体系。在新阶段现代化产业体系的要求下，作为产业结构调整的着力点，服务业的协调推进显得尤为重要。

表 23－8　西北地区城市服务业高质量发展指数

地区	2011 年	2012 年	2013 年	2014 年	2015 年	2016 年	2017 年	2018 年	2019 年
西北地区	1.447	1.675	1.877	2.067	2.484	3.349	4.196	5.104	5.782
新疆	3.553	3.951	4.220	4.828	5.462	6.587	7.368	8.194	10.022
宁夏	1.206	1.370	1.633	1.424	1.800	4.729	6.405	7.681	8.398
青海	1.413	1.542	1.709	1.691	2.351	3.385	4.184	4.841	5.229
陕西	1.486	1.810	2.050	2.331	2.723	3.183	3.893	4.790	5.243
甘肃	0.990	1.131	1.264	1.465	1.827	2.111	2.762	3.588	4.218

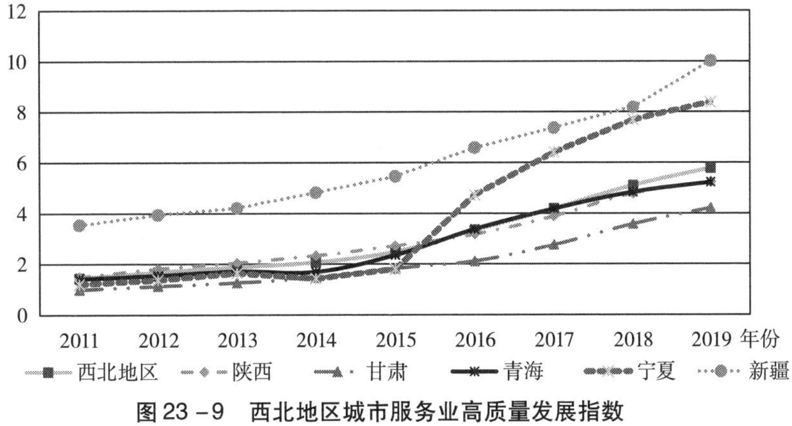

图 23－9　西北地区城市服务业高质量发展指数

表23－8、图23－9描述了西北地区及地区内各省区服务业高质量发展指数的数据及其区域间对比情况。2019年西北地区服务业高质量发展指数由高到低分别为新疆、宁夏、陕西、青海、甘肃。表23－8数据显示，2019年西北地区、新疆、宁夏、陕西、青海、甘肃服务业高质量发展指数分别为5.782、10.022、8.389、5.243、5.229、4.218。通过图23－9可以清晰地观察到，2011—2019年新疆一直占据西北地区服务业高质量发展第一位，2019年陕西超过青海总体水平。甘肃服务业高质量发展指数长期列西北地区的末位，且近年来随着现代服务业的快速发展，其与其他省区之间的差距在逐步增大。

表23－9　西北地区城市服务业产业规模指数

地区	2011年	2012年	2013年	2014年	2015年	2016年	2017年	2018年	2019年
西北地区	11.320	12.593	13.225	14.072	15.461	16.872	13.414	20.540	21.736
陕西	10.726	11.684	11.599	12.699	14.057	15.655	10.270	19.781	21.243
甘肃	10.445	11.499	11.906	13.279	15.053	15.861	12.783	19.492	18.427
青海	12.108	14.122	13.992	16.724	18.129	19.558	20.368	23.131	23.258
宁夏	13.015	14.480	14.309	12.381	13.398	18.042	13.936	22.435	25.865
新疆	13.650	16.140	22.142	23.328	23.896	21.642	21.957	22.623	28.882

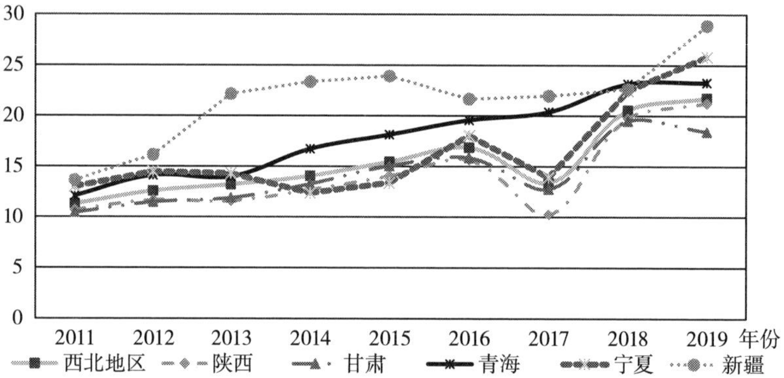

图23－10　西北地区城市服务业产业规模指数

表23－9、图23－10描述了西北地区及地区内各省区服务业产业规模指数的数据及区域间对比情况。2019年西北地区服务业产业规模指数由高到低分别为新疆、宁夏、青海、陕西、甘肃。表23－9数据显示，2019年西北地区、新疆、宁夏、青海、陕西、甘肃服务业产业规模指数分别为21.736、28.882、25.865、23.258、21.243、18.427。通过图23－10可以清晰地观察到，

2011—2019 年甘肃省产业规模指数总体趋于上升，但大部分时间处于西北地区末位。2017 年受到外生冲击，甘肃、陕西、宁夏和整个西北地区的产业规模指数急剧下降，该年陕西的产业规模指数甚至低于甘肃省。

表 23－10　西北地区城市服务业产业结构指数

地区	2011 年	2012 年	2013 年	2014 年	2015 年	2016 年	2017 年	2018 年	2019 年
西北地区	7.473	7.563	8.149	7.471	7.986	8.224	8.495	8.295	8.177
陕西	6.727	6.927	7.248	6.651	6.877	7.268	7.254	7.450	7.646
甘肃	5.252	5.524	6.304	5.729	6.038	5.976	6.391	5.516	5.968
青海	13.676	13.934	15.925	10.481	15.081	15.071	14.817	13.800	13.744
宁夏	7.374	7.484	7.631	7.581	6.955	8.477	8.372	8.255	8.320
新疆	15.122	13.938	14.513	15.257	16.833	15.738	17.453	18.906	15.013

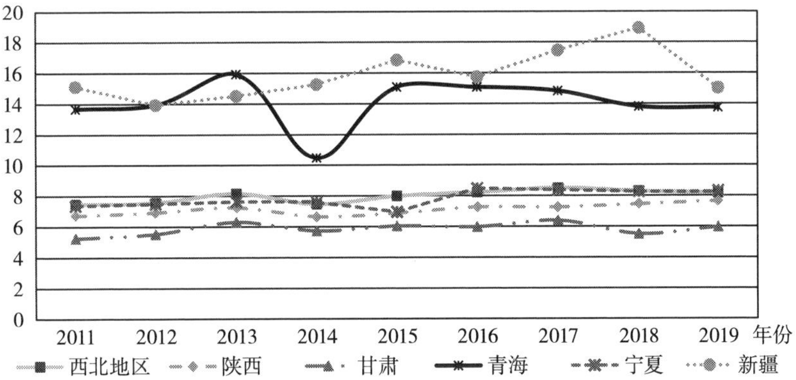

图 23－11　西北地区城市服务业产业结构指数

表 23－10、图 23－11 描述了西北地区及地区内各省区服务业产业结构指数的数据及区域间对比情况。2019 年西北地区服务业产业结构指数由高到低分别为新疆、青海、宁夏、陕西、甘肃。表 23－10 数据显示，2019 年西北地区、新疆、青海、宁夏、陕西、甘肃服务业产业结构指数分别为 8.177、15.013、13.744、8.320、7.646、5.968。通过图 23－11 可以清晰地观察到，新疆服务业产业结构指数除 2013 年外一直领先于其他几个省区，且超过西北地区总体水平，特别是 2018 年，新疆产业结构指数达到 18.906，比西北地区总体水平高出 10.611。2014 年以后，陕西和宁夏产业结构指数大体一致，但宁夏略高。相比于新疆，甘肃、陕西两省在服务业产业结构上表现并不突出，辖区部分地级市存在产业短板，其自身服务业发展受制于科技水平、人才资源等因素，难以突破发展瓶颈。

表 23 - 11　西北地区城市服务业产业创新指数

地区	2011 年	2012 年	2013 年	2014 年	2015 年	2016 年	2017 年	2018 年	2019 年
西北地区	1. 074	1. 279	1. 439	1. 640	2. 036	2. 931	3. 860	4. 744	5. 438
陕西	1. 102	1. 405	1. 624	1. 901	2. 259	2. 692	3. 518	4. 340	4. 806
甘肃	0. 641	0. 738	0. 806	0. 988	1. 327	1. 637	2. 357	3. 183	3. 829
青海	0. 754	0. 881	0. 920	1. 230	1. 804	3. 012	3. 873	4. 576	4. 979
宁夏	0. 852	0. 999	1. 266	1. 040	1. 446	4. 448	6. 238	7. 509	8. 205
新疆	3. 285	3. 707	3. 929	4. 560	5. 193	6. 395	7. 158	7. 973	9. 888

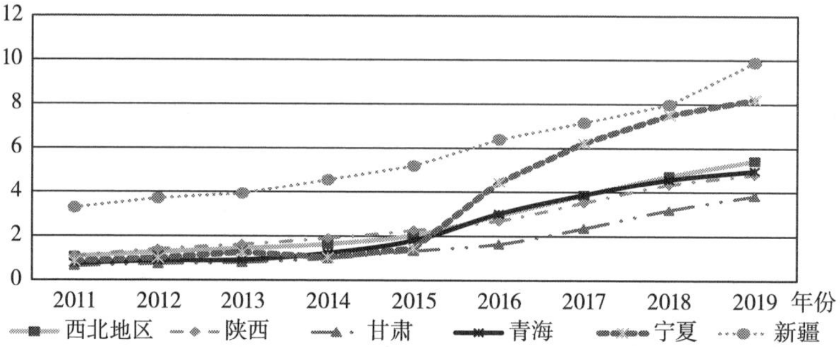

图 23 - 12　西北地区城市服务业产业创新指数

表 23 - 11、图 23 - 12 描述了西北地区及地区内各省区服务业产业创新指数的数据及区域间对比情况。2019 年西北地区服务业产业创新指数由高到低分别为新疆、宁夏、青海、陕西、甘肃。表 23 - 11 数据显示，2019 年西北地区、新疆、宁夏、青海、陕西、甘肃服务业产业创新指数分别为 5. 438、9. 888、8. 205、4. 979、4. 806、3. 829。通过图 23 - 12 可以清晰地观察到，甘肃服务业产业创新指数在 2011—2019 年一直落后于其他省区，且差距不断扩大。2011—2019 年，青海和陕西的产业创新指数差距微乎其微，两省在产业创新的发展过程中必须补齐短板，重视各地级市的协同发展。

表 23 - 12　西北地区城市服务业产业环境指数

地区	2011 年	2012 年	2013 年	2014 年	2015 年	2016 年	2017 年	2018 年	2019 年
西北地区	9. 079	20. 497	31. 379	37. 156	44. 656	50. 793	57. 882	59. 736	62. 349
陕西	9. 300	20. 351	30. 615	35. 448	43. 939	51. 462	58. 018	60. 250	63. 079
甘肃	7. 085	18. 847	30. 207	37. 353	42. 829	48. 455	55. 855	57. 750	60. 589
青海	11. 181	21. 663	33. 222	37. 585	47. 486	52. 864	60. 019	62. 016	64. 314

续表

地区	2011 年	2012 年	2013 年	2014 年	2015 年	2016 年	2017 年	2018 年	2019 年
宁夏	7.666	20.035	29.695	35.922	44.973	49.641	57.600	58.596	60.479
新疆	17.198	27.620	40.451	44.401	52.182	58.236	64.530	66.172	68.514

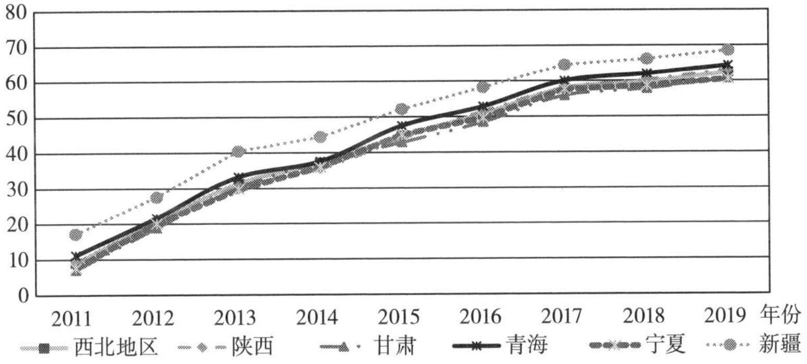

图 23－13　西北地区城市服务业产业环境指数

表 23－12、图 23－13 描述了西北地区及地区内各省区服务业产业环境指数的数据及区域间对比情况。2019 年西北地区服务业产业环境指数由高到低分别为新疆、青海、陕西、甘肃、宁夏。表 23－12 数据显示，2019 年西北地区、新疆、青海、陕西、甘肃、宁夏服务业产业环境指数分别为 62.349、68.514、64.314、63.079、60.589、60.479。通过图 23－13 可以清晰地观察到，西北地区五个省区服务业产业环境指数在 2011—2019 年实现飞速发展，各省区均增幅较大。对比来看，五个省区产业环境指数相差不大，新疆在各年均略高。

表 23－13　西北地区城市服务业产业协同指数

地区	2011 年	2012 年	2013 年	2014 年	2015 年	2016 年	2017 年	2018 年	2019 年
西北地区	2.382	2.325	2.375	2.369	2.356	2.348	2.338	2.359	2.350
陕西	2.372	2.375	2.458	2.446	2.459	2.450	2.450	2.462	2.447
甘肃	2.342	2.243	2.208	2.224	2.199	2.180	2.170	2.235	2.261
青海	2.788	2.716	2.654	2.573	2.572	2.552	2.508	2.468	2.453
宁夏	2.449	2.383	2.589	2.566	2.530	2.569	2.569	2.517	2.434
新疆	2.195	2.108	2.197	2.202	2.168	2.138	2.100	2.138	2.142

表 23－13、图 23－14 描述了西北地区及地区内各省区服务业产业协同指

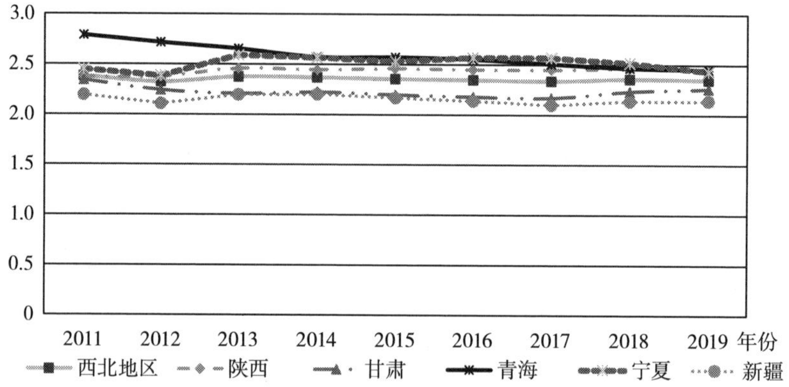

图 23－14　西北地区城市服务业产业协同指数

数的数据及区域间对比情况。2019 年西北地区服务业产业协同指数由高到低分别为青海、陕西、宁夏、甘肃省、新疆。表 23－13 数据显示，2019 年西北地区、青海、陕西、宁夏、甘肃、新疆服务业产业协同指数分别为 2.350、2.453、2.447、2.434、2.261、2.142。图 23－14 清楚显示，西北地区五个省区服务业产业协同指数在 2011—2019 年整体变化不大且略微下降。陕西、宁夏和青海近几年基本趋于一致。

综上所述，通过对西北地区各省区在服务业产业规模、产业结构、产业创新、产业环境以及产业协同五个方面的对比分析，可以得出：从西北地区五个省区制造业和生产性服务业的产业集聚程度来看，制造业的集聚程度呈现逐年下降的趋势，而生产性服务业的集聚程度逐渐上升，且两者协同指数跟生产性服务业和制造业的集聚程度相关，城市群内两者集聚度都高或两者集聚度都低时，城市群内协同集聚指数较高。可见，如果要提高协同指数，带动制造业的发展，必须要在城市群内促进两者协调发展，促进各类要素合理流动。尽管生产性服务业对提升制造业的价值链地位存在有利影响，但是这种有利影响的前提是生产性服务业与制造业的协同带动发展。生产性服务业是以制造业为基础存在的，而制造业的发展也离不开生产性服务业，要加强西北城市群内的生产性服务业和制造业的互动，提升制造业价值链地位。

第二十四章　西北地区服务业高质量发展的问题分析

第一节　西北地区服务业高质量发展的基本特征

随着信息技术和网络通信技术的普及和推广，以信息通信和电子商务为代表的现代生产性服务业日益成为主要发达国家经济增长的动力，并引导全球产业结构逐渐从“工业主导型经济”向“服务主导型经济”转变，使得服务业特别是现代服务业成为各国经济增长的重要推动力及经济发展水平和质量的重要衡量指标。服务业主要通过深化劳动分工、提高劳动生产率、促进技术创新、改善商务经营环境、延长产业链条、增加就业等途径对经济增长产生影响，并有效改善产业结构和经济发展的质量。但在不同经济发展阶段和发展水平下，服务业对经济增长的作用和影响表现出明显的差异性。

一、西北五省区经济发展总体状况分析

1. 西北五省区 GDP 整体增长较快

改革开放以来，我国经济在过去的 40 多年间实现了持续高速增长，经济总量与经济增长质量都有了很大程度的提高。西北五省区的经济也发展迅速，从经济发展总量来看，西北五省区国内生产总值增长率远高于同期国内经济增长率，实现了大规模经济体在较长时间段内的持续高速增长。

2. 西北五省区人均 GDP 偏低

西北五省区的地区总产值在 1978 年到 2020 年不断增长，尤其是在 1998 年到 2010 年经济大幅度提升。随着西部大开发战略的进一步推进，西北五省区经济增长速度有所提高，甚至经济增速超过东部地区，成为经济增长的新动力。但是，由于东部地区改革开放和市场化较早，其经济基础和经济总量明显

高于西部地区，经济总量差异较大。西部地区经济社会发展水平还较低，是我国经济比较落后的地区，也是目前国家政策扶持的重点，西北五省区更是重中之重。

3. 西北五省区服务密度整体不高

对西北五省区的服务业发展水平，我们还可以用服务密度这一指标来衡量。服务密度这一指标用来描述并比较不同地区服务业的发展水平，以某地区的服务业增加值与该地区的面积之比表示，即单位面积的服务业增加值。服务密度作为衡量一个地区的服务发展水平的指标，与该地区的经济发展水平、人口总量、人口密度、城市化水平、服务业增加值占 GDP 的比重、服务业就业比重等指标有一定的关系。王洛林利用国内 287 个地级及地级以上城市的数据研究得出：一个地区的人均 GDP、人口密度与当地的服务业发展水平之间存在显著的正相关关系；一个地区的人口总量、城市化水平对当地的服务业发展水平影响不显著；服务业增加值占 GDP 的比重与服务密度之间呈现较弱的正相关关系；人口总量、城市化水平、服务业增加值占 GDP 的比重、服务业就业比重对服务密度呈阶段性、区间性的影响。

二、西北五省区服务业发展状况分析

1. 西北五省区服务业增加值在国民经济中的比重偏低

随着生产的发展、社会的进步，服务业在国民经济中的作用越来越重要，占经济总量的比重不断提高。在西部大开发的背景下，西北地区的经济得以快速发展，尤其是西北五省区更是享受大量的政策福利，经济发展水平有了明显的提高。而随着经济水平整体的提高，西北五省区的服务业也取得了较快的发展，服务业水平的提高又进一步推动了经济的增长。西北五省区除甘肃外，服务业增加值在国民经济中的比重并不是逐渐提高的，无论从服务业增加值还是服务业增加值在国民经济中的比重来看，陕西都优于其他四省区，最不容乐观的当属青海和宁夏，作为西北枢纽的甘肃仅次于陕西。

2. 西北五省区服务业从业人数占总从业人数的比重偏低

服务业的发展成了现代经济增长的一个新的源泉，尤其是在促进就业方面发挥了重要的作用。随着社会的进步、技术的提高，服务业本身就出现了越来越多的新兴行业，就业于服务业的人员越来越多，收入水平越来越高。西北五省区的服务业从业人员逐渐增加，占社会从业人员的比重逐渐提高，而且增长比较稳定，服务业从业人员的工资水平也有了明显的改善，尤其是陕西省和甘肃省。但是和全国相比还有差距，与东部沿海地区相比差距更大。服务业从业人员总量在一定程度上影响到服务水平，进而影响到整个地区经济的发展。当然服务人员的素质也在很大程度上决定服务水平的高低。

3. 西北五省区服务业内部结构不合理

服务业是个不断变化发展的行业，也是一个历久弥新的行业。随着社会的发展，有些行业逐渐退出，有些行业逐渐涌现，有些行业历经岁月又迸发出新的活力、呈现新的生机。所以对服务业分类没有绝对的标准，对其内部结构研究也没有固定标准。根据我国数据的统计标准将服务业分为交通运输、邮电、批发和零售业、住宿和餐饮业、金融业、房地产业和其他类，对内部结构的分析也是从以上六类进行。西北五省区中其他类（主要是政府部门、公关管理部门、教育科技、卫生部门等）所占的比重最高，甘肃、青海、宁夏、新疆和陕西分别为47.46%、42.37%、31.70%、47.08%和38.74%，除宁夏外均高于全国平均水平(38.70%)。此外，交通运输、邮电、批发和零售业所占的比重也较高，均超过10%，而金融业作为国民经济发展的重要工具部门，所占比重过低，低于15%，明显不合理。与全国相比，西北五省区房地产业所占比重相差不大。

第二节　西北地区服务业高质量发展的主要问题

一、西北地区第三产业增加值及其占 GDP 比重不断增加的同时，隐含着低水平增长的问题

仅用第三产业增加值或人均第三产业增加值指标，只能判断一个地区第三产业发展的绝对水平，但不能反映地区内部三次产业的关系。可能出现的情况是，虽然第三产业增加值高或人均服务占有量高，但其服务供给能力仍不能满足地区内部需求。如果仅使用第三产业增加值比重这个指标，也会导致分析问题的片面性，在中国，一些农业比重大、工业发展慢的地区，其第三产业所占比重反而高于农业比重小、工业发展快的地区。西北地区第三产业增加值及其占 GDP 比重不断增加的背景是低水平且结构不合理的工业化程度以及由此造成的低水平 GDP。在第二产业发展滞后的情况下，西北地区第三产业产值占

GDP 比重较高，说明第三产业的发展与工业化进程耦合度低，第三产业的发展缺乏相应的工业基础，以工业化为前提和基础产生的第三产业发展滞后，第三产业没有发展到较高级的阶段，服务业尚未充分发挥其作为经济黏合剂的作用。从另外一个角度看，西北地区第三产业产值占 GDP 比重高，而且增长幅度很大，按照“克拉克定理”以及库兹涅茨的研究结果，第三产业具有很强的吸纳劳动力的能力，较多的劳动力将由第一产业和第二产业转移到第三产业。但是西北地区大量的农村剩余劳动力却没有得到有效转移，仍然滞留在第一产业以及乡镇的第二产业。一个重要的原因是：西北地区第三产业发展集中于城市，农村、乡镇在工业化和城市化的进程中没有广泛地形成服务于产业发展的第三产业，最初脱离了第一产业的劳动力以及原有的第二产业劳动力长期停滞在第二产业，没有进一步向第三产业转移，后续的农村剩余劳动力转移受阻，转移到第三产业的劳动力较大部分主要从事初级加工业以及低层次的生活性服务业。这些情况说明西北地区第三产业尚没有发挥出应有的综合作用，无法成为西北地区经济发展的主要增长点。

二、西北各省区之间存在第三产业增长与经济增长相悖的情况

从整体水平看，西北地区第三产业增加值指数基本保持在 110 的水平，而且超过了同期的全国平均水平，说明在西北地区经济增长过程中，第三产业的增长是显著的。但是，从内部各省区之间的比较来看，陕西和新疆的经济增长势头较好，但是第三产业增长情况却不及经济增长较缓的宁夏、甘肃和青海。说明第三产业在国民经济中的地位没有显著提高，甚至存在发展滞后以至于制约经济增长的“瓶颈”效应。而经济增长较慢的三省区虽然第三产业增长较快，但是主要原因是基数过低和第二产业发展滞后，传统服务业产值相对较高。综合两种情况得出的基本结论是：西北地区第三产业与国民经济的黏合度低，较大比例的部门属于第三产业中的“边缘化”甚至是“奢侈化”的成分，存在偏离第三产业发展的正常轨道的问题。

三、西北地区第三产业分行业发展情况不容乐观，产业内部结构仍然处于低层次

西北地区在西部大开发战略的推动下，第三产业第一层次的产值占各省第三产业国内生产总值的比重均在 40% 甚至以上，明显高于全国水平。这

是适应经济发展要求、大力发展为工农业生产提供流通服务的行业的结果，是经济发展的必要过程。流通服务业的发展作为工业化进程中产业演进的一个重要特征，必然带来交易方式与交易技术的变革，从而不断减少市场交易中的交易费用。其中，商务服务业与金融服务业的发展在社会交易方式变革中扮演了重要角色。然而，西北地区第三产业第一层次的快速发展并没有引起第二层次为生产和生活服务的部门的快速发展，相反，从我们所选年份的数据来看，第二层次发展或缓慢或没有变化，甚至还有比重降低的情况。其中，科技含量高、升值潜力大、需求人才多的新兴产业所占比重很低，有的甚至出现下滑。为科学文化水平和居民素质服务的部门欠发展，表现为西北地区生活环境差等社会现象。政府公共服务业的发展减少了由市场交易者的机会主义行为引起的内生交易费用。由于市场失灵的存在，政府对经济的介入成为必然。与其他地区相比，西北地区的各级政府可以有更大的作为。综合以上情况，得出的结论是：西北地区第三产业发展的基本特征是产业活动集中在计划经济体制下发展起来的传统行业，最突出的问题是第三产业中第二层次与第三层次所占比重偏低。

第三节　西北地区服务业高质量发展的政策建议

西北五省区服务业要获得较大的发展，就应该根据实际情况，抓住机遇，使服务业在开放中获得发展。首先，培育服务业的主导产业功能。现代经济结构变化的最主要的特点是服务业超过第一和第二产业成为主导产业。现代经济增长的特征是人均产值持续增长、人口快速增长、生产结构和社会结构发生急剧变化，其中最主要的特征就是经济结构全面深刻的变化。目前，服务业吸纳的就业人口越来越多，涉及的领域越来越广，与第一和第二产业的关系越来越紧密，使得各地区越来越重视本地区服务业的发展。西北五省区经济要获得持续、健康、稳定的发展，必须培植并发挥服务业的主导产业功能，并通过服务业的发展带动其他产业更快、更健康地发展。其次，优化服务业的内部结构。服务业作为主导产业发挥作用，离不开相关和支援性产业的支持。因为相关和支援性产业会为主导产业的发展提供信息、技术等支持性要素，从而加速产业的升级与创新，最终建立自己的竞争优势。从西北五省区的现状看，与服务业相关的产业多数竞争力不足，服务业和相关产业相互影响、相互促进的良性循环还没形成，造成二者之间难以产生相互受益和自我强化的效果。目前，西北五省区的服务行业多数发展水平有限，难以满足经济发展的需要，比如：金融业发展缓慢，资本市场不完善，严重影响各行业对资金获得和使用的效率，在一定程度上制约了部分行业的发展速度和质量；电信通信没有形成规模经济，造成企业获取信息的成本较高，增加了企业的负担，一定程度上减缓了企业自身的发展，同时也在一定程度上限制了企业自身的竞争力；西北五省区运输基础设施不健全，严重影响了西北五省区运输业和旅游业的发展，这对拥有丰富旅游资源的西北五省区来说，是个很大的损失；西北五省区高新技术缺乏，虽然已经建立了相应的高新技术开发区，但规模和效率有待进一步提高。所以，西北五省区服务业水平不高的主要原因是其服务业内部结构不合理。西北五省区是国家重点政策扶持的对象，相对中东部地区，西北五省区的经济发展水平偏低，尤其是甘肃、青海、宁夏和新疆，再加上气候不佳、资源不足、少数民族较多，而且农村人口所占比例偏高，使得西北五省区的服务业发展受到诸多限制。下面根据西北五省区服务业的现状分析、影响服务业发展因素分析及西北五省区服务业与经济增长的长期协整分析和短期波动分析，为西北五省区的服务业发展提供可行的参考建议。

一、优化服务业投资结构，提高服务业投资效益

根据西北五省区服务业结构变化分析，西北五省区中其他类（主要是政府部门、公关管理部门、教育科技、卫生部门等）所占的总体比重最高，高新技术所占比重不高，交通运输、邮电、批发和零售业所占的比重也较高，而金融业作为国民经济发展的重要工具部门，所占比重过低，远低于全国平均水平，明显不合理。所以首先要改善服务业内部的投资机构，使之更加符合经济发展的需求。加快发展现代物流、电子商务、研发设计等生产性服务业，大力发展商贸、家政、养老等生活性服务业。依托交通枢纽优势、产业基地建设和特色资源开发，积极引进有实力的现代物流企业，建设一批大型物流园区、配送中心和批发市场。构建多层次的城乡商贸服务平台，促进居民消费增长。由于西北五省区地域辽阔，少数民族较多，旅游资源极为丰富，要积极谋划和建设文化旅游大项目，结合当地的特色，发展特色旅游经济，提升接待能力和服务水平，进一步提高旅游经济总量，同时改善旅游业的服务质量。科技创新是经济发展的理论先导，要加大科技的投资力度，改善目前投入不足而导致动力不足的局面。金融业对地区经济的发展至关重要，资本市场的完善有助于企业

的融资，要完善西北五省区的融资平台，为企业的发展提供良好的融资环境，尤其是针对中小企业的融资。从金融、财税和用地等方面加大支持力度，加快发展现代服务业。积极建设重点物流园区，大力发展电子商务等新型业态。加快建设西部金融中心，壮大地方金融实力，发展多层次资本市场，切实服务实体经济。

二、优化服务业发展结构，扩大服务业就业人数

西北五省区服务业的就业人数及其比重相对较低，服务业内部就业结构以交通运输、餐饮、商业贸易所占比重较高，进入生产性服务部门的人员相对较少，服务业内部发展结构不平衡。要深化文化体制改革，推动转制国有文化企业建立完善的法人治理结构和规范的资产经营责任制。加快公益性文化事业单位人事、收入分配和社会保障等制度改革，转换机制，增强活力。促进文化旅游融合发展，整合文化旅游资源，挖掘文化内涵，提升文化品位，拓宽产业融合发展。培育战略性新兴产业，依托国家级高新区、开发区和产业基地，突破一批核心关键技术，促进科研成果加速产业化。

三、规范服务业发展市场，提供公平的发展空间

西北五省区服务业的最大制约因素是服务环境，主要表现为市场化不足和基础设施不完善，法治环境不健全，政策环境吸引力不够。要深化改革，充分发挥市场有效配置资源的基础性作用，不断增强发展内在活力。积极推进财税、金融、资源价格和农村各项改革。深化国有企业改革，强化指标考核工作，健全各类国有资产管理体制，培育发展大企业、大集团。进一步完善各项措施，为非公有制经济发展创造更好的法制、政策和市场环境，支持民间资本联合进入交通、水利、市政、教育、医疗等领域。加快推进财政改革，按照构建公共财政体系的目标和集中财力办大事的要求，提高县级政府基本公共服务保障能力，建立乡镇政权运转经费保障机制，全面推进财政专项资金管理改革。深化收入分配制度改革，巩固纺织、食品、行业职工收入增长成果，提高粮食行业职工收入水平，继续提高全省企业最低工资标准，逐步建立收入过低行业职工工资正常增长的长效机制和工资支付保障机制。以舒适宜居、方便群众为目标，切实加强城市精细化管理。深入挖掘人文、山水特色，通盘考虑城市空间、产业、资源、环境、住宅和市政设施，加强基础设施建设，完善各类

公共服务。在管理的各个细节上狠下功夫，大力解决交通拥堵、市容不整和停车难等问题，深入开展卫生城市建设，优化生态与人文环境，不断提升城市品位。建立和完善服务业法律法规，加强对服务业的监管，是维护市场秩序、促进服务业健康发展的前提。目前，西北五省区有关服务业的法律法规不健全，体制不完善，导致监管落后、事故频多。加强监管，要做到以下三点：一是健全有关服务业的法律法规；二是明确各类服务业的监管机构职责，各司其职，尽量避免错位和缺位现象；三是严格执法，违法必究，强化监管机制。除此之外，还应该注意加强服务业知识产权的保护，使得所有新兴的服务项目都不易被模仿，保护商家的合法利益，维护市场的有序稳定。

四、引导服务业发展方向，增加服务业需求空间

服务业是一个不断发展变化的行业，有的行业会逐渐消失，有的行业会逐渐出现，传统行业和新兴行业并存。由服务业促进经济增长的机制可知，服务业在发展的过程中，改变了国民经济的产业机构，促进了产业结构的优化升级，增加了第一产业和第二产业对服务业的需求量和服务需求类型。所以要正确引导服务业发展方向、努力增加服务业需求空间，需从以下几点做起：第一，培植服务业的主导产业功能，使服务业成为西北五省区超过第一和第二产业的主导产业；第二，优化服务业内部结构，加强服务业相关和支援性产业的发展，增强整个服务业的服务能力，提高服务水平；第三，加强服务业的开发创新，紧密联系第一和第二产业，协调发展，提升服务业的整体水平，扩大服务业规模。

五、大力开发少数民族地区旅游资源，形成新的经济增长点

西北地区是我国主要的少数民族聚集区，共有 40 多个民族。由于各民族生存环境、历史发展不同，形成了各具特色的地理风光和多姿多彩的民族风情。因此因地制宜地积极开发和利用西北地区旅游资源，必将形成西北地区新的经济增长点。西北地区的自然旅游资源十分丰富，有雪域高原、奇山险峰、沙漠戈壁、三江源头等自然美景，充满了山林野趣，部分地区至今仍保留着较为原始的生态群落。在国务院已颁布的 119 个国家风景名胜中如新疆的天山天池、青海的青海湖鸟岛等都是闻名中外的佳景胜地，具有很大的开发潜力。西北地区还拥有极为丰富的人文旅游资源，在不同社会历史阶段留下文化遗产，

形成独特的人文景观，如黄河文化的代表秦始皇兵马俑、西域文化的代表莫高窟壁画。因此，要综合开发西北地区旅游资源，把沿新业欧大陆桥地带的自然风光、文物古迹、民族风情组成一幅完美的东方文明画卷，使之成为一条世界旅游热线，进而带动西北地区第三产业发展。